基于学科教学的个别化教育：

理念、计划拟订与实施

主　编　陈　晓　段艳婷
副主编　王鱼琼　段海燕　肖　进
　　　　吴金廉　杨丽媛

重庆大学出版社

图书在版编目 CIP 数据

基于学科教学的个别化教育：理念、计划拟订与实施 / 陈晓, 段艳婷主编 . -- 重庆：重庆大学出版社, 2024. 12. -- ISBN 978-7-5689-4769-5

Ⅰ . G76

中国国家版本馆 CIP 数据核字第 2024UQ0398 号

基于学科教学的个别化教育：理念、计划拟订与实施
JIYU XUEKE JIAOXUE DE GEBIEHUA JIAOYU：LINIAN 、JIHUA NIDING YU SHISHI

主　编：陈　晓　段艳婷
副主编：王鱼琼　段海燕　肖　进　吴金廉　杨丽媛
策划编辑：陈　曦
责任编辑：陈　曦　　版式设计：张　晗
责任校对：谢　芳　　责任印制：张　策

＊

重庆大学出版社出版发行
出版人：陈晓阳
社址：重庆市沙坪坝区大学城西路 21 号
邮编：401331
电话：(023)88617190　88617185(中小学)
传真：(023)88617186　88617166
网址：http://www.cqup.com.cn
邮箱：fxk@cqup.com.cn(营销中心)
重庆新荟雅科技有限公司印刷

＊

开本：787mm×1092mm 1/16　印张：25.25　字数：450 千
2024 年 12 月第 1 版　　2024 年 12 月第 1 次印刷
ISBN 978-7-5689-4769-5　定价：78.00 元

前　言

随着特殊教育的深入发展,特殊儿童个体间、个体内部的差异受到广泛关注。如何依据特殊儿童的身心特点、学习需求,以及兴趣、能力差异,提供个性化、差异化的教育,成为当今特殊教育领域的重要课题。教育部基于《中华人民共和国义务教育法》《国务院关于基础教育改革与发展的决定》《基础教育课程改革纲要(试行)》及各类特殊教育学校义务教育课程设置实验方案,颁布了适用于各类特殊教育学校的义务教育课程标准,构建了完善的学科课程体系。对于特殊教育教师而言,能够在学科教学背景下,落实个别化教育理念,关注学生个体差异、评估学生个体学科学习能力、开展有针对性的学科教学活动,是其需要掌握的必备技能。

这是面向特殊教育教师以及高校特殊教育专业师范生编写的一本书,希望能够达到以下几个目的:第一,丰富基于学科教学实施个别化教育的理论知识,进一步推动个别化教育工作的开展;第二,呈现一线特殊教育教师实操案例,为特殊教育教师在学科教学背景下实施个别化教育提供可借鉴的经验与方法;第三,为高校特殊教育专业学生学习个别化教育相关课程提供可参考的资料。

昆明学院学前与特殊教育学院陈晓组织本书编写组成员共同探讨、设计编写思路和写作提纲,编写人员是来自特殊教育领域高校和一线的专业教师。各章作者如下:第一章,陈晓(昆明学院);第二章,吴金廉(玉溪市特殊教育学校)、陈晓;第三章,段海燕(玉溪市特殊教育学校)、陈晓;第四章,陈晓;第五章,王鱼琼(昆明市五华区新萌学校);第六章,段艳婷(云南省昆明市盲哑学校);第七章,段艳婷;第八章,肖进(云南省昆明市盲哑学校);最后由陈晓、段艳婷、杨丽媛统稿。

本书得以出版,首先感谢昆明学院学前与特殊教育学院领导给予的平台与资源,感谢西南大学教育学部特殊教育学院赵斌教授对书稿体例的悉心指导,感谢重庆大学出版社陈曦老师对本书编写工作的鼎力支持。本书的实践案例既有选自云南省昆明市盲哑学校、昆明市五华区新萌学校、玉溪市特殊教育学校等一线特殊教育学校老师的,也有来自昆明学院特殊教育专业大学生的,正是他们的支持,才使得本书顺利完成,向特殊教育在职教师和大学生们致谢。最后,感谢重庆大学出版社各位编辑给予的帮助与支持。在此,一并表示由衷的感谢。

本书编写过程中参考了大量的文献资料,虽然尽量做到如实说明,但是难免会有疏漏,对于引用但未明确标注在参考文献中的作者,表示歉意。敬请各位同仁不吝赐教,提出宝贵意见!

编　者

2024年7月6日

目 录

第一章
基于学科教学的个别化教育

本章聚焦

1.基于学科教学的个别化教育的内涵、意义、发展现状。

2.基于学科教学的个别化教育的历史沿革。

3.基于学科教学的个别化教育实施的内容、流程与原则。

本章结构

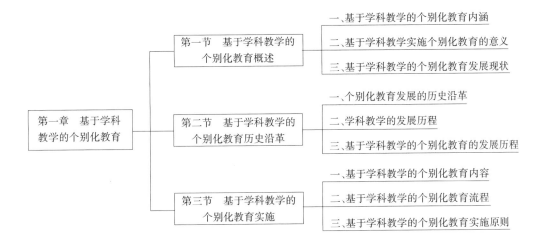

第一节　基于学科教学的个别化教育概述

> 一、基于学科教学的个别化教育内涵

（一）个别化教育的内涵

随着对人权的重视,要求特殊教育专业化、高质量发展的呼声越来越高。由于特殊教育学校中特殊儿童的障碍类型、障碍程度的多样性、复杂性,传统的班级授课制无法满足特殊儿童的学习需求,个别化教育应运而生。

1.个别化教育定义

个别化教育是指依据特殊儿童身心特点,选择合适的教育评估工具,开展有针对性的教育评估,明确特殊儿童在校学习的长短期目标,并通过合理的教学设计、有效的教学实施达成学习目标的过程。个别化教育是对我国著名思想家、教育家孔子的"因材施教"教育理念的继承与发展,强调对每一个儿童个体教育权的尊重,尊重每位儿童的学习起点、学习能力,允许特殊儿童按照自己的学习速度前进。

2.个别化教育与"一对一"教育的区别

提到个别化教育,很多人会将其同"一对一"教育等同起来,也会因为本校教师数量不足以做到一名教师服务一名学生,而质疑个别化教育的可操作性。

实际上,个别化教育作为一种教育理念、一套教育规程,包含集体教学(也称为团体教学)、小组教学、个别训练等多种组织形式。教学组织形式是由班级教学目标以及学生个体目标的一致性所决定的。若学生个体的目标与班级教学目标是一致的,可以采用集体教学的形式达成目标;若学生个体的目标与部分学生的目标一致,可以采用小组教学的形式达成目标;若学生个体的目标与班级其他同学均存在差异,教师可以选择通过个别训练达成目标。

而真正体现个别化教育专业性的,是在集体教学中能够充分关注到学生的个体差异,并在此基础上实现学生个体的学习目标,在共性中重视个性。

（二）学科教学的内涵

1.教学

教学是教师的教和学生的学的共同活动。学生在教师有目的、有计划的指导下,积极、主动地掌握系统的文化科学基础知识和基本技能,发展能力,增强体质,并形成一定的思想品德。

教学有其自身的特点:①教学是师生双边共同活动;②教学目的明确,旨在促进受教育者身心成长;③教学活动的开展不仅关注受教育者,同时也在强调教育者的同步成长与发展。

2.学科教学

学科,即按照某种标准分门别类,每一种门类在知识体系上具有层次性、逻辑性和基本的完整性,在性质上表现出专业性,在实施上体现出针对性。所谓的学科教学,是以学科知识为主要内容开展的教学。在特殊教育领域,培智类学校具体的学科可以分为生活语文、生活数学、生活适应等,盲校具体的学科可以分为语文、数学、定向行走、综合康复、社会适应等,聋校具体的学科可以分为语文、数学、沟通与交往、律动、体育与健康等。各门学科教学之间不是完全独立的,在实施过程和实施方法上均存在共性。

(三)基于学科教学的个别化教育内涵

依据特殊需要学生的身心发展特征,打破学科界限,采用主题教学模式,更利于特殊需要学生尤其是培智学校学生的学习,但是基于我国特殊教育发展现状,学科教学仍是特殊教育学校主要的教学方式。如何在学科教学中关注班级学生个体的学习需求,提升特殊教育学校教学质量? 基于学科教学的个别化教育应运而生。基于学科教学的个别化教育,即在特殊教育学校各科目的教学中落实个别化教育。

＞　二、基于学科教学实施个别化教育的意义

(一)个别化教育实施的意义

1. 对特殊儿童及其家庭的意义

(1)为特殊儿童接受有效教育服务提供保障。个别化教育服务每一名有特殊教育需要的儿童个体,关注其身心发展情况以及学习能力,并在全面系统了解后选择适合他们的学习内容,旨在让每一名特殊儿童更好地融入集体学习活动中,得到有效的教育服务。

(2)为特殊儿童家庭减轻负担,带来希望。个别化教育的实施,增强了特殊教育学校的服务能力,使特殊儿童在接受九年义务教育的过程中能够得到较好的教育、康复等方面的服务,这将减轻特殊儿童家庭的经济负担。同时,特殊儿童在学校学习中有收获、有进步,家长看到学校的教学效果,可以放心地将特殊儿童送到学校,家长就有更多的时间和精力投入到正常的工作中。当然,有质量的教育也能够为家庭带来希望,让家庭对未来有"憧憬",能够促进家庭稳定以及家庭情感和谐。

2. 对教师及学校的意义

(1)提升教师教学水平,增强教师专业技能。个别化教育的实施,进一步强化了"因材施教""差异化教学"的理念,突出关注学生个体的重要性,这对教师培养理念、教

学观念的改变具有一定的促进作用。此外,教师在个别化教育实施的过程中,掌握了为学生开展教学评估、确定学习目标等技能,提升教师对特殊儿童身心发展现状的把控能力。当然,在教学活动开展过程中,个体目标的明确、教学方法的多样性、教学策略的针对性,将大大提高课堂教学效果,进而提升教师的教学水平。

(2)提高学校教学质量,提升学校办学水平。"拟订个别化教育教学方案""精心设计和组织教学活动,注重差异教学与个别指导"是教育部印发的《特殊教育办学质量评价指南》中的明确要求。个别化教育的实施有助于优化教学方式,提升学校课程教学实施水平,增强学校对各类特殊儿童以及不同障碍程度特殊儿童的服务能力,进而提高学校的办学质量。

3.对推动社会文明进步的意义

通过实施个别化教育,使越来越多的特殊儿童得以融入学校并接受高质量的教育,为他们适应社会提供全面保障,并为其能够平等参与社会生活奠定坚实基础。这将进一步增强社会服务功能,提升社会的包容性和融洽度,也是现代社会建设中重要而不可或缺的衡量标准。

(二)基于学科教学实施个别化教育的意义

1.符合我国特殊教育学校办学现状

特殊教育学校的服务对象无论是障碍类型还是障碍程度均呈现高差异性、高复杂性的发展趋势,传统班级授课制已经无法满足学生个体的学习需求。然而,"分科课时制""年级教材制""科任教师按学科走班制"仍是特殊教育学校常用的教学组织形态。

基于学科教学实施个别化教育,是顺应我国特殊教育"分类、分科、分层"的教学模式的,是维持现有的教学组织形态的前提下提出来的,这让特殊教育学校以及班级教师容易接受、愿意实施,减少了个别化教育推行的阻力。

2.旨在提升特殊教育学校的办学质量

基于学科教学的个别化教育的实施,督促各科目任课教师系统掌握个别化教育的操作流程,认真思考班级中每个儿童个体在本学期、本科目的教育需求,仔细探寻达成不同个体教学目标的策略与方法,保障特殊儿童在各个科目的学习中,都有属于自己的、有针对性的学习目标,这对于提升特殊教育教师对班级特殊儿童个体教育需求的关注具有重要意义,使得每个特殊儿童个体的学习和发展需求都能够得到满足,进而保障特殊教育学校的教学效果,对特殊教育学校的长远发展具有重要价值。

> ### 三、基于学科教学的个别化教育发展现状

(一)基于学科教学的个别化教育发展现状

20世纪70年代美国首次提出个别化教育,随后在英国、法国等欧洲发达国家得到了普遍的实施和发展。自20世纪以来,因为特殊教育学校服务对象障碍类型、障碍程度的复杂化以及国家对特殊教育的重视,个别化教育也得到积极发展。

首先,特殊教育学校教师对个别化教育认同度较高。随着医疗水平的提升、融合教育的发展,特殊教育学校接收的特殊儿童无论是障碍类型还是障碍程度越来越复杂,服务对象差异性大,传统的班级授课制已经无法满足特殊儿童的教育需求,全班学生共有一个教学目标已无法实现,特校教师对个别化教育实施的意义与价值认同度较高,也在各级各类师资培养中积极学习个别化教育的理论及操作技能。

其次,特殊教育学校尝试运作个别化教育,积极探索属于本校的个别化教育实施模式。北京市培智学校自2010年开始尝试个别化课程实施模式探索,无论是在课程建设理念方面对个别化、个性化的重视,还是从个别化教育计划制度化、个别化教育课程实施多样化以及课程评估动态化、多元化等方面均取得较大进展。北京市朝阳区安华学校构建"生命成长"育人体系,探索"一包两翼"个别化教育模式,突出家校社协同育人的重要价值。广东省近64%的特殊教育学校制订IEP(Individualized Education Program,个别化教育计划)政策,要求必须落实个别化教育,各特殊教育学校在个别化教育理念下积极探索适合本校学生年龄特点和发展需求、凸显学校特色的校本课程。山东省东营市探索出"三三三五"个别化教育计划实践模式,确定三名左右的个别化教育对象,三学年的执行周期,每周不少于三节以上的教学课时,每个教育对象每年5%以上的学业成绩进步值,最终使每个学生的潜能得到最大程度的开发,获得全面发展。面对高差异性的学生个体,特殊教育学校通过"外引内创",在汲取外部资源、经验的基础上,结合本校办学理念,找寻适合的个别化教育实施路径,旨在实现教育的公平和质量。

（二）基于学科教学的个别化教育发展困境

1.学校学科教师的个别化教育专业技能不足

虽然特殊教育学校教师在各级师资培训中学习了个别化教育的一些基本内容,但是在实际操作中仍然无法有效开展个别化教育工作。具体问题主要体现在:对个别化教育理念的深入认识不足、对教育评估技能掌握不牢、无法运用灵活的教学策略与技巧应对学生的特殊需要等方面,这些问题制约了特校个别化教育的运作,影响了教学效果。特校教师需要不断提高自身专业素养和能力,学校和教育部门也应该加强对教师的指导和培训,提供资源,构建支持系统,帮助教师提升个别化教育技能。

2.各学科的教育评估操作欠规范,影响个别化教育计划拟订的准确性

全面、精准的教育评估,能够客观呈现特殊儿童身心发展现状,准确把握特殊儿童学习的长短期目标。但是特殊教育学校现有的教育评估存在较多问题:教育评估工具欠缺,针对性不强;教育评估工作开展系统性不足,未形成完整的工作机制;教育评估工作人员专业性不足,对评估方法掌握不牢,运用不熟练;教育评估工作外部支持系统建设不足。这些问题影响教育评估工作开展,使得特殊教育学校无法准确把握特殊儿童的身心发展状况以及学习需求,影响了个别化教育计划的质量,进而影响个别化教育的实施效果。

3.实际学科教学中未将个别化教育计划目标落地

很多特殊教育学校在拟订完个别化教育计划以后将其束之高阁,并未在课堂教学、个训中落实,出现个别化教育计划拟订与实际教学相脱离的情况,实际的课堂教学依然采用分类、分科、分层的模式,依据教材设置班级团体目标,根据各层级差异设置各层级学习目标,这些目标与学生个体的个别化教育计划目标无较多关联,此时的个别化教育计划对于特殊儿童而言是无意义的。

4.个别化教育实施过程繁杂,文本撰写工作量大,全面推进难

个别化教育工作相比较传统的"照本宣科",具有严格的操作流程,且每一个具体操作步骤中均需要完成一定的文本撰写工作。其中,既需要填写各种表格,也需要对表格信息进行梳理,提取有效信息去除无效信息。严谨的操作顺序可以保障个别化教育开展的效果,但是也增加了工作量,加之原有的工作内容,特校教师在实际操作中感觉任务繁重,进而出现畏难情绪,因此要想在特校全面推进个别化教育工作,如何"化繁为简",优化个别化教育的操作流程是急需解决的问题。

第二节　基于学科教学的个别化教育历史沿革

> ## 一、个别化教育发展的历史沿革

(一)国内个别化教育思想渊源

追溯国内个别化教育思想发展的历史,应该从春秋末期的思想家、政治家、教育家、儒家学派创始人孔子开始讲起。"有教无类"的教育思想打破了贵贱、贫富和种族的界限,强调人人均可入学受教育;"因材施教"教育原则主张在承认学生间个体差异的前提下,依据学生特点开展有针对性的教育教学。

战国时期,孟子作为儒家学派重要代表人物,提出"教亦多术",面对不同资质的学生采取不同的教学方法,一切因人而异。在战国后期的教育论著中亦有对个别化教育思想的论述,其中作为我国古代最早论述教育教学问题的专著《学记》,揭示了学生学习中长短、得失的辩证关系,提出"教也者,长善而救其失者也"的原则,要求教师要关注学生个别差异,发扬优点、克服缺点。贾谊,西汉初年杰出政治评论家、文学家,在《新书·容经》中提到,教师在教导学生过程中选择的内容要依据学生的接受能力,教学进度也要适合学生的发展水平,这一理念是孟子教学思想的丰富与发展。

柳宗元,唐中叶著名文学家、思想家和教育家,提出"顺木之天,以致其性"的教育理念,强调教育者要按照学生身心发展的年龄特征和心理特征,采用不同的教学方法,选择合适的教学内容,才能获得最佳教学效果。王守仁,明中叶著名教育家,十分重视儿童教育,提出"随人分限所及"思想,主张量力施教,不可躐等。王夫之,清代杰出的教育家、思想家,主张"因人而进",因学生之间存在个别差异,要熟悉、了解学生,采用不同的教学方法,才能有的放矢地施教。

太平天国时期政治家、思想家洪仁玕,在著书《资政新篇》中写到"兴跛盲聋哑院。有财者自携资斧,无财者善人乐助,请长教以鼓乐书数杂技,不致为废人也",既看到了特殊需要人群的与众不同,同时也在强调要满足其教育需求。辛亥革命后,实业家张謇于1916年创办中国人自办的最早的特殊教育学校之一——南通盲哑学校;1921

年,江苏省立第三师范附属小学为智力障碍儿童开设"特殊学级",针对个体差异提供有针对性的教育。中国现代杰出的人民教育家陶行知,创办育才学校,提出"生活即教育、社会即学校、教学做合一"的生活教育理论,强调遵循学生的需要和可能,给予适合的教育。

(二)国外个别化教育思想发展

探寻国外个别化教育思想的发展历史,公元1世纪古罗马最大教育家昆体良(M. F. Quintilianus),继承了柏拉图、亚里士多德尊重人的天性差异的观点,并将其进一步深入研究,昆体良提出要依据儿童的天赋、倾向、才能、年龄特点等进行教育。17世纪捷克伟大的教育理论家夸美纽斯(J.A.Comenius),从民主主义观念出发提出泛智主义和普及教育的主张,提出"所有男女儿童都应该上学"。英国著名的绅士教育倡导者洛克(John Locke),其教育思想在《教育漫话》中体现得淋漓尽致,洛克提出每一个儿童的天性都是不同的,主张在家庭中聘用优良的教师,使儿童得到有针对性的个别指导。

法国十八世纪启蒙思想家、哲学家、教育家、文学家让-雅克·卢梭(Jean-Jacques Rousseau),其自然主义教育的核心是"回归自然",抨击当时向儿童灌输旧的道德和知识、摧残儿童天性的做法,提出要关注儿童天性的个体差异,因材施教。裴斯泰洛齐(J. H.Pestalozzi)是瑞士著名的教育家,一生致力于教育革新实验和教育理论探索,他强调教育要促进人的全面发展,教学内容的选择要符合儿童的学习心理规律,直观性、循序渐进性是需要坚持的教学原则,调动儿童的能动性和积极性,使儿童懂得自我教育,培养每一个个体树立自立、自养、自尊、自强的意识,使其发展成为具有独立人格、受人尊敬的有用的社会成员。德国著名教育家、哲学家赫尔巴特(J.F.Herbart)的教育思想以伦理学和心理学为基础,主张课程内容的选择必须要与儿童的经验和兴趣相一致,依据兴趣设置课程,运用直观教材开展课程教学。法国精神病医生伊塔德(Jean Marc Gaspard Itard)于1799年对11岁的野孩维克多(Victor)采用个别化的方法进行系统的训练,开创了个别化教育的先河。法国精神病医生塞甘(Edouard Séguin)作为伊塔德的学生,创办了第一所智力障碍学校,出版的著作《智力障碍及其生理治疗的方法》(Idiocy and Its Treatment by the Physiological Method)中对个别化教学进行了详细的阐述。

福禄培尔(F.W.A.Froebel)作为19世纪著名教育家、近代学前教育理论的奠基人,提出"自我活动(self-activity)是一切生命的最基本的特性""游戏是创造性的自我活动和本能的自我教育"等教育思想,不仅在幼儿教育领域得到广泛认同,对小学乃至中学课程设置也产生深远影响。20世纪杰出的幼儿教育家蒙台梭利(M.Montessori)结合自己的医疗实践经验,提出"儿童智力缺陷主要是教育问题,而不是医学问题",作为意大利国立特殊教育学校的校长,她积极探索低能儿童的教育工作,并取得丰硕成果。蒙台梭利强调真正的科学的教育要给学生以自由,要允许学生根据本性个别、自发地表现。人类历史上少数几个最有影响力的教育家之一约翰·杜威(John Dewey),对于什么是教育这一问题提出自己的观点:教育即生活、教育即生长、教育即经验的持续不断地改造,其中"教育即生长"要求教育和教学要适合儿童的心理发展水平和兴趣、需要的要求,使儿童能够在一个充分、自由的生长环境中成长,也是杜威毕生追求的教育梦。苏联卓越的心理学家维果茨基(Lev Vygotsky)基于儿童个体发展提出最近发展区理论,指出儿童实际发展水平与潜在发展水平之间存在差距,教学应该走在发展前面,教学促进发展,这对儿童个别化教育的开展具有重要的指导意义。

追溯个别化教育的发展历史,我们发现个别化教育是根植于对儿童个性的尊重,是以学生为中心,真切关照每个儿童潜能开发、个性发展的教育。

> 二、学科教学的发展历程

(一)特殊教育学校的学科教学历史演进

1. 盲校学科教学的历史演进

2007年教育部修订了1987年的《全日制盲校课程计划(试行)》,印发了《盲校义务教育课程设置实验方案》(以下简称《实验方案》),其培养目标重在强调补偿缺陷、发展潜能,促进视力残疾学生的全面发展。课程设置的原则包含四个方面,指出在关注盲生与普通学生共性的同时,要更加关注盲生本身以及盲生之间的差异性,必须做到因材施教。同时,结合盲生身心特点以及学科知识的内在关系,该《实验方案》突出"综合课程与分科课程相结合的原则",帮助学生建构良好的知识体系,以满足学生身心发展需求。课程结构方面,指出建构三级课程体系:国家安排课程、地方安排课程以及学校安排课程,前者为主,后两者为辅。在课程设置的有关说明中指出盲校班级人数不宜超过12人,且应该注意无障碍环境建设以及课程评价多元化、灵活性。

2016年教育部颁布了《盲校义务教育课程标准(2016年版)》(以下简称《盲校课标》),在《盲校义务教育课程设置实验方案》指导下,共制订了盲校18门学科科目的课程标准,其中既包含数学、语文、英语、物理等通识类基础性课程,同时也开设了定向行走、综合康复、社会适应等补偿缺陷、发展潜能类的课程,每门课程标准都详细阐述了课程的性质、课程目标、课程内容、课程实施等方面的内容。《盲校课标》的出现为盲校课程建设提供了参照、明确了要求,积极推动了盲校的课程建设。

2. 聋校学科教学的历史演进

1993年国家教育委员会颁布《全日制聋校课程计划(试行)》,2007年根据基础教育课程改革以及特殊教育发展需要,修订为《聋校义务教育课程设置实验方案》(以下简称《实验方案》)。该《实验方案》的出现标志聋校课程改革的全新开始,志在将聋生培养为"四有"新人。课程设置的原则中既强调学生培养要坚持共性与个性的统一,同时从学生知识体系建构的角度提出了综合课程与分科课程相结合的原则。

2016年教育部颁布了《聋校义务教育课程标准(2016年版)》(以下简称《聋校课标》),在《聋校义务教育课程设置实验方案》指导下,共制订了14门学科科目的课程标准,其中既包含语文、数学等必修课程,同时又有英语作为选修课程出现,除此以外,科学、历史与社会这三门学科聋校可以依据本校情况,决定是开设综合课程还是分科课程。课程设置有关说明中重点强调了沟通与交往、综合实践活动、体育与健康课程对聋生身心发展至关重要,为国家要求开设的必修课程。

3. 培智学校学科教学的历史演进

1987年12月30日教育部印发了《全日制弱智学校(班)教学计划》(以下简称《教学计划》),供全日制弱智学校和普通学校附设的弱智班研究试行。1994年10月,教育部印发了《中度智力残疾学生教育训练纲要(试行)》(以下简称《训练纲要》),按照低年级、中年级、高年级分别设置生活适应、活动训练、实用语数的教育训练内容。2007年3月教育部印发了《培智学校义务教育课程设置实验方案》(以下简称《实验方案》)。2016年教育部印发了《培智学校义务教育课程标准(2016年版)》(以下简称《培智课标》)。

(1)《全日制弱智学校(班)教学计划》

我国1979年开始办培智教育,经过几年的实践,结合各地培智学校的教育需求,教育部制订了该教学计划。该计划共包含七个部分,分别是:培养目标和任务、学制和入学年龄、招生对象及办法、教学组织形式、时间安排、课程设置、几点注意事项。

其中该计划的培养目标既从社会主义公民的角度提出要求，同时也强调要补偿缺陷、发展潜能，使智力障碍儿童具备基本的生活适应、社会适应能力。招收对象为轻度智力障碍儿童且具有一定的生活自理能力，学制依据当地实际情况，可以是六年制也可以实行九年制。规定了班级人数不能超过12人，上课时间控制在35分钟。设置了七门课程，分别是：常识课、语文课、数学课、音乐课、美工课、体育课、劳动技能课，文件中对每一门课的具体内容做了详细说明。

此外，文件中进一步说明了培智学校与普通小学教育的区别，培智学校的教育教学应体现培智教育的特殊性，不宜照搬普通小学模式，教材选择以及教学评价应注重灵活性，同时强调了劳动技能、音乐、美工和体育教学对智力障碍儿童身心发展的重要性，以及争取家庭、社会、医疗支持，构建支持系统的重要意义。

（2）《中度智力残疾学生教育训练纲要（试行）》

该《训练纲要》是国家根据《中华人民共和国义务教育法》《华人民共和国残疾人保障法》以及中度智力障碍学生身心发展需求制订的，共包含五个部分，分别是：教育训练的目的和任务、教育训练对象和学制、确定教育训练纲要的原则、教育训练的内容、教育训练工作的问题。

该《训练纲要》中首先提出教育训练的任务有三：一、全面发展的任务；二、补偿缺陷的任务；三、准备进入社会的任务，为其成为社会平等的公民打下基础。招收对象为中度智力障碍儿童，原则上入学年龄以及学制与当地义务教育一致，班级人数宜控制在8个人。同时，该训练纲要提出教育训练的五个原则，分别是：共性与个性统一的原则、实用性原则、实践活动性原则、补偿原则、弹性原则。规定了教育训练的内容，包括生活适应、活动训练、实用语算，并在附录中分低中高年级详细描述了三个科目的具体内容。

此外，教育训练中重点阐述的几个问题涉及：一、安置形式：培智学校、普通学校的特教班、普通学校的随班就读；二、教学组织形式为个别化教学；三、教学方法强调综合教学，并且要注意教学方法的多样性、学生评价灵活性；四、强调对待学生实施差异化教学，教师之间要协同教学。

（3）《培智学校义务教育课程设置实验方案》

该实验方案依据《中华人民共和国义务教育法》《基础教育课程改革纲要》等文件

精神,提出培智学校课程设置要求。其中包括四个板块内容,分别是:培养目标、课程设置的原则、课程设置、课程设置的有关说明。

其中,培养目标强调将智力残疾学生培养成适应社会发展的公民。根据培智教育的特点,提出课程设置的六项原则,原则中既重视关注特殊儿童与普通儿童的共性,同时又突出个性,强调课程设置必修课程与选修课程并存、分科课程与综合课程并举,这样既突出学生一般需求的满足,同时也强调对学生个别化需求的重视。原则中也体现了对培智学生生活适应能力的重视、潜能的开发、创新能力的发展,教育教学中注重将"教康整合"理念贯穿。

该实验方案提出"7+5"共计12门课程,其中7门一般性课程,5门选择性课程。与之前的培智教学文件、方案相比,课程更加强调以生活为核心,工具类学科"语文""数学"全部加上"生活"二字,变为"生活语文""生活数学"。课程设置的有关说明中,详细阐述了12门课程的内容及目标,并强调个别化教育教学的重要性以及课程评价的多元化。

(4)《培智学校义务教育课程标准(2016年版)》

2016年国家在《培智学校义务教育课程设置实验方案》的基础上,颁布了《培智学校义务教育课程标准》,该课标中呈现了"7+3"共计10门课程的课程标准,去掉了原实验方案中的"第二语言""校本课程"两门选择性课程。

课标详细阐述了每门课程的具体内容,如图1-1所示:

(二)特殊教育学校的学科教学发展趋势

1.盲校、聋校学科教学的发展趋势

(1)学科科目设置突出了学生的主体地位,强调"共性"突出"个性"。

纵观盲校、聋校课程发展历史,我们会发现在课程设置方面在逐渐改变传统的以知识、课堂、教师为中心的教学模式,强调尊重学生的主体地位。《聋校义务教育课程设置实验方案》指出要"坚持以人为本……遵循聋生身心发展的特点和规律",《盲校义务教育课程设置实验方案》提出要"坚持以人为本……为造就高素质劳动者、专门人才和拔尖创新人才奠定基础"。

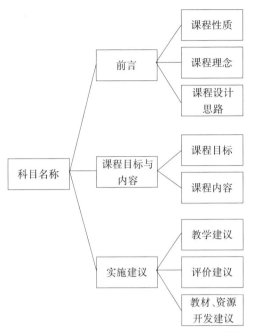

图 1-1　《培智学校义务教育课程标准》中各门课程的框架结构

"补偿缺陷、发展潜能"作为聋生、盲生课程设置、教育教学的原则,不仅仅强调要尊重聋生、盲生的身心差异、特点,同时也在突出其作为"人"的共性。也许聋生、盲生身心发展速度、质量都不及普通学生,但是其身心发展的顺序是一致的,其潜能也是可以开发的。针对"个性"特征,盲校课程设置方案提出"面向全体与照顾差异相结合的原则",聋校课程设置方案突出"均衡性与特殊性相结合的原则",均在强调要根据其身心发展规律与特点,开设相关课程,突出对特殊需要学生"个性"的尊重。

(2)建构三级课程体系,给予地方在课程设置方面更大的自主权。

聋校、盲校课程设置逐步引导构建国家安排课程、地方安排课程、学校安排课程的三级课程体系,给予地方以及学校安排课程的自主性。国家课程作为课程体系的重要组成部分,以必修课程形式出现;而课程设置方案也在强调要根据地方以及学校特点,开发地方、校本课程,以适应社会和学生的需要。

(3)课程内容的选择强调促进学生的全面发展。

聋校、盲校课程设置方案改变了传统的以数学、语文等学科课程为主的局面,增加了其他学科课程的比例,突出了沟通与交往、定向行走、综合康复等特色课程的重要地位,增设美育类、劳动类课程,突出特殊需要学生能力的全面发展。此外,课程设置原则中强调综合课程与分科课程相结合、一般性与选择性相结合,关注了学生身心发展特点与学科知识的内在逻辑,有助于学生的全面发展。

教育质量是特殊教育学校的生命线,而课程是教学质量的根本,课程的发展对特殊教育学校的建设至关重要。特殊教育学校义务教育阶段课程跟随历史发展的步伐不断变革,逐渐探索出一条曲折又逐渐平坦的发展道路。

2.培智学校学科教学的发展趋势

(1)适用范围的变化。

课程适用的特殊需要学生的类型在不断发生变化,在1987年的文件中指出培智学校仅招收轻度智力残疾儿童,到1994年的时候,文件中强调适龄中度智力残疾儿童少年可以进入培智学校就读,发展到2007年时,培智学校服务于义务教育阶段的所有智力残疾学生。

此外招收附加条件也在不断变化,1987年对学生的IQ要求在50-70或55-75而且需要具有相当实用技能以及在指导下能适应社会,1994年对学生的IQ要求在40-55而且提出适应行为中度落后,发展到2007年取消了所有附加条件。

(2)培养目标与培养任务的变化。

2007年的课程方案立足于"公民"培养,强调生活态度、生活技能、生活方式以及健康行为习惯的养成,相较于1987年教学计划中的生活自理能力、1994年教育训练纲要中准备进入社会的任务要更加全面、具体,生活适应、社会适应成为课程设置的基本着眼点。

(3)学科设置原则的变化。

2007年的课程方案的"一般性与选择性相结合"是1994年《教育训练纲要》中"共性与个性相统一原则"的继承与发展,"分科课程与综合课程相结合"打破原有分科课程的局限性,增加课程灵活性,"生活适应与潜能开发相结合"改变了原有矫正缺陷、补偿缺陷的观点,立足缺点的同时善于发现学生潜能,更加强调学生主动性的培养,"教育与康复相结合"符合特教领域中"教康整合"的理念,使得特殊教育不再"孤军奋战",强调支持系统的建构。

(4)学科内容设置的变化。

1987年的教学计划中明确规定培智学校开设的课程有7门,1994年针对中度智力残疾学生开设三门课程,2007年的课程方案中提出7+5课程模式,强调开设必修课的同时,依据学生身心发展适当开设包括校本课程、第二语言在内的选修课程,2016年在课程设置实验方案的基础上确定培智学校开设7+3十门课程。具体内容如下表所述：

表1-1 课程设置内容变化

政策文件	课程		
	一般性课程	选择性课程	活动课程
1987年全日制弱智学校（班）教学计划	常识课、语文课、数学课、音乐课、美工课、体育课、劳技课		班队活动、文体活动、兴趣活动
1994年中度智力残疾学生教育训练纲要	生活适应、活动训练、实用语算		
2007年培智学校义务教育课程设置实验方案	生活语文、生活数学、生活适应、劳动技能、唱游与律动、绘画与手工、运动与保健	信息技术、康复训练、第二语言、艺术休闲、校本课程	专题教育活动、班队活动、兴趣活动、综合实践活动
2016年培智学校义务教育课程标准	生活语文、生活数学、生活适应、劳动技能、唱游与律动、绘画与手工、运动与保健	信息技术、康复训练、艺术休闲、	

依据国家课程标准的发展趋势可以看出，培智学校招收对象由选择性变为"全盘皆收"；培养任务要求立足学生实际，适应生活、适应社会；培智学校的教学灵活性、科学性、适应性不断提升；国家历年的课程改革方案中也突出了个别化教育与教学的重要性。

> ## 三、基于学科教学的个别化教育的发展历程

查阅国家颁布的特殊教育各类教学政策、文件，可以发现我国对特殊需要学生个体差异的关注由来已久，其中对培智学校学生的教育尤为凸显。《全日制弱智学校（班）教学计划》明确强调"弱智学校（班）的课程设置、教学要求、教学组织形式、教学方法等进行相应的改革和创新，不宜照搬普通小学的模式"《中度智力残疾学生训练纲要》要求"针对每个学生的不同特点，为每个学生制订个别教育训练计划"《培智学校义务教

育课程设置实验方案》指出培智学校应"全面推进个别化教育,为每个智力残疾学生制订和实施个别化教育计划"。《培智学校义务教育课程标准》所涉及的10门课程,每门课程的"教学建议"均指出要"尊重学生个体差异,实施个别化教育"。由此可见,在学科教学中落实个别化教育一直是国家政策、文件积极推动的,但是如何在现有的办学形态下有效落实个别化教育,是各特殊教育学校在积极探讨的问题,寻找简单、易操作、能见效的个别化教育操作办法,也是特殊教育学校目前所急需的。

第三节　基于学科教学的个别化教育实施

个别化教育强调对特殊儿童个性的尊重,是确保特殊教育学校学科教学质量的关键。特殊教育学校在学科教学中有序开展个别化教育的前提,在于认同个别化教育的观念,理解个别化教育的价值,明确个别化教育的目标,熟知个别化教育的内容与流程。

> 一、基于学科教学的个别化教育内容

基于学科教学的个别化教育的实施具体包含两个板块内容:第一个板块是拟订个别化教育计划,第二个板块是实施个别化教育计划,我们也常将其称为个别化教学活动设计与实施。拟订合理的个别化教育计划是个别化教学活动设计与实施的前提,而个别化教学活动设计与实施是个别化教育计划真正落地的关键,二者缺一不可。

拟订个别化教育计划包含学生基本资料收集、各科目教育评估、评估资料整理以及拟订个别化教育计划等环节。个别化教学活动设计与实施包含班级学生个别化教育目标统整、确定教学内容、设计教学活动、实施教学活动、教学后再评价等内容。

> 二、基于学科教学的个别化教育流程

当特殊儿童进入特殊教育学校各个班级时,个别化教育相关工作就需要遵循严谨而精确的操作流程而开展起来。

首先,需要收集特殊儿童的基本资料,了解他们的成长史、医疗史、教育史以及家庭情况和所生活的社区环境,旨在查找导致特殊儿童出现身心发展问题的根源,明确家长对待特殊儿童的态度,了解能够争取到的家庭资源有哪些。第二步,选择合适的评估工具,开展学科教学评估工作(具体内容将在第三章、第四章进行详细阐述)。第三步,统整评估资料,系统分析特殊儿童身心发展现状、学科学习优弱势、教学重点等内容,拟订个别化教育计划(具体内容将在第五章进行详细阐述)。第四步,统整班级学生个别化教育计划中的长短期目标,确定班级教学内容(具体内容将在第六章进行详细阐述)。第五步,设计教学活动,包含教学内容分析、学生情况分析、教学目标、教学重难点、教学时间、教具学具准备、教学活动过程以及板书设计等内容,其中学生情况分析、教学目标撰写以及教学过程安排尤其需要关注学生的个体差异,将个别化教育目标切实落实到教学活动中(具体内容将在第六章进行详细阐述)。第六步,实施教学,其中包含说课(课前说课、课后说课)、上课、评课等环节,旨在通过教学达成班级学生的个别化教学目标(具体内容将在第七章进行详细阐述)。第七步,教学实施后的再评量(具体内容将在第八章进行详细阐述)。

　　高品质的个别化教育必须遵循严谨的操作流程,然而鉴于各特殊教育学校办学理念、教学资源、师资力量、支持体系等方面发展的差异性,特殊教育学校可以依据本校实际情况调整个别化教育实施的内容与流程,在不断总结经验并不断完善与优化中,探索出符合本校实际情况的个别化教育实施规范。

＞　三、基于学科教学的个别化教育实施原则

(一)团队协作原则

　　个别化教育工作内容多、流程繁杂,需要团队协作方可顺利完成。首先,个别化教育理论知识的学习需要特校教师共同参与,在共同学习中厘清思路,在交流探讨中加深对理论知识的理解。其次,个别化教育中的学科教学评估需要团队协作,原因在于学科教学评估涉及不同的科目,每个科目评估的内容较多,一位或几位教师是无法完成所有评估工作的。再次,个别化教育计划的拟订以及教学内容的确定等环节均需要特校教师集思广益,方能保障个别化教育开展的有效性。因此,团队协作对于个别化教育工作的开展意义深远。

　　特殊教育学校在开始个别化教育实施路径探索之初,可以根据自愿原则组建本校个别化教育实践小组,学校将本组教师作为个别化教育种子教师进行培养,形成本校个别化教育工作开展的核心团队。待核心团队能够熟练开展个别化教育工作后,再积

极发挥辐射作用,通过"传帮带"的形式带动本校其他教师也能够参与到该项工作中,使得整个学校形成一个个别化教育团队。

(二) 适宜性原则

历经多年的实践探索,个别化教育的实施模式是多种多样的,个别化教育的操作流程也是众说纷纭,特殊教育学校需要根据本校实际,选择适合本校的个别化教育操作模式,选择符合本校实际的操作流程。举例而言,学科教学评估作为教育评估的重要内容,选择哪一类工具进行评估、采用怎样的方式进行评估、以怎样的形式呈现评估结果等都需要特殊教育学校根据本校实际进行选择与判断。总而言之,适宜性原则是个别化教育能够真正落地的保障。

(三) 完整性原则

个别化教育的实施,既包含个别化教育计划的拟订,也包含个别化教学活动的设计与实施,二者缺一不可。特殊教育学校若仅仅是给特殊儿童拟订了个别化教育计划,将其束之高阁,并未真正在教学中去落实,这将影响个别化教育的完整性,也将影响个别化教育的有效性。基于学科教学的个别化教育,既在培智教育中积极开展,也在盲校、聋校的教育中被积极探索。学科教学,在培智学校既包含生活语文、生活数学、生活适应等学科,也包含唱游与律动、绘画手工、运动与保健等学科;在盲校、聋校,既包含语文、数学等学科,也包含物理、化学、生物等学科。基于学科教学的个别化教育,不能仅仅关注某一类特殊教育学校的某一个学科,应该关注到各类特殊教育学校的各个科目。完整性原则,是特殊教育学校个别化教育实施的前提,是个别化教育实施的质量保证。

(四) 可操作性原则

基于学科教学的个别化教育工作的开展,与特殊教育学校的办学理念、教师团队建设、学校教学模式、教学资源、外部支持系统等有着密切联系。如何在遵循个别化教育实施方向的前提下,结合本校实际将个别化教育真正落到实处,是特殊教育学校办学专业性之所在。结合本校的办学模式,选择适合本校的个别化教育操作流程;依据本校现有资源,选择适合本校学生的学科教学评估工具;依据编写原则,撰写具体、可操作的长短期目标;将学生的长短期目标配入现有教材的主题单元中,都是确保个别化教育在特殊教育学校落实的可操作性措施。由此可见,可操作性原则,是特殊教育学校在落实个别化教育的过程中要解决的核心问题。

思考题

1. 试论述在学科教学中实施个别化教育的意义与价值。

2. 查阅国家相关政策、文件,探寻学科教学中个别化教育的发展趋势。

3. 试阐述学科教学背景下,个别化教育的实施流程。

第二章
基于学科教学的个别化教育理论基础

本章聚焦

1.心理学基础、社会学基础、政策法规基础对基于学科教学实施个别化教育的意义与价值。

2.各类特殊儿童的身心发展特点。

3.基于学科教学实施个别化教育所经历的社会进化历程。

4.个别化教育相关的政策法规内容解析。

本章结构

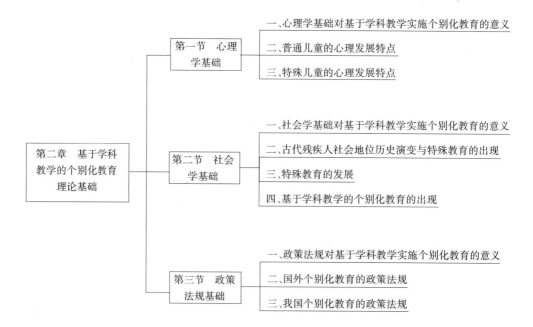

追溯特殊教育的发展历史,特殊需要人群的生存状况、社会地位、受教育权等与人类的文明进步程度息息相关,由此可见,特殊教育的发展需要建构在一定的社会发展基础之上,而若想在特殊教育学校现有的分科教学模式下实施个别化教育也是需要具备一定的理论基础的。

第一节　心理学基础

心理学作为研究人的心理现象和发展规律的科学,是个别化教育有效实施的重要支撑。

＞　一、心理学基础对基于学科教学实施个别化教育的意义

教育与儿童的身心发展既相互支持又相互制约,适切的教育必须遵循儿童身心发展的自然规律,儿童身心发展的特点决定着教育的内容与方式,而儿童身心的健康发展也源于优质的教育。特殊教育与特殊儿童身心发展之间的关系,也遵循着这一规律。特殊儿童是与普通儿童相较而言,在身心发展方面存在明显差异的儿童,正因为他们身心发展上的特殊性,才导致了其在教育上的"特殊需要",个别化教育就是这些特殊化的一个具体体现。

要在特殊教育学科教育中落实个别化教育,必须在掌握一般儿童身心发展的基础上,全面掌握特殊儿童身心发展的相关理论知识。为何掌握这两方面的知识如此重要呢?首先,只有清楚了解普通儿童身心发展的特点及规律,才能更系统地学习和理解何谓发展中的异常及偏差,才能更科学地进行教育诊断、教学评估。其次,特殊儿童的身心发展规律和特点依然遵循普通儿童发展的一般规律,不同的是特殊儿童身心发展存在不同程度的偏差和滞后,特殊教育的目的就是尽可能地减少这种偏差,从而改善这种滞后状态,最终使特殊儿童最大程度地适应生活、适应社会。在拟订特殊教育学科教学、康复目标时,儿童发展方面的理论知识起着不可或缺的指导作用。综上所述,只有对普通儿童和特殊儿童身心发展相关知识了然于心,才可能在特殊教育个别化学科教学中游刃有余。

＞　二、普通儿童的心理发展特点

心理发展是个体从出生到成年期间心理所发生的变化,是个体在成长期间对客观现实的反应活动不断扩大、逐步提高和完善的过程。人的心理发展所经历的过程和形式,是一个从低级到高级、从简单到复杂、从量变到质变的过程。同时是一个包含着许多心理因素的多层次动态系统。每一种心理因素的形成和发展,都是从缓慢积累发展

到一定年龄阶段而发生质的变化的，各种心理因素的发展变化是不同步的，同时，它们之间又相互影响，形成各种错综复杂的交替变化。

普通儿童个体心理发展的普遍性规律具体体现在：心理发展是一个持续不断的过程，由较低水平到较高水平；心理发展有一定的顺序性，如儿童的思维遵循从具体思维发展到抽象思维的顺序；人类心理呈现阶段性，相邻阶段规律地进行更替，即前一阶段会为后一阶段准备条件，各阶段之间的过渡具有规律性；人的心理过程和个性特点发展速度并不完全一样，成熟时期各不相同，例如感知觉、机械记忆等发展较早，在少年期之前已发展到相当水平，逻辑思维则要到青年期才开始发展；人类心理各个方面的发展相互联系却又相互制约，如儿童的感知觉为其思维提供具体、直观的材料，而思维发展又反过来完善其知觉；心理发展有明显的个体差异性，由于遗传素质、生长环境、教育条件等差异，心理发展的速度和发展情况因人而异，同一年龄阶段的不同儿童在心理上会存在一定的个体差异。

> ## 三、特殊儿童的心理发展特点

（一）视力障碍儿童心理发展特点

因视觉受限，视力障碍儿童在感知觉、认知、情绪、社会适应性等方面有其特殊性。

1. 感知觉方面

视力障碍儿童由于视觉的缺失，听觉和触觉成为他们感知客观事物的主要途径。视力障碍儿童听觉发展更充分，表现为听觉非常灵敏，他们可以通过听觉进行空间定位，利用听觉来了解、熟悉生活和学习环境。视力障碍儿童的触觉也十分敏锐，由于器官的代偿作用和补偿训练，他们的触觉、嗅觉等感觉明显地比普通儿童好。例如，常人的指尖两点阈为 1.97 mm 左右，而视力障碍儿童的指尖两点阈一般在 1.02 mm 左右。通过训练，他们不仅能通过手指触觉认识到物体，还能以敏锐的触觉学会盲文，同时，触觉能帮助视力障碍儿童形成正确的概念并发展思维。

2. 认知发展方面

在认知发展方面，视觉障碍儿童较明眼儿童有一定滞后。由于视觉经验的匮乏，视觉表象难以形成，低龄视力障碍儿童表现出以机械记忆为主的特点，对物体再认识的成绩也远低于明眼儿童。但随着年龄的增长和有效训练的介入,这种差异可能逐渐减少,并趋于消失。

3. 学习能力方面

视力受损会影响个体的学习能力,但影响程度却是因人而异的。就视力障碍儿童的学习能力问题,有研究结论提示:视力的缺陷并不明显影响智力,视力障碍儿童并不一定比明眼儿童智力低下;视力障碍儿童在概念形成上常有较大困难,他们无法或较难通过视力信息来进行有效的模仿、学习。视力障碍儿童因受到视觉干扰的可能性相对较少,因而能集中注意力于听力和对听到信息的加工整理,所以部分人表现出记忆力相对较好。

4. 语言发展方面

语言的习得主要是通过听觉,视觉障碍本身而言并不影响儿童语言的发展,但对肢体语言的发展仍存在或多或少的影响,例如,视力障碍儿童会在说话时的姿势、体态等方面表现出异样;另一方面,因为缺乏表象信息获得,视力障碍儿童在语言表达上使用的词汇缺乏感性基础,不能准确把握一些视觉词汇的内涵,常出现词与视觉形象脱节,语言辞藻华丽、空洞无物的情况。

5. 情绪特征与社会适应方面

由于视力缺陷,视力障碍儿童处于黑暗之中,更容易陷入不安、焦虑情绪,产生挫败感、不安全感,这使他们在社会交往中容易表现出缺乏信任,甚至认知偏执,行事武断。视力缺陷使得视力障碍儿童活动能力受限,在从事日常事务时更容易遭遇失败,这使得他们在人际交往中表现出被动、依赖与无助。视力障碍儿童无法或较难运用肢体语言与人沟通,这也会影响其正常的人际关系的发展,使他们出现自卑、退缩表现。

（二）听力障碍儿童心理发展特点

1. 感知觉方面

听觉是人们获取信息的最重要的途径之一。听力损伤是听力障碍儿童感知觉的一个特点,这个特点他们对事物的认识不完整、不准确,另一方面,这种特点使得听力障碍儿童的视觉、振动觉、触觉等出现代偿作用,其中,视觉代偿最为明显,例如,在学习及日常生活中,听力障碍儿童主要靠眼睛观察,他们对事物的观察比较敏锐细致。

2. 注意方面

因为听觉受损,一般声响刺激不易引起听力障碍儿童的注意,来自视觉、振动觉、触觉的刺激更容易引起他们的注意,例如他们对彩色挂图、活动的教具有兴趣,能较好地保持自己的注意力。播放教学录音时,普通学生会聚精会神地听,听障学生则因听不清会很快分心。普通学生可以凭借视觉、听觉等多种感官同时注意多个刺激物,进行良好注意的分配。与普通儿童相比,听力障碍儿童的注意分配相对不良,这是由于听力障碍儿童主要用眼睛观察事物,视觉不能同时注意多个刺激物,所以,当多个刺激同时出现时,他们的注意力分配往往存在困难。

3. 记忆方面

语言的韵律、声调美对记忆语言材料有着重要的作用,通过诵读体会语言的韵律和声调美,从而在理解的基础上记忆语言材料,这是视觉识记方式难以替代的。听力损失严重影响人对语言韵律、声调的感受;听力障碍儿童视觉、触觉、运动觉表象远比听觉表象多,他们头脑中的语音表象往往是断断续续、模糊不清的。以上原因使得听力障碍儿童在记语言材料时常常表现出机械识记多,意义识记少,对直观形象的东西记得快、保持得好的特点,所以,他们对语言材料的记忆和再现比较困难。

4. 思维方面

听力障碍儿童的思维发展规律与普通儿童是一样的,遵循由具体到抽象,从低级到高级的规律,但由于听力缺陷,其思维发展又有一定的特殊性,具体表现为以下几个方面:思维较长时间地处于直观形象思维阶段,即使成年后,思维活动往往带有明显的形象性特点;抽象思维能力的发展较同龄普通儿童缓慢;在思维过程中语言参与及发挥作用相应要少,概括能力明显受影响。

5. 情绪行为方面

听力障碍儿童由于听力和语言的障碍,在表达自己的需要和情感上往往有困难。他们常常会感到不被理解,不被周围环境所接纳,在对他人或事件的理解上不够敏感甚至有些困难,这些困难较难被周围环境所理解,甚至会受到指责、误解,因此,听力障碍儿童容易出现各种情绪发展障碍,如冲动、易激惹等,这也是听力障碍儿童在偶然动机和情绪的影响下,容易表现出冲动性行为的原因。

6. 语言方面

语言是人类思维和交际的工具,有声语言的损害对正常社会生活有很大的影响。听力残疾造成的语言形成和发展上的滞后,是听力障碍儿童发展中最主要的缺陷之一。听力障碍儿童语言缺陷主要表现有三个方面:第一,语言发展落后,书面语学习困难,儿童一般从1岁左右开始学说话,到学龄前期,口语已初步形成,而大多数听力障碍儿童的语言发展明显落后,到学龄期口语还未形成,这严重影响了其书面语的学习。第二,表达能力发展落后,听力障碍儿童语言形成与生活经验间不同步:他们每天能接触到的生活现象并不少,但并没有同时听到、学到用于表达这些生活现象的词语(语言),所以,出现见到的不少,会说的却不多,生活经验与表达不同步的情况。第三,语言发展水平差异显著。残余听力及康复训练介入情况、训练质量差别,导致了听力障碍儿童之间在语言发展程度与速度方面千差万别。

7. 社会交往方面

听力语言障碍在不同程度上影响着听力障碍儿童的社会交往能力,他们往往社交不成熟,较难结交到同龄的普通儿童,这使得他们常常回避和普通人的社会交往,而更多地选择和听觉障碍儿童为伴。同主流社会的疏远致使听力障碍儿童缺少自信心,他们常表现出自卑、情绪不稳定、容易发脾气的性格特点。听力障碍儿童与听障伙伴交流互动比较好,但与家庭及其他人员进行情感交流比较困难。另外,由于听力障碍儿童较难融入健听群体,很容易被边缘化,少数人由于受到不良团体的影响,可能会出现反社会行为,如偷窃、抢劫等犯罪行为。

(三)智力障碍儿童心理发展特点

智力障碍儿童各领域发展均会出现滞后而表现出广泛性的发展障碍和缺陷。

1. 认知方面

认识周围事物和现象有困难,记忆的组织能力较差,缺乏明确的目的,特别是需要深入处理的记忆任务;认知能力差,后设认知能力弱;归类概括能力、理解、判断、推理能力低。

2. 语言方面

智障儿童语言理解、表达能力发育迟缓,通常说话较晚。在日常会话方面,轻度智障儿童的能力基本接近普通孩子,但对复杂、抽象的语言理解及表达能力比较低下,到了学龄期,往往表现出书写、阅读、作文能力低下;重度智障儿童词汇量非常少,基本不能表达自己的意思。另外,智障儿童在发音、构音方面通常也会有不同程度的异常。

3. 情绪行为方面

在情绪发展方面,轻度的智障儿童接近于普通孩子,但高级情感的协调能力差,他们情绪不稳定、易冲动;重度智障儿童情绪发展水平较低,一些高级情感如羞耻、愧疚等发展水平极低或没有发展。认知、情感发展的偏差,智障儿童容易表现出缺乏交往热情、冷漠、固执、任性、情绪波动大、易激惹孤僻,有的存在异常行为表现,如行为幼稚、多动、冲动,甚至出现破坏财物、自伤或伤人行为。

4. 社会性方面

智障儿童的社会交往能力通常比较差,社会化程度往往较低。认知能力的局限、情感、行为发展的偏差等不利因素,导致了智障儿童在社会交往中自控能力差,与人交往时缺乏忍耐性,判断他人的意图、立场的能力低下,容易以自我为中心,部分智力障碍儿童胆小、怯懦,行为被动甚至抗拒社交活动。智障儿童社会化程度的高低受其智力损害程度、原发疾病情况的影响会表现出一定差异性,例如,部分先天愚型儿童性格开朗,不认生,喜欢亲近别人,社会功能相对会好一些。

5. 身体运动能力方面

在运动发展方面,智障儿童的粗大运动、精细运动均可能出现发育落后。尽管个别轻度智力障碍儿童可能表现出较好的运动技能,但总体而言,他们的运动能力是偏低的,主要表现为肢体协调、平衡能力不足,运动速度与灵巧度落后于同龄儿童,同时,体力与反应速度也弱于正常儿童,例如,走、跑、跳、投、扔、骑车时动作笨拙。智障儿童精细运动发展方面也存在明显的落后,所以,常常表现出手功能不良,在学习中执笔书写、手工操作困难,在生活中持勺、用筷、系扣动作笨拙,甚至无法完成这些活动。与粗大运动发展水平相较,智障儿童的精细动作发展障碍更为多见,例如有的智障儿童粗大运动可能接近于普通孩子,但手指精细运动能力差,写字、描画等都显得很笨拙。

（四）脑瘫儿童的心理发展特点

脑瘫是小儿脑性瘫痪的简称,指因多种原因(如窒息、感染、外伤等)引起脑实质损害,出现非进行性、中枢性运动功能障碍的疾病。临床上,脑瘫有多个分型,常见的有痉挛型、强直型、手足徐动型、共济失调型、弛缓型、混合型。脑瘫儿童主要表现为运动障碍和姿势异常,但因临床分型、严重程度以及智力受损情况的不同,又表现出不同的临床症状,他们常有智力、视觉、听觉、语言障碍和癫痫等合并症状,具体症状与脑损伤范围与程度有关。

1. 智力方面

超过半数的脑瘫儿童存在智力低下的情况,其中有一部分为中、重度智力低下。脑瘫的神经分型是发生智力低下的高危因素,不同脑瘫类型间,总智商(FIQ)不同,孙殿荣等的《学龄前脑性瘫痪患儿智力水平调查》研究显示:脑瘫儿童智商由高到低排序是:痉挛型偏瘫、痉挛型双瘫、不随意运动型、共济失调型、痉挛型四肢瘫。脑瘫儿童智力障碍的主要原因是脑功能的受损,另外,学习、成长经历的特殊性,对其智力也有一定影响,例如,由于运动障碍,他们的活动、探索空间往往十分受限,这对其认知能力的发展是不利的;部分脑瘫儿童的早期生活多在医院和康复机构度过,长期在各种求医问药的路上奔走,使得他们在自然环境中学习的机会大大减少,缺乏正常孩子应有的学习、生活经验,这也是影响他们智力发展的一个因素;如果合并感知觉等其他方面的障碍,脑瘫儿童的智力发展会受到更多的挑战。

2. 感知觉方面

视觉信息的获取要依靠眼肌功能的协调,如果眼肌运动障碍,就会表现出视觉障碍。部分脑瘫儿童眼部肌肉存在肌力不足、肌张力异常、不随意运动等异常情况,这导致了他们的视觉问题,最常见的是眼球震颤、内外斜视、凝视障碍及追视障碍。此外,脑瘫儿童还可能存在本体觉不足、触觉失常等感觉统合失调的情况,这也是在康复及个别化教育教学中需要关注的问题。

3. 认知方面

认知是人类认识和获取知识的智能加工过程,涉及了记忆、思维、注意等一系列心理行为。大脑皮层是认知的生理基础,任何引起大脑皮层功能、结构异常的因素均可导致认知障碍。脑瘫儿童最根本的损害是大脑,特定脑区损伤使得相应的高级智能加工过程出现异常,从而引起他们学习、记忆、思维、注意的障碍。不同脑瘫患儿受损的大脑功能区不同,损伤程度也不同,这使得其认知损害情况千差万别。认知障碍包括感知障碍、记忆障碍、思维障碍等类型,不同类型互相关联,情况比较复杂,对脑瘫儿童而言,比较常见的认知损害是知觉、思维、记忆、注意力等方面,这使他们的学习存在不同程度的障碍,表现出阅读、计算、推理等能力落后,从而学习各种知识、技能比较困难。

4. 情绪行为方面

智力正常或受损不严重的脑瘫儿童在自我意识的发展方面没有明显不同,脑瘫疾病给他们带来的生理影响主要是自主活动的受限,身体的掌控感影响心理的自我掌控感,运动障碍程度越重的儿童自我掌控感越低,也越容易导致低自我效能感。在形成自我意识后,智力稍好的脑瘫儿童能认识到自己和别人的不同,往往产生自卑心理,比较容易表现出焦虑、抑郁,因此,脑瘫儿童常常表现出内向、害羞、被动、退缩、悲观、孤僻、暴躁等行为特点。另外,脑瘫儿童行动受限,生活中很多事由别人代劳,所以依赖性相对强,缺乏独立意识。智力障碍明显的脑瘫儿童的情绪行为特点和智力障碍儿童相似。

5. 社会性方面

脑瘫儿童的社会交往适应能力通常和其障碍情况密切相关,运动、智力障碍程度越轻,社会化程度越高。多数脑瘫儿童受认知能力的局限、情感、行为发展的偏差等不利因素影响,社会化程度往往不足。由于脑瘫儿童行动不便、生活自理能力受限、言语障碍、智力发育落后等原因,参与社会活动或集体活动有限,在同伴交往、建立友谊等方面存在困难。另一方面,有的社会文化对脑瘫还存在歧视和偏见,这容易使脑瘫儿童感到低人一等,情绪消沉,易自暴自弃,害怕与外界接触,所以,社会文化对脑瘫儿童社会功能发展也有一定影响。

(五)孤独症儿童的心理发展特点

孤独症也称自闭症,是一种谱系疾病,为广泛性发育障碍的代表性疾病。主要特

征为:社交障碍、语言发育迟滞、行为刻板怪异、活动兴趣范围狭窄。孤独症儿童的心理发展有以下明显的特点:

1. 感知觉方面

感知觉异常在孤独症儿童中比较多见,常见表现形式有两种:一是感觉过度反应,即对一般刺激做出夸大的行为反应;二是感觉低反应,是指对感觉刺激的反应强度不足或缺乏反应。孤独症儿童的感知觉异常涉及视知觉、听知觉、触知觉、味知觉、嗅知觉、本体知觉和前庭功能,形式多样,这使得他们对日常生活中的各种刺激表现为迟钝或过敏以及特殊感觉偏好等,并由此衍生出一系列相应的问题行为,例如,痛觉迟钝的孤独症儿童容易出现撞头等自伤行为;对某些声音过度敏感的孤独症儿童拒绝在嘈杂的环境中停留,或频频出现捂耳行为;寻求本体觉刺激的孤独症儿童会挤压自己的身体;寻求前庭觉刺激的孤独症儿童会不停地旋转;等等。

2. 社会性方面

孤独症最核心的症状是社会交往障碍,表现为缺乏社交凝视、微笑和依恋,有明显的社会性注意缺陷,不能进行正常游戏及遵守社会规则,不能建立伙伴关系等。典型的孤独症在婴儿期会表现出回避目光接触,对人的声音缺乏兴趣和反应,缺乏期待被抱起的姿势,被抱起时身体僵硬,不喜欢与人贴近。幼儿期,患儿回避目光接触,呼之常无反应,缺乏对父母等亲人的依恋,没有与同龄儿童交往或玩耍的兴趣,不会用适当的方式和同龄儿童交往及建立伙伴关系,不会与他人分享情绪和感受,也不会向他人寻求安慰。学龄期后,随着年龄增长,患儿对父母、亲人可能变得友好而有感情,但与人交往仍明显缺乏主动性。目前,孤独症往往被认为是一种终身性障碍,成年后,孤独症患者仍缺乏正常的社会交往技能。虽然部分孤独症愿意与人交往,但交往方式仍存在问题,他们对社交常情缺乏理解,不能正确获取、解读他人的情绪反应,不能依据社交场合调整自己的行为。

3. 语言方面

语言交流障碍是孤独症的第二大症状,表现为语言表达障碍、语言理解障碍,缺乏实际意义的语言交流,例如,语言在音量、语速、节奏及音调上有明显异常;说话形式异常,鹦鹉学舌,重复别人说过的话和问题,刻板地回答问题;人称代词混用,"我"与"你"

概念混淆不清,出现乱用、错用。与人交谈时主题混淆,说出与当时情景不相关的话;语用能力差,尽管能说许多话,但往往答非所问,东扯西拉,或固执地要求他人谈自己感兴趣的话题,不关注他人的反应,甚至自言自语地说重复的一个话题。

4. 记忆方面

研究数据表明,70%左右的孤独症儿童存在智力落后情况,20%的孤独症儿童智力在正常范围,而10%的孤独症儿童智力超常。孤独症儿童机械记忆较好,对某种信息(例如日期、列车时刻表等)具备惊人的记忆能力,但是其联想记忆很弱,对重复呈现的信息进行回忆或再认时存在困难。此外,孤独症儿童在语言记忆方面存在明显缺陷,无法将学过的词通过编码转换为动态语言,而图形记忆能力在一定程度上弥补了孤独症儿童在记忆方面的缺陷,对图形的观察力和记忆力为孤独症儿童打开了认识世界的"通道"。与普通儿童相比,孤独症儿童无法采用灵活、重组的方式进行记忆。

5. 情绪行为方面

在自我与情感方面,孤独症儿童在与人交往中无法很好地理解别人的情感,也不能通过正确的方式表达自己的情感,他们不能辨识别人的情绪和态度,无法辨别人类复杂的社会关系,也不清楚什么样的场合应该有什么样的情绪表达,这导致了他们社会交往方面的重重困难。

由于兴趣范围狭窄,孤独症儿童对感兴趣的东西非常执着,不容易接纳其他新事物,表现出刻板行为。刻板重复的行为是孤独症儿童另一显著的特点,他们兴趣奇特,过分专注于某些事物,日常生活习惯刻板,不允许常规被打破,否则常出现极端抵抗和情绪异常。部分孤独症儿童有多动、自伤、攻击等行为。

特殊儿童身心发展规律同样遵循普通儿童发展的一般性规律,只是不同障碍类别和障碍程度的儿童又有其发展中的特殊性,这是生命多样性、独特性的反映和表现,因此,特殊教育不仅要遵循教育中的共性规律,还要尊重不同障碍情况学生的个性差异,同时要注重其缺陷补偿与潜能开发。只有坚持教育整体性、方向性与多样性、独特性的辩证统一,才能最大限度地促进特殊儿童充分和全面发展。个别化教育正是基于特殊儿童身心特点的特殊性而越来越多地被关注和推崇。在开展个别化教育工作时,无论是个别化的评估还是个别化教育计划的拟订和实施,都应充分考虑到不同障碍类别和障碍程度儿童身心发展的一般性和特殊性规律。

第二节 社会学基础

约翰·杜威曾强调学校制度的改变深受社会进化历程的影响,而特殊教育的发展也同样受到社会发展水平的制约,特殊教育的发展水平直观反映了残疾人生存状况及社会地位。

> ### 一、社会学基础对基于学科教学实施个别化教育的意义

教育与社会生活联系密切,特殊教育作为复杂的社会活动之一,从发生、发展到兴盛,经历了漫长、曲折的历史嬗变,贯穿了千百年来人类的开化与文明史。社会的发展水平直接影响特殊教育的现代化进程,例如社会学所倡导的社会公正与平等,促进了特殊教育领域为特殊儿童提供平等教育机会的实施路径探索。基于学科教学的个别化教育作为特殊教育的重要内容,其发展需要依托一定的社会背景,其必要性、可能性与特殊需要人群的社会地位、社会公众意识水平、残疾观念等问题关系密切。

> ### 二、古代残疾人社会地位历史演变与特殊教育的出现

在古代,由于生产力的低下、生活、医疗条件不足,各类残疾严重地威胁着大众的生命,人类新生儿死亡率极高,存活下来的婴儿生存也十分困难,许多婴儿一生下来就在生理方面有异常;疾病、战争导致了人们各种各样的残疾,残疾人被看成邪恶的化身和对公众的威胁,多数残疾人受到了冷酷及残忍的对待,包括法律制裁、宗教排斥、被驱逐等。残疾人社会地位和生存状况的不断变化,是人类文明进程的嬗变史,随着人类文明的不断发展,残疾人的社会地位和生存状况得到不断地改善。

(一)古希腊、古罗马时期残疾人的遭遇

在古代的欧洲,人们把各类残疾人看成是"魔鬼缠身""上帝的惩罚",残疾人被人

任意伤害。古希腊和古罗马人认为：国家的强大依靠的是国民的先天体质，他们制定法律，消灭带有残疾的婴幼儿。亚里士多德就主张制定法律来消灭畸形儿，希波克拉底也有相同的意向。当时，有关法律规定，新生儿在长大之前要接受健康检查，只有具有能培养成武士身体条件的孩子才可以得到国家的正式认可，才能取得公民身份。罗马人非常注重家庭在国家中的地位，后代要服从家族中男性头领的权威，男性族长对家族成员拥有生杀大权。在家庭中，父亲拥有绝对的权威，丈夫有抛弃、杀害或出卖他们孩子的权利。在地中海地区，流行一种残忍的习俗：当孩子被发现是畸形时，就会遭到淘汰和扼杀，被淘汰的孩子会被丢弃在峡谷中，或抛入河中，或放入陶制的容器遗弃在路边。在古罗马，盲人只能沦为乞丐或妓女，智力残疾的人则被当作奴隶被贩卖或成为乞丐；一些有钱人会收留智力残疾者，把他们打扮成小丑，供客人们娱乐，例如，在罗马有可以买到断脚人、独臂人、巨人、侏儒等的特殊市场。到帝国时期，希腊和罗马开始限制杀婴，例如，某些城市开始限制父母杀害新生儿，或禁止杀害第一胎男性婴儿。家长的权威逐渐减弱，他们不再拥有绝对的权威，不能随意抛弃和杀死孩子，如果家庭不想要生出的婴儿，就会把他们放置在特定的地方，由国家收养。3世纪，法律规定不可以抛弃孩子，否则与谋杀同罪。直到4世纪，抛弃、杀害残疾儿童现象才不再多见，被抛弃的残疾婴儿大都由早期的基督教徒收养，并对他们施以洗礼和教育。

（二）中世纪残疾人的遭遇

在中世纪，受宗教和各种迷信观念影响，欧洲人对残疾人的看法有所改变。很多人认为残疾人是大罪人，是因为上帝降下惩罚才变得残疾的，所以对他们很不友好，但是，也有很多人认为残疾人在活着的时候就经受痛苦折磨，偿还罪业，反而比一般人更加接近上帝，所以对他们抱有好感。残疾人如果生活在歧视残疾人的社区，会遭毒打或驱逐，如果生活在对残疾人友善的社区，就可以做一些简单的手工赚钱糊口，如果附近有大一点的教会，残疾人可以向教会寻求帮助。在11世纪，英国等欧洲国家已经有一些教会开设了专门面向残疾人的收容所。

（三）从文艺复兴到特殊教育实践开始

19世纪之前，西方多数的残疾人生活在黑暗与痛苦之中，他们大多数没有工作，没有经济来源，社会交往也被限制，很少得到宗教的接纳。从当时的文学和艺术作品中可以看出社会对残疾人的偏见，人们认为残疾是做了恶事而受到惩罚的结果，残疾人往往被看作异类，被描述成罪犯、怪物，从而受到排斥、伤害和驱赶。相较而言，盲人的遭遇相对好一些，从古希腊诗人荷马所写的作品开始，盲人总是以受同情的形象出现，艺术界有盲人诗人、盲人说书者和盲人音乐家。后来，有些作品中把残疾人描述得与普通人一样聪明，这对改变当时社会歧视残疾人的落后风气起到了积极的作用。

14世纪产生于欧洲的文艺复兴运动所倡导的人文主义精神猛烈冲击着中世纪的神学、禁欲主义，导致了宗教改革、科技革命浪潮高涨，迎来了人性与自由精神张扬的新时代。这一时期，随着科学的发展，人们对残疾的认识逐渐清晰。16世纪，巴拉萨尔沙士发现痴呆不是"魔鬼附体"，而是一种疾病的结果；法国医生皮内尔明确指出了白痴、精神病、智力落后之间的区别。大批启蒙思想家、哲学家、政治家倡导个性独立、自由、平等的精神，确立了西方20世纪的基本价值观：法律面前人人平等、博爱等。丹尼尔·迪菲发表了《生命的历程和邓肯坎波贝尔惊人的进展》一书，书中首次对聋人问题做了全面的审视；狄德罗著名的《盲人书简》指出，盲人有足够的智力和能力接受教育，能与普通人一样过体面的生活。人类文明的进步，残疾人生存状况和社会地位的提升，为特殊教育的发生、发展奠定了基础。

> ### 三、特殊教育的发展

18世纪高涨的社会生产力和人道主义精神，催生了特殊教育。1770年，法国天主教神父莱佩在巴黎创办了世界第一所聋人学校，开启了近代聋人正式教育的先河。阿羽伊于1874年在巴黎创办了第一所盲童学校，1837年，法国精神科医生谢根在巴黎创立了弱智者训练学校。在19世纪早期到20世纪20年代，大量隔离的特殊教育养护机构在美国建立，特殊教育发展的中心也随之从欧洲转移到了美洲。世界特殊教育的发展现状有力地说明了特殊教育的发展是一个地区或国家社会、政治、经济、国民素质和人文精神的综合反映。

近半个世纪以来，特殊教育的发展经历了一个漫长的过程，特殊教育的发展格局和体系也在逐渐完善。

（一）第一个阶段:将教学定位为简单化的普通教育

在先进开明教育思潮推进下,发展特殊教育不再是一些富有同情心的社会人士和慈善机构的义举,特殊教育从慈善型逐渐转向权益型。特殊教育传入我国后,开始是沿袭了西方的办学理念和办学模式,主要体现的是慈善收养功能,经过多年摸索,从最早的"收养"逐渐演进为"教育",但教育模式基本借鉴普通学校,如傅氏父子所创办的上海盲童学校,在课程设置上与普通学校所开设的课程基本相同。新中国成立后,政府开始逐步接管特殊教育,特殊教育逐渐成为政府和全社会应该承担的社会责任,从而得到了进一步发展,但因当时对特殊教育培养目标尚无清晰的认识,所以,特殊教育基本是对普通教育的复制,课程设置和普通学校趋于一致,只是降低了学习难度,相当于普通教育的简单化。此时期的特殊教育较关注特殊儿童的感觉替代和认知训练,偏重缺陷补。进入20世纪90年代后,《中华人民共和国义务教育法》《中华人民共和国残疾人保障法》的颁布,明确提出依法制订新的九年制教学计划,进一步保障了残疾人受教育的权益。此时期,强调特殊儿童德、智、体、美、劳全面发展,要求要结合特殊儿童实际情况,对其进行相应教育、教学和训练,有效补偿缺陷,结合国家、地方二元管理的课程结构,发展出了特殊教育综合课程,强调学科课程与活动课程并重。这一时期,特殊学校的课程和教育教学方式以统一规划、集体教学的"一体化"模式为主,这样的教育理念及模式促使特殊教育在一定时期内得以迅速发展,但也存在一些弊端,如过分关注特殊学生的共性,忽略了个体差异性及其特殊需要。与普通儿童相较,特殊儿童个体之间的身心异质性明显,且并非用整齐划一的干预措施所能处理的,"一体化"教育模式违背了特殊儿童身心发展规律,这注定在根本上就限制了特殊教育的效果,使教育质量无法得以进一步地保证。

（二）第二个阶段:在教学中关注特殊儿童的特殊性

做好特殊教育,既要承认特殊儿童身心发展规律与普通儿童的一致性,看到特殊儿童的可发展性、可教育性;也要重视特殊儿童身心发展的特殊性,特殊性是生命多样性、独特性的表现。

随着国家政策的积极推进,特殊教育学校对特殊儿童"特殊性"的关注不断提升,特殊教育教师们尝试使用一些评估工具为特殊儿童开展评估,尤其是在康复训练方面,并在课堂教学中关注学生的个别需求,在提问、作业布置等环节进行区别。各级各类培训中关于个别化的专题逐渐增多,学校领导也增派教师参与这些培训,强化教师们的"个别化"意识。

(三)第三个阶段:在教育教学中关注学生的个体差异

2021年,教育部等七部门联合发文,指出"到2025年,高质量的特殊教育体系初步建立"。国家向特殊教育要质量,特殊教育学校也在积极探索高质量办学路径。

关注学生个体差异,精准把握学生现状,开展有效教学,是特殊教育学校高质量办学的关键。各特殊教育学校积极建构个别化教育研究团队,规范本校个别化教育的实施流程,丰富教育评估资源,强化个别化教育计划在课堂教学中的落实,完善课后评价体系,探索符合本校实际的个别化教育实践模式。

然而,在个别化教育工作的推进过程中,特殊教育学校教师们也发现诸多问题,例如:个别化教育操作流程烦琐、文本任务重、评估工具与实际教学内容关联度不大、个别化教育目标在课堂中无法落实等,使得部分学校的个别化教育工作处于停滞状态。

> 四、基于学科教学的个别化教育的出现

随着我国融合教育的发展,特殊教育学校接收的学生障碍类型会越来越复杂,障碍程度也越来越重。服务对象的高差异性,使得"个别化"成为特殊教育的重要属性,也是特殊教育学校办学质量的关键。但是特殊教育学校课堂教学还是以分科教学为主,尤其是中西部地区。如何在现有课堂教学形式之下落实个别化教育,成为急需解决的问题。

基于学科教学的个别化教育,强调评估内容与特殊教育学校学科教学内容相匹配,要求简化评估过程,提出个别化教育计划目标直接与国家统编教材匹配,明确在不变动现有教学模式情况下落实个别化教育目标。基于学科教学的个别化教育的出现,使得个别化教育在特殊教育学校有效开展成为可能。

第三节 政策法规基础

> ### 一、政策法规对基于学科教学实施个别化教育的意义

特殊教育的兴起发自民间,但政府的干预和宏观调控对促进特殊教育的发展起到了重要作用。政府的直接干预和宏观调控主要表现为一系列特殊教育法案的制定与不断修订。教育法规具有指引、评价、教育、保障作用,它体现了国家教育发展的目的和政策,能指引人们按照国家教育目的和要求开展教育活动;教育法规是评价教育活动合法性、规范性的标准,任何组织和个人的教育活动或教育行为必须以教育法规为准绳;教育法规具有教育、要求执教部门和人员自觉遵守教育法规的作用,能对合法的教育行为进行激励,对违法的教育行为给予警示;教育法规具有保障受教育者受教育权利,并强制相关部门和人员提供、履行教育义务的效力。对特殊教育而言,相应的特殊教育法规有着同等作用和法律效力。

> ### 二、国外个别化教育的政策法规

(一)美国个别化教育的政策法规

美国个别化教育的政策法规发展情况,从20世纪70年代以来,主要有两个时期。

第一时期:20世纪70年代至80年代

在1970年之前,根据以往的案例,美国各州的法院均会支持各州的教育行政机关及公立学校拒绝身心障碍儿童进入公立学校接受教育,受到50年代及60年代的社会民权运动、教育机会均等运动的影响,美国各类身心障碍儿童的家长所组成的各种组织,在其国内特殊教育专业组织的支持下,采取了多种政治行动,包括司法诉讼及国会议员游说等,最终美国国会于1975年通过了《全体身心障碍儿童教育法案》(《94-142公法》);美国《94-142公法》是美国特殊教育发展的一个重要里程碑,该公法令废除了以往拒绝三至二十一岁的身心障碍学生入读公立学校的制度,重要理念是"零拒绝""免费合适教育""评量非歧视""最少限制环境""家长及学生参与",该法案使特殊儿童、青少年均获得免费且适当的公立教育。适当教育指残疾儿童不仅有权进入公共学习机构,而且有权利接受为专门满足其独特的个人需要而设计的教育。该法案为残

疾儿童提供了"个别化教育计划"和程序性保障，"适当教育"需要考虑残疾儿童能力的不同程度，使教育适合每一名儿童的需要。随着对教育效益追求的提高，为残疾儿童仅提供接受教育的机会是远远不够的，还应为其提供高质量的教育，教育团队需要制订合法可靠的"个别化教育计划"，这些"个别化教育计划"还应根据学生的情况合理计算，使之能够取得适当的进步。个别化教育计划团队需要评估和分析学生所有独特的教育需求；制订有意义和可衡量的年度长短期目标；依靠特殊教育程序，收集实际数据，并根据数据作出教学决策和教学调整，让学生取得确实的进步。

1986年美国通过了《身心障碍儿童保护法案》（即《99-372公法》）。《99-372公法》强调，要求对特殊儿童实施个别化教育以及为每个学生拟订IEP。国会根据以前的法律和专业意见，在制订《全体身心障碍儿童教育法案》时通过了对教育的宽泛定义，将"免费的适当的公共教育"定义为"根据孩子的个别化教育计划提供的特殊教育和相关服务"。要提供"免费的适当的公共教育"，学区必须准备满足孩子教育需求的"个别化教育计划"并使孩子从该教育中受益。

第二时期：20世纪90年代之后

1990年，《94-142公法》修改后更名为《障碍者教育法》（亦称《101-476公法》或IDEA）。IDEA法案提出转衔服务的概念，要求协助身心障碍学生从学校转衔到其他学校或从事其他活动中，须提供有效的转衔协助机制，也要求对学前身心障碍儿童及其家庭提供跨领域、跨单位合作，以提供家庭取向的综合支持服务。之后IDEA法案经过修正，分别于1997年修正为《105-17公法：障碍者教育法修正案》及2004年修正为《118-446公法：障碍者教育法修正案》，修订的IDEA法案除了强调包括：听力障碍、视力障碍、智力障碍、孤独症、情绪障碍、学习障碍、语言障碍、多重障碍、其他身体伤残等各类有特殊教育需要的儿童受法律保障外，法案还规定各州需为零至三岁婴幼儿提供如职业治疗、物理治疗、心理评估心理治疗及其他医疗服务，并需为三至二十一岁的特殊儿童、青少年提供完整评估及特殊教育。IDEA法案规定，特殊教育须遵循六个原则："无排斥原则""适当教育原则""无歧视评估原则""最少限制环境原则""家长与学生参与原则""合法诉讼程序原则"，其中"适当教育原则"强调了学校须为每个三至二十一岁的特殊学生提供合适的个别化教育及相应的IEP，为零至三岁的障碍婴幼儿制订"个别化家庭服务计划"及相关服务。

另外，美国于2001年颁布《不让任何孩子掉队法案》（简称NCLB），该法案详细订立关于教学法、教师在特殊教育的装备、学生的评估等各项指引，以保障贫穷学生、特殊学生有平等受教育的机会。2015年，在NCLB法案的基础上，为了对弱势、贫穷、身心障碍学生提供更好支持，联邦政府订立《让每个学生成功法案》（ESSA）。

（二）英国个别化教育的立法及执行情况

关注学生发展差异性，把"特殊"视为"差异"，是英国特殊教育理念的一种进步，英国学校教育已经形成了能满足不同学生特殊需要的完备体系。1981年，英国《教育法案》"要求教育局必须为每一位特殊儿童设计个别的资格证书，里面记载学生的教育需求是什么；教育局可为其提供什么样的安置；规定为特殊儿童提供个别化的教育支援与相关课程，以及其他非教育体系服务，如医疗、社会福利服务等"。1988年，对《教育法案》进行了第一次修订，强调课程要适用于学生。1993年，又做了第二次修订，规定除非有特别状况，特殊学生必须被安置在普通学校，并强调配合是一种责任，医疗与福利单位要因应教育当局要求。《教育法案》的施行细则强调学校必须为特殊学生拟订IEP，内容包括七大领域，分别是学生学习困难的特质、学校将要采取的介入、家庭可提供的协助、一定期限预定达成的目标、额外的医疗或照顾、预定的评鉴与评量方法、预定下次查阅IEP时间。

英国政府颁布的《为成功扫除障碍策略》中，陈述了IEP的宗旨：为所有儿童提供个性化学习的机会；使教育变得更加具有创造性和灵敏性，适应不同学生个体差异；提高特殊学生的成就感，使其能够完全发挥其潜能，和其同辈群体一样，有平等的机会在学校学习、参与社区、全面发展；同时，给予特殊儿童家长足够的信心，让他们深信孩子的需求在主流社会中能够得到充分的满足。

三、我国个别化教育的政策法规

党和政府十分关心和重视残疾人的教育问题，改革开放以来，在国家大量的相关法规和政府政策文件及党和国家领导人的讲话中都强调教育公平和大力支持发展特殊教育。随着对特殊教育质量要求的提高，个别化教育在多个教育法规和文件中被重点提及。

国务院办公厅关于转发教育部等部门的《特殊教育提升计划(2014—2016年)》强调:要支持随班就读残疾学生较多的普通学校设立特殊教育资源教室/中心,为残疾学生提供个别化教育和康复训练。并提出改革特殊教育的教育教学方法,增强教育针对性与有效性,加强个别化教育。教育部等七部门关于印发《第二期特殊教育提升计划(2017-2020年)》的通知强调提高教育教学的针对性,推进差异教学和个别化教学,落实"一人一案"。国务院办公厅关于转发教育部等部门"十四五"特殊教育发展提升行动计划的通知指出:坚持精准施策、分类推进,针对不同类别、程度、年龄的残疾儿童青少年教育需要,科学评估、合理安置、分类施教,坚持尊重差异、多元融合,尊重残疾儿童少年身心发展特点及个体差异,因材施教,实现适宜发展,让残疾儿童少年能充分得到融合机会,和普通学生相互理解尊重、共同成长进步,推进融合教育,加强校际资源共享与整合,推进残疾学生信息上报、教育评估、转衔安置和个别化支持等工作规范。教育部《关于加强残疾儿童少年义务教育阶段随班就读工作的指导意见》也强调:在落实融合教育时,普通学校要针对残疾学生的特性,制订个别化教育教学方案,落实"一人一案",努力为每名学生提供适合的教育。《培智学校义务教育课程设置实验方案》指出:"学校应全面推进个别化教育,为每个智力残疾学生制订和实施个别化教育计划。应将课堂教学与个别化教育训练相结合,针对学生的个体需要安排一定时间的个别训练,为有需要的学生提供补救教学,满足不同学生的发展需求"。在《特殊教育教师专业标准》(试行)中,对教师实施个别化教育的能力也提出了要求:在教育教学设计能力方面,教师要善于研究学生,遵循学生成长规律,因材施教,提升特殊教育教学的专业化水平,要能根据教育评估结果和课程内容,制订学生个别化教育计划,能根据课程和学生身心特点,合理调整教学目标及教学内容,编写学科个别化教学活动方案。

目前我国基于学科教学个别化教育的实施和研究尚处于起步阶段,面临着深入研究和完善实施的现实问题,相关法律法规的建立和完善也是当前的重要任务。

思考题

1. 简述普通儿童与特殊儿童身心特点及发展规律。

2. 怎样看待社会发展对实施基于学科教学的个别化教育可行性、必要性的影响?

3. 试述我国特殊教育相关法规对基于学科教学的个别化教育的保障作用。

第三章

基于学科教学的个别化教育中的学科教学评估

本章聚焦

1.学科教学评估的概念、意义、条件及现状。

2.学科教学评估的内容、方法和流程。

3.学科教学评估资料整理的定义、目的、内容及方法。

4.学科教学评估结果的分析与叙写。

本章结构

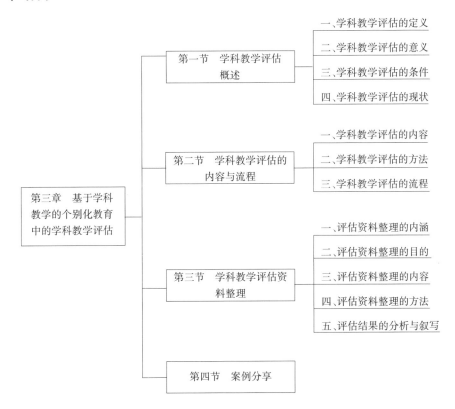

第一节 学科教学评估概述

在教育中，评估是指使用测验和其他测量手段测量学生成就和行为，以便作出教育性决定的过程。教育评估是系统、科学地搜集信息的过程，必须对教育价值作出判断，为教育管理者和实施者的科学决策提供依据。特殊教育评估是通过测量、测验、观察等方式对特殊学生的成就和行为等的实际情况，及其所处的能力水平、潜能、优弱势、存在问题等进行判断、分析，全面了解和把握学生现状，并做出学生是否接受教育，应该接受什么样的教育的决定。学科教学评估就是特殊教育评估当中的一部分。

> ### 一、学科教学评估的定义

1. 学科教学评估的概念

基于学科教学实施个别化教育，重点在于充分评估学生学科学业能力情况，制订符合其实际情况的个别化教育计划，并在学科教学中开展个别化教学，进而促进学生学科能力得到最大限度的发展。因此，本节所讲的学科教学评估是对学生的评估，是以学生学业成就评估为主，着重考查学生对学科知识的掌握程度和学习能力，是整合课程、教学与测验的一种评估模式。

2. 学科教学评估的地位

在个别化教育实施过程中，教师通过科学的教育评估，精准地了解学生学科学习状况，并将评估所获得的信息运用于教学计划调整和教学策略选用中，促进学生学科能力发展，对提高特殊教育学校的学科教学质量有非常重要的意义，因此，学科教学评估在特殊教育评估中居于重要地位。

> ### 二、学科教学评估的意义

高质量的教育需要精准的教育评估。2020年10月，中共中央、国务院印发《深化新时代教育评价改革总体方案》，指出"教育评价事关教育发展方向，有什么样的评价指挥棒，就有什么样的办学导向"。2023年5月，教育部印发了《基础教育课程教学改革深化行动方案》，提出了"教学评价牵引行动"，指出"注重核心素养立意的教学评价，发挥评价的导向、诊断、反馈作用，丰富创新评价手段，注重过程性评价，实现以评促教、以评促学，促进学生全面发展"。由此可见，教育评估在教育教学活动中具有十分

重要的作用,主要体现在以下几个方面:

（一）学科教学评估有助于精准把握学生学科学习现状

学科教学是特殊教育中必要且重要的组成部分,而学科知识是学科教学的核心内容。一般情况下,学科教学评估通过测验、考试、作业、小组讨论等方式,以定量和定性的方式收集学生学科知识和技能的掌握情况、学科思维和能力的培养、学科情感态度表现方面的资料和信息,从而了解、判定预期学科教学目标的达成情况,检验学科教学效果,有助于教师、家长及相关人员了解学生学科学习现状,以及学科学习的优弱势,学科发展存在的困难。

（二）学科教学评估有助于提高特殊教育学校教学的针对性

在特殊教育学校中,教育评估贯穿于特殊教育教学活动的始终。在学科教学活动开始之前,对学生的知识储备、能力现状、身心特点及存在的困难或障碍进行初步评估,确定学生现有的学科能力基础、优弱势及发展潜能,确定学科教育的起点水平,制订合理个别化教育计划,开展个别化教学活动,旨在提升学科教学的针对性。同时,学科教学评估对教师的教育教学活动及学生的学习活动有反馈与调节的作用,评估结果可以给教师和学生提供及时的反馈信息,教师根据反馈信息发现教学过程中存在的问题,及时调整教学计划,改进教学策略,以确保教学目标的达成。

（三）学科教学评估有助于提升教师特殊教育专业水平

在特殊教育学校实施个别化教育过程中有效开展学科教学评估,既要求教师掌握扎实的各学科的专业知识、相关领域的综合知识以及优秀的教学设计和实施能力,还要求教师掌握个别化教育的理论知识以及实践技能。学科教学评估工作的高要求,对教师的专业能力提出更高挑战,也使得教师在不断学习、实践、反思中提升自身的专业水平。

（四）学科教学评估有助于提升学校教学管理水平

教育部等七部门联合印发的《第二期特殊教育提升计划（2017-2020年）》中明确指出要"落实'一人一案',做好教育安置",学科教学评估工作的开展,为每一名在校特殊儿童建立个人档案,依序收集特殊儿童的成长过程资料,为学校精准把握特殊儿童的发展现状及教育需求创造条件,提升了学校的教学管理水平。

> ### 三、学科教学评估的条件

(一)组建专业的评估团队

特殊教育学校的学科教学评估既要严格按照固定的流程来操作,过程中也需要收集大量的资料,而且评估工作涉及到各个科目,评估对象包含班级全部学生,评估工作任务繁重。组建专业的评估团队,合理分工,既可以保障团队教师在不需要承担过于繁重的任务前提下有序推进评估工作,也可以充分利用团队教师的专业背景保障评估的有效性。评估团队成员由组织者、实施者和协助者组成,其中学科教学评估的组织者是指学校主管教学的领导,该角色的主要任务是组建评估团队、搭建评估工作框架、制订评估工作方案等;学科教学评估的实施者包含班主任、班级学科教师、资源教师等,其主要任务在于合理分工、有序开展教育评估、收集评估资料并对其进行分析等;学科教学评估的协助者是指家长、学校后勤人员等,该角色主要任务是及时提供资料、信息等配合学校评估工作的开展。

(二)备足备齐各类学科教学评估工具

面对不同障碍类型、不同障碍程度、不同学科、不同年级的特殊儿童,使用的学科教学评估工具都是有差异的。来自特殊教育领域高校专家、学者、一线学校和教育康复机构的老师们已经编制了丰富的学科教学评估工具,其中既包含适用于学龄前特殊儿童的发展性课程、适用于义务教育阶段的四好评量工具、适用于学龄中后期的适应性功能课程评估工具、适用于职业教育的课程评估工具等;也包含适用于孤独症、智力障碍、语言障碍、多动症等各类特殊儿童的能力评估工具。特殊教育学校需要根据本校特殊儿童的基本情况,为评估团队准备丰富的学科教学评估工具,使评估团队能够选择适合评估对象的工具,以确保评估工作的顺利进行。

(三)准备多元的评估环境

在特殊教育学校学科教学评估工作的开展中,多元评估环境的构建也是十分必要的。不同学科开展教学活动的方式是多样的,比如:数学学科以讲授和练习为主、唱游与律动以模仿和练习为主、劳动技能以劳动实践为主等,学科教学评估也要根据教学活动开展的形式和要求,以及学生的特点及特殊需要,进行多元的评估环境的安排。

比如:运动与保健考核评估在操场进行、劳动技能实操评估可以在家政室进行、语文学科教学评估可以在班级教室开展、律动教室主要开展唱游与律动教学活动评估、在室外开展视障学生定向行走能力评估。多元化的评估环境,为学生构建以生活和生态为核心的空间,使学生能够更为真实地反映能力现状,确保评估的客观性、准确性。

> ## 四、学科教学评估的现状

自2014年以来,教育部三期特殊教育提升计划的相继出台,"加强个别化教育,增强教育的针对性与有效性""提高残疾学生的评估鉴定、入学安置、教育教学、康复训练的有效性""依据有关标准对残疾儿童身体状况、接受教育和适应学校学习生活能力进行全面规范评估,适宜安置每一名残疾儿童"等政策的引导,使得各类特殊教育学校逐渐认识到教育评估的重要性,但是由于所处地域特殊教育发展水平、学生障碍类别、教师专业化水平等差异,各地、各类别的特殊教育学校学科教学评估现状也是有区别的。

(一)盲校、聋校学科教学评估现状

盲校、聋校学科教学评估主要是成就评估,即对学生在接受教育或训练过程中所获得的学识、技能等的评估,其所采取的主要手段是成就测验,学科考试是最常使用的成就测验方法,除此以外还有测验法、观察法、作品分析法。其中,学科考试可以了解学生对语文、数学、历史、地理、物理等学科理论知识的掌握情况;观察法可以用于了解学生沟通与交往、定向行走、信息技术、社会适应等能力的习得情况;作品分析法主要用于对美术(聋校)、美工(盲校)、律动(聋校)、音乐(盲校)等学科的评估,通过作品了解学生对该学科技能的掌握情况。

近年来,盲校、聋校的学科教学评估工作成效明显:一是评估的内容更加全面,包含了对学生学科学习多方面的评估,评估范围涵盖理论知识、技能方法、情感态度等多方面;二是评估类型多样、评估方法灵活,除了传统的纸笔测验、问答测验外,还有观察、作品分析、访谈等类型的评价,而且不同的评估内容选用不同的方式进行;三是评价主体更加多元,相较传统的教师评价,盲校、聋校中现有的学科教学评价也积极倡导康复师、家长以及学生自己参与到评价中来,让评价更加全面。

然而,因受到发展理念、教师专业化水平以及支持体系建构等因素的影响,很多盲校、聋校在进行学科教学评估时,存在一些急需解决的问题:一是重视终结性评价,忽

视过程性评价。运用纸笔测验测试学生最终成绩的评价方式发展较为成熟，而关注学生过程性的评价的观察、访谈、作品分析等评价方式尚未建立完善的评价体系；二是盲校、聋校的学科教学评估工具欠缺，教师在为盲生、聋生开展学科教学评估时，可选择的评估工具有限，现有的学科教学评估工具多为教师自编的测试题、试卷，一定程度考虑了学生能力水平，但不能保障其信效度，以及学科知识的系统性、科学性；三是盲校、聋校学科教学评估对学生个体关注不足，个别化教育理念落实不到位。盲校、聋校现有的评估多采用班级团体形式开展，依据学生个体需求而开展的有针对性的评估较为欠缺，使得评估结果不能支持教师拟订或修改教育计划，也无法帮助教师在教学活动中精准地对学生开展个别化教育。

在盲校、聋校就读的学生无论是在个体内部还是个体之间都存在较为复杂的差异，如何依据学生差异选择合适的学科教学评估工具、采用恰当的学科教学评估方法，是盲校、聋校在积极探索的内容，当然，这也是盲校、聋校办学质量的重要保障。

（二）培智学校学科教学评估现状

教育部于2016年颁布了《培智学校义务教育课程标准》，其中明确了培智学校要开设的课程，规范了各门课程的性质、目标和内容以及课程实施建议，为培智学校教师组织课堂教学内容、实施课堂教学活动提供参考。与此同时，2017年国家开始陆续出版培智学校各学科教材，强调在主题教学背景下以生活适应为核心实现各门课程的培养目标。

鉴于各地区培智学校学生障碍类型、障碍程度的差异性，结合课标直接使用现有教材是无法开展有效的班级教学的，特殊教育领域的高校专家和学者、一线的校长和骨干教师、康复机构的专业人员积极探索培智学校学科教学评估方法与路径，取得了一定的成效，具体表现如下所述：一是学科教学评估工具的研发"遍地开花"，《培智学校义务教育课程标准(2016年版)》颁布以后，各地学校纷纷根据学情、校情以及已有的经验，将课程标准进行细化、项目分解，进行培智学校学科教学评估工具编制，其中已经编写成册并被广泛使用的有李宝珍、戴玉敏老师等编写的《培智学校课程的四好评量与教学设计》、袁玉芬老师等编写的《IEP理念下学校课程本位评估体系》、王辉老师等编写的《培智义务教育课程评估手册》，还有部分仍未成册或尚在实践检验中的评估量表，目前仅本校或当地培智学校使用。二是学科教学评估方法多样化，在培智学校学科教学评估工作中,常使用课程本位评量法、测验法、观察法、作品分析法、访谈法等对学生的学科学业能力水平进行评估。运用现有的学科教学评估工具,开展课程本位评量,了解培智学校学生在生活语文、生活数学、生活适应等学科学习能力现状以及优弱势等;此外,教师也会根据各学科的教学目标、教材内容、学情和测验目的,自己编制测验题目进行测验和考查,评估班级学生的学科学习情况;观察法,主要是通过对学生的行为表现进行自然观察,并客观详细地记录所观察的情况,通过分析、处理观察数据,来了解学生劳动技能、运动与保健、综合康复等学科知识和技能掌握情况;作品分析法,主要用于了解学生绘画与手工、唱游与律动等学科技能掌握情况;档案袋评估法主要用于评估学生学科能力纵向发展情况,以便更加全面地了解学生,拟订或修改学生个别化教学计划。另外,教师还会通过访谈家长、其他教师或同伴,了解学生学科学习情况,通过量表评定法了解学生在学科学习中某项能力达到的等级水平等。三是教师评估经验丰富,专业化水平较高。鉴于服务对象障碍类型、障碍程度的高差异性,培智学校尝试学科教学评估相较于盲校、聋校要更早,在长时间的实践中,累积了丰富的评估经验。

然而,因服务对象高差异性、管理机制地区性、支持体系建构不均衡性,使得各地培智学校的学科教学评估工作也存在一些问题:一是评估过程规范化不足,很多培智学校并未建立自上而下的学科教学评估机制,多是班级教师依据自身需求开展部分评估,学科教学评估工作的秩序性、顺序性不足,这会严重影响学科教学评估的有效性;二是学科教学评估结果与个别化教育计划的匹配度存在问题,如何对学科教学评估结果进行分析,如何依据结果拟订符合学生的个别化教育计划,这是目前较为困扰培智学校教师的难题。

培智学校的学科教学评估工作帮助教师了解学生的现有能力,精准定位学生的发展目标,明确学生的学习内容,确保教学工作的有序开展,进而保障培智学校的高质量办学,因此,学科教学评估工作对培智学校的长远发展意义深远。

第二节　学科教学评估的内容与流程

特殊教育学校中的学科教学评估不单纯只是某一学科学业成就的评估,它是全面、多方位地对学生学科学习情况的信息收集、整理、综合分析的过程。

> **一、学科教学评估的内容**

学科教学评估包括对学生基本资料的收集、学科学习基础能力、学科的课程目标和内容的掌握情况、学科学习的兴趣爱好等内容。

（一）评估学生的基本情况

学科教学评估需要充分地了解学生各方面的情况，才能对学生进行科学有效的评估和综合分析研判，制订适合学生的个别化教育计划和学科教学计划。全面了解学生，首先要收集学生的基本资料，主要包含以下几个方面：

（1）个人基本资料，包括性别、姓名、出生日期、障碍类型、障碍程度、生育史、病史、医疗史、教育史等。教师通过学生的基本资料收集，对学生有基本的了解，这样可以在学科教学设计和实施的过程中充分考虑学生的特殊情况，以确保教学能够顺利、有效地进行，比如：有的学生佩戴助听器或人工耳蜗，在课堂上教师要进行便于其学习的座位安排；有的学生有心脏病，教师在运动与保健课程当中不会安排学生进行剧烈的活动。

（2）家庭资料，包括父母姓名、年龄、文化程度、职业、经济状况、家庭结构、父母关系、家庭教养态度、居家环境、邻里关系等。教师通过了解学生家庭资料，可以了解其家庭及周围环境可以提供学生学科学习方面的支持能力和支持程度，比如：生活适应学科教学中社区相关人员和环境对学生认识社区提供的支持等。

（3）生理情况，包括医学诊断的视听力状况、肢体状况、中枢神经系统或其他疾病等，智力水平（心理评估）等。教师通过了解学生生理情况，了解学生的能力所及，在学科教学计划拟订和实施时，才可以保证教学目标和教学内容、方法策略符合其实际能力水平。

（4）学习特点，包括：学习态度、儿童各领域的发展情况、适应性课程等方面的现状。教师通过了解学生的学习特点，全面了解学生，充分考虑学生个人特殊情况，制订更加符合学情的学生个别化教育计划和学科教学计划。

另外，教师还需要了解学生沟通能力、社会情绪（心理状况、情绪表现、学习态度、特殊行为）方面的情况。

（二）评估学生的学科学习基础

评估学生学科学习基础,就是评估其已有的学科经验储备情况及某些学业技能的掌握情况,包括阅读技能、书写技能、计算技能、科学和文化知识等,客观地阐述学生已有的学科学业情况和已经掌握的学科技能。本书中,学科学习基础既包含班级学生的学习基础,也包含学生个体的学科学习基础。

班级学科基础,是班级整体在学习一门学科知识和技能总体的基础水平。教师通过对学生班级学科学习总体情况进行资料收集和分析,制订适合班级大部分学生的学科教学计划。在此过程中,教师同时收集到学生个体学科学习的相关信息,在对特殊情况进行进一步的了解和分析后,了解学生个人的学科学习基础,确定学生学科学习的最近发展区,从而确定其该学科的教学目标起点、重难点、方法策略、需要的支持等,进而拟订学科个别化教育计划。比如:评估智力障碍学生生活语文的学科基础,通过观察、学业成就评估、测验等方式,了解其在听、说、读、写方面的能力水平,确定学生是否能认真倾听,是否会说或者能说什么长度的句子,是否能读或者能读单字、词语、短句等,是否能写或者能写多少汉字等情况,结合学科课程标准要求、所处学段应掌握的学科目标要求,来确定学生生活语文目前的教育目标。了解学生学科学习基础,相当于找到学生学科学习的起点,是准确、有效拟订教学计划的前提。

（三）评估学生学科知识的理解与应用能力

学科知识的理解与应用,是运用课程本位评估工具,测评学生对课标所要求的课程目标与内容的达成情况,并将所学学科知识运用到解决实际问题的情况。学科知识理解与应用能力的评估旨在评估学生在学科学习中掌握并有效运用所学知识的程度,以及能否灵活运用学科知识分析和解决面对的实际问题的能力。它能考查学生在具体情境中理解和运用学科知识的能力,通常包括知识迁移、创新思维、团队合作、反思能力几个部分。学科知识的运用,贴近生活实际,能够发展学生的综合能力,激发学生对学科知识和技能学习的动力,培养学生的团队合作精神。学科知识的理解与应用能力的培养是教育的核心目标之一。

（四）评估学生学科方面的兴趣爱好

兴趣可以启动学习动机,激发学生学习的动力;兴趣能提升学习效果,推动学生学业发展;兴趣能引导学生深入探索,不断创新,促进学业成长。兴趣是推动学生学业发展的重要因素之一。因此,了解学生的兴趣爱好对学科教学具有重要意义,特别是特殊教育学校中,大部分特殊儿童对于感兴趣的事物他能主动关注并保持较长时间的注意力,不感兴趣的事物他不一定关注,更别提保持注意,兴趣直接影响特殊儿童学科学习的效果。评估学生学科方面的兴趣,能帮助教师进一步了解学生对该学科学习的动力、效果和态度,为教师制订学科个别化教育计划、实施教学提供参考。

> ## 二、学科教学评估的方法

常见的教育评估方法有标准化评估和非标准化的评估,也称正式评估与非正式评估。学校学科教学评估最常用的是非正式评估法,教师主要通过测验法、观察法、作品分析法、档案袋评价法等方式对学生进行评价。常见的学科教学评估方法有以下几种:

(一)测验法

测验法是评估者应用各种教育测验来收集特殊学生学业成就、行为表现资料的一种方法。特殊教育学校学科教学评估中的测验,一般由学校组织,通过学生的书面或口头回答,来了解学生的学习情况。测验法主要用于能力、成就、人格方面的测验。测验法结果的量化程度高,数据比较客观,方便处理结果,可以直接进行比较,简便省力。但测验法只表现结果,不反映过程,很难关注到学生学习的过程。因此,在特殊教育学校学科教学评价中,测验法要结合其他评价方法使用。特别是在综合分析学生情况、拟订个别化教育计划及对个别化教育计划实施效果进行检测时,光有测验得到的数据是不够的。

(二)观察法

学科教学评估中的观察法,是指教师通过感官或借助一定的辅助仪器,有目的、有计划地对特殊学生在日常学习活动、生活中等自然情境中表现出的关于学科知识、技能、情感、态度、能力、行为的表现进行观察,并做客观和详细的记录,从而获得相关情况的材料,并对照事前制订的标准进行评价。观察法是收集特殊学生资料的基本、常用的方法,适用于教学评价中不易进行测验、量化的行为表现,如学生对该学科的兴趣、态度等,以及学生对学习的技能成绩评价,一般用于特殊教育学校中的不易量化评价的学科,比如道德与法治、唱游与律动、定向行走、沟通交往等学科的教学评价。观察法是一种质性的评价方法,与测验法相比,观察法主要是对学习活动过程的观察,关注学生学习过程中行为、态度的变化。

观察法分为系统观察和非系统观察。为保障观察结果的效度,实施观察的教师需要做到:第一,要制订详细的观察方案。方案包括观察对象、观察目标、时间安排、地点以及观察记录方式等,这样观察才能有的放矢,有效记录。第二,观察要长期坚持。一次、两次观察的结果不能代表特殊学生的态度和能力水平。众所周知,由于障碍的影响,特殊学生的知识获得、技能掌握、行为习惯养成、价值观的树立都不是一蹴而就的,需要长时间的学习、练习和积累,因此,对他们的观察也是一个长期持续的过程,为保证观察的结果全面、符合学生真实水平,教师需要对其目标进行持续的观察和记录。

（三）作品分析法

在特殊教育学科教学评估中,作品分析法是指教师通过分析学生的各种作品、活动成果,比如书法、绘画、文章等,以了解学生对这一学科的知识、技能、技巧、态度、认识,以及学习活动过程和发展状况的一种方法。通过分析学生作品,深入地了解学生对这一学科的认识水平、情感态度、个性品质,比如兴趣、爱好、理想等,帮助教师准确把握学生的学习状态。作品分析既注重学生的学习结果,也关注学生的学习和发展过程,甚至更注重过程,尤其关注学生在学习学科知识和技能的兴趣、感受、态度等。

在特殊教育学校中,作品分析法一般运用于美术、绘画与手工、历史、地理等学科的教学评价。与其他评估方法相比,作品分析法比较间接,能够排除学生的防范心理导致获得的信息失真这一问题,间接地了解他们的情况,从而帮助老师了解学生在学科学习过程中的变化过程、学习特点、优弱势、对学科知识和技能掌握的深度及广度等方面的情况,以便更有效地制订或修改基于本学科的个别化教育计划,实施个别化教育。

使用作品分析法时,需要注意以下几点:第一,收集学生的作品要全面、准确。在特殊教育学校中,学生的作品类型多样,内容丰富。比如绘画与手工课程的作品包括绘画、手工、设计等形式,烘焙课作品是蛋糕、面包、甜点等。全面的作品才能充分反映学生学习这一学科的过程和发展状况。第二,作品分析法的评价主体要多元。作品分析法是一种质性的评价方法。为了提高评价的可靠性,除了教师评价以外还应结合学生自身、同伴对作品的分析,必要时还可以请学生家长参与。第三,选择恰当的评价角度。每一个作品都有多种分析角度,同时每一个作品有其突出的特点。教师要能够从多个角度对作品进行分析,以便对学生做出全面、有针对性的评价。

(四)档案袋评价法

档案袋评价属于形成性评价,其基本成分是大量的学生作品,作品的收集是有意的,给学生提供发表意见和对作品进行反省的机会。档案袋在特殊教育学校,是以学生成长记录袋的形式存在的,通过任课教师、班主任以及学生等人,有计划地将学生在各学科学习过程中的相关材料收集起来,在需要的时候将这些材料进行分析与解释,以反映学生在学科学习与学科能力发展过程中的努力、进步状况或成就。档案袋可以通过不同的材料为教师描绘出一个动态的、持续完整的、纵向的学生发展的过程,以多种方式展示学生学科能力发展的过程和特点。一份合格的档案袋能够为教师提供其他评价方法无法提供的有关学生学习与发展过程的重要信息。

特殊教育学校的档案袋评价不仅仅是收集学生学习资料,而是在明确的目标指导下,动态采集学生学科学习信息的过程。档案袋评价法既能呈现出学生现阶段学科学习的结果,也能通过纵向对比分析呈现出学生学科能力发展的过程;既能充分反映出学生对于学科的认知、情感态度以及技能各方面的目标,又可以评估学生对学科学习的元认知和反思能力;既可以呈现学生学科学习活动中多元的资料,又可以帮助教师及时、准确地掌握学生的学科学习情况,便于拟订适合学生能力水平的教育目标,选择符合学生学习特点的教学方法和策略,进行更有针对性、个别化的教育的指导。

为了保障档案袋评价的质量,在使用档案袋评价法进行学生学科能力评估时,要注意以下几点:第一,明确评价目的。档案袋收集材料都有其目的,比如要收集用于展示的材料,就要选择学生表现最好、最满意、最重要的作。要收集用于反映学生进步的材料,则就要选择学生在这方面的各个过程的作品。第二,确定要收集的材料类型。档案袋中收集哪些材料需要结合评价目的和评价内容考虑,既要收集共性材料,同时也不能忽视个性资料。第三,调动学生参与档案袋制作。第四,定期对档案袋进行评价。第五,要将档案袋评价结果及时反馈给学生和家长。

(五)学生自评与互评

学生的自我评价是特殊教育学校学科教学评价的重要组成部分。学生是学习的主体,在学科教学评价中,学生需要对自己的学科学习活动表现进行自我评价。在自我评价中,学生既是评价的客体,又是评价的主体,既是被评价者,又是评价的实施者。由于特殊学生自我评价的能力有限,在实施自我评价时,教师要先对学生的自我评价进行正确的引导,教师要根据学生的障碍类型、所处学段和评价内容,设计符合他们能力水平和评价需要的自我评价项目,鼓励学生多参与自我评价。例如,特殊学生在康复课后通过感受自己的变化成长,对自己在学习过程中的行为表现、取得的进步进行自我评价、反思,并在教师指导下进一步认识自己,调节自己在学习活动中的学习状态、行为表现。

学生互评是在进行学科教学评价时,教师指导学生进行互相评价。教师要引导学生用赞赏的眼光去评价其他同学,善于发现别人的优点和长处,对自己的学习进行总结、反思,了解自己与同学间的差距,关注自我发展。同时,被评价的同学也从中获得积极体验,提高学习积极性,培养学生尊重、理解、欣赏他人的态度。

除了上述几种学科教学评价方法,特殊教育学校还会使用访谈法、量表评定法等方法对特殊学生进行综合评估分析,以便教师能充分、全面地了解学生,作出恰当的教育决策。

> ## 三、学科教学评估的流程

学科教学评估工作的开展需要遵循严格的流程,方能保障评估的质量。

(一)明确评估的目的

学科教学评估是学科教学的重要环节,是实现教学目标的重要手段,其目的可能是了解学生的学业成就情况,也可能是分析学生学习某一学科困难的原因,不同的目的,评估的内容、工具、方法会有所不同。因此,在实施学科教学评估前必须明确此次评估目的。只有确定了评估的目的,才能确定评估所涉的学科内容范围,进行对应的评估设计,选用适当的评估工具和方式方法,实施评估。

(二)选择合适的学科教学评估工具

根据不同学科的特点,选择适用的评估工具,既有助于充分了解学生的学科学习情况及所需支持需求,也有助于教师进行学生个别化教学效果的检测,判断学生是否真正理解和掌握所教内容,同时也协助教师监测教学进展,及时发现问题并解决。

选择学科教学评估工具时，需要考虑如下因素：

（1）符合国家课程标准要求。选择学科教学评估工具时，其指标体系的建立要遵循国家政策，按照国家教育方针，以国家课程标准为依据，确定评估总体框架，并以教育学、心理学理论等方面的知识为参考，从知识、领会、应用、分析、综合、评价等方面来设计评估项目，比如：根据新课标编写出来的评估工具《培智学校课程的四好评量表与侧面图》《IEP理念下学校课程本位评估体系》等。

（2）充分考虑学生特殊需要。特殊教育学校学生无论是个体间还是个体内部都存在较大差异性，在评估时必须充分考虑学生的特殊需要，考虑学生身心实际发展水平和学习特点，选用适合的评估工具。

（3）充分考虑教学环境、资源等条件。有些学科教学评估需要在特殊场合进行，所以在选择评估工具时，要考虑这一工具在现有教学环境、资源中使用是否适合。

（三）熟悉评估内容

不同的评估工具有其使用规程和要求，在对学生开展评估前，要熟悉所使用的评估工具，包括评估工具的内容、评估的方法、注意事项等，特别是一些标准化的评估，必须按照评估指导手册上的程序进行，评估才能顺利、有序地进行，才能确保评估结果的科学性和真实性。

（四）评量活动设计与规划

注意持续时间短是大部分特殊儿童存在的问题，如何在其有限的注意时间内开展有效的评估，评量活动的设计与规划是关键。评量活动的设计与规划包含的具体内容如下所述：①依据评估工具的评估方法，整合评估内容，需要通过观察来评估的，汇总评估内容，确定评估环境及场景，明确哪些内容可以在一个环境中同时观察；需要一对一评估的，将评估内容整合设计成几个评估活动，使特殊儿童在一个个游戏活动中参与评估；需要访谈的，将访谈内容汇总，编制访谈提纲。评估内容的梳理、汇总、设计，既能够保障高效利用时间，也能够为特殊儿童创造愉快的氛围，还能够保障评估的质量。②明确评估人员的角色分工，确定由谁来承担主测任务、谁来负责资料收集、谁来负责沟通、协调，确保评估工作的有序进行。③依据评估内容，对评估工作的持续时间有基本预判，这样便于与家长及其他工作人员沟通、协调时间。

（五）确定评估的时间与地点

评量活动设计好以后，就要确定评估的时间和地点，做好评估的日程安排，包括各个阶段的时间、地点、活动方式、主要负责人和参与人。学科教学评估的时间与地点根据特殊教育学校工作计划以及现实条件进行安排，一般以时间安排表的形式呈现。

（六）开展评量

开展评量是教师或其他评估人员，根据安排使用相应的评估工具进行测量和观察的过程，是对学生本人及其家长或监护人进行面对面的交流访谈，实施测验，收集学生学科学习相关资料和信息的过程。在此，值得注意的是评估者与被评估者的关系，对评量活动的开展影响深远，良好的师生关系是有效评量的前提，因此，在开展评量之前，评估者需要与特殊学生及其家长建立良好的师生关系，获取学生及其家长的信任，才能保障学生在评估过程中客观呈现其现有能力，以确保评估收集到的数据和信息是真实的、有效的。

选择的学科教学评估工具合适与否直接影响评估的信效度，选择合适的学科教学评估工具能够协助教师准确定位学生的现有能力，能够保障教学的针对性及有效性。本节涉及内容较多，因此单列一章（第四章 基于学科教学的个别化教育中的学科教学评估工具选编）进行介绍。

第三节 学科教学评估资料整理

学科教学评估工作结束后，收集评估资料，系统整理评估资料，保留有效数据剔除无效信息，是保障学科教学评估质量的重要步骤。

＞ 一、评估资料整理的内涵

特殊教育评估资料整理，是指将通过各种方式的评估所获取的有关学生的文字、照片、影像、作品等各种资料和信息进行分类、筛选、归纳、总结和整合的过程，使这些种类繁多、形式不一的资料和信息变得有条理、易于理解和使用。学科评估资料的整理是根据学科教学目的，运用科学的方法，对学科评估所获得的资料和信息进行审查、检验,并根据一定规律分类、汇总等,使这些资料系统化、条理化,并以简明的方式反映评估对象学科学习总体情况的过程。

> 二、评估资料整理的目的

学科教学评估中,整理评估资料主要是对收集到的各类资料进行汇总、分类,去粗取精,具有针对性、外显性,使所得到的资料更加明了,更加完整、有效。学科评估资料整理,是提高学生学科教学的个别化教育计划质量的必要步骤,科学、系统、全面保存学生个人资料的必要手段。

（一）辨识评估资料的有效性

学科教学评估过程中,教师会收集较多的评估资料,有些资料能真实反映出学生学科能力现状,有的则不能;有的与学科教学息息相关,有的则关联不大。为了保证评估结果的真实性和有效性,减少不必要的资料对学科教学评估工作的影响和干扰,教师必须对所收集的评估资料进行分辨。根据评估的目的,如:是要评估学生对学科理论知识的掌握情况,还是要评估学生对学科知识应用情况等,对收集的信息和资料进行分辨整理,剔除无用或无效信息和资料,并按照一定的顺序或要求进行保存,以便后续查阅和对比分析。

（二）确保评估资料的完整性、全面性

学科教学评估中,为全面了解学生能力情况,需要收集关乎学生发展的方方面面的资料,有基本资料、家庭资料、学习特点评估资料、学科学业成就评估资料等。因此,在整理学生评估资料时要保证上述资料的完整性、全面性,这样才能让教师全面了解学生学科学习的现状,在后续分析学生学习效果,制订或修改个别化教育计划时有足够的可供参考的资料。

（三）加深对评估个案现状的认识

在整理学生评估资料的过程中,教师通过不断分析研究学生的各项评估资料和信息,可以更深入、全面地了解学生各方面的情况,在拟订个别化教育计划时能充分考虑学生个性特征和学科能力水平。

> ### 三、评估资料整理的内容

（一）个案基本信息的资料整理

在特殊教育评估中，通常会使用观察法、访谈法、档案资料法、问卷调查法、个人作品分析法等方法来收集个案的资料，收集到的资料多种多样，形式不一。教师根据一定的规律或顺序理清学生个人基本资料，方便教师或其他评估人员管理、查阅学生的基本资料。比如在整理学生个人档案时，可以按照儿童基本情况登记表、残疾证复印件、医学诊断报告书、个人兴趣调查表、学习特点调查表、家庭访谈表、个案研判报告书、个别化教育计划、发展性课程评估材料等的顺序进行整理，这样既方便教师管理儿童个人档案，也便于其他教师查阅学生档案，了解学生情况。

（二）各学科评估结果的整理

学科教学评估是动态评量的，评估的结果也会随着学生成长、学习而改变。因此，学生各学科评估的结果也应放在学生档案袋之中，整理时可以单独装袋，使用文件夹和文件袋将学生每一次的评估结果侧面图分学科、按照时间顺序进行装订，并整理成册放在学生档案盒中。整理成册的学科教学评估结果可以动态反映学生学科学习的动态变化。

> ### 四、评估资料整理的方法

整理评估资料要确保在此过程中资料的真实性、准确性、完整性、系统性、统一性等。整理评估资料的方法有很多，常用的有小组讨论法、对比分析法、文本分析法等。

（一）小组讨论法

小组讨论法是就某个话题或主题，将一组相关专业人员，集中在一起展开讨论，进行观察、筛选的一种方式。

在特殊教育学校整理学生评估资料时，相关负责人要组织专业的教师进行讨论、辨别、筛选出符合学生实际情况、完整全面、具有参考意义的资料和信息。通过小组讨论，决定评估收集的材料是否放在学生档案袋里面进行保存，或者哪些资料应该放在档案袋的哪个位置。

（二）对比分析法

对比分析法,是用于对比研究不同对象之间、相同对象内在不同方面、相同对象不同发展阶段存在的差异或关系的研究方法。在学科教学评估结果分析时,对比分析法可用于以下内容的分析:第一,通过同一门学科不同学生的评估结果比较,来了解学生之间的差异,分析产生差异的原因,为下一阶段教师制订学科教学计划,选择教学方法提供参考;第二,分析学生个体在学科知识的理解和学科技能的掌握方面哪些是优势,哪些是弱势,并提出存在的问题、困扰等,为教师制订或修改后续的个别化教育计划提供参考;第三,将学生同一学科不同阶段的评估结果进行对比分析,了解学生该阶段学科学习的效果或进步、对学科不同素养方面学习能力情况存在的差异及原因等,从而加深教师对学生的了解,进行更有针对性的个别化教育和辅导。

（三）文本分析法

文本分析方法是通过对文本内容进行全面系统的分析和解读,从而获取信息和揭示隐藏规律的研究方法。在特殊教育学校学科教学评估中,文本分析可以对学生的文章、作业、作品等所涉及的一切文字资料进行分析。文本分析方法的基本原理包括:第一,内容分析,通过对文本中的词语、句子和段落进行解析和梳理,分析文本的主题、结构、逻辑等内容;第二,语义分析,研究文本中的词义、句法和篇章结构,揭示表达者的意图和观点;第三,语境分析,考察文本所处的社会、历史、文化背景,理解文本在特定环境中的含义和影响;第四,文本关系分析,通过对多个文本之间的关系进行分析,发现文本之间的联系和相互影响。

本书中的文本分析法是指对学科教学评估收集到的文本资料进行分析,即对评估资料文本的表述及其特征项的选取,比如对某个特殊行为的描述等,是文本挖掘、信息检索的一个基本方法。使用文本分析法进行分析,将学科教学评估资料中抽取出的特征词进行量化来表示文本的信息,如语言的、文字的、动作的等等。文本是由特定的人制作的,文本的语义不可避免地会反映人的特定立场、观点、价值和利益。因此,由文本内容分析可以推断文本提供者的意图和目的。

除上述方法外,还可根据评估资料类型及现实需求,选择恰当的方法整理学生的学科评估资料,做好资料整理和管理,为基于学科的个别化教育实施夯实基础。

> 　五、评估结果的分析与叙写

评估结束后,要将每一位评估者的评估材料,通过分析、讨论有关信息,写出评估意见和教育建议。为使评估结果更加直观、便于分析,可以将评估结果绘制成评量侧面图,以便评估者对学生的学科能力水平有正确的判断,从而拟订适宜的个别化教学目标。接下来,将以《培智学校课程的四好评量表与侧面图》这一评估工具的评估结果叙写与分析为例,阐述如何进行学科教学评估结果的叙写与分析。

（一）描画侧面图

《培智学校课程的四好评量表与侧面图》以生活适应为中心,将每个学科的每个教学目标分为四个等级,即1分好照顾(补救级)、2分好家人(起码级)、3分好帮手(标准级)、4分好公民(充实级),四个等级代表四种不同能力发展水平,有四种不同的通过标准。在评估时,每个项目都要根据学生的实际能力情况打一个分数,并在相应项目前的"□"内记分,再在该学科侧面图上相应分值的位置用点标示出来,将每一评估项目所得分标记的点连成线段,就可以得到一份折线图,这份折线图可以直观地呈现该学生某一学科不同领域或模块的能力达成情况及优势项和弱势项。

画出折线图后,依据折线图中各科目得分题项数量分析、确定学生的教育目标,即某一分数得分题项超过三分之二,该分数所对应的目标就是学生的学科教育目标。举例而言,上图各科目得分较集中在1分、2分和3分,相比较而言,得分题项较多的是2分,所以"好家人"的生活质量水平是该学生在本学期的生活语文学科教学要达到的教育目标。

将各个学科的评量总分结果绘制在一张图上,画出折线图,形成侧面图总图。侧面图总图是培智学校七科一般性课程评量结果的横向对照图,通过综合分析研判,可以看出该学生不同学科能力发展水平及存在问题。

通过总图可以看出学生目前整体能力水平达到哪个阶段,如果某一分数得分科目超过三分之二,那么该分数所对应的目标就是学生本学期应达成的能力目标。举例而言,上图各科目得分较集中在2分,所以"好家人"的生活质量水平是该学生在本学期的教学要达到的教育目标。

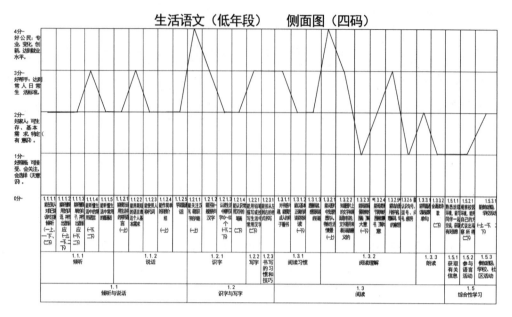

图3-1　某特殊教育学校一名培智学生生活语文学科评估结果侧面图

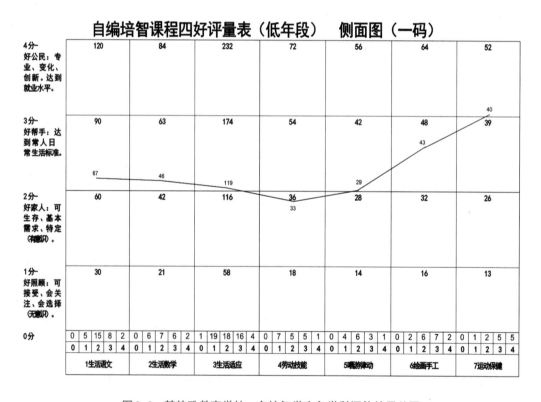

图3-2　某特殊教育学校一名培智学生各学科评估结果总图

（二）撰写评量结果分析表

在叙写评估结果时，不仅要客观描述学生目前的各个学科的优弱势，还要综合各方面的情况进行原因分析，并给出教育建议。评量结果分析表包括三个板块内容，分别是现况分析、原因推断、建议策略。其中现况分析要客观分析学生各个科目的优势与弱势，其中"优势"项目可以判定为"基本适应环境之需求"，而"弱势"项目属于"尚未达到环境之需求"；原因推断，包含"生理""心理""教学""环境""互动"，其中"生理"主要是缺陷描述，"心理"主要是不安全感、胆怯等因素，"教学"主要描述教师教学方法、教学态度等，"环境"主要描述学生所处的家庭、学校环境，"互动"主要描述各领域中相互影响的项目；建议策略，则主要是针对现状、原因，提出解决办法。策略越具体越好，可以提升意见与建议的操作性。举例而言：

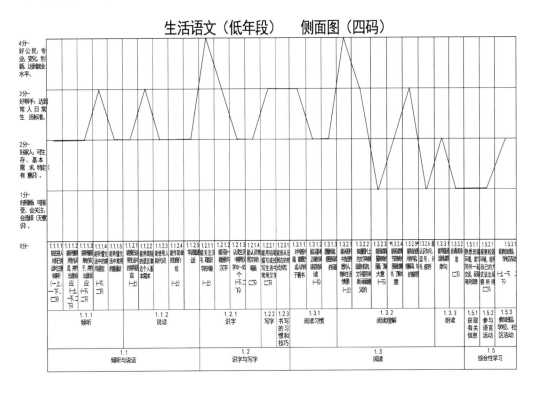

图3-3 某特殊教育学校一名培智学生生活语文学科评估结果侧面图

图3-3为学生生活语文评估侧面图，该学科在低年级段共有30个评估项目，从折线图来看，其中2项已达4分好公民水平，8项达3分好帮手水平，15项达2分好家人水平，5项达1分好照顾水平。在撰写评量结果分析表时，识字与写字部分的"关注汉字，

萌发识字的兴趣"与阅读部分的"从图中找出熟悉的人、物和生活情境"两项已达到4分好公民的水平,为该学科的优势项,而阅读部分的"能阅读背景简单的图画,了解大意""能认识逗号、问号、感叹号""会诵读诗歌",综合性学习部分的"熟悉班级环境,能与同伴一起交谈,获取有关信息""观察校园环境,能用自己的方式说出观察所得"目前还处于1分好照顾的水平,为该学科的弱势项。

从生理、心理、教学、环境、互动几个方面进行原因推断:生理,因学生智力发展明显落后于同龄儿童,语言理解、表达能力不足,导致对于周围环境的认识、理解和表达不足;心理,学生对家长依赖性强,家长不在的情况下会胆怯,不能完全发挥出个人能力;教学,学生刚入学,曾进行两年的康复训练,包括听、说、读、握笔写画等能力训练,孩子有较好的基础,而生活语文课程才开始,教师在阅读背景简单的图画,了解大意/能认识逗号、问号、感叹号/会诵读诗歌等方面的教学还未过多涉及,学生缺乏相应的学习经验;环境,家庭中父母对孩子教育比较重视,家长和老师中都进行基本听、说、写能力的训练,为学生提供较多的机会和支持;互动,学生比较多动,注意力易分散,语言表达能力有限,很少与同伴互动,影响其与同伴交谈、观察环境等方面的学习。

通过分析研判学生生活语文各方面的能力情况及优弱势,结合现在学生应达到的"好家人"教学目标,本教学阶段将"能阅读背景简单的图画,了解大意""能认识逗号、问号、感叹号"作为重点关注项目。建议:第一、加强认图、读图能力的培养;第二、加强观察环境能力的培养;第三、进行逗号、问号、感叹号教学,加强最常用的标点符号的记忆,并指导学生在日常阅读活动中多关注标点符号。

第四节　案例分享

案例:

小智,男,7岁,智力障碍,经筛查评估后,于2023年9月安置于某特殊教育学校启智部一年级。通过初步了解,小智生活基本能自理,能听懂常见的简单指令,有语言,能使用5个字以内的短句表达,但构音不清,只有妈妈能听懂他说的话,几乎不会主动与其他小朋友玩。经观察,上课时妈妈没在教室里陪着他,他会离座在教室里跑跳、哭闹。小智入学后，需要对其进行教育评估，拟订个别化教育计划，开展个别化教育。此次评估，是小智入学的初次教育评估，其中学科教学评估操作如下所述。

一、前期准备

（一）制订新生入学评估方案，组建评估团队

此次评估，由学校主管教学的副校长牵头，教务处负责组织开展。先制订新生入学初次评估方案，组建由班主任、学校评估专家组成员、任课教师、教务处和学生处相关工作人员、校医等人多方位参与的评估团队。

（二）准备多元的、最少受限制的评估环境

此次评估是新生入学第一次评估，要收集的评估资料和信息相对较多，为学生能发挥出其真实、全面的能力水平，根据评估的内容、方法等在教室、个训室、运动场等不同的环境中进行。生活语文、生活数学、生活适应、绘画与手工评估在教室和个训室进行，劳动技能评估及访谈家长在家政室进行，唱游与律动评估在律动教室进行，运动与保健在感统训练室进行。

（三）了解学生基本情况

通过查阅学生个人档案，了解学生基本信息、兴趣爱好、学习特点、特殊的行为等情况，找出适合学生的强化物，以及在学生出现特殊行为时有效处理的方法，为后期顺利开展学科教学评估作准备。了解小智基本情况后，结合小智妈妈提供的信息，我们意识到小智不能长时间安坐、多动，注意力易转移，对吃比较感兴趣，不高兴或不满足其意愿时会哭闹、原地跳，几分钟后自己能安静下来。针对以上情况，为保证顺利完成评估工作，评估活动宜动静结合，可用小智喜欢的零食做强化物，在评估时他若出现情绪行为方面的问题，可给他一定的时间发泄情绪，或者用他喜欢的东西转移他的注意力。

二、实施评估

（一）明确评估的目的

此次评估目的是了解全班学生及学生个人学科能力情况，找出学生学科学习的起点和存在的特殊需要，从而确定学生个人的个别化教育计划中的学科教学的目标，以及班级下一阶段的学科教学目标。

（二）选择合适的学科教学评估工具

此次评估的对象是启智一年级刚入学的新生，根据学生障碍类型、身心发展特点、

情况,选用了基于国家培智学校课程标准的《培智学校课程的四好评量表与侧面图》低年级段各学科的评量表进行评估。

（三）熟悉评估工具的内容

学校大部分教师是有特殊教育学校个别化教育知识及如何使用《培智学校课程的四好评量表与侧面图》学习经验的,评估专家组的教师更是有多年的评估经验。在评估开始前,组织所有评估团队成员再次自学《培智学校课程的四好评量表与侧面图》,熟悉评估内容、所要使用的教辅具,以及不同评估项目适用的评估方法。

（四）设计评量活动

根据小智的个人能力,设计各评估项目的评量活动,比如通过测验活动评估小智认、读、写字的情况,通过观察评估小智个人卫生、使用物品方面的情况,设计一个音乐游戏来评估小智对声音的感知、演唱技能方面的情况,并在评估过程中,使用一定的激励机制,鼓励学生积极参与评估,充分发挥自己的能力水平。如表3-1所示:

表3-1　启智一年级唱游与律动评量活动设计

活动名称	听音乐做动作（身体音阶歌）		
设计意图	教师通过观察学生听到音乐的反应、随音乐律动的表现,判断学生唱游与律动学科部分目标达成情况		
活动内容（观察内容）	评量目标	评量结果	备注
教师播放身体音阶歌,学生听音乐	5.1.1.1 能对自然界和生活中的声响感兴趣	3	
指导学生听音乐跟着老师做动作（摸脚、摸膝盖、拍腿、拍手、拍肩、摸脑袋、高举双手）,学生自己随音乐做动作	5.1.1.2 初步感受声音的强弱、快慢	2	
	5.1.2.1 对音乐做出反应	3	
	5.1.3.1 初步养成聆听音乐的习惯	3	
	5.3.1.1 愿意参加音乐游戏活动,体验游戏的乐趣	3	

活动内容(观察内容)	评量目标	评量结果	备注
指导学生听音乐跟着老师做动作(摸脚、摸膝盖、拍腿、拍手、拍肩、摸脑袋、高举双手),学生自己随音乐做动作	5.3.2.1 在音乐游戏中能对各种声音做出听觉反应	2	
	5.3.2.2 在游戏中能初步配合音乐做出对节奏、速度、力度的反应	1	
	5.4.1.1 能随音乐合拍地做各种简单的动作	2	

(五)确定评估的时间与地点

根据评估方案时间安排,结合工作实际,确定小智各个学科评估的时间和地点。

三、整理分析评估资料

评估结束后,由教务处组织,班主任协调安排,对小智评估收集的资料和信息进行整理分析,并撰写个案研判报告书。为后续拟订个别化教育计划,实施个别化教育做准备。

(一)评估资料整理分工

1.班主任负责组建小智的档案材料,收集小智的基本资料,形成基本档案材料。

2.组织参与评估的教师辨别分析所收集到的关于小智的各部分评估材料的真实性、有效性、完整性等,并对有效资料进行整理分析,找出其中对小智生活、学习有较大影响的优势项和弱势项,处于最近发展区的项,以及可能造成这一现状的原因等。

3.各学科任课教师整理分析小智的学科评估资料,使用《培智课程的四好评量表与侧面图》的侧面图进行结果统计,并画出侧面图,撰写评估记录分析表,将小智的各学科能力水平、优弱势等直观、明了地呈现出来。

（二）描画侧面图

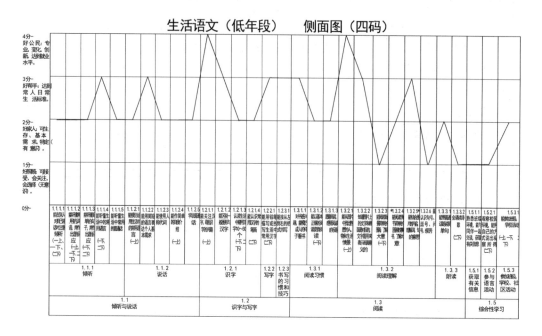

图3-4　小智生活语文评估侧面图

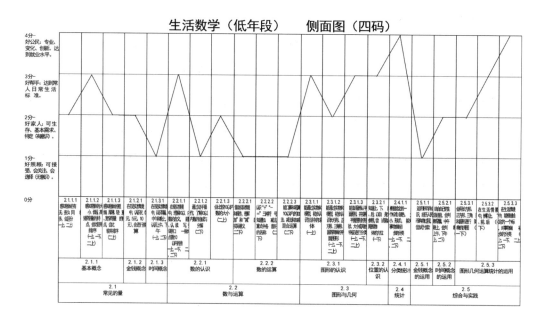

图3-5　小智生活数学评估侧面图

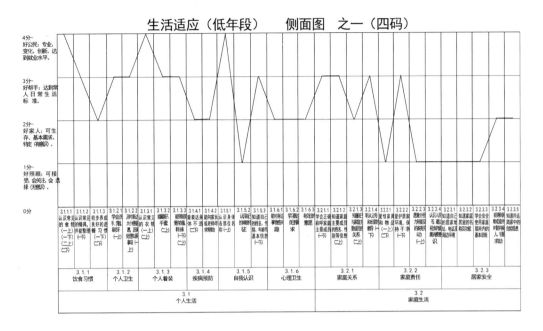

图3-6　小智生活适应评估侧面图一

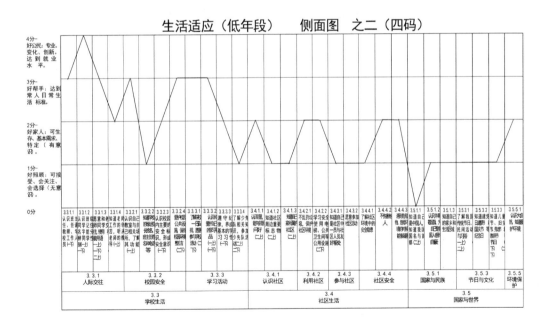

图3-7　小智生活适应评估侧面图二

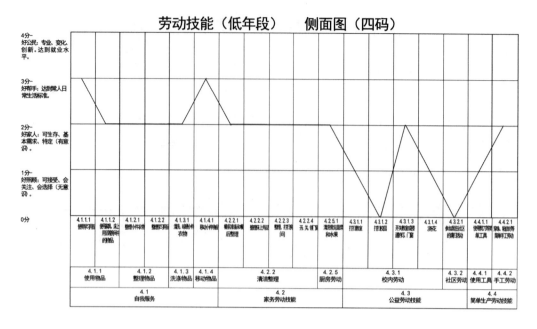

图 3-8　小智劳动技能评估侧面图

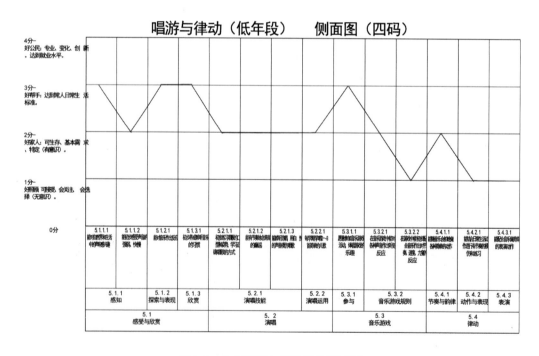

图 3-9　小智唱游与律动评估侧面图

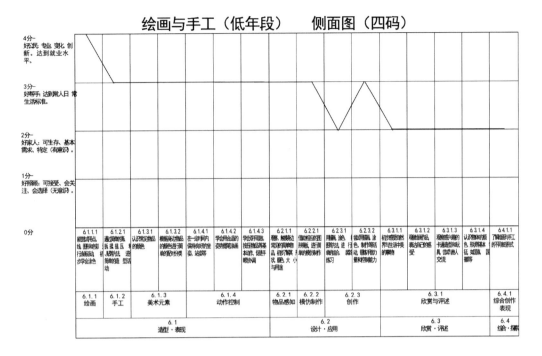

图 3-10　小智绘画与手工评估侧面图

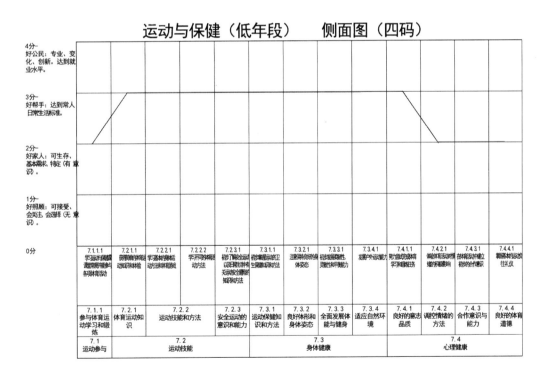

图 3-11　小智运动与保健评估侧面图

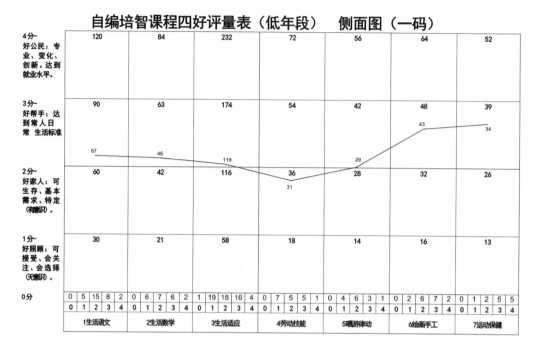

图 3-12　小智各学科评估侧面图总图

（三）撰写评估结果分析表

表 3-2　小智《培智学校课程的四好评量表与侧面图》学科评估分析表

学生姓名	小智	评量分析者	段老师
课程名称	培智学校课程的好评量表	评量日期	2023年10月13日
学科	现况分析	原因推断	建议策略
生活语文	优：能关注汉字，萌发识字的兴趣/从图片中找出熟悉的人、物和生活情景，两项已达4分"好公民"水平；能听懂生活中的常用语言/能用简短的语言表达个人基本需求/能区别一般图形与汉字/能用铅笔描写或抄写生活中常用汉字等八项已达3分"好帮手"水平。	生理：智力发展落后于同龄儿童，认知能力不足，影响其对语言的理解、语言思维的发展，导致对于周围环境的认识、理解和表达不足。心理：对家长依赖性强，家长不在的情况下会胆怯，不能完全发挥出个人能力。	建议：1. 在生活语文课堂中、家庭教育阅读指导中加强认图、读图能力的培养；

学科	现况分析	原因推断	建议策略
生活语文	弱:能阅读背景简单的图画,了解大意/能认识逗号、问号、感叹号/会诵读诗歌/熟悉班级环境,能与同伴一起交谈,获取有关信息/观察校园环境,能用自己的方式说出观察所得,五项处于1分"好照顾"水平。 该学科学生达2分好家人水平项超过总数的4/5,语文学科可以追求3分"好帮手"水平的目标。优势项本阶段暂不作为重点关注关目标。弱势项在本教学阶段对能阅读背景简单的图画,了解大意/能认识逗号、问号、感叹号两项的要作为重点关注项目,要加强教学与练习;能与同伴一起交谈,获取有关信息/能用自己的方式说出观察所得,几项是在更高年级需要学习掌握的内容,一年级暂不过多关注,可在后续阶段重点关注。	教学:学生曾进行两年的康复训练,包括听、说、读、握笔写画等能力,有较好的基础。因为学生刚入学,生活语文课程才开始,教师在阅读背景简单的图画,了解大意/能认识逗号、问号、感叹号/会诵读诗歌等方面的教学还未涉及,学生缺乏相应的学习经验。 环境:家庭中父母对孩子教育比较重视,家长和老师中都进行基本听、说、写能力的训练,为学生提供较多的机会和支持。 互动:学生比较多动,注意力易分散语言表达能力有限,很少与同伴互动,影响其与同伴交谈、观察环境等的学习。	2. 在各种情境中,指导学生观察环境,尽快熟悉、适应环境; 3. 在生活语文课堂中认识常用的标点符号,并指导学生在日常阅读活动中关注标点符号。
生活数学	优:根据给定的一个标准(颜色、大小、形状),能对事物做初步的分类/在生活情境中,能根据给定的一个标准,对事物做初步的分类两项已达4分"好公民"水平;感知物体的大小、长短、高矮等量的特点,会比较并排序/ 在现实情境中,理解10 以内数的含义,能数、认、读、写,强调手口一致地点数10以内的物等六项已达3分"好帮手"水平。	生理:智力发展落后于同龄儿童,认知能力有初步的发展,可较好地掌握数前概念,进行10以内的数数。思维、想象能力发展有限,难以掌握抽象的时间概念和数理逻辑知识。 心理:对家长依赖性强,家长不在的情况下会胆怯,不能完全发挥出个人能力。 教学:曾进行两年的康复训练,其中认知训练涉及到数前	建议: 1. 在生活数学、家庭教育中继续加强数前概念、数与量对应的教学; 2. 培养在生活情境中应用数前概念、点数的能力解决生活中的数学问题的能力;

续表

学科	现况分析	原因推断	建议策略
生活数学	弱：在现实情境中，认识早晨、中午和晚上，认识上午、下午/通过动手操作，了解10以内数的组成与分解/借助实际情境和操作，理解"加"和"减"的实际意义/认识"十""一""＝"三种符号，知道加、减法算式中各部分的名称等六项还处于1分"好照顾"水平。该学科学生达2分"好家人"水平的项目占总数的5/7，未达4/5，下一阶段追求达到"好家人"水平的目标。已超过的优势项本阶段暂不作为重点关注目标。弱势项中，将认识早晨、中午和晚上，认识上午下午作为重点关注项目，其余五项是更高年级需要学习掌握的内容，本阶段暂不过多关注，可在后续阶段重点关注。	概念、数数等能力教育。由于学生刚入学，教师教学中对于一些抽象概念、数理逻辑、计算符号还暂未涉及，学生缺乏相应的学习经验。 环境：家庭中父母对孩子教育比较重视，但家庭和学校均未提供孩子接触、使用金钱的机会，学校教学中还未涉及到相关内容，因而学生没有多少金钱意识。 互动：学生还未掌握数的认识，因此无法完成数的计算。	3. 在情境中培养早晨、中午和晚上的时间概念。
生活适应	优：认识常见食物/认识常见衣物/认识身体各部位/认识同学、分辨同学姓名、性别已达4分"好公民"水平；认识常见的餐具，并能整理/表达便意/正确如厕/穿戴衣物、手套/知道自己的姓名、年龄基本信息、正确称呼家庭成员/知道家庭主要成员姓名、性别信息/听从父母长辈教导/爱护居家环境、认识班主任、任课教师、学校工作人员/愿意和老师、同学交往，使用礼貌用语/认识校内与自己相关的场所/爱护校园公共设施，保持校园环境/了解学校一日安排/愿意参与学校园活动/认识和爱护自己的学习用品达3分"好	生理：智力发展落后于同龄儿童，认知能力不足，导致学生对家庭、学校、社会等人、事、物的认识不足。 心理：被动，依赖性强，不协助或不陪同有些动手的活动不愿去做。 教学：学生曾进行两年的康复训练，包括生活自理方面的能力训练，有较好的基础。 环境：一直由妈妈全程陪同，照顾得比较仔细，很少让孩子动手劳动，缺乏相应劳动的学习、练习机会。	建议： 1. 在生活适应课堂中，教育学生正确认识自己和身边的人，学习正确与人沟通、交往的方式和礼仪，学习正确使用家具物品，正确进行简单劳动的方法，培养爱护家具的意识和劳动的习惯； 2. 在家庭教育中，继续培养学生生活自理的能力。给予更多动手劳动的机

学科	现况分析	原因推断	建议策略
生活适应	帮手"水平。 弱:认识自己的体貌特征、家庭责任、居家安全大部分项目,知道学校地址、校长/了解少先队相关知识,认识社区、参与社区的项目,了解社区中的安全隐患,国家与民族,节日与文化班主任姓名处于1分"好照顾"水平,其中知道自己是中国人,知道我国的国名与首都一项为0分。 该学科学生达2分"好家人"以上水平的项目达2/3以上,结合学生生活适应能力情况,下一阶段教育目标定为达到"好家人"水平的目标。虽然处于1分"好照顾"水平的项目数较多,除了爱惜家具和物品/愿意分担力所能及的家务劳动目标外,其余项目均为更高年级的教育目标,本阶段暂不过多关注。	互动:认知能力不足,导致其对深层次的内容如:国家与民族、节日文化理解不足,对安全的重要性、危险的预判不足,居家安全、校园安全、社区安全能力不足;语言表达能力欠缺影响其与身边的家人、校园、社区人员交流互动。	会和时间,每日进行力所能及的家务劳动,使用记录表进行记录; 3.在情境中督促指导学生正确使用家具物品,积极参加简单的劳动,加强安全教育,树立安全意识,培养安全的行为、与人交往习惯。
劳动技能	优:使用学习用品/移动小件物品达到3分"好帮手"水平,自我服务和家务劳动技能两大块能力,开关教室或楼道的灯、门窗/串珠、粘信封等简单手工劳动达2分"好家人"水平。 弱:打扫教室、校园/浇花/使用剪刀等简单工具为1分"好照顾"水平,到扫校园/参加居住社区的清扫活动为0分。	生理:智力发展落后于同龄儿童,认知能力不足,导致学生对劳动的认识不足,不知道自己该参与哪些劳动、怎样劳动。 心理:被动,依赖性强,几乎不参与家务劳动。 教学:康复训练、家庭教育中,有整理物品、使用简单工具的要求,有一定的劳动基础。但没有进行专门的教学和训练,	建议: 1.在家庭生活中,给学生安排其能力所及的劳动任务,使用记录表进行记录; 2.在学校生活中,加强学生自我服务、公益劳动、简单生产劳动技能的教育和训练;

续表

学科	现况分析	原因推断	建议策略
劳动技能	该学科学生达2分"好家人"以上水平的项目达2/3以上,结合学生劳动技能能力情况,下一阶段教育目标定为达到"好家人"水平的目标,重点培养学生公益劳动、使用简单工具的能力。	公益劳动和简单的生产劳动意识不强。 环境:一直由妈妈全程陪同,照顾得比较仔细,很少让孩子动手劳动,缺乏相应劳动的学习、练习机会。	3. 在各种情境中培养学生积极参与劳动的意识和能力。
唱游与律动	优:感受与欣赏音乐的多个项目,参与音乐游戏活动达3分"好帮手"水平;初步感受声音的强弱、快慢、演唱的个项目,在音乐游戏中作出听觉反应/随音乐做简单动作达2分"好家人"水平。 弱:配合音乐作出对节奏、速度、力度的反应/结合生活经验进行有节奏的模仿和练习、配合音乐做简单动作达1分"好照顾"水平。该学科学生达2分"好家人"以上水平的项目达2/3以上,结合学生唱游与律动能力情况,下一阶段教育目标定为达到"好家人"水平的目标,重点培养学生理解、遵循音乐游戏规则、动作与表现、表演方面的能力。	生理:智力发展落后于同龄儿童,认知能力不足,导致学生对音乐感知、认知不足,难以理解音乐游戏的规则以,难以将日常生活动作与音乐活动相联系,难以通过想象、联想配合音乐表演。 心理:对于在音乐活动中表演会胆怯。 教学:康复训练、家庭教育中,会安排听音乐、跟音乐做动作的活动,有一定的经验。 环境:家庭、校园中经常有音乐活动,有较多学习、练习的机会。	建议: 1. 唱游与律动课堂教学中进行感知音乐节奏、演唱技能音乐游戏规则的教学; 2. 在家庭中多感知音乐,培养聆听音乐、随音乐律动的能力; 3. 在各种情境中感知音乐,随音乐律动。
绘画与手工	优:造型表现、设计应用两大模块大多数项目的能力均达3分"好家人"以上。 弱:欣赏与评述、综合创作表现能力为2分"好家人"水平。 该学科学生达2分"好家人"以上水平的项目3/5以上,结合学生	教学:康复训练、家庭教育中,有较多的绘画与手工活动,学生有较多的学习、练习的机会,有一定的基础。 环境:家庭、校园中经常绘画与手工活动,有较多学习、练习的机会。	建议: 1. 在绘画课堂教学中进行基本绘画与手工技能培养,逐步培养创作、欣赏与评述、综合创作表现方面的能力; 2. 在家庭中多进行绘画与手工、手工

学科	现况分析	原因推断	建议策略
绘画与手工	绘画与手工能力情况,下一阶段教育目标定为达到"好帮手"水平的目标,重点培养学生用描画、涂色、拼图等方法进行简单的组合、装饰练习。欣赏与评述、综合创作表现各项目标逐步培养的能力。		创作的练习,并尝试向家人介绍自己的创作; 3. 在各种情境中观察、欣赏各种绘画、手工作品。
运动与保健	优:运动技能、身体健康各项目均达3分"好帮手"水平。 弱:参与体育运动学习和锻炼、心理健康方面的项目达2分"好家人"水平。 该学科学生达3分"好帮手"以上水平的项目接近4/5以上,结合学生情况,下一阶段教育目标定为达到"好帮手"水平的目标,重点培养学生参与体育运动学习和锻炼、心理健康的能力。	生理:学生为智力发展落后,运动能力发展较好。 心理:被动,胆怯,不会主动积极地参与体育运动学习和锻炼,容易情绪失控,很少主动与同伴互动。 教学:康复训练、家庭教育中,有安排感统训练、户外活动,有较多的运动机会和时间,积累了较多经验。 环境:家庭、校园中经常有户外活动,有较多锻炼的机会。	建议: 1. 在运动与保健课堂中鼓励学生积极参与体育锻炼,在体育活动中创造学生与同学交流、互动的机会,培养学生运动交往的礼仪和合作的意识; 2. 在家庭户外活动中,引导学生与身边的人进行体育互动、交往,教导正确与人交往的方法和礼仪; 3. 在各种情境中鼓励学生参与体育锻炼活动。

(四)撰写综合分析研判报告书

1.班主任将小智的各方面的评估资料和信息按照一定顺序进行收集整理,并撰写个案研判报告书初稿,为下一步召开个案会作准备。如表3-3所示:

表3-3 小智《培智学校课程的四好评量表与侧面图》评量结果综合分析研判报告

一、基本资料
(一)个人资料

续表

学校	玉溪市特殊教育学校	班级	启智一年级	姓名	小智
出生日期	2017.5.16	入学日期	2023.9.1		
医疗证明 □无 ☑有	障碍类别	智力障碍	特殊情况说明		语言发育迟缓
	鉴定单位	无	鉴定日期		无
残疾证 □无 ☑有	障碍类别	智力障碍	障碍等级		智力障碍三级

(二)家庭资料

主要监护人	称谓	姓名	学历	职业	存/殁

家庭状况	排行2,姐1 家族疾病史:☑无 □有 家中是否有其他特殊个案:☑无 □有
主要照顾者	妈妈	主要学习协助者	妈妈
父母婚姻状况	☑良好□离婚□ 分居	家庭经济状况	□富裕 □小康 ☑普通 □清寒
家中主要 使用语言	□普通话 ☑当地方言 个案会说(或了解)普通话吗?☑会 □不会 个案会说当地方言吗?☑会 □不会
家长期望	将来能够独立生活,照顾自己

(三)生长发展和医疗史

生育史	□正常 ☑异常 足月顺产,孕期未发现异常,生产过程中轻微缺氧
个人重大疾病或意 外史	☑无 □有 曾在1岁、4岁时因肺炎住院治疗,曾下过病危通知书
伴随症状	☑无 □癫痫 □心脏病 □哮喘 □多动 □蚕豆病 □精神疾病 □其他
长期用药	☑无 □有	药名	无	开始服药日 期	无
过敏	☑无 □食物 □药物 □其他

(四)教育史

教育安置情形	学前	☐普通幼儿园普通班　☐普通幼儿园特教班　☑康复机构 ☐送教上门
	小学	☐普通学校普通班　☐普通学校特教班　☑特教学校 ☐送教上门
	初中	☐普通学校普通班　☐普通学校特教班　☐特教学校 ☐送教上门
	其他	

二、学生能力现况

（一）测验与测量

评量内容	评量工具	评量者	日期
生理状况	医院诊断报告		
认知功能	《孤独症儿童发展评估表》	段老师	
语言功能	《孤独症儿童发展评估表》	段老师	
动作功能	《孤独症儿童发展评估表》	段老师	
社会情绪	《康纳斯行为评定量表》	段老师	
	《孤独症儿童发展评估表》	段老师	
学习特质	《学习兴趣调查表》 《学习特点调查表》	段老师	
学业评量	《自编培智课程"四好"评量表与侧面图》	科任教师	
其他			

（二）学科能力现况描述（2023年10月测评）

课程名称	评量结果概述
生活语文	优：能听懂常用词语和生活中常用语言，使用语言提示下与他人问好、表达自己的意愿，但说不清楚，熟悉的人可听懂部分，喜欢看图画书，能读取图画书上直观、常见的信息，能认读30个汉字，认读常见食物的词语、部分学习过的字词，跟读词语、5-6个字以内的句子，抄写简单的汉字。 弱：听/看的注意时间短，易分散，需大量提示，不认识标点符号，缺乏主动交往的意识，不会与同伴交谈，要在大量的提示或协助下参与班级活动。

续表

课程名称	评量结果概述
生活数学	优： 基本概念：对差异明显的有无、多少、大小、长短有基本的概念。 几何图形：对球形、平面图形有基本的认识，可以命名。 分类统计：能够根据颜色、大小、形状进行分类。 空间概念：对方位上下左右有基本的了解。 弱： 时间概念：没有早中晚的概念。 数的认识：数字的点数能力还有待提高。 数的认识：数字的实际意义未能与数字对应。 基本概念：人民币的认识与使用能力有待提高。
生活适应	优：学生已形成基本的饮食习惯，个人卫生习惯。认识常见的衣物，能穿脱简便的衣服、鞋袜。能表达身体的不适，对身边的事物感兴趣，能依自己当下的需要简单表达自己的需求，与熟悉的人有交往的意愿。能接受父母或长辈的教导，表现出改变的行为。有上学的意识，在学校一日安排中愿意参与课堂教学、大课间、体育等活动。能知道并远离家中的危险隐患。 弱：学生在自我认识、家庭生活、人际交往、学校生活、社区生活、国家与世界等领域的能力发展有待提高。其中对人民币、学校地址、班主任姓名电话、学校内主要的安全标识、少先队、国家与世界的相关知识，学生尚未发展出与环境相适应之能力。
劳动技能	优：自我服务部分的使用物品、移动物品，在提示下进行简单整理、清洗小件衣物、水果、蔬菜，做简单的餐前准备和餐后收拾、整理床上用品，以简易的方式进行打扫，开关门窗，使用剪刀剪纸或简单手工劳动。 弱：无法完成要求较高的工具使用，相对复杂的劳动活动，公益劳动技能部分校内劳动中的打扫校园。
唱游与律动	优：愿意感知音乐聆听音乐，模仿唱歌，在提示下参加音乐游戏活动，参与课堂活动的积极性高，模仿能力较强，协调性好，律动方面总体较好。 弱：不会配合音乐作出对节奏、速度、力度的反应，不会随音乐做简单动作和表演动作。
绘画与手工	优：绘画、手工、在一定时间内保持良好坐/站姿基本达到目前日常学习要求和生活标；认识部分常见物品及颜色，设计．应用部分、欣赏与评述、综合创作表现具备一定的意识，有学习和进步的空间，达好家人水平。 弱：没有初步感受自然界与生活中美的事物的意识。

续表

课程名称	评量结果概述
运动与保健	优：能够主动参与课堂进行例行活动能够学习课堂常规，不排斥体育活动有一定的动作模仿能力、有与他人合作的意识。 弱：模仿动作不到位、学习时间较短、注意力易分散、维持学习时间较短、动作不熟练、学习课堂常规质量不高。

三、相关服务与支持策略

安置情形	☐普通学校普通班　☐普通学校特教班 ☑特殊教育学校　☐送教上门　☐其他
未来发展潜能	☐好照顾　☑好家人　☐好帮手　☐好公民
教育建议	1. 进行注意力、学习习惯、常规的培养； 2. 教学时提供视觉提示，充分调动学生的学习兴趣，帮助学生更好获取信息，理解教学、训练内容； 3. 教师对于学生发出的指令应当明确、简单、清晰，让学生能够听懂，听明白； 4. 教学过程建立奖励机制，例如代币制，及时反馈学生的行为表现； 5. 加强情绪调节能力培养。
教育重点	生活语文：阅读背景简单的图画，了解大意/能认识逗号、问号、感叹号/参与班级、学校、社区活动。 生活数学：初步培养时间概念、金钱概念，应用数前概念、点数的能力解决生活中的数学问题的能力。 生活适应：爱惜家具和物品/愿意分担力所能及的家务劳动，加强安全教育，树立安全意识，培养安全的行为、与人交往习惯。 劳动技能：学生公益劳动、使用简单工具的能力，培养学生积极参与劳动的意识和能力。 唱游与律动：理解、遵循音乐游戏规则、动作与表现、表演方面的能力。 绘画与手工：用描画、涂色、拼图等方法进行简单的组合、装饰练习。欣赏与评述、综合创作表现各项目标。 运动与保健：参与体育运动学习和锻炼、保持心理健康的能力。

思考题

1.试阐述学科教学评估的内涵及意义。

2.试阐述学科教学评估包含的内容及流程。

3.尝试为特殊教育学校一个班级的特殊儿童开展学科教学评估工作,收集并整理评估资料。

第四章

基于学科教学的个别化教育中的学科教学评估工具选编

本章聚焦

1.现有学科教学评估工具的具体内容以及使用方法。

2.自编学科教学评估工具的目的、条件、方法及流程。

本章结构

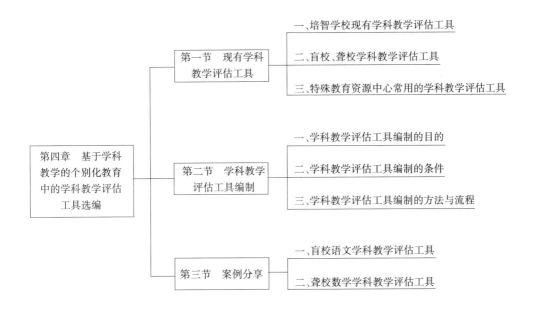

第一节　现有学科教学评估工具

特殊教育服务对象不同,学科教学评估工具也不同。

> 一、培智学校现有学科教学评估工具

作为服务发展性障碍儿童的培智学校,学生障碍类型多样,障碍程度复杂,选择合适的教学评估工具,快速了解学生的学习优弱势,明确学生学习需求与目标,是培智学校的工作顺利开展的关键。

（一）培智学校课程本位评估体系

1. 发展历史

2016年,教育部颁布《培智学校义务教育课程标准》,中山市特殊教育学校积极探索如何在国家政策下更有效地落实个别化教育,因此组建教研组,开始该评估体系初稿编写,后经历专家指导、教研组修改和学科试点实践论证、10门学科全面实践认证、专家组团队修改等环节,最终形成定稿,并于2020年8月出版。

2. 编制依据

该评估体系的编制既是基于对《培智学校义务教育课程标准》的编制理念、目的、过程的分析,也有对个别化教育计划拟订、实施及其评价的本土化问题思考,同时也是应特殊教育领域一线教师的教育实践需求而生。

3. 适用范围

该评估体系适用于培智义务教育学校一至九年级学生。

4. 特色

首先,该评估体系的内容基于《培智学校义务教育课程标准(2016年版)》,以特殊儿童为中心,紧扣教育促进儿童发展的本质,全面且有序地涵盖特殊儿童发展特点及规律,既在一定程度上保证了评估的科学性和有效性,也在一定程度上弥补传统标准化测验的不足,增强评估的准确性。其次,该评估体系坚持个别化教育计划的理念,强调通过多种教学方式和服务支持满足学生个性化的教育需求,促进学生生活质量的提升。同时,该评估体系由熟悉课标内容的特校教师实施,操作程序简单易行,便于教师掌握,可以增强教育目标制订和个别化教育计划实施的有效性。

5. 框架结构

图4-1　IEP理念下培智学校课程本位评估体系框架结构图

6. 具体内容

该评估系统由三部分组成:第一部分是使用说明,其中详细阐述了课程本位评估与个别化教育计划的关系、该评估系统的编制过程、内容结构以及评分记录说明、施测程序等内容,方便读者详细了解该评估系统的编写初衷、具体内容以及使用方法。第二部分以科目为单位，呈现了十门科目评估系统的具体内容，其中一级编码为课标领域，二级编码为具体条目，三级编码是将课标中的学科知识内容作为各门学科的长期目标，四级编码是在对长期目标进行分析、分解基础上罗列的短期目标。为了方便索引和区分，作者对各级目录进行字母编码，例如：CTD1-1，其中C即语文Chinese的首字母；T即听字拼音（ting）的首字母；D即低（学段）字的拼音（di）的首字母；1-1即第一个长期目标中的第一个短期目标。第三部分为附录，三个附录分别呈现了培智学校生活语文五级水平识字表、古诗诵读推荐篇目以及培智学校义务教育课程标准内容编码表，为使用者提供评估辅助资料，也便于读者将评估系统与课标内容对照参考。

7. 评量标准

该评估系统的评分标准分为三个等级：0分表示未通过，即学生无法表现出该行为；1分表示部分通过，即学生的行为会在特定的情况下出现，但是无法达到符合题目的成功标准；2分表示完全通过，即学生持续且独立地表现出符合题目的成功标准，能类化于各种情境和不同的人、事、物的情境。

（二）"四好"课程评量工具

《中华人民共和国义务教育法》明确规定对视力残疾、听力语言残疾和智力残疾的适龄儿童、少年实施义务教育。《盲校义务教育课程标准（2016年版）》《聋校义务教育课程标准（2016年版）》《培智学校义务教育课程标准（2016年版）》，在课程标准中详细阐述了各个学科的课程性质、课程基本理念、课程设计思路、课程具体内容和教学目标，并出版相应配套的义务教育教科书。义务教育阶段课程的持续改革不仅进一步满足了特殊儿童身心发展需求，也全面提升了特殊教育质量。

鉴于特殊儿童个体内部以及个体之间的高差异性，无法用统一的标准、固定的教材、规定的时间教授班级所有特殊儿童，国内特殊教育领域的高校、一线特校的专家、学者纷纷依据国家课标和教科书编制评估工具，旨在准确把握特殊儿童学习现状，明确学习需求，提升教学针对性及有效性。国内现已编制而成的课程评估工具种类繁多,本书重点介绍由向阳儿童发展中心依据国家培智课标自行编制的课程评量工具,又称为"四好"评量。

1. 发展历史

向阳儿童发展中心在确定了培智学生终身学习的理念之后,便开始编辑"四好"评量工具。自2018年12月组建编辑团队,到2019年2月初稿完成,再到2019年4月~6月经过特校教师的试用并提出修订意见,并于2021年印制试行本征求同行专业意见,最终于2023年1月正式出版,历时4年。截至目前,"四好"评量仍在不断优化中,如何更有效地使用评量工具、设计教学活动,使特殊儿童拥有各自美好生活,仍是编辑团队的专业追求。

2. 编制依据

该评量工具的设计理念是智力障碍学生一生都在教育的熏陶和支持下成长,需要为其设置"终身课程",定位"生活质量",使学生从好照顾、好家人、好帮手成长为自立自强、适应生活、服务社会的好公民。该评量工具内容的选取主要依据国家2007年颁布的培智学校义务教育课程设置实验方案、2016年发布的10个科目的课程标准以及2017年开始逐年出版的各科教材。

3. 适用范围

该评量工具适用于在特殊教育学校和普通学校特教班接受九年义务教育的培智学生。可以系统评估学生生活语文、生活数学、生活适应等科目的学习现状与学习需求,评估结果可以作为拟订IEP和设计教学活动、实施教学活动的依据。

4. 特色

该评量工具的内容选取完全依据国家课标、匹配国家统编教材,具有权威性、专业性和指导性;评量标准关注培智学生的生涯发展,贯穿人的全生命周期,关注生活品质提升;评量目的在于累积学生的学习目标、成果,找到学习起点,为设计学生的个别化教育计划提供依据;评量范围既可以用于学生个人评量,也可以作为班级评量。

5. 框架结构

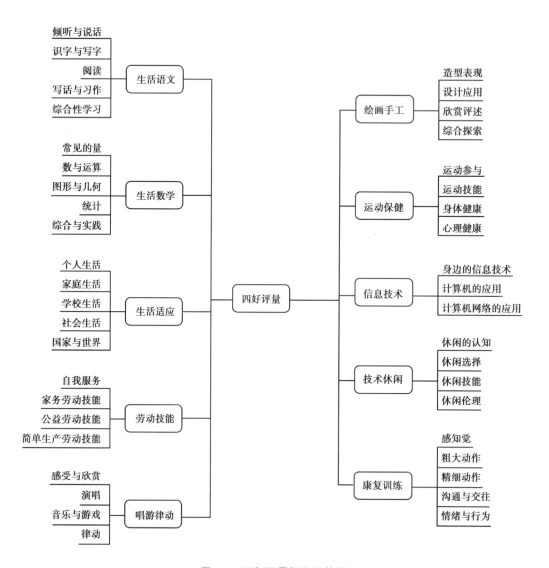

图4-2 四好评量框架结构图

6. 具体内容

该评估工具由三部分组成,第一部分是使用说明,其中详细介绍了四好评量表的编制构想、评量方法等内容。第二部分是十门科目低、中、高年段的评量表详细内容以及评分标准,分层呈现评量项目,层层编码。一码为科目名称,二码为各科目课标原有学习领域分类,三码为类别,四码是学习目标,四码学习目标中详细罗列了评量标准。以生活语文为例:1.生活语文;1.1倾听与说话;1.1.1倾听;1.1.1.1能在别人对自己讲话时注意倾听。第三部分是综合侧面图,分年段依次呈现,评估者可以将测评分数在表格中标注,这样能够清晰分辨评估个案的优弱势领域,便于明确发展目标,确定个别化教育计划中的长短期目标。

7.评量标准

该评估工具聚焦生活质量,从独立性、社会融合、生产力三要素着手,将培智学生生活质量分为四个等级,具体内容如下:

表4-1　"四好"评量工具的四个等级划分

核心要素	好照顾	好家人	好帮手	好公民
独立性	人格的独立	个人生活自理	家庭与社区生活独立	工作生活独立
社会融合	集体居住	合住(别人陪住)	合住(陪别人住)或合租	独立居住和一般人一样
生产力	有特别设计的工作	有特别提供的工作	有功能的工作	正式工作
满意度	有感觉	有经验	有能力	有权力

其中"好照顾"设置为1分,属于补救级,需要学校关注学生生活、心理健康与权益,提供必要的康复或其他补救措施。

"好家人"设置为2分,属于起码级,该阶段学生具有基本的生活自理能力,能够自我照顾。

"好帮手"设置为3分,属于标准级,该层级是教师教学/支持的主要目标。

"好公民"设置为4分,属于充实级,若学生已经达到标准级,为了方便班级教学,以及提升学生该项技能的品质,可以往充实级发展。

（三）智力障碍儿童适应性功能教育课程评估工具

最早将功能性课程概念提出的是美国特殊教育学者伯奇(Birch)和雷诺(Reynold),在1992年美国智力障碍协会修改智力障碍的定义后,功能性课程成为一种流行趋势。功能性课程观认为,残疾障碍不应被当成一种能力缺陷看待,而应被视为功能及适应性行为受到某种限制。从此,人们对能力发展障碍儿童的教育观念、课程观念发生了转变,以普通儿童发展为参考的模式转向以障碍儿童现至将来适应社会生活需要的知识与技能目标为参考的模式。

功能性课程注重儿童个体障碍与环境之间的关系,侧重于消除儿童个体所在环境中可能存在的障碍,或者改善环境条件以达到功能性的支持。例如,听力障碍儿童无法听音,通过给其配备助听器即能实现听音功能。让儿童个体能有符合环境要求的适应性行为是功能性课程的本质,课程内容与儿童在社会生活环境中所需掌握的技能相关。功能性课程以儿童现有的能力、技能和他们在环境适应上的需求为基础,主要培养日常生活中必要的活动和技能,并以此来设计课程,例如,生活自理、沟通、居家生活、社区生活等技能。

重庆师范大学根据本地区特殊儿童需求,编制"弱智儿童适应性功能教育课程"评估工具,并推广至全国。

1. 发展历史

重庆师范大学特教专家依据儿童实验校的学生教育需求,结合使用"弱智儿童个别化教育课程"的实践经验以及国际研讨会的学习心得,于1994年10月组建课程研制组,编制评估工具,编制过程历时两年,修订成稿以后在重庆市城、乡辅读班试用,同时也提供给全国部分培智学校试用。该成果获得全国师范院校教育改革成果二等奖,用六年时间对使用情况作分析、研究,期间又经历三次修订,历经八年于2002年正式出版。

2. 编制依据

我国著名心理学家潘菽教授指出,一个人的生活最终要达到"完成个人实现和社会实现相统一的人生"。美国智能障碍协会对智能障碍的定义,聚焦功能性模式,将注意力从对特殊儿童主体的缺点转向对环境的适应,建立支持辅助系统,营造环境克服障碍,使之逐步具备适应能力。上述思想为这套评估工具的研发提供了强有力的理论支撑。

这套工具研发的实践依据在于特殊儿童身心发展的特点,特殊儿童的心理发展是普通儿童的慢镜头,但是其信息加工与利用容量又有限,就会显现出诸多不适应行为,矫正不适应行为,是特殊教育的重要内容。如何在维护特殊儿童学习动机的前提下,引导学生学习生活中有实效的内容,使学生感受到学而有用的兴趣,弱智儿童适应性功能教育课程评估工具应运而生。

3. 适用范围

这套评估工具适用于学龄中后期、初中阶段的中重度特殊青少年。

4. 特色

这套评估工具以适应性教育为目的,将个人适应、社会适应和职业适应列为主要内容,目的在于达到更独立、更统合和更具生产力的生活;以功能性教育为手段,强调教给特殊儿童最有用、最有效、最能促进适应能力形成的内容,避免浪费儿童宝贵的学习时间;以个别化教育为原则,以正常儿童身心成长为线索,利用生活中自然、常态环境,创设适合特殊儿童需要的环境,建构支持体系,通过设计较为整合的教学活动,增进学生对生活问题、现实问题的学习。

5. 框架结构

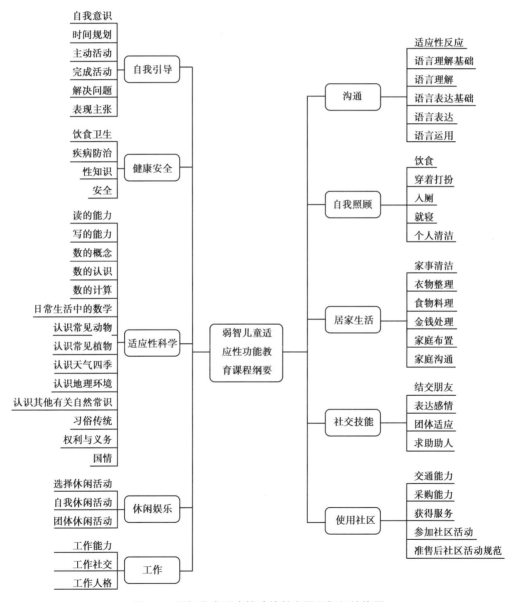

图4-3　弱智儿童适应性功能教育课程框架结构图

6.具体内容

这套评估工具包含五个板块内容:第一部分为课程指引,详细阐述该评估工具的适用范围、编制意义、编制依据、特点以及编写要件等内容;第二部分为课程纲要,以表格形式罗列领域、次领域、功能目标的所属关系及内容,便于读者对其有整体把握,并清楚各部分之间的关系;第三部分为目标大系,详细解释了十大领域的具体定义、内容以及细目,大领域、次领域、功能行为目标层层相依,由概括到具体,由微观到宏观,便于读者准确把握各领域内涵;第四部分为评量标准,将功能性项目作等级区分,便于准确了解学生的实际与需求;第五部分为侧面图,其中大领域一张、次领域一张、功能性项目十张,共计十二张侧面图,清晰汇总评估情况,便于使用者分析学生发展的优弱势。

7.评量标准

这套评估工具的评分标准划分为四个等级:0分,学生不会做,完全缺乏能力,完全需要他人照顾,动作协助也感到困难;1分,学生具有微小能力,小部分偶尔能通过,需要他人大部分协助,且需要直接的动作协助;2分,学生具有较多能力,大部分或经常通过,但未达到需要的能力,需要他人语言提醒;3分,学生达到需要的能力,可以独立完成工作任务,不需要他人照顾。

(四)职业教育课程评估工具

特殊教育学校职业教育的发展是衡量一个社会进步和文明的重要标志。特殊教育学校对有残疾障碍的青年学生进行职业教育,所开设的职业教育课程内容要符合当地的经济发展需求和劳动力需求。重点培养学生掌握某种职业或生产劳动需要的知识、技能、职业素养、工作人格,解决残疾障碍学生的就业、自立问题,使之将来能够适应于社会、立足于社会,从而减轻家庭与社会的负担,促进残疾障碍青年自强、自立、自信平等参与社会生活与劳动,为社会发展贡献力量。

中重度智力障碍青年职业教育课程评估工具由重庆江津向阳儿童发展中心编制而成,于2016年3月开始使用,2024年6月在重庆大学出版社正式出版为《心智障碍特殊青年的职业成长》。

1.发展历史

该评估工具是由方武、李宝珍、李淑玫、李静芬、许家成、张文京组成六人编制小组,于2003年编制而成的,适合在特殊教育学校职业高中阶段施行的职业教育课程评估工具。编写完成之初,因特教职高尚不发达,该评估工具未产生较为广泛的影响。自2014年起,国家陆续实施的三期特殊教育提升计划中对职业教育的重视,使得特殊教育学校被赋予发展职业高中的重大责任,该评估工具也被特殊教育学校广泛学习并应用。

2.编制依据

现有特殊教育学校的职业教育,关注各种各样工作职业种类的训练开发,重视职业技能的教授,但是却忽略了学生工作人格和素养的培养,编写组成员面对现存问题,积极寻求解决策略,特编制该评估工具。同时,在编制的过程中参考了杨元享等人主编的《智能障碍者的职业适应能力检核手册》,也与杨元享老师进行了充分的沟通,获取较多成功编制的经验。

3.适用范围

15岁以上职业教育阶段的中重度智力障碍青少年。

4.特色

这套评估工具将职业教育的课程理念与理论基础加以阐释,强调明确职业教育职高阶段的教育目的,增加智力障碍学生接受职业教育的时间,归回教育的本质。同时,该工具把职业教育的观念整合到夏洛克教授等人提倡的支持性就业中,符合国际上对中重度智力障碍人士支持性就业辅导的主流。此外,该评估工具涉及三个领域:工作人格、职业能力和独立生活技能,关注学生工作人格和素养的培养,而不是某些特定工作技能的训练,这让学生毕业后有更多元化就业的可能性。

5.框架结构

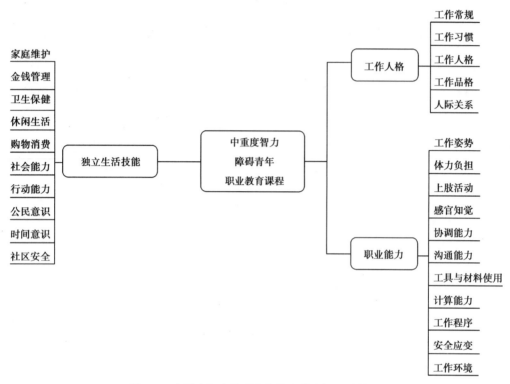

图4-4　中重度智力障碍青年职业教育课程结构图

6.具体内容

这套评估工具包含五部分内容:第一部分阐述中重度智力障碍青年职业教育课程理论与实施,其中包含课程编制的目的、理论基础、实施办法以及课程评量和个别化职业教育计划拟订方法。第二部分是对这套评估工具使用办法的详细说明,其中包含课程目标、适用对象、课程内容、评量标准、实施办法和评量示例。第三部分详细呈现了这套评估工具的内容框架,其中包含领域A工作人格、领域B职业能力和领域C独立生活技能的细目、长期目标和教学目标。第四部分是评量表,其中具体呈现了长期目标的具体评分标准。第五部分是侧面图,图一为三大评估领域的综合评量表格,图二为工作人格的评量表格,图三为职业能力的评量表格,图四为独立生活技能的评量表格,侧面图方便勾画各长期目标的得分情况,能够直观分析个案的优弱势领域。

7.评量标准

这套评估工具可以作为职业教育各阶段教学前后的测评,便于教育者及时了解学生职业教育的起点与学习进展,从而有系统地拟订学生的个别化职业教育计划。具体

的评分标准如下所述:

0分,受试没有工作意愿,或从未提供工作尝试;

1分,受试稍有工作意愿或能力,需较多支持,可尝试机构内工作机会;

2分,受试有基本工作态度与能力,需一般支持,可适应庇护性工作;

3分,受试有与一般相当的工作态度与能力,只需重点支持,可适应支持性就业或竞争性就业。

本评估工具的第二个领域职业能力领域也可以作为评量工作职业种类需要的能力。当学生进入第三年要进行专精职业技能训练时,要同时评量该职业种类对员工的要求,其标准为:

0分为不需要该项能力;

1分为需要少许该项能力;

2分为需要该项的基本能力;

3分为需要和一般人相同要求的该项能力。

依据学生的身心发展顺序介绍了上述几套教学评估工具,建议培智学校在充分了解这些评估工具内容的基础上,结合本校学生特点以及教师教学经验,选择适合本校学生需求的教学评估工具,使其能够真正发挥作用,助力培智学校的教育教学工作。

> 二、盲校、聋校学科教学评估工具

目前,盲校、聋校的教育评估工具多是按照盲生、聋生的身心发展领域划分。其中,关于视力功能评估的有台湾盲多重障碍儿童功能视力评估表(杞昭安译,2002)、低视力儿童印刷体规格评估表(一)(袁东,2002);关于听觉功能评估的有儿童听觉学习发展水平表(李季平译,1989)、视障儿童听觉 — 言语技能发展表(钟经华译,1992)、视障儿童倾听技能表(钟经华译,1992);关于触觉能力评估的有儿童触觉学习发展水平表(李季平译,1989);关于记忆能力评估的有盲童短时记忆广度评估表(数字类)(周苗德,1989);关于言语能力评估的有学龄阶段语言学习困难学童检核表(锜宝香,有修改)、说话检核表(林宝贵等,2000);关于智力评估的有智能障碍盲童类别对照表(袁东,2002);关于盲生定向行走能力评估的工具有盲童定向行走调查表(彭霞光,2000)、美国皮博堤定向行走调查表(钟经华译,1992)、美国德州盲校定向行走评估表(Van Dijk、Nelson,1998)、台湾盲童定向行动能力检核总表(12个小型测试表)(杞昭安,

2000);关于社会适应能力的评估工具有台湾多重障碍儿童问题行为检核表(李翠玲,2001)、台湾盲多重障碍儿童社会适应能力记录表(潘德仁,1979)、台湾小学一年级盲学生基本生活能力评估表(杨振隆,1987,有修改);关于学业成就的评估工具有基本学习能力简易评定表(郭为藩,1982)、学习评估表(郭为藩,1982)、学习习惯评估表(邱渊等译,1987)美国学习障碍儿童检查表(PRS)(周平等译,1996)、日本学习障碍儿童的行动项目检查表(周平等译,1996)。

盲校、聋校教师使用上述评估工具为学生某些特定领域进行针对性的评估,评估学生能力现状,分析目前能力发展的优弱势和未来发展潜能,明确其教育需求。学科教学方面,主要是依据国家课标以及现有教材开展教学。但是,伴随医疗水平的提升以及融合教育的发展,盲校、聋校接收到的盲生、聋生的障碍程度越来越重、越来越复杂,且伴随其他障碍的盲生、聋生数量也越来越多。班级学生的高差异性,使得老师们的"照本宣科"困难重重,学科教学评估也开始受到任课教师的关注,越来越多的专家、学者、一线教师开始探索学科教学评估工具研发。

> ### 三、特殊教育资源中心常用的学科教学评估工具

特殊教育学校多承担本地特殊教育资源中心的职责,协助普通学校接纳融合教育学生,其中开展的重点工作就包括为普通学校提供教育评估工具,并教授使用方法。目前研发的适用于普通学校的学科教学评估工具不多,此处重点为大家介绍一套使用较为广泛的评估工具。

《普通学校特殊需要学生课程评估工具》作为一套专供在普通学校学习的特殊需要学生使用的课程本位评估工具,是为解决普通学校课程与教学调整问题而做出的行动探索。

1.课程历史

2015年,南京市成为国家特殊教育改革实验区之一,重点开展残疾儿童少年随班就读工作实验研究,面对随班就读学生教什么、怎么教、怎么评价等问题,南京市教育局委托南京市教学研究室和南京特殊教育师范学院,合力攻关寻求随班就读学校课程与教学调整的解决办法。2018年,全市遴选40位巡回指导教师和资源教师,成立"南京市随班就读课程与教学调整工作坊",历时四年多时间完成了适用于普通小学特殊需要学生的课程评估手册和评估材料。

2.课程依据

本套评估工具既严格参照国家颁布的普通学校义务教育阶段的国家课程标准（2011年版）和现行的各科教材,同时充分考虑特殊需要学生的学习需求,旨在让所有特殊需要学生都能够被看见,每个孩子都能得到适合的教育。

3.课程适用范围

本套评估工具适用于普通学校义务教育小学阶段的随班就读学生,以及学习困难、情绪与行为障碍等其他有特殊需要的学生。

4.课程特色

这套课程以中小学义务教育课程标准为基本指南,紧扣学科逻辑和年段特点,构建学科能力系统;坚持个别化教育理念,分层次、多样性地编制评估项目,强调多元化、个性化评估,服务学生个性化成长,突出尊重学生个体差异的理念;采用全方位通用课程设计理念,普惠性地服务普通学校各类特殊需要学生;重视教师操作便利性的需要,对教师融合教育专业知识和技能的提升具有重要意义。

5.课程框架

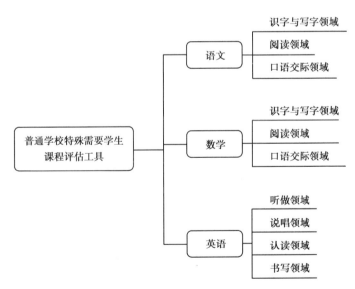

图4-5　普通学校特殊需要学生课程评估框架结构图

6.课程具体内容

这套评估工具以小学六个年级为单位,共六套。每套均由评估工具和评估材料组成。评估工具以科目、年级、教材上下册为单位呈现内容,其中包含使用指南以及评估表格,使用指南中清晰阐述设计思路、操作方法以及评估举例,评估表格包含学生基本信息、一级目标、二级目标、项目、评估内容/方法、评估记录、结论与建议等内容。

7.课程评量标准

这套评估工具的评分标准分为"0分、1分、2分、3分"四个等级,分数不同代表不同的表现水平。

0分表示独立完成或在多重支持下完成多重知识/技能20%以下;或在多重支持下无法完成单一知识/技能。

1分表示独立完成或在多重支持下完成多重知识/技能20%-60%以内;或在多重支持下完成单一知识/技能。

2分表示独立完成或在多重支持下完成多重知识/技能60%以上;或在单一支持下完成单一知识/技能。

3分表示独立完成多重知识/技能100%;或独立完成单一知识/技能。

由此可见,特殊教育学校教师可以根据教授的学生的障碍类型、障碍程度以及年龄特征等因素,选择适合的教学评估工具。

第二节　学科教学评估工具编制

> 一、学科教学评估工具编制的目的

自编学科教学评估工具是学校或幼儿园为了达到教育培养目的或解决自身教育需求,组建专业团队,依据国家教育方针、国家或地方课程计划编制的。自编学科教学评估工具强调具有地区性和群体性,与地区特殊教育需求和特殊儿童身心发展需求高度契合,有利于教师根据本地区、本校的特点在教学评量中灵活运用,评量出儿童的真实能力现况,为个别化教育计划的拟订和实施提供有力支持。同时,自编学科教学评估工具也是促进教师专业发展的又一条重要途径。

> 二、学科教学评估工具编制的条件

（一）专业团队建设

组建评估工具编写团队,可以邀请本校教师、教务主任、校外课程专家、教育专家、家长、学生代表等参与编写。团队合作既可以确保评估工具程编写的科学性、规范性,同时集合团队力量又可以确保工具编写的多元化,避免评估工具内容的单一性、片面性。

（二）明确办学理念

办学理念是学校的基本点,是学校价值观的集中体现,是学校的顶层设计。明确办学理念,既是学校自身发展的需要,是学校办学特色的体现,也是评估工具编制的重要依据。学科教学评估工具的编制导引学生培养方向,与学校发展关系密切。

（三）参考资料充足

学科教学评估工具编制前,准备充分的参考资料,查阅相关领域的学术文献、研究报告和书籍,了解相关的政策法规、标准和要求,征求该学科领域专家宝贵意见与建议,以确保评估工具的准确性、有效性和可靠性。

> 三、学科教学评估工具编制的方法与流程

（一）明确学校培养目标

学校的培养目标是学校教学工作的指南针,它明确了学校的教学方向和目标,是学校的办学基调。特殊教育学校的培养目标是依据国家教育目的以及特校办学性质而提出来的,是培养要求的具体呈现。例如:云南省某培智学校的培养目标是"培养具有健全人格的自尊、自信、自强、自理、自律的社会人",上海市某特殊教育学校的培养目标"把学生培养成为可持续发展的、有自助技能的人"。自编学科教学评估工具过程中要明确学校培养目标,可以参看国家政策文件,例如《盲校义务教育课程设置实验方案》《聋校义务教育课程设置实验方案》《培智学校义务教育课程设置实验方案》等,其中有对三类学校培养目标的详细阐述。

（二）确定学科教育目标

学科教育目标主要是要阐述清楚该学科要引导学生养成什么素养、培育什么能力、掌握什么技能。各学科的教育目标是学校的办学理念、培养目标的具体体现,它为各学科的教学实践提供清晰的指导,帮助教师明确教学目标,确定教学内容和方法,使教学更加具有针对性。当然,学科教育目标的确定也是学科教学评估工具编制过程中最关键的环节,明确了学科教育目标,就把握了学科教学评估工具的方向。例如:培智学校中的《生活语文》课的课程目标是"提高学生适应生活的语文素养……养成良好的学习习惯,能在生活实践中学习和运用语文知识和技能,为其适应生活和适应社会打下基础"。自编学科教学评估工具过程中要确定学科教育目标,可以参看《培智学校义务教育课程标准(2016年版)》《聋校义务教育课程标准(2016年版)》《盲校义务教育课程标准(2016年版)》,文件中有对各类学校各个科目教育目标的准确阐述,能够给予评估工具编制者较多提示,保证学科教学评估工具编制方向的正确性。

（三）搭建学科教学评估工具结构

学科教学评估工具结构即评估工具的框架、评估工具的骨架体系。运用思维导图将学科概念、内容以图形化的方式整合、呈现出来,设计简单、结构清晰、层次分明,旨在建构一个完整的知识体系。搭建评估工具的结构可以采用"工作分析法",根据对评估工具的目标进行分析,选择内容,形成结构。举例而言,若为进入一年级的培智学校编制幼小衔接适应性教学评估工具,可以建构如下评估框架。

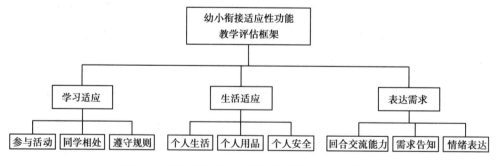

图4-6　幼小衔接适应性功能教学评估框架结构图

建构学科教学评估工具的结构,也可以参照国家课标中各学科的体系来建构,这样保障所编制的评估工具充分体现课标要求。例如:

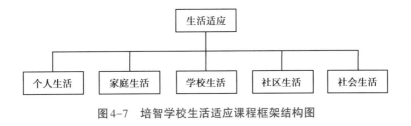

图4-7 培智学校生活适应课程框架结构图

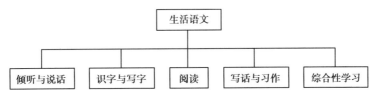

图4-8 培智学校生活语文课程框架结构图

目前现有的自编学科教学评估工具均是基于国家课标结构,在对各学科结构体系进一步细化的基础上编制的。

(四)设计学科教学评估内容

各学科包含的内容是指各门学科中特定的事实、观点、原理和问题及其处理方式,它是学习的对象,它源于社会文化,并随着社会文化的发展而不断发展变化。特殊教育学科教学评估工具的内容选择,既要充分考虑教育对象的身心特征及能力,也要引导学生实现生活适应、社区适应、社会适应的教育目的,更要认真研读国家课标中各类学校各科目各学段的目标和内容,将目标与内容进行分解、细化。

评估工具内容的撰写可以采用动词+名词(词组)的形式,具体描述评估工具内容。这样可以确保评估工具内容的可操作性。某盲哑学校编制的适合盲生的数学学科教学评估工具包含的具体内容有:

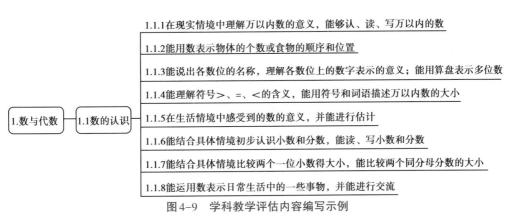

图4-9 学科教学评估内容编写示例

（五）确定评估标准

评量体系主要是将评估工具的内容进一步细化,划分等级,这样便于把握学习对象对评估工具内容的掌握程度,了解其现有能力,有助于个别化教育计划的拟订,提升教学的针对性、有效性。

评量标准的设置有多种方法,可以采用0、1、2、3的标准:0代表对该学科内容完全不会,1代表该学科内容了解一点,2代表对该学科内容了解大部分,3代表对学科内容完全理解。也可以采用百分制:0代表完全不会,25%代表会做一点,50%代表掌握一半的内容,75%代表掌握大部分内容,100%完全掌握。此外,也可以通过需要支持协助程度来表示全面支持、广泛支持、有限支持、间歇支持。

表4-2　评量标准设置案例

4 穿着	4.1	学生会自己穿脱鞋子	询问或现场测试:会自己穿脱写字吗?	0完全不会穿脱鞋子,需要他人协助
				1需要他人动作协助,才能完成穿脱鞋子动作
				2需要他人语言提示,即可完成穿脱鞋子
				3能够自己完成穿脱鞋子动作
	4.2	学生会正确穿脱衣服	询问或现场测试:会自己穿脱外套吗?	0完全不会穿脱衣服,需要他人协助
				1需要他人动作协助,才能完成穿脱衣服动作
				2需要他人语言提示,即可完成穿脱衣服
				3能够自己完成穿脱衣服动作

目前在特殊教育领域获得广泛认可的评估标准是基于功能性的,虽然会用分数(0分、1分、2分、3分等)将评量内容分出等级,但是要求每一个等级都要具有功能性,不管学生学多学少,都要让学生所学成为对生活有用的能力,保障学生能够适应一定的生活环境,保有一定的生活质量。评量标准的设置方法、方式多样,选择适合本校学生、教师使用的即可。

图4.10 "四好"评量中功能性评分标准

第三节 案例分享

> 一、盲校语文学科教学评估工具

（一）学校培养目标

尊重视力残疾学生个性,关注全面发展,培养具有独立生活能力、社会适应能力和人生规划意识的有理想、有道德、有文化、有纪律的一代新人。

（二）学科教育目标

语文学科着眼于语文素养的整体提高,引导学生认识中华文化的丰厚博大,培育热爱祖国语言文字的情感,初步掌握学习语文的基本方法,形成主动探究性学习的意识。

（三）该学科教学评估工具结构

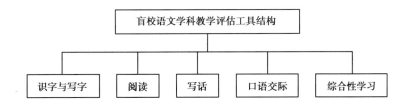

图4-11 盲校语文学科教学评估工具结构图

（四）具体内容与评分标准

表4-3　盲校语文学科教学评估内容（节选,详见附录）

		低年段(1-3年级)		中年段(4-6年级)		高年段(7-9年级)	
		盲生	低视力	盲生	低视力	盲生	低视力
1 识 字 与 写 字	1.1 识 字	1.1.1 喜欢学习盲文,有主动借助点字板学习汉语的愿望	1.1.1 喜欢学习汉字,有主动识字的愿望	1.1.1认真学习盲文,主动提高盲文摸读、书写技能	1.1.1有较强的独立识字能力,累计认识常用汉字3000个	1.1.1对学习汉字有浓厚的兴趣,养成主动识字的习惯	1.1.1有较强的独立识字能力,累计认识常用汉字3500个左右
		0 未达1分	0 未达1分	0 未达1分	0 未达1分	0 未达1分	0 未达1分
		1在摸读盲文课本时不排斥,呈现点字板和点字笔时有手摸的动作	1 看到汉字,不排斥,能作出反应(例如:注意看、有一些身体动作、声音等表示看到)	1 对学习盲文的活动不排斥,有反应(例如:会有摸字)	1 对学习汉字的活动不排斥,有反应(例如:会有眼神注视)	1 能参与盲文摸读活动,不排斥盲文摸读	1 能参与识字活动,不排斥识字教学
		2摸到常用的盲文时有反应(例如:摸到自己的生活用品、名字时会说一说是自己)	2能关注特定的汉字,有主动识字的愿望(例如:自己的名字、老师的名字、喜欢的物品)	2乐于学习盲文,能积极主动提高盲文摸读书写技能	2 累计认识常用汉字 2000个左右,其中1000个左右会写	2 熟练摸读盲文,平均每分钟摸读音节数达到130个以上	2 在辅助下能认出特定的汉字(例如:在图片提示下能回忆再认学过的字)
		3在日常生活中能主动摸读熟悉的盲文(如教科书上学过的)	3 能利用已有知识经验,借助韵语识字、看图识字、字理识字等多种方法识字(例如:日,先出示实物图片接着	3 认真学习盲文,初步掌握盲文默读书写技能	3 累计认识常用汉字 2500个左右,其中1600个左右会写	3 熟练摸读盲文,平均每分钟摸读音节数达到135个以上	3 能结合偏旁、部首认识象形性高的字,累计认识常用汉字3200

> 二、聋校数学学科教学评估工具

（一）学校培养目标

遵循聋生身心发展的特点和规律,培养具有自尊、自信、自强、自立精神的有理想、有道德、有文化、有纪律的一代新人。

（二）学科教育目标

作为培养聋生数学素养的基础课程,能使学生掌握必备的数学基础知识和基本技能,培养聋生抽象概括能力和逻辑推理能力,激发数学学习兴趣,养成良好的数学学习习惯。

（三）该学科教学评估工具结构

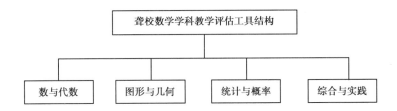

图4-12　聋校数学学科教学评估工具结构图

（四）具体内容与评分标准

表4-4 聋校数学学科教学评估内容(节选,详见附录)

领域	次领域	低年段(1-3年级)	中年段(4-6年级)	高年段(7-9年级)
1.数与代数	1.1数的认识	1.1.1 现实理解万以内数的意义,能认、读、写万以内的数 0未达1分 1熟练地数出数量在20以内的物体的个数,会认、读、写20以内的数 2理解现实100以内的数的意义,会认、读、写100以内的数 3.认识"百""千"的数,会读写千以内的数 4会读、写万以内的数,知道万以内数的组成,理解并认识万以内的近似数	1.1.1 在具体的情境中,认识万以上的数,了解十进制计数法,会用万、亿为单位表示大数 0未达1分 1能读"十万""百万""千万""亿" 2能读、写含两级的数 3知道相邻两个计数单位之间的关系,能比较亿以内数的大小 4掌握数位顺序表,十进制计数法,能将整万(亿)数改写成用"万(亿)"作单位的数	

思考题

1.试论述现有的学科教学评估工具有哪些。

2.试论述自编学科教学评估工具的方法。

3.依据所在学校、班级学生情况,自行编制一套微型学科教学评估工具。

第五章

基于学科教学的个别化教育计划拟订

本章聚焦

1.基于学科教学的个别化教育计划定义、意义、历史以及内容等。

2.基于学科教学的个别化教育计划中目标的拟订。

3.基于学科教学的个别化教育计划会议的召开。

本章结构

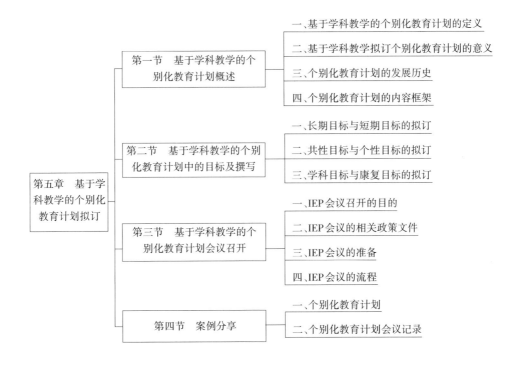

在上百年的发展历程中,我国特殊教育经历了从探索期到提升期,再从巩固期到现在全面提升及深化的繁盛发展阶段。在这一演进过程中,党的十七大强调了对特殊教育的关心,十八大进一步要求支持特殊教育发展,十九大明确提出要办好特殊教育,而到了二十大,更是聚焦于特殊教育的普惠发展。当前,我国已构建起以随班就读为

主体、特殊教育学校为骨干、送教上门及其他形式为补充的多元化体系。现阶段,教育部已经相继出台了针对盲校、聋校和培智学校的义务教育课程设置实验方案以及义务教育课程标准,这些指导性文件为特教学校的课程设置与教学改革提供了重要依据。基于新课标的教材也正逐步编制出版并投入使用,它们有效支撑了特教学校课程教学内容的革新。然而,在一线教育教学实践中,如何确保新课标在各级各类特殊教育学校得到切实落实,如何正确运用新教材、灵活创新且深入挖掘新教材的教学价值,是当前特殊教育课程与教学改革亟待解决的关键问题。在此背景下,作为推动特殊教育发展的核心工具——个别化教育计划应经历从无到有、从自发创编过渡到规范合理制订的过程,并且要在彰显校本特色的同时,强化国家意志导向,即在遵循国家特殊教育课程体系的基础上,结合学科教学实际,科学制订和实施个别化教育计划。

第一节 基于学科教学的个别化教育计划概述

> 一、基于学科教学的个别化教育计划的定义

基于学科教学的个别化教育计划,核心是个别化教育计划,重点是在当前特殊教育大背景下,基于落实国家三类特殊教育学校课程的愿景,为特教教师的学科教学和康复训练指明方向、夯实基础。其是传统个别化教育计划的衍生品,核心思路和传统个别化教育计划一致,却更侧重基于课程进行学生学习规划。

(一)个别化教育计划

个别化教育计划(Individualized Educational Program,简称IEP)一词源于美国国会1975年通过的《所有残疾儿童教育法》(Education of All Handicapped Children Act,简称EHA),即94—142公法。是指由地方教育行政部门的代表、学校教师、心理学工作者、医生、社会工作者以及家长或监护人组成的工作小组为特殊需要儿童制订的一份书面教育计划。

从概念上看,个别化教育计划又称个别教育方案,是为某个特殊需要学生制订的旨在适应其个体身心差异,满足其独特教育需求的总体教育方案。它清晰而详细地阐明了一个身心障碍学生所应接受的教育支持、具体措施和相关服务。

从内涵上看,IEP既是特殊需要学生教育和身心全面发展的总体构想,又是对其实施教育的具体方案,是"教"的课程,是一份"合作书",更是一份"责任书"。IEP以适应学生个体差异为前提,以学生现有水平为基础,以满足学生个体发展需要为目的,对特殊需要学生来说是最为适合且有助于其最大限度发展的教育方案。

从内容上看,IEP是指针对特殊需要学生生理、心理、个性发展及学习状况等特点,专为他们制订的适合其个人学习与发展需要,能发挥个人潜能的具体教育方案。其教育形式可以是集体的、小组的、个别的,也可以是多种教育形式一并实施的教学,可以适应特殊需要学生的个别差异,还可以在互动学习中促进群体的发展与进步,使每一个学生都能得到适合的教育。

（二）基于学科教学的个别化教育计划

基于学科教学的IEP,是在当前国家发布了三类特殊教育学校课程标准和统编版教材,特殊教育学校积极进行课程改革、开展分科教学的大背景下,重新进入特殊教育工作者视野,成为教师开展个别化教育的重点研讨内容之一。它是教师基于学科教学体系和个别差异理念,为每位特殊需要学生提供学科课程评量和教育诊断,拟订适合其能力需求的学科目标和康复目标,制订并实施有效达成目标的策略,通过适合学生学习的各种教学形态(学科教学为主),导向其个别化目标达成的整体教育方案。

> 二、基于学科教学拟订个别化教育计划的意义

个别化教育计划是特殊教育的基石,是实施个别化教育的主要方式。特殊需要学生在生理、心理和社会适应能力等方面的发展与普通学生差异明显,他们的需要更为多元和独特,通过拟订个别化教育计划,学校和教师可以更好地了解学生的学习特点,为他们提供有针对性的教育方案和支持措施,从而帮助其克服学习障碍,提高身心发展水平。在当前教育背景下,基于学科教学的个别化教育计划更是发挥着非常重要且无可替代的功能,其既是特殊需要学生身心全面发展的一个总体构想,又是针对教师进行学科教学工作的指导性文件,对社会文明发展也有不可替代的推动作用。

（一）个人发展意义

基于学科教学的IEP对特殊需要学生的身心健康发展有重大意义,是特殊需要学生参与教育康复活动的总方案,指导着学科教学和教育康复活动,使之有组织、有程

序、有效率,是特殊需要学生获得合适教育服务的基本保障,也是学生转衔安置的重要依据。

基于学科教学的IEP可以为特殊需要学生提供个性化的学习体验。每个学生都是独一无二的,他们在学习上有着不同的需求和方式。通过个别化教育计划,特殊需要学生可以遵循自己的特点和学习风格来学习,并获得良好的学习体验。

基于学科教学的IEP可以激发学生学习的兴趣和积极性。当学生学习的内容符合他们的兴趣和能力时,他们会主动投入学习,并获得更优的学习表现。因此,通过适切的个别化教育计划,教师可以激发学生的主观能动性,让学生对学习有兴趣,主动参与学习活动。

基于学科教学的IEP可以提升学生的自信心和自尊心。当学生通过IEP获得更好的成绩时,他们会体验到自信和成就感。此外,IEP还可以帮助学生直观了解自己的优点和缺点,从而更清晰地认识自我,在教师和家长的有效支持下对未来课程的学习及发展目标的达成充满信心。

基于学科教学的IEP可以培养学生的综合素质。在IEP工作中,各学科或各领域相互独立又紧密连接,为特殊需要学生搭建出一张独特但全面的教育支持网络,助推学生的综合素质培养,包括学科知识技能的掌握、自主学习能力、创造力、沟通能力、情绪控制能力等的培养,使学生在学习过程中全面成长。

基于学科教学的IEP是一种为特殊需要学生提供更好学习体验和实现学习目标的路径。通过IEP,学生可以根据自己的特点和学习风格来学习,并获得良好的学习体验和逐步提升的学习成绩。拟订个别化教育计划对特殊需要学生来说是必要且重要的,值得让广大特殊教育和融合教育工作者重视。

（二）群体发展意义

IEP是沟通媒介,为学校行政人员、教师、家长与学生之间的交流和配合提供平台,建立了沟通机制,使得各领域参与人员能够有效地合作和交流,在明确目标的引导下,从不同角度实施个别教育训练活动,为特殊需要学生提供全面的支持。

对学校行政人员来说,基于学科教学的IEP能够为教师以及学校的工作成效提供评估的依据。IEP中的长期目标和短期目标可以视为教师进行教育教学活动的目标,能够促进有效率、有组织的教学,使教学活动不致散漫无章,为学校的教学质量管理和教师的绩效评估提供了便利。

对教师来说，基于学科教学的IEP能督导其拟订、统整、实施全面的课程计划，是教师构思学科教学、组织实施教学活动、安排教学环境的重要依据，对教师专业素养提升有极大推动作用。IEP通常还涉及多个学科的专业人士，如教育、医疗、心理学和社会工作等，他们通过分享和交流研讨，为特殊学生提供全面支持，协作能力能得到提升。

从家长层面看，IEP非常重视家长的全程参与，包括学生的评估、教学目标的制订、评价等环节。家长通过参与个别化教育计划的制订和实施，了解学校教学，配合学校教学，不仅能加强家校合作，促进亲师关系，确保孩子在学校和家庭之间得到全面的支持和发展，还能营造和谐的家庭教养氛围，提升家长自身的家庭教养水平。

（三）社会发展意义

IEP是教学管理工具，是教师、学校或机构对特殊需要学生实施教育康复服务的承诺，这一承诺受到家长、学校、社会的监督和检查，可以作为教育管理者做决策的指向标，对推动教育质量的提高与社会发展水平的提升起到积极作用。

此外，个别化教育计划通过在教材、教法、教程以及评价方式等各方面的权衡，努力使特殊需要学生接受最适合其发展的教育，确保所有学生都能根据自己的特点和需求接受最适合的教育，从而促进教育过程和结果的平等，实现真正意义上的教育公平。

> 三、个别化教育计划的发展历史

（一）个别化教育计划在国外的发展

IEP源于美国，其在美国随着特殊教育、融合教育的不断推进而发展，经历了几次改革浪潮的冲击，每一次改革都从法律角度对个别化教育计划进行了调整和诠释。

1975年，美国国会通过的94—142公法规定：不管儿童的障碍程度如何，政府要为3—21岁的特殊需要儿童在最少受限制的环境中提供免费、恰当的公立教育，需要为每位接受特殊教育的儿童制订具有法律效力的书面IEP。IEP既是保证儿童教育恰当性的方案，也是促进家长、教师等不同人员进行沟通的工具。学校通过IEP管理学生的发展，提供需要的支持与服务。在该法案的实施细则中详细规定了IEP的内容、参与设计的人员和设计的程序。作为教育方案，IEP必须包括下列内容或信息：①儿童的现有教育成绩水平；②年度目标及相应的短期目标；③为该儿童提供的具体特殊教育方案及参与普通教育计划的程度；④服务开始的日期与预期期限；⑤教学目标达成的标准、评估的过程与时序安排，且至少要进行年度评估。此外，作为沟通工具，IEP必须由教师、家长、相关专业人员、特殊需要儿童（如果该儿童具有参与IEP会议能力的话）等组成的小组来共同拟订。IEP工作小组可以在任何时间召开会议，但一年至少召开一次。IEP的设计程序是IEP工作小组对儿童的发展水平进行评估，在了解儿童教育需要的基础上召开IEP会议，制订IEP文本，决定儿童的安置方式，根据实施情况对IEP进行调整和修订。

EHA（1975）颁布之后，美国各州普遍开始为特殊需要儿童制订IEP。IEP的制订与实施不仅为适合特殊需要儿童的教育提供了重要保障，也促使美国特殊教育在很多方面发生了变化，譬如IEP的制订需要教师、相关专业人员、家长等合作，这激励着大学等教育机构培训教师和专业人员，以提高他们为更多的特殊需要儿童提供有效服务的能力。另外，它还支持人们更深入地研究特殊需要儿童，了解他们的服务需求。

EHA（1975）基本上确定了IEP的定位、结构、内容、制订程序等核心问题，也为个别化教育的推动打下了良好基础，之后的几个修正案都是在此基础上做适当的调整。

1986年美国国会通过了《残疾儿童教育法修正案》（Education of the Handicapped Act Amendments，简称EHA），即99—457公法。EHA（1986）把接受恰当公立教育的特殊需要儿童的年龄向下延伸，涵盖了所有想参与公立教育的3—5岁学前儿童及0—2岁婴幼儿，并为每个接受服务的婴幼儿拟订个别化家庭服务计划（Individualized Family Service Plan，简称IFSP），对0—5岁特殊婴幼儿、父母及其他家庭成员提供其所需要的家庭支持与服务。

1990年美国国会通过了《障碍者教育法》（Individuals with Disabilities Education Act，简称IDEA），即101—476公法。至此，1975年的《所有残疾儿童教育法》更名为《障碍者教育法》。用"障碍"替代"残疾"，扩大了特殊教育的服务范围，体现了以人为本的理念。IDEA（1990）对IEP的规定做了以下补充：把提供辅助技术作为IEP的相关服务内容之一；要求为每个16岁学生制订就业或接受高中教育的转衔计划。

1997年，美国通过了《障碍者教育法修正案》（Individuals with Disabilities Education Act Amendments，简称IDEA），即105—17公法。IDEA（1997）的主旨是提高特殊教育的有效性，真正为每个特殊需要儿童提供高质量教育。为此，在保留前述3个法案基本要求的基础上,IDEA(1997)对IEP提出了更多、更复杂的要求,如:强调为特殊需要儿童提供普通教育课程并提高学习质量;把普校教师纳入IEP工作小组中;重视转衔服务等。

2002年1月8日,美国总统布什签署了《不让一个儿童落后法案》(No Child Left Behind Act,简称NCLB)。NCLB提出了加强教育绩效责任、增加灵活性和控制性、扩展家长的选择权、提高教师的教学方法四项基本的教育改革措施。

2004年1月美国国会通过《障碍者教育改进法案》(Individuals with Disabilities Education Improvement Act of 2004,简称IDEA),即108—446公法,其提出要重视特殊需要儿童学业水平与功能性目标的发展,加强特殊需要儿童学业水平的评价;减轻文书工作的负担;加快对IEP的修订,提高工作成效等。该法案进一步强调了IEP怎样支持特殊需要儿童学习普通教育课程,怎样做好教育评价。

在英国,个别化教育计划的发展起始于20世纪70年代末。1998年,英国修改了1994年的教育法实施准则,以法的形式来确认个别化教育计划的重要性,使之成为英国教育法实施准则的一部分。其规定一个有效的个别化教育计划应具备以下特征:为不同的学生专门设计,综合考虑他们的年龄、能力、家庭等因素;有家长的积极参与支持,尽可能考虑学生自己的意见和设想;有明确的目标,全体参与者为达到这一目标共同努力;与学校的整体课程相联系,能有效利用资源;个别化教育计划只是学校为有特殊教育需求的学生提供教育的一种补充,是教育的一种策略,并不能取代正常的教育教学等。

除了英国以外,加拿大、澳大利亚等国均将为特殊教育需要儿童制订个别化教育计划的要求写入相关法律,并严格执行。这是国际特殊教育、融合教育大趋势,为其他国家的相关教育工作开展提供了良好借鉴。

（二）个别化教育计划在我国的发展

20世纪80年代后期,个别化教育的思潮传入我国,国内越来越多的特教学校和开展融合教育的普通学校都在尝试通过个别化教育计划为特殊需要儿童提供更好的教育。但是经过30余年的发展,个别化教育计划却没有得到理想的实践,出现了单纯照搬的模式、内涵常被曲解、分科教育背景下难以实施等问题。尽管如此,国家层面的个别化教育工作推进一直未停下,虽未能将制订个别化教育计划写入法律,却通过制订方针政策等路径引导特殊教育工作者重视并积极探索个别化教育计划。

1994年原国家教委颁布的《关于开展残疾儿童随班就读的试行办法》指出"对随班就读的残疾学生应该贯彻因材施教的原则，制订和实施个别教学计划"。2007年教育部颁发了《培智学校义务教育课程设置实验方案》，当中指出"学校应全面推进个别化教育，为每个智力残疾学生制订和实施个别化教育计划"。2015年教育部印发《特殊教育教师专业标准(试行)》第45条为"根据教育评估结果和课程内容，制订学生个别化教育计划"。2016年底，教育部发布实施了《盲校义务教育课程标准（2016年版）》《聋校义务教育课程标准（2016年版）》《培智学校义务教育课程标准（2016年版）》，均指出：课标的实践成效需要建立在IEP的拟订与执行上。2017年修订的《残疾人教育条例》第24条提出"残疾儿童、少年特殊教育学校（班）应当坚持思想教育、文化教育、劳动技能教育与身心补偿相结合，并根据学生残疾状况和补偿程度，实施分类教学；必要时，应当听取残疾学生父母或者其他监护人的意见，制订符合残疾学生身心特性和需要的个别化教育计划，实施个别教学"。

2014年国务院办公厅转发教育部等部门《特殊教育提升计划(2014—2016年)》，其主要措施有一条为："改革教育教学方法。加强个别化教育，增强教育的针对性与有效"《第二期特殊教育提升计划(2017—2020年)》主要措施之一为"推进差异教学和个别化教学，提高教育教学的针对性"。《"十四五"特殊教育发展提升行动计划》提出"加强普通教育和特殊教育融合……推进残疾学生信息上报、教育评估、转衔安置和个别化支持等工作规范及时、科学专业"。

2022年11月1日印发实施的《特殊教育办学质量评价指标》也涉及到IEP相关工作，即"针对特殊学生的特点制订个别化教育教学方案，在精准分析学情的基础上因材施教，注重全面发展、潜能开发、缺陷补偿，提升课堂教学的针对性和有效性"。

综合而论，我国大陆地区以政府文件的形式出台了较多有关个别化教育计划的实施规定，比较遗憾的是文件中均暂未强制要求学校必须施行，也并未对个别化教育计划的制订、实施和管理等做出明确的规定和要求。

在宝岛台湾，个别化教育计划的发展更加迅速和完善。台湾学者李翠玲把台湾个别化教育发展划分为四个时期：从1979年学者林孟宗第一次将个别化教育介绍到台湾直至1983年为萌芽期。这期间虽然台湾教育界大多听过个别化教育计划，但并不清楚个别化教育计划的内涵，使用率不高。1983—1996年是台湾个别化教育计划的推广期,这期间台湾教育主管部门及特教学术机构对个别化教育计划做了研究与实践,出版了指导手册及个别化教育计划范本等,并实现了电脑化的操作,但仍未出台相应的法律法规。1997 年起,台湾的个别化教育计划进入了发展期。期间台湾于 1997年制定特殊教育相关规定,并在次年制定了其施行细则,将个别化教育列为法定强制项目并对其内容及实施方式作了规定;现阶段,台湾的个别化教育计划进入了改良期,个别化教育计划进入电脑时代,电脑化办公条件为个别化教育带来诸多便利,也带来许多的挑战,使其品质、适应性教育的功能、教学策略等个别化特色淡化或消失,这一现状值得特殊教育工作者思考和探索。

> ## 四、个别化教育计划的内容框架

拟订个别化教育计划不是班主任一个人或某个学科教师的职责,与学生相关的行政人员、教师、康复师、社工等人员都应成为 IEP 工作小组的一员,且各小组成员均要清晰自己的角色和职责,立足学生身心特点、评估数据、家庭背景等资料,制订出合理有效的 IEP。再者,我国各地特殊教育学校制订的个别化教育计划,受当地教育发展水平、学校课程体系和相关资源、教师专业素养、家长配合度等因素影响,其内容框架都会有所不同。但“万变不离其宗”,IEP 的主线、理念和思路应是统一的,其基本构成要素不可省略。

(一)个别化教育计划的依据

1.学生的个别化需求

个别化教育计划的制订应立足于学生的个别化需求,即基于学生的身心特点、学习能力、学习兴趣、学习风格、康复需求等方面制订教学目标,这就离不开全面的学生评估,包括课程评量和教育诊断,二者分别解决“学什么”和“怎么学”的问题。教师需要在客观评估的基础上,分析学生各科或各领域综合得分和各块技能得分情况,进行横向和纵向比较,通过研讨明确学生学业水平、学习优弱势、教育重点和未来发展潜能等,从而制订出高质量的个别化教育计划。

2.社会背景和家庭概况

特殊需要学生当下所处的社会背景和家庭环境对他们的成长和发展有重要影响。学生离开校园必定要回归主流社会,制订 IEP 时其基调不应脱离当下社会大环境,包括整个国家的大环境和所处地区的次环境,要充分考虑社会环境对学生发展的有利因素和不利因素,考虑学生适应社会环境需具备的知识和技能,以便在教育计划中更好地引导学生正确处理多样化的生活问题,促进其身心良性发展。

再者,家庭教育是伴随特殊需要学生一生的教育,会对学生的成长产生深刻而久远的影响,家长也是学生学校教育过程的重要参与者,他们对学生的特点和需求了解更加全面。因此,在拟订个别化教育计划时,教师需要细致了解特殊需要学生的家庭概况,包括家长基本资料、家庭经济状况、家庭教养氛围等,并与家长充分沟通,了解他们的意见和期望,及时获取家长的反馈和建议,以便更好地制订和调整个别化教育计划。

3. 教育资源和条件

教育资源和条件是实施教育计划的物质基础。在制订 IEP 时,要充分考虑学校的教育资源和条件,包括校园环境、教学人员、学习材料、技术设备和专业培训等,确保能为学生提供良好的教育环境,保障教育计划能够顺利实施。

其中,教师的专业素养是教育资源中极为关键的一块,是拟订个别化教育计划的重要基石。教师需要根据自己的专业知识技能和经验,以高度的责任感和极度细致的工作态度为学生开展个别化教育工作,制订出符合学生实际需求的个别化教育计划,并根据教学实践中的反馈和效果修订计划。此外,不论是何岗位的特教教师(教学管理人员、班主任和学科教师、康复教师等),在制订基于学科的个别化教育计划前,均需全面且深入地解读国家课程标准、配套教材及教师用书,确保各模块工作的科学、规范。

4. 相关政策和法规

个别化教育计划的制订需参考相关的教育政策和法规,包括教育行政部门对于个别化教育的要求和指导文件以及相关的特殊教育法规等,它们对个别化教育计划的制订有明确的指导性,还需了解国家针对三类特殊教育学校课程标准、教材使用的指导性文件和要求,明晰其背后蕴含的教育方针和理念。总的来说,所有参与 IEP 工作的人员都应遵循相关政策和法规精神,保证个别化教育计划的合法性、合规性和有效性。

（二）个别化教育计划参拟人员

个别化教育计划制订小组需包括以下成员。

1.学校管理人员

主要是校长和学校负责教学管理的行政人员。校长负责的工作内容:协调个别化教育计划制订小组成员活动;组织学校层面的研讨,做学校层面的决策;与家长沟通。

教学管理行政人员工作内容:提供行政支持服务,包括课程安排、教学人员安排、测评工作安排、教师培训等,根据教师工作需要和学生发展需要提供必要的教辅具、评量工具等;统整并规范学校个别化教育工作程序、申诉程序。

2.提供教育服务的所有教师

包括班主任、测评教师、学科教师,如果是在普通学校还必须包括普通教育教师、资源教师、资源中心巡回指导教师。主要工作内容:提供学生的基本资料和障碍相关资料;明确学生的学习能力与限制;明确学生的障碍和需求;参与解释资料;拟订学生的长短期目标并进行检核;提供课程设计的构想;开展个别化教育。

3.相关专业人员

根据学生特点和需求安排,可以是物理治疗师、作业治疗师、言语治疗师、心理咨询师等。主要工作内容:进行康复领域评估;解释评估数据;提供教育康复建议;制订康复目标。

4.学生父母或其他监护人

主要工作内容:提供家长参与能力与限制数据;提出家长对孩子的期望;提供孩子所接受各类服务的数据。

5.学生本人

如果有必要的话可邀请学生本人参与,其可提出自我发展愿景供IEP团队人员参考。

6.地方特殊教育行政代表

如果有必要的话可邀请地方特殊教育行政代表,其可从区域教育行政管理层面提供建议和支持。

IEP工作小组的每个成员角色不同,职责不同,都不可或缺,都可以从自己的角度提供学生现有水平和教育需要的信息,他们彼此间的沟通和合作有利于为特殊需要学生提供完整且高质量的教育。

（三）个别化教育计划项目

(1)学生个人和家庭基本资料。此部分包括学生所在学校、出生日期、居住地址、医疗证明、残疾证等学生个人相关信息;还需了解其家庭资料,包括监护人信息、家庭状况、主要照顾者信息、父母婚姻状况、家庭经济状况、家中主要使用语言、家长期望等;学生生长发展和医疗史、出生时状况、个人重大疾病或意外情况、伴随症状、长期用药情况、过敏情况等也需重点记录;此外,学生的教育史是开展个别化教育工作的重要参考之一,制订IEP时需记录在表中,包括学前、小学、初中和其他阶段的教育安置情况,分为普通班、特教班、康复机构、送教上门四种情形。

(2)学生能力现况。此部分包括测验与测量结果记录,即智商测查和其他生理、心理检查记录;其次是学科能力现况概述,包括语文(生活语文)、数学(生活数学)等学科课程评量结果分析,及学习态度评量、康复领域评量结果概述等。现况描述形式为分析学生在该学科或该领域的整体发展情况、已具备的能力和欠缺的能力,即学科或领域优势、弱势。

(3)相关服务与支持策略。首先是安置情形,可选择普通学校普通班、普通学校特教班、特殊教育学校、送教上门或其他安置形式。此部分需基于学生综合能力分析、地区特殊教育和融合教育发展情况、相关师资情况等对学生进行最优安置。

确定安置情形后,需确定学生未来发展潜能,根据学生发展愿景选择"好照顾、好家人、好帮手或好公民"。"四好"代表四种不同的能力水平,其生活质量也有所不同。"好照顾"阶段的学生需要全面支持,但照顾者不费力,能保证一定的个人生活质量;"好家人"阶段的学生是家中稳定的一分子,可完成大部分生活自理内容及应急的家务工作;"好帮手"阶段的学生是家中的得力助手,可以帮忙做大部分家务,有例行的工作并有成果,能获得少许的报酬;"好公民"阶段的学生有与普通人接近的生活模式,可独立居住,只需重点支持,有自给自足的工作。

有了长期发展愿景,即可制订短期内的教育建议、教育重点、教学目标和对应的教学形式。"教育建议"即为基于学生学习优弱势提出其教育教学的总体构想,聚焦学生亟须重点提升的知识技能,需培养的行为习惯,或需解决的家庭教养问题等。如针对某孤独症学生重点进行沟通表达和生活自理能力的培养,措施有教导学生使用沟通本,家庭教养方面转变家长教育理念和方式,提供更多在生活化情境中练习的机会并给予适当的支持。"教育重点"部分需要教师分学科阐述学生的教育重点,即在各科中将重点进行哪些方面知识和技能的教导,如某培智学校一年级 A 层学生生活语文课的教育重点为提升学生听、说和读的能力,重视内在语言能力和阅读习惯的培养。撰写此部分时,教师需根据学生评估结果、学科特点阐述教育重点,找到正确的教育方向,还需通过班级 IEP 会进行学科间的统整,避免出现知识技能重复教学、关键性知识技能被遗漏等情况,确保各学科相互独立又紧密配合。"教学目标"板块包括各学科的长短期目标、教学形式、期末检核结果。教学形式包括团体、小组、个训三类;检核结果标注通过或未通过,体现 IEP 目标制订得恰当与否,也体现教师的教学成效。

此外,针对有情绪行为问题的学生还需进行相关讨论和记录,包括行为问题类型分析结果,有自我刺激行为问题、攻击行为问题、过度活动行为问题、不当社会行为问题、严重情绪困扰行为问题、生活自理异常行为问题几类;还包括行为问题起因与特殊事例,正向处理策略建议。如有学生需转介,则填写转介原因(升学、转学、转换学习环境、毕业、其他)和转介记录。

第二节　基于学科教学的个别化教育计划中的目标及撰写

拟订个别化教育计划对工作团队而言是一项极具挑战性的任务,它要求团队成员具备较高的专业素养、紧密的协作精神以及较强的综合能力。在这个过程中,拟订教学目标是最为核心且最具挑战性的模块。教学目标详细地记录了学生在一个阶段内需要达到的目标,以及测量达到目标所需要的方法。根据学生的个体发展水平差异,一个 IEP 中可能仅包含几个教学目标,也可能有十几个教学目标。并且,针对不同发展阶段的学生,其教学目标的侧重点会有所变化,各阶段的目标内容也会体现出动态性和差异性。因此,IEP 工作团队需要依据学生实时的发展状况,灵活地设定并适时调整各个阶段的教学目标。

> 一、长期目标与短期目标的拟订

长、短期目标作为各个科目定目标时都会关注的目标类型,其在特殊教育领域也是教师最为重视的两类目标。二者既有对学生的长期发展愿景,又有对学生的短期教学指导,为教师的教和学生的学都定好了基调,把好了方向。

(一)长期目标的定义

长期目标是指IEP团队对学生在新的一年(或学期)里能完成学习任务的最好预测。教师在制订长期目标时视野要宽广而长远,要综合考虑多方面的因素。制订长期目标的依据是学生现有发展水平、学生的学习能力以及发展的需要。

合适的长期目标需要具备以下几点基本要求:目标能满足学生学业发展和生活适应功能的需要;长期目标的范围广且有一定的难度,要保证学生比较长的时间内基本教育目标的实现;综合多种因素,决定目标的优先顺序;长期目标的撰写要恰当、规范且可测量。

目标恰当是指长期目标作为概括性目标,既不能过于具体,也不能过于笼统,譬如,"促进学生的发展""提高学生语文能力"就是过于笼统的目标。目标规范是指长期目标的撰写符合目标制订的基本要求,首先,目标的撰写应以学生为导向,而不是以教师为导向;其次,目标是指学习结果,而非学习活动;再次,目标可测量是指目标可以被他人评价、测量。可测量的目标可以确保所有团队成员理解、认同要求学生学习的具体目标或出现的行为。

长期目标示例:"增强图片配对和分类的能力""提高身体清洁能力""增进对数前概念的理解"。

(二)短期目标的定义

短期目标是将长期学习任务细分为一系列小的、具体且可测量的阶段性子目标,旨在导向并支撑最终实现长期目标。一个长期目标至少要有两个短期目标。长期目标可以有多种方式分解为短期目标,有任务分析法、按准确性分解、按支持水平分解、类化分解等,这些标准并不互相排斥,可以根据需要选择一种或多种形式进行目标分解。

短期目标的作用主要有以下几个方面:①保证长期目标的达成。特殊学生在完成长期目标时有一定困难,因此需要运用工作分析等方法,把长期目标根据目标的特征、特殊学生的学习能力等因素分解为若干个学生经过努力可以完成的短期目标。②便于进行过程性评价。对每个短期目标的完成情况进行评价其实就是对长期目标的完成情况进行过程性评价。这种评价有利于教师根据学生的学习情况及时调整目标、教学内容、策略等,便于经常向家长报告特殊学生的发展情况,也便于学校更好地监督、管理IEP团队的工作。

短期目标又可以分为两种类型:一种类型是每个目标的完成是有时间间隔规定的,描述了学生在达成长期目标的过程中在一定的时间间隔内所要达成的几个重要的目标,这种短期目标又叫节点目标。另一种类型不限定具体的时间间隔,只是把完整的学习任务分解为导向长期目标的系列步骤。

短期目标示例:

• 能独立完成三组食物图片的配对和分类。

• 便后能按照洗手七步法完成手部清洁。

• 会比较两物品的大小、长短。

（三）长期目标和短期目标的关系

二者的区别:时间长度不同,短期目标的时间跨度多在1个月以内,而长期目标的时间跨度多在3个月以上,甚至更长;具体性不同,短期目标更加具体,与日常学习任务和计划紧密相关,而长期目标则更加抽象,涉及到更大的概念和愿景;实现方式不同,短期目标可以通过日常的努力和行动来实现,而长期目标则需要通过一系列短期目标的实现来累积达成。

二者的联系:短期目标是长期目标的基础,长期目标的实现需要一系列短期目标的支撑和积累,只有不断地实现短期目标,才能逐渐接近长期目标;长期目标是短期目标的指引,短期目标的制订和实现应该以长期目标为导向,为长期目标的实现提供支持;短期目标和长期目标相互影响,短期目标的实现情况会影响长期目标的实现,而长期目标的调整也会影响短期目标的制订和实现。

> 二、共性目标与个性目标的拟订

各门科学既有本体的个性教学目标,也有群体或普适的共性教学目标。厘定并统一好两种目标,对提高教学效益具有十分重要的现实意义。

（一）共性目标的定义

在特殊教育学校和普通学校,不管是一般性课程还是选择性课程,每门学科都是在国家宏观教育目标指导下设置的,必然要体现宏观要求,此要求转化到学科教学中就成了各学科的共性目标,如培养积极的情感、向上的态度和正确的价值观,各门学科都要体现。不仅如此,学科教学从根本上还要服务于学生整体发展的需要。各学科在完成自身特殊任务的同时,还必须在促进学生非学科特性素质的发展上发挥应有作用,如使特殊需要学生有浓厚的求知兴趣;掌握学习求知的方法与技能;形成发现问题、研究问题和解决问题的能力;养成健康而丰富的个性心理;具有关爱他人的情怀和有益于社会的胸襟……以上都不是某学科独有的,各学科教师都有培养的责任,这是学科间的共性目标。

在特殊教育学校和普通学校,不管是一般性课程还是选择性课程,每门学科都有特定的学科核心素养,面对不同障碍类型、不同学段的学生,各学科教学都不能偏离其核心素养培养要求,此即学科内部的共性目标。如在培智学校,一至九年级学生的生活语文学科目标均需包括听、说、读、写能力和语文素养的培养。

各学科在开展教学活动时,还需关注学生间相同领域相似目标并进行统整,便于教师开展集体教学和分层指导,如某培智班A层学生均需掌握目标"认读5个以上词语",这也是学生的共性目标中的一类。

共性目标示例:

• 上课发言前先举手且不随意离开座位(某班所有学生目标)。

• 能独立诵读所学课文(某班A层学生目标)。

• 能在生活实践中学习和运用语文知识和技能(培智学校生活语文学科课程总目标之一)。

(二) 个性目标的定义

各学科除了有共性目标,也都有自己的特殊属性,在培养"完整人"的过程中各有自己独特的责任担当,就像科学膳食中的不同食物一样,在使人形成合理的营养结构中有不同的作用。作为一名学科教师,首先必须要有鲜明的学科意识,准确把握自己的角色任务。在制订IEP时拟订好有学科特点的个性教学目标,并在每一堂课的教学活动中充分落实。个性目标是其他任何学科不可替代的目标,具有实体性特征,此目标不落实就会造成学生素质结构中某些重要因素的残缺。如音乐学科的个性目标就是要让学生在爱好音乐的同时,掌握音乐基础知识和基本技能,增强音乐的感受力、表现力和鉴赏力。倘若音乐课未能使学生增强音乐感知力和表现力,形成必要的音乐素养,那就是严重的"学科失职"。

个性目标的另一种诠释是在学科教学中,基于学生各自独特的学习需求而制订的个别化学习目标。在整合全体学生共同目标的同时,应当充分考虑个体间的学习风格、学习能力等方面的差异性。运用课程调整的理念,在既定的分层教学目标框架内灵活调整目标内容,可深化学习难度、拓宽知识领域、减少学习内容或重构学习路径等策略,从而真正意义上实现个性化目标。

个性目标示例:

• 养成良好的盲文摸读习惯,能流畅默读2段短文。

• 提高听的能力,能够准确理解和辨别3种不同的声音。

• 课堂上能安坐10分钟以上。

（三）共性目标与个性目标的关系

共性目标和个性目标是怎样的关系? 它们不是并列关系,也不是可以彼此独立的两类目标。它们是相辅相成、相依共生的关系,应成为有机交融的统一体。共性目标应寓于个性目标之中,个性目标应承载共性目标。个性目标是共性目标的根基和依托,共性目标的实现要以个性目标的达成为中介。学科教师在确立教学目标时,不能将两者彼此分离,应使两者有机统一。

> 三、学科目标与康复目标的拟订

2007年,教育部颁布的《培智学校义务教育课程设置实验方案》明确要求,将教育与康复相结合,"课程注意吸收现代医学和康复技术的新成果,融入物理治疗、言语治疗、心理咨询和辅导、职业康复和社会康复等相关专业的知识,促进学生健康发展"。"教康整合"成为培智学校课堂教学改革的大方向,满足了培智学校学生教育与康复的双重需求。所以,为特殊需要学生制订学科目标和康复目标也成为亟待研究、落实、推行的工作。

（一）学科目标的定义

学科教学目标是指教师在教学过程中所设定的学习目标,它是教学的核心和方向。一个明确的学科教学目标能够帮助教师更好地组织教学内容和活动,引导学生的学习方向,提高教学效果。在制订基于学科教学的IEP时,学科教学目标的制订显得尤为重要。

学科教学目标的制订应该具备以下几个方面的特点首先,学科教学目标应该与学科特点和教学内容相适应。不同学科有不同的特点和要求,因此,学科教学目标应该与学科的特点相一致。例如,在语文教学中,学科教学目标可以包括培养学生的语言表达能力、阅读理解能力和写作能力等;而在数学教学中,学科教学目标可以包括培养学生的数学思维能力、问题解决能力和逻辑推理能力等。

其次,学科教学目标应该具备可操作性和可评价性。学科教学目标要能够被具体地操作和评价。教师需要明确地指导学生如何达到学科教学目标,并能够通过教学活动和评价手段来检验学生是否达到了学科教学目标。例如,在英语教学中,学科教学目标可以包括学生能够流利地运用英语进行口语交流和书面表达等,教师可以通过课堂口语练习和写作作业来评价学生的英语能力。

最后,学科教学目标应该具备可持续性和发展性。学科教学目标应该是一个持续发展的过程,教师需要根据学生的实际情况和学科的发展变化来不断调整和完善学科教学目标。教师可以根据学生的学习情况和学科的教学要求来制订具体的学科教学目标,并在教学过程中不断进行反思和调整,以提高教学效果。

总之,学科教学目标是教学的核心和方向,它能够帮助教师更好地组织教学内容和活动,引导学生的学习方向,提高教学效果。学科教学目标的制订应该与学科特点和教学内容相适应,具备可操作性和可评价性,同时具备可持续性和发展性。只有制订明确的学科教学目标,才能够更好地指导教学实践,促进学生的全面发展。

学科目标示例:

· 能独立认读5个以上词语(生活语文课目标)。

· 能够正确使用洗碗布清洗碗(劳动技能课目标)。

· 会看视力表符号并用手指出相应方向(生活适应课目标)。

· 能掌握双手头上向前投掷实心球的3个动作要领(运动保健课目标)。

(二)康复目标的定义

康复是通过物理治疗、作业治疗、言语治疗、心理治疗、康复护理等各种手段,消除或减轻特殊需要人群的身心和社会功能障碍,弥补和重建其所缺失的功能,改善他们的生活状态和生活质量。

　　教育康复以功能障碍为主要的研究对象，以提高生活质量为目的，目标不是要求学生恢复到健康状态，而是消除和减轻学生可能出现或者是已经出现影响其生活质量的功能障碍，通过代替、代偿和适应，最大程度地恢复学生独立生活的能力，提高生活质量，提升融入社会的能力。

　　康复目标可以包括改善身体运动功能的目标，这可以通过一系列物理治疗、作业治疗和言语训练等来实现；康复目标还可以是改善日常生活功能的目标，这包括生活自理练习，培养良好的活动习惯和生活方式；康复目标还可以是促进学生心理和情绪积极健康的目标。

　　康复目标示例：

- 能在弹力带辅助下交替下楼梯（运动康复目标）。
- 掌握舌尖后音（zh、ch、sh）的正确构音方法（言语训练目标）。
- 能双手协调打开矿泉水瓶瓶盖（作业治疗目标）。

　　（三）学科目标与康复目标的关系

　　学科目标和康复目标各有侧重，在学生的成长中有不同的地位和作用，二者互相独立，但又互相融合。国家大力倡导"教康整合"的特殊教育理念，将康复训练融入学科教学，既是提高康复效率的需要，也是各学科教学目标的要求。特殊教育学校的课程标准明确提出"在教学内容、教学环节中融入康复训练内容，促进功能康复和补偿"。学校可基于"教康整合"理念，根据学生的教育和康复需要，以功能康复和补偿为目的，改革传统的课程框架，在每一门学科的课程目标中，都融入合适且明确的康复目标，打造高效课堂，促进特殊教育质量提升。

第三节　基于学科教学的个别化教育计划会议召开

　　以班级为单位召开个别化教育计划会议，即将班级内学生的个别化教育计划一并开会研讨，部分基本情况、能力相近学生的IEP还可合并讨论，会议思路和常规的IEP会议思路一致，但也稍有不同。此操作可大大减少IEP工作团队的会议负担，也有利于科任教师和康复教师进行班级学生、小组学生的教学统整，助推课程调整和分层教学工作的开展。

> **一、IEP会议召开的目的**

IEP会议不仅是整合IEP团队成员智慧、意见交流的平台,更是学校与家长就学生教育问题进行深度沟通互动的关键环节。在正式制订学生的个别化教育计划之前,通过组织有效的IEP会议,能够对学生的现有能力和特殊需要进行校准和调整。在会议中,各方围绕初步设定的长期和短期目标展开充分讨论与协商,这将有利于有效整合各方资源,确保最终确定的IEP目标符合学生的个性化需求。

（一）确保学生得到适合的个别化教育服务

通过召开IEP会议,各参与方能够全面掌握学生的基本信息、各类评估与测试结果以及家长的教育期望等关键内容。这一过程有助于测评教师和学科教师更科学、合理地确定教育重点及长短期目标,并结合班级学生的实际情况进行整体规划整合。最终目标是确保不同能力层次的特殊需要学生都能获得与其特点相适应的、更高水准的个性化教育服务。

（二）确定学校应提供的资源与服务

学校行政人员通过参加IEP会议的讨论,能直接了解学生的个别化学习和生活适应需求,了解班主任的班级管理工作,了解教师的教育评估工作。基于这些深入而细致的了解,他们能够反思并找出学校管理工作存在的不足,并及时采取措施以确保个别化教育工作的有效推进。此外,根据IEP会议的讨论结果,学校管理层将从宏观层面为学生提供适宜的资源与服务支持。

（三）强化家长、教师与专业团队的沟通联系

在日常教学工作中,教师与专业团队、家长面对面进行深入细致沟通的机会相对有限。而IEP会议的举办恰好搭建了一个高效沟通的桥梁,让双方专注于学生教育教学问题的讨论和解决。这不仅有力推动了家校合作的深化,也极大地促进了教师之间以及教师与其他相关专业人员之间的交流分享与协作,从而对特殊教育工作产生积极的促进作用。

> 二、IEP会议的相关政策文件

美国IDEA(1997)规定当个案被鉴定为身心障碍者的30天内,就必须举行第一次委员会会议,且至少在一年内再召开个别化教育计划会议,以评估此个别化教育计划的成效。当个别化教育计划必须作重大改变时或家长、学区行政单位等提出要求时,个别化教育计划委员会都必须随时再召开会议。IEP会议按召开的性质可以分为首次IEP会议、年度IEP会议、三年一次IEP会议以及即时召开的修正IEP会议等。IEP会议地点一般安排在学生所在学校。IDEA(2004)规定:允许当某些IEP成员被认为可以不需要参加,且经过其他团队成员同意的情况下,即可不参加IEP会议,或只需要在IEP会议召开前提供书面资料即可。允许在学校和家长同意之下,不需全部IEP成员到齐即可调整该年度已修订完成的IEP,以减少IEP会议召开的次数。此外,在发展进程中,美国也开始尝试IEP年度会议改为三年召开一次。

中国IEP会议的政策文件不多,在实际操作过程中,学校多为一学期或一学年召开一次IEP会议,较为常见的开会时间是在新生入学、关键性升学阶段、学年初等。为减轻IEP团队不必要的工作负担,提质增效,基于学科教学的个别化教育计划会议建议结合课程评量工作安排,可于新生入学评估后、三年级学年末评估后、六年级学年末评估后、九年级学年末评估后等关键节点再召开,其余时间IEP工作小组保持紧密联系。此外,学生情况统整会以班级为单位召开,不需单独为每位学生安排冗长的IEP会议。

> 三、IEP会议的准备

在以班级为单位召开IEP会议的过程中,筹备阶段的一项核心工作是由班主任协调各学科教师及各领域测评教师共同分析各自负责的学生评估资料,并进行综合整理。这一环节旨在为能力水平接近、学习风格相似的学生初步设定共性目标和个性目标。这样的预先准备不仅有助于提升班级IEP会议研讨的效率,也为后续集体教学中实施针对性分层指导奠定了坚实的基础。其他准备内容和常规IEP会议需准备内容大致相同,包括以下三个方面:

（一）物资准备

学生资料:包括基本资料、评估资料和能力现况描述记录、各学科初定的教学重点、长短期目标、情绪行为问题记录资料、转介申请资料等。

其他物资:如会议记录表、电脑、投影展示设备等。

（二）人员准备

会议主持人事先征询IEP团队成员、学生家长可以开会的时间,再通过邀请公告、电话、邮件等形式,将IEP会议举行的时间和地点告知IEP团队成员、学生家长,通知应在会议前一个星期送达各方人员手中。

（三）事项准备

事先主动了解家长对子女教育的期望,并询问家长是否需要交通、沟通等方面的协助,以及孩子在会议期间的托管安排。由于会议是针对整个班级进行,可能涉及到学生个人及其家庭的基本信息报告。对此部分敏感信息,必须提前取得家长的同意授权。如若家长不愿意公开相关资料,教师应尊重家长意愿并灵活调整会议现场报告的形式与内容,确保隐私得到妥善保护。

事先将此次会议需要讨论的一些内容、议题以及流程表提供给相关的团队成员,确保开会过程中团队成员在发言时能清楚自己的角色,并能有效地与其他专业人员进行交流咨询。提供给家长的资料应当使用通俗易懂的语言表述,避免过于专业的术语,使信息传递更加清晰明了。

会议的前一天,主持人再次提醒参会人员。

> 四、IEP会议的流程

（一）说明会议的目的、程序

教学行政管理人员或班主任作为主持人完成此议程,重点介绍以班级为单位召开IEP会议的关键性安排和事项,如说明哪些学生的IEP经统整后可合并讨论;说明IEP工作小组各成员报告与讨论的切入点等。

（二）主持人介绍各项事宜

教学行政管理人员或班主任作为主持人完成此议程。需介绍以下内容：参会人员、参会人员在IEP工作中的职责、会议流程、重点议题等。

（三）学生重点资料报告

由班主任完成，主要报告参会人员需重点知晓的学生特殊事项，首先是家庭特殊情况，说明单亲、家庭经济困难、主要教养人非父母、父母或兄弟姐妹为残障人士等家庭概况；其次，报告学生的特殊疾病，如罕见病、癫痫、心脏病、苯丙酮尿症、白化病、眼疾等；基于身体疾病，学生的服药情况也需报告，说明其服用药物种类、服药时间、服药前后注意事项等。

（四）评估结果报告

班主任报告智力测验与其他测量结果，简要说明智力测验单位、所用工具和测验结果；如学生做过其他能力评估、视力和听力检测等也一并说明。

测评教师报告语文、数学等学科课程评量结果，以及学习态度、学习风格、发育水平等教育诊断结果，康复教师报告言语、大运动、精细动作等康复领域测评结果。报告形式为说明学生的学科或领域能力发展整体情况、优势和弱势。

（五）征询学生意见、家长期望

若学生本人参会可向其了解自我发展愿景，如升学意向学校、毕业后想从事的工作、想培养的兴趣爱好等；家长或主要监护人也可陈述对学生的期望，教师等人员可就其合理性适当给出建议。

（六）综合讨论

参会人员逐一讨论安置情况、未来发展潜能、教育建议及初拟好的教育重点、长短期目标等内容。此部分是会议讨论的核心部分，会占用大部分的会议时间，主持人需把控好讨论要点，初步讨论结果需获得所有参会教师、家长或学生本人及其他人员的同意和认可。

针对有情绪行为问题的学生，基于其行为问题观察记录资料进行讨论，分析结果、行为问题起因与特殊事例、正向处理策略等。若学生有多个行为问题,则需进行紧急程度排序,优先讨论对学生或他人的人身安全有严重影响的情绪行为问题。

（七）得出结论

初定学生的安置情形、未来发展潜能、教育建议、教育重点、长短期目标等内容并记录在会议记录表和个别化教育计划表中,参会人员在会议记录表中签署名字。

（八）会后工作安排

主持人针对未能参加IEP会议的家长和其他人员,利用电话或其他方式传达会议内容;教师根据家长与其他团队成员意见修正并确定安置措施、教育重点、长短期目标等IEP内容。完成后所有参会人员签署名字。

第四节 案例分享

为综合呈现本章节主要内容,现分别呈现听障学生、视障学生、培智学生个别化教育计划实例和个别化教育计划会议记录示例,分享的案例尚有不完善之处,供相关人员参考和研讨。

一、个别化教育计划

（一）听障学生个别化教育计划实例

表5-1 听障学生个别化教育计划

一、基本资料

(一)个人资料					
学　　校	**盲哑学校	班　　级	聋一年级	姓　　名	邓**
出生日期	**	居住地址	云南省**		
医疗证明 □无 ☑有	障碍类别	听力障碍	特殊情况说明	无	
	鉴定单位	不详	鉴定日期	不详	
残疾证 □无 ☑有	障碍类别	听力残疾	障碍等级	一级	

（二）家庭资料						
主要监护人		称谓	姓名	学历	职业	存/殁
		父亲	***	不详	企业职工	存
		母亲	***	不详	无业	存

家庭状况	排行__1__，兄__0__人，姐__0__，弟__0__，妹__0__人。 家族疾病史：□无　☑有（说明：父母均为听障人士。 家中是否有其他特殊个案：□无　☑有（说明
主要照顾者	母亲　　　主要学习协 　　　　　　助者
父母婚姻状况	☑良好　□离婚　□分居　家庭经济状况 ☑　　　　　□清寒
家中主要 使用语言	□普通话　□当地方言　☑其他：无语言环境（父母均为听障人士） 个案会说（或了解）普通话吗？　□会　☑不会 个案会说当地方言吗？　　　　□会　☑不会
家长期望	不详

（三）生长发展和医疗史

出生时状况	☑正常　□异常（说明：　　　　　　　）
个人重大疾病 或意外	☑无　□有（说明：　　　　　　　）
伴随症状	☑无　□癫痫　□心脏病　□哮喘　□多动　□蚕豆病　□精神疾病 □其他（说明：　　　　　　　）
长期用药	☑无　□有　　药名　　　　开始服药日期
过　敏	☑无　□食物（说明：　　　　　） □药物（说明：　　　　）□其他（说明：　　　　　）

（四）教育史

教育安置情形	学前	☑普通幼儿园普通班　□普通幼儿园特教班　☑康复机构 □送教上门
	小学	□普通学校普通班　□普通学校特教班　☑特教学校　□送教上门
	初中	□普通学校普通班　□普通学校特教班　□特教学校　□送教上门
	其他	

二、学生能力现况

(一)测验与测量			
测查项目	日期	医院	结果摘要
智商测查	无		
其他检查 (说明:听力检查)	不详	不详	听力残疾

(二)学科能力现况描述（ 2022 年 9 月测评）

课程 名称	评量结果概述
语文	1. 词汇量有约 20 个;能听声音模仿单音节词、双音节词发音,部分单音节词与双音节词需看口型方能模仿发音,能模仿少数三音节词发音;所有词语发音不标准,语音咬字不清,没有良好的发音习惯;康复级别为一级往下。 2. 在看口型的情况下能找到单音节词和双音节词对应的图片;语音理解力差,不能将语音和图片进行一一对应;三音节词提取关键词能力差;康复级别为一级。 3. 在生活经验的辅助下能完成对应图片的仿说,完成单音节词和双音节词表达,对于没有生活经验的词语不能理解含义,表达不出图片所对应的词语;康复级别为一级往下。 4. 能做到看口型回答问题,但听不懂问句,例如听到"爸爸呢?"不能理解此问句的含义;通过夸张的表情和口型能明白简单问句,如"好不好?""是不是?"等,康复级别为一级。 5. 语言清晰度为 15%。
数学	1. 会 10 以内的点数、数字认读;会简单的加减法;能比较 10 以内 2 个数的大小;10—1 的倒数不会数。 2. 认识 1 元、5 元、10 元、20 元人民币纸币。 3. 能区分上下、前后、左右,会比较长短,不会比较物品的轻重。 4. 认识基本的立体和平面图形;能发现简单的规律。
沟通与交往	1. 能分辨常见小动物的声音;能回答出自己的姓名、年龄、性别;不理解家庭成员称谓的含义。 2. 说话音量适中,清晰度和流畅度较差;会看少数常用手势和手语,不会使用符号等表达意愿。 3. 只能听懂少数常用简单句,会少量"老手语"。

课程名称	评量结果概述
其他评量结果概述（说明：听力）	1. 韵母识别率达到56%，声母识别率60%，猜测为主；能听到声音，但是声音与图片无法形成一一对应的关系，没有学习过与语音相关的拼音。 2. 数字识别率达到44%，没有语音的数字概念，数字与语音建立不了一一对应的关系。 3. 声调识别率20%，无法识别声调，没有声调的聆听概念，因为假声严重，导致声调聆听缺失。 4. 无法识别单音节词、双音节词、三音节词，没有聆听词语的概念，词语与图片无法建立一一对应的关系。 5. 无法识别5字以上的句子，捕捉不到句子中的关键字、词，听不懂字、词、句的意思。
其他评量结果概述（说明：学习能力）	测验结果为中等。学生表现出了一定的知觉和记忆能力、操作能力以及思维和想象能力。在学习中，学生像大多数人一样能够或者经过一番努力后可以掌握新的知识和技巧，具有一定的观察力；对于一些比较简单的问题，学生能够顺利解决的，但是对于比较复杂的问题，则可能需要付出较多的努力，或者需要他人的指导和帮助。为了取得良好的学习成绩，学生还需具备认真的学习态度，掌握恰当的学习方法。
其他评量结果概述（说明：知觉-动作）	现有能力：21项——指令下四点爬姿交替抬手、脚，倒数10—1。 （需具备能力：全身的稳定控制，身体两侧协调平衡，倒数的数序记忆，一心多用。）

三、相关服务与支持策略

安置情形	□普通学校普通班　□普通学校特教班　☑特殊教育学校　□送教上门 □其他(说明：　　　　　　　　　)
未来发展潜能	□好照顾 □好家人 ☑好帮手 □好公民

续表

教育建议	通过小组和个训课学习手语,提高使用手语沟通表达的能力; 培养主动表达的习惯; 增进语文、数学学科知识技能的掌握。
教育重点	提高识字量; 提升打手语的准确度和流畅度,提高使用手语沟通的能力; 养成主动沟通表达的习惯; 提升阅读和写话能力; 能掌握简单的加减法计算,并能运用解决简单的生活问题。

四、教学目标(2022年10月至2023年7月)

课程名称		语文	授课教师	***
长短期目标			教学形式	期末检核结果
1.提升拼读和书写音节表的能力				
1.1能拼读300个音节表。			团体、个训	Y
1.2能书写300个音节表。			团体、个训	Y
2.增强识字能力				
2.1能认读100个生字。			团体	Y
3.提高阅读和写话能力				
3.1能阅读一年级课文并用手语流畅打出。			团体	N
3.2能根据表达需要使用逗号、句号、问号、感叹号。			团体	Y

教学形式:团体、小组、个训

检核结果:Y通过　N未通过

课程名称	数学	授课教师	***
长短期目标		教学形式	期末检核结果
1.提升计算及解决问题的能力			
1.1了解符号<、=、>的含义,会比较20内数的大小,了解相等和不等关系。		团体	Y
1.2探索加法的算理与算法,会20以内数的加法。		团体	Y
1.3探索减法的算理与算法,会20以内数的减法。		团体	Y

续表

长短期目标	教学形式	期末检核结果
1.4在生活情境中运用数和数的运算解决问题,能解释结果的实际意义,形成初步的应用意识。	团体	Y
2.增进立体图形和平面图形的认知能力		
2.1认识3种以上立体图形。	团体	Y
2.2认识5种以上平面图形。	团体	Y
3.提高分类和统计能力		
3.1会进行简单的分类,了解2种统计方法。	团体	Y
4.提升常规数学概念的认知能力		
4.1会用上下、前后、左右描述物体的相对位置。	团体	Y
4.2认识钟面,会用电子时钟报时。	团体	Y
4.3认识元、角、分,并了解它们之间的关系。	团体	Y
4.4认识常见面值的人民币。	团体	Y
4.5了解各面值人民币之间的关系,会进行简单的兑换。	团体	Y
教学形式:团体、小组、个训 检核结果:Y通过　　N未通过		

课程名称	沟通与交往	授课教师	***
长短期目标		教学形式	期末检核结果
1.提高表达能力			
1.1能用适当的方式表达自己的需求和情绪。		团体、小组	Y
1.2对发音和说话感兴趣,养成良好的说话习惯。		团体、小组	Y
1.3能听(看)懂、理解简单句。		团体、小组	Y
1.4能使用简单句表达。		团体、小组	Y
1.5能用恰当的方式引起他人注意。		团体、小组	Y
2.养成表达的良好体态			
2.1能用得体的身体动作表达需求和意愿。		团体、小组	Y
2.2与人交往时,用合适的体态语表示礼貌和友好。		团体、小组	N
3.提高学科学习中的手语能力			
3.1会打语文、数学学科中常用字词的手语。		团体	Y
3.2会看手语写出语文、数学学科中的常用字词。		团体	Y
3.3能结合手语,初步理解对应的书面语含义。		团体	Y

续表

长短期目标	教学形式	期末检核结果
3.4 会使用日常交往所需的手语。	团体	Y
教学形式:团体、小组、个训 检核结果:Y通过　N未通过		

五、情绪行为问题分析与干预策略

注:此部分在针对学生情绪行为问题进行客观、系统的观察分析后,再√选对应的项目。		
类型分析结果	行为问题起因与特殊事例	正向处理策略建议
□自我刺激行为问题	□无聊或无所事事; □提供刺激(自我刺激)、刻板性及自伤行为等,如:咬、吸吮身体部位及固定物品等。	□指派任务、有事做。 □转移注意力、减少刺激、替代性活动等。 □其他:
□攻击行为问题	□不当示范、模仿而形成,如:身体攻击、口语攻击、物品攻击等; □反抗行为、消极抵制、不听话等。	□榜样示范。 □情绪舒缓与调整。 □转移注意力。 □社交技巧训练等。 □其他:
□过度活动行为问题	□注意力有缺陷而导致,如:易分心、内在及外在冲动、过度活动等。	□注意力延长训练。 □专注行为训练等。 □其他:
□不当社会行为问题	□逃离、躲避而形成,如:逃学、旷课、离家出走等。 □间歇性强化而形成,如:说谎、偷窃、赌博等。 □公共场合脱衣服、对人不当碰触、进错厕所等。	□调整环境。 □逐渐消退固着行为。 □合理认知行为改变等。 □其他:
□严重情绪困扰行为问题	□由特定人、事、时、地、物产生情绪困扰,如:抑郁症、躁狂症、焦虑症、强迫症等。	□尽量延长其正常行为时间。 □尝试建立结构化情境,延长情绪稳定时长。 □其他:
□生活自理异常行为问题	□生活自理能力弱引起的行为问题;如:饮食异常、排泄异常、睡眠异常、生理卫生习惯异常、穿着困难等。	□小步子教学,借口语提示及示范模仿进行教导。 □配合适切的增强而达成。 □其他:

六、转介

转介原因	□升学　　□转学　□转换学习环境　　□毕业　　□其他(说明：　　　　　　　　　)
转介记录	

(资料提供者:昆明市盲哑学校教师)

(二)视障学生个别化教育计划实例

表5-2　视障学生个别化教育计划

一、基本资料

(一)个人资料

学　　校	**盲哑学校	班　　级	盲二年级	姓　　名	杨**
出生日期	**	居住地址	云南省****		
医疗证明 □无　☑有	障碍类别	视力障碍	特殊情况说明	无	
	鉴定单位	不详	鉴定日期	不详	
残疾证 □无　☑有	障碍类别	视力残疾	障碍等级	一级	

(二)家庭资料

主要监护人	称谓	姓名	学历	职业	存/殁
	父亲	***	不详	工人	存
	母亲	***	不详	工人	存
家庭状况	排行 2 ,兄 0 人,姐 1 ,弟 0 ,妹 0 人。 家族疾病史:☑无　□有(说明：　　　　　　　　　　) 家中是否有其他特殊个案:☑无　□有(说明：　　　　　　　　)				
主要照顾者	母亲		主要学习协助者	母亲	
父母婚姻状况	□良好　☑离婚　□分居		家庭经济状况	□富裕　□小康 ☑普通　□清寒	
家中主要 使用语言	□普通话　☑当地方言 个案会说(或了解)普通话吗？　　☑会　□不会 个案会说当地方言吗？　　☑会　□不会				

续表

家长期望	提高生活适应能力和学业能力。

(三)生长发展和医疗史

出生时状况	□正常　☑异常(说明:眼球萎缩)
个人重大疾病或意外	☑无　□有(说明:　　　　　　　　　　　)
伴随症状	☑无　□癫痫　□心脏病　□哮喘　□多动　□蚕豆病　□精神疾病 □其他(说明:　　　　　　　)

长期用药	☑无　□有	药名		开始服药日期	

过　敏	☑无　□食物(说明:　　　　) □药物(说明:　　　　)　□其他(说明:　　　　)

(四)教育史

	学前	☑普通幼儿园普通班　□普通幼儿园特教班　☑康复机构 □送教上门
教育安置情形	小学	□普通学校普通班　□普通学校特教班　☑特教学校　□送教上门
	初中	□普通学校普通班　□普通学校特教班　□特教学校　□送教上门
	其他	

二、学生能力现况

(一)测验与测量

测查项目	日期	医院	结果摘要
智商测查	无		
其他检查 (说明:视力检查)	不详	不详	视力全盲

(二)学科能力现况描述(2022年9月测评)

课程名称	评量结果概述
语文	1. 喜欢学习盲文,有主动借助点字学习汉语的愿望。 2. 认识点字符形的基本结构。 3. 不能摸读声母、韵母和声调。 4. 盲文摸读准确率较高,摸读速度稍慢。 5. 能较完整地讲述小故事。 6. 不能正确使用盲文书写工具。
数学	1. 能按形状、大小、功能、概念、图片类型进行分类。 2. 有时间先后概念,能区分一天的时间段;有"四季"的概念。 3. 会比较10以内数的大小。 4. 有数序概念;能进行10以内数的加减运算。

续表

课程名称	评量结果概述
感知觉	听觉:能分辨声音的大小、长短、远近,能分辨乐器的声音、人的笑声和狗叫声。 视觉:能分辨物体的大小、长短、空满,也能区分不同的平面图形和立体图形。 **本体觉**:能区分空间里外、左右。
注意力	能静坐等待,能听从大部分指令,能在提示下较好地完成任务,具有良好的专注力。
记忆力	学生的短时记忆容量和长时记忆正常。短时记忆的容量为7±2个组块,长时记忆相对短时记忆的准确率稍有下降(1—2个),会有顺序错误、少说或多说的情况。
知觉-动作评量	1. 现有能力:20项——独立向后蹲走3步。 2. 体姿体态为良好,步态为正常独立行走≥5米;听觉、触觉、嗅觉正常。 3. 定向认知:四方位、复合方位。

三、相关服务与支持策略

安置情形	☐普通学校普通班　☐普通学校特教班 ☑特殊教育学校　☐送教上门　☐其他(说明:　　　　　)
未来发展潜能	☐好照顾　☑好家人　☐好帮手　☐好公民
教育建议	1. 培养多种兴趣爱好及特长。 2. 鼓励学生主动表达,提升口语表达能力。 3. 重点提高语文、数学学科学业水平。 4. 提升定向行走能力。
教育重点	语文: 1. 提高盲文摸读和书写速度。 2. 阅读浅近的童话、寓言故事,有自己的感受和想法,并乐于与人交流。 3. 诵读浅近的儿歌、儿童诗和古诗,获得情感体验,感受语言的优美。 4. 在阅读中积累词汇量,能在具体语境中区别多义词和同音异义词。 5. 对写话有兴趣,写出想说的话;在写话中乐于运用学到的词语,会正确使用标点符号。 6. 能较完整地讲述小故事,能简要讲述自己感兴趣的见闻。 7. 有表达的自信心,积极参加讨论,敢于发表自己的意见。 8. 结合语文学习和校园活动,能口头表达自己的观察所得和见闻、想法。 数学: 1. 建立数感、符号意识和空间概念,初步形成几何直观和运算能力,发展形象思维与抽象思维能力。

续表

教育重点	2. 学会从数学的角度发现问题和提出问题,综合运用数学知识解决简单的实际问题,增强应用意识,提高实践能力。 3. 在数学学习过程中,体验获得成功的乐趣,锻炼克服困难的意志,建立自信心。 知觉-动作: 目标为第21项——指令下四点爬姿交替抬手、脚,倒数10—1,全身能稳定控制。

四、教学目标(2022年10月至2023年7月)

课程名称	语文	授课教师	***
长短期目标		教学形式	期末检核结果
1.提升盲文摸读、书写能力			
1.1平均每分钟可摸读盲文音节数达40个以上。		团体	Y
1.2平均每分钟书写盲文达25方以上。		团体	Y
1.3初步了解分词连写的方法。		团体	Y
2.提高阅读和理解能力			
2.1能结合上下文和生活实理解课文中词句的意思。		团体	Y
2.2能在具体语境中区别多义词和同音异义词。		团体	Y
2.3能阅读浅近的童话、寓言故事、古诗等文本,对感兴趣的人物、事件有自己的感受和想法。		团体	N
2.4能通过阅读感受语言的优美,获得美好的情感体验。		团体	Y
2.5阅读时会断句,能读好并体会带有问号、感叹号的句子。		团体	Y
3.提高写话兴趣和能力			
3.1对写话有兴趣,能写自己想说的话,写想象中的事物。		团体	Y
3.2写话时乐于运用所学词语。		团体	Y
3.3写话时会使用逗号、句号、问号、感叹号。		团体	Y
4.增强口语表达的能力			
4.1能在教师提示下简要讲述3个以上小故事。		团体	Y
4.2能口头表述事情的经过。		团体	Y
4.3能口头表述自己的观察所得和见闻、想法。		团体	Y
教学形式:团体、小组、个训 检核结果:Y通过　N未通过			

课程名称	数学	授课教师	***
长短期目标		教学形式	期末检核结果
1提升对数与代数的认识			
1.1理解数学中5种以上常见的量。		团体	Y
1.2能完成指定的四则运算。		团体	Y
1.3认识整数和分数。		团体	Y
2增进对图形的认识			
2.1认识3种以上几何体。		团体	Y
2.2认识5种以上平面图形。		团体	Y
2.3能估算物体的长度,并进行测量。		团体	Y
3提升统计能力			
3.1能依据给定的2个标准对事物或数据进行分类。		团体	Y
3.2能用自己的方式呈现数据整理的结果。		团体	Y
4增强用数学知识解决问题的能力			
4.1体验运用所学的知识和方法解决简单问题的过程,获得初步的数学活动经验。		团体	Y
教学形式:团体、小组、个训 检核结果:Y通过　N未通过			

课程名称	定向行走	授课教师	***
长短期目标		教学形式	期末检核结果
1提升定向行走的基本技能			
1.1使用触觉了解学校整体布局,熟悉校园行走路线。		团体	Y
1.2掌握定向行走基本方位、复合方位和肢体动作。		团体	Y
1.3掌握独立行走的基本技能。		团体	Y
1.4掌握导盲随行基本动作。		团体	Y
教学形式:团体、小组、个训 检核结果:Y通过　N未通过			

五、情绪行为问题分析与干预策略

注:此部分在针对学生情绪行为问题进行客观、系统的观察分析后,再√选对应的项目。		
类型分析结果	行为问题起因与特殊事例	正向处理策略建议
□自我刺激行为问题	□无聊或无所事事。 □提供刺激(自我刺激)、刻板性及自伤行为等,如:咬、吸吮身体部位及固定物品等。	□指派任务、有事做。 □转移注意力、减少刺激、替代性活动等。 □其他:
□攻击行为问题	□不当示范、模仿而形成,如:身体攻击、口语攻击、物品攻击等。 □反抗行为、消极抵制、不听话等。	□榜样示范。 □情绪舒缓与调整。 □转移注意力。 □社交技巧训练等。 □其他:
□过度活动行为问题	□注意力有缺陷而导致,如:易分心、内在及外在冲动、过度活动等。	□注意力延长训练。 □专注行为训练等。 □其他:
□不当社会行为问题	□逃离、躲避而形成,如:逃学、旷课、离家出走等。 □间歇性强化而形成,如:说谎、偷窃、赌博等。 □公共场合脱衣服、对人不当碰触、进错厕所等。	□调整环境。 □逐渐消退固着行为。 □合理认知行为改变等。 □其他:
□严重情绪困扰行为问题	□由特定人、事、时、地、物产生情绪困扰,如:抑郁症、躁狂症、焦虑症、强迫症等。	□尽量延长其正常行为时间。 □尝试建立结构化情境,延长情绪稳定时长。 □其他:
□生活自理异常行为问题	□生活自理能力弱引起的行为问题;如:饮食异常、排泄异常、睡眠异常、生理卫生习惯异常、穿着困难等。	□小步子教学,借口语提示及示范模仿进行教导。 □配合适切的增强而达成。 □其他:

六、转介

转介原因	□升学　□转学　□转换学习环境　□毕业 □其他(说明:　　　　　　　　　　　　)
转介记录	

（资料提供者：昆明市盲哑学校教师）

（三）培智学生个别化教育计划实例

表5-3　培智学生个别化教育计划

一、基本资料

(一)个人资料					
学　　校	昆明市**学校	班　级	**班	姓　　名	张**
出生日期	2015.7.30	居住地址	昆明市**区**小区		
医疗证明 □无　☑有	障碍类别	智力残疾	特殊情况说明	无	
	鉴定单位	不详	鉴定日期	不详	
残疾证 □无　☑有	障碍类别	智力残疾	障碍等级	二级	

(二)家庭资料					
主要监护人	称谓	姓名	学历	职业	存/殁
	父亲	***	本科	会计	存
	妈妈	***	本科	会计	存
	爷爷	***	小学	无	存
	奶奶	***	小学	无	存
家庭状况	排行_1_，兄_0_人，姐_0_，弟_1_，妹_0_人。 家族疾病史:☑无　□有(说明:　　　　　　　　) 家中是否有其他特殊个案:☑无　□有(说明:　　　　　)				
主要照顾者	祖父母、母亲		主要学习协助者	父亲	
父母婚姻状况	☑良好　□离婚　□分居		家庭经济状况	□富裕　□小康　☑普通 □清寒	
家中主要 使用语言	☑普通话　□当地方言 个案会说(或了解)普通话吗？　☑会　□不会 个案会说当地方言吗？　　　　□会　☑不会				

续表

家长期望	希望孩子越来越自信阳光。

(三)生长发展和医疗史

出生时状况	□正常 ☑异常(说明:呼吸困难,身体发紫6分钟。)		
个人重大疾病或意外	□无 ☑有(说明:曾患肺炎。)		
伴随症状	☑无 □癫痫 □心脏病 □哮喘 □多动 □蚕豆病 □精神疾病 □其他(说明:)		
长期用药	☑无 □有	药名	开始服药日期
过 敏	☑无 □食物(说明:) □药物(说明:) □其他(说明:)		

(四)教育史

教育安置情形	学前	□普通幼儿园普通班 ☑普通幼儿园特教班 □康复机构 □送教上门
	小学	□普通学校普通班 □普通学校特教班 ☑特教学校 □送教上门
	初中	□普通学校普通班 □普通学校特教班 □特教学校 □送教上门
	其他	

二、学生能力现况

(一)测验与测量

测查项目	日期	医院	结果摘要
智商测查	无	无	智力残疾二级
其他检查 (说明:核磁共振)	无	无	发育迟缓

(二)学科能力现况描述(2023年10月、11月测评)

课程名称	评量结果概述
生活语文	优势:能在别人对自己说话时注意倾听;能听懂简单的句子,并做出适当的肢体回应;能从图片中找出熟悉的人物和生活情景;能关注生活中的常用汉字,如对教师拿出的字卡有兴趣;能认读生活中的常用汉字10-50个;能以基本正确的姿势进行阅读;对书感兴趣,能模仿成人的样子看书;能够在参加班级和学校活动时遵守秩序不捣乱。 弱势:不能用普通话朗读简单句;不会诵读诗歌;不能与同伴一起交谈并获取有关信息;不能阅读情节简单的图画故事书,且不能理解大意。

课程名称	评量结果概述
生活数学	优势:能比较两个物体,区分差异性特别明显的有无、多少、同样多;能比较两个物体,区分差异性特别明显的大小、长短、高矮、粗细、厚薄、轻重、宽窄;能够手口一致地点数10个以内的物品,并进行数字与数量对应;能模仿用长方形、正方形、三角形和圆形进行简单的拼图。 弱势:不能在现实的情境中认识钱,并进行换算;不能运用所学知识经历人民币购物过程,尝试付款;不能在现实的情境中认识早晨、中午和晚上、上午、下午;不能比较10以内数的大小;不能借助实际情境和操作理解加减的实际意义;不认识"+、-、="三种符号,不知道加减法算式中各部分的名称;不能口算和笔算得数是10以内的加减法和加减混合运算;不能通过实物和模型初步认识生活中的长方形、正方形、三角形、圆形等简单的平面图形;不能在生活情境中根据给定的标准对事物进行初步的分类;不能在生活情景中辨别上下、前后。
其他评量结果概述(说明:智能50项)	优势:(1)记忆能力:能按顺序做3件事;(2)思维能力:能分清左右脚并穿上鞋;(3)常识:能全部说对三种几何图形;(4)动作:在扣扣子穿衣服、裤子的时候能够自己完成,而且穿得比较整齐;能够熟练地夹起豆子;能描绘出一个封闭的图形;能稳当地倒退走路;能足尖对着足跟倒退走6步;(5)自我认识:能指出自己的眼睛、耳朵、颈项、手指、眉毛、足跟、肩、膝盖。 弱势:(1)记忆能力:不能正确重复读五位数字;讲完一个完整故事后,不能回答五个问题;不能复述句子;(2)观察能力:不能说出图画上的小孩缺了一条腿;不能看图说出图上不正确的地方;不能用拼板拼图;(3)思维能力:不能用左手摸右耳朵、用右手摸左耳朵,不能用右手摸右腿;不能说出对应事物的反义词;不能找到三个有关联事物间的共同点;不能以今天的星期数为参照说出后天、明天、昨天的星期数;不能倒说三位数;听完故事后不能理解大意;(4)常识:不能指认任何两种动物的名称;不能指认红、黄、蓝、绿四种颜色;不知道吃的蛋是从哪来的;不知道吃的肉是从哪来的;(5)动作:在用双手接住或者用双臂辅助接住球时不能够完成,也不能给绳子打活结;不能跳过白纸,而且跳过后,双足仍保持并拢姿势;不能从30厘米高处跳下,足尖着地;不能独脚站立10秒;不能足跟对着足尖直线向前走6步。(6)自我认识:不能告诉教师自己的名字,今年几岁;不知道自己属什么;不能告诉教师自己的姓是什么;不能告诉教师自己家住哪里。
其他评量结果概述(说明:智力障碍评估表)	优势:个人卫生习惯较好;能够维持身体平衡,不常跌倒或出现奇怪姿势;动作协调能力较好;能够遵守社会或游戏规则;具有一定的组织统整能力。 弱势:无法透过观察推论出合理的结果;遇到问题时,没有尝试解决的意愿;仅能对具体事物思考,抽象思考能力薄弱;无法分辨物体间的关系,如相同、相异等;无法理解他人说话的重点;不会辨识对方的眼神或表情所传达的讯息;不知如何适当地响应对方的请求与问话;缺乏系统性思考能力。

三、相关服务与支持策略

安置情形	☐普通学校普通班　☐普通学校特教班 ☑特殊教育学校　☐送教上门　☐其他(说明:　　　　　)
未来发展潜能	☐好照顾　☑好家人　☐好帮手　☐好公民
教育建议	1. 学生语言表达能力发展明显较弱,可采用个训或小组教学的形式重点进行康复;在日常活动中多给予其自我表达和展示的机会,必要时可允许其用肢体表达。 2. 学生对黏土的兴趣较大,可以采用完成学习任务奖励黏土的方式来激发其学习积极性和主动性。 3. 学生在评估时表现出注意力易分散的问题,在教学时应控制环境干扰因素,为其创设较为安静的学习环境。 4. 学生对图卡有兴趣,在进行较难概念的教学时可利用图卡、字卡进行讲解教学。
教育重点	生活语文: 1. 发音:重点针对不能用普通话朗读简单句的问题,应从基础的普通话发音开始学习,通过每天的练习,逐步提高发音准确度和流利度。 2. 阅读理解:重点让学生阅读简单的图书,提高读图能力和识字量,能了解故事大意。 3. 表达:多鼓励学生表达,增强其自信心,勇于表达自我。 4. 倾听与交流:引导学生能在他人与之交流时认真倾听并作出回应。 生活数学: 1. 数学认知:重点在于认识钱币并进行换算;比较10以内数的大小;理解加减的含义,认识加"+、-、="三种符号,能口算和笔算得数是10以内的加减法和加减混合运算。 2. 生活认知:重点在于认识上午和下午;根据给定的标准对事物进行初步的分类;辨别上下、前后,尝试确定周围物体的方位等。 3. 空间认知:重点在于直观辨认平面图形,并按照平面图形的形状、大小或其他特征进行分类。 4. 应用实践:重点在于运用所学知识经历人民币购物过程,尝试付款等。

四、教学目标(2023年12月至2024年7月)

课程名称		生活语文	授课教师	***
长短期目标			教学形式	期末检核结果
1 提升内在语言				
1.1 能在他人说话时注视他人,有转头注视说话人的行为。			个训	Y
2 提高仿说能力				
2.1 能模仿教师说出4个以上常用词汇。			个训	Y
3 增强认读能力				
3.1 能指认生活中的特定汉字12个,准确率80%。			团体	尚未检核
3.2 能认读与学校生活、个人生活、家庭生活、自然与社会相关的汉字12个,正确率80%。			团体	尚未检核
4 增强书写能力				
4.1 能按特定的顺序书写简单汉字。			团体	Y
5 增进阅读兴趣和能力				
5.1 能主动挑选自己感兴趣的绘本或图书。			团体	Y
5.2 能主动翻阅图书或绘本,能被书中的图画、颜色等吸引并注视。			团体	Y
5.3 能阅读背景简单的绘本,并指出故事中的主人公,正确率75%。			团体	尚未检核
教学形式:团体、小组、个训 检核结果:Y通过 N未通过				

课程名称		生活数学	授课教师	***
长短期目标			教学形式	期末检核结果
1 增进时间概念				
1.1 能区分白天和黑夜,能分清白天和黑夜的活动,正确率80%。			团体	Y
1.2 能区分上午和下午。			团体	Y
2 增强对立体图形、平面图形的认知				
2.1 能将2组不同的立体形状物品进行配对分类。			团体	Y
2.2 能指认出3种球体形状的物品。			团体	Y
2.3 能指认圆形及圆形的物品。			团体	Y
2.4 能依据1个特征对认识的平面图形进行配对分类。			个训	尚未检核
3 提高空间方位辨别能力				
3.1 能分辨上下,正确率75%。			团体	Y

续表

长短期目标	教学形式	期末检核结果
3.2能以自己为参照物,分辨前后,正确率75%。	团体	Y
4提高配对分类能力		
4.1能依颜色对物品进行配对分类,正确率75%。	个训	Y
4.2能依大小对物品进行配对分类,正确率75%。	个训	Y
5提高计算能力		
5.1能口算得数是10以内的加减法。	团体	尚未检核
6. 增进对人民币的认知		
6.1能辨认面值为1元、5元、10元、20元的人民币纸币。	团体	Y
6.2会使用人民币进行购物。	团体	Y
教学形式:团体、小组、个训 检核结果:Y通过　N未通过		

五、情绪行为问题分析与干预策略

注:此部分在针对学生情绪行为问题进行客观、系统的观察分析后,再√选对应的项目。		
类型分析结果	行为问题起因与特殊事例	正向处理策略建议
□自我刺激行为问题	□无聊或无所事事。 □提供刺激(自我刺激)、刻板性及自伤行为等,如:咬、吸吮身体部位及固定物品等。	□指派任务、有事做。 □转移注意力、减少刺激、替代性活动等。 □其他。
□攻击行为问题	□不当示范、模仿而形成,如:身体攻击、口语攻击、物品攻击等。 □反抗行为、消极抵制、不听话等。	□榜样示范。 □情绪舒缓与调整。 □转移注意力。 □社交技巧训练等。 □其他。
☑过度活动行为问题	☑注意力有缺陷而导致,如:易分心、内在及外在冲动、过度活动等。	☑注意力延长训练。 ☑专注行为训练等。 □其他。

续表

类型分析结果	行为问题起因与特殊事例	正向处理策略建议
□不当社会行为问题	□逃离、躲避而形成,如:逃学、旷课、离家出走等。 □间歇性强化而形成,如:说谎、偷窃、赌博等。 □公共场合脱衣服、对人不当碰触、进错厕所等。	□调整环境。 □逐渐消退固着行为。 □合理认知行为改变等。 □其他。
□严重情绪困扰行为问题	□由特定人、事、时、地、物产生情绪困扰,如:抑郁症、躁狂症、焦虑症、强迫症等。	□尽量延长其正常行为时间。 □尝试建立结构化情境,延长情绪稳定时长。 □其他。
□生活自理异常行为问题	□生活自理能力弱引起的行为问题;如:饮食异常、排泄异常、睡眠异常、生理卫生习惯异常、穿着困难等。	□小步子教学,借口语提示及示范模仿进行教导。 □配合适切的增强而达成。 □其他。

六、转介

转介原因	□升学　□转学　□转换学习环境　□毕业 □其他(说明:　　　　　　　　　　)
转介记录	

(IEP制订者:昆明学院特殊教育专业大学生)

二、个别化教育计划会议记录

表5-4　培智学生个别化教育计划会议记录

会议时间	2023年12月	主持人	***	记录者	***
出席人员					
家长/监护人	***				
班主任	***				

续表

任课教师		***(各学科教师)
行政人员		***(学校教学副校长、教研处主任)
专业团队		***(测评教师、康复教师)
其他		无
会议流程	负责教师	报告或讨论重点记录
介绍学生基本资料	班主任	1. 张**个人基本资料、生长发展和医疗史简要介绍; 2. 张**家庭资料简要介绍。
学生能力现况报告	班主任、科任教师	1. 班主任报告张**测验与测量情况; 2. 生活语文、生活数学教师报告课程评量结果摘要; 3. 智能50项和智力障碍评估教师报告测评结果摘要。
相关服务与支持策略讨论	所有人员	1. 家长期望:希望孩子阳光自信。 2. 安置情形讨论结果:特殊教育学校二年级。 3. 未来发展潜能讨论结果:好家人。 4. 整体教育建议: (1)张**语言表达能力发展明显较弱,可采用个训或小组教学的形式重点进行康复;在日常活动中多给予其自我表达和展示的机会,必要时可允许其用肢体表达。 (2)张**对黏土的兴趣较高,可以采用完成学习任务奖励黏土的方式来激发其学习积极性和主动性。 (3)张**在评估时表现出注意力易分散的问题,在教学时应控制环境干扰因素,为其创设较为安静的学习环境。 (4)张**对图卡有兴趣,在进行较难概念的教学时可利用图卡、字卡进行讲解教学。 5. 各学科教育重点讨论。
长短期目标汇报、讨论	所有人员	在教育重点讨论的基础上讨论各学科长短期目标,具体详见学生IEP。

情绪行为问题干预方案讨论	所有人员	1.行为问题表现:易分心、过度活动。 2.行为问题类型分析:过度活动行为问题。 3.行为问题起因:注意力缺陷。 4.正向处理策略:注意力延长训练,专注行为训练。
转介讨论	所有人员	无
会后工作安排	主持人	教师针对家长意见与团队成员意见修正确定安置措施、教育重点、长短期目标等IEP内容,完成后所有参会人员签署名字。
参会人员确认签字		***

思考题

1. 试阐述基于学科教学的IEP拟订的意义与价值。

2. 试阐述个别化教育计划目标的撰写要点。

3. 尝试为特殊儿童拟订一份个别化教育计划。

第六章

基于学科教学的个别化教育教学准备

本章聚焦

1. 教育目标统整、学生教育安置和学期教学计划拟订的方法。

2. 课程调整的方法。

3. 基于学科教学的个别化教学活动设计的内容和方法。

本章结构

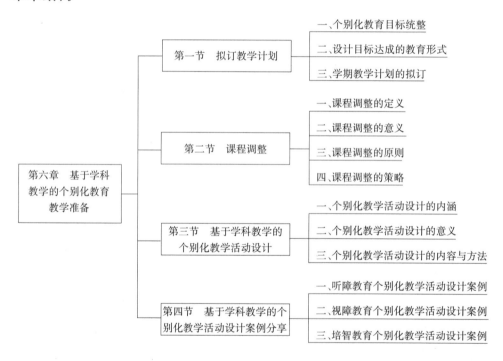

基于学科教学的个别化教育教学活动,是在遵循各学科教学体系的基础上,融入并践行个别化教育的理念与思想。它以统整教育目标为引领,针对学生的个性化需求灵活进行学生安置,通过科学地重组和优化课程内容,精心设计出具有针对性的个别化教学活动,旨在满足不同学生的学习特点和发展需求,实现教育过程的精准化与高效化。

第一节 拟订教学计划

在特殊教育学校中,个别化教育目标的统整与学生的教育安置是相辅相成、相互影响的两个关键环节。它们共同致力于为每一位有特殊需要的学生提供最适合其成长发展的教育资源和机会,从而最大限度地促进学生的全面发展及潜能开发。

一、个别化教育目标统整

个别化的教育计划为每个学生制订了符合其独特学习需求、能力水平和发展潜力的长期和短期目标。在目标统整阶段,教师需要系统整合全班所有学生的目标,按照学科类别进行分类汇总,同时审慎考量各个目标如何与国家课程标准相结合,并在此基础上策划班级整体教学的有效组织和资源优化配置。

(一)长期目标汇总

教师需细致归纳班级每个学生个别化教育计划中的目标,将相同的目标进行合并,不同的目标单独列出,并将这些目标系统地编排进一个表格中,该表格的左侧列明所有目标,右侧呈现班级学生姓名,通过勾选的方式标注学生对应的长期目标。如表6-1所示。

这样的整理不仅有助于教师全局把握整个班级在不同学科领域下的年度教学重点与方向,还便于追踪每一位学生的个性化发展轨迹。长期目标的集中展示,使得教师能一眼识别出班级在下一教学阶段需集体攻克的难关,以及学生们在各学科上的差异化成长趋势,有助于教师在教学策略上做出更有针对性的调整,促进了教育资源的合理配置。

表6-1 某培智学校某年级学生学科目标汇总表

学科	教学目标	学生									
		A	B	C	D	E	F	G	H	I	J
生活语文	1.1.1.1能在别人对自己讲话时注意倾听。		✓			✓					
	1.1.1.2能听懂常用的词语,并作出适当的回应。			✓							
	1.1.1.3能听懂简单的句子,并做出适当的回应。				✓					✓	✓

续表

学科	教学目标	学生									
		A	B	C	D	E	F	G	H	I	J
	1.1.1.4 能听懂生活中的常用语言。	✓						✓			
	1.1.2.1 能模仿运用生活中的常用语言。	✓	✓	✓							✓
	1.1.2.4 能做简单的自我介绍。				✓	✓	✓	✓	✓	✓	
	1.1.2.5 学说普通话。						✓				
	1.2.1.3 能认读生活中常用汉字10～50个。	✓	✓				✓	✓	✓	✓	✓
	1.2.3.1 能按从左往右的格式书写。	✓	✓						✓	✓	
	1.3.1.2 能以基本正确的姿势阅读。								✓		
	1.3.1.3 愿意阅读，能感受阅读的乐趣。			✓							
	1.3.2.1 能从图片中找出熟悉的人、物和生活情景。							✓	✓		✓
	1.3.2.3 能阅读背景简单的图书，了解大意。	✓	✓	✓			✓				✓
	1.3.2.4 能阅读情节简单的图画故事书，了解大意。				✓						
	1.3.2.6. 能认识句号、逗号、问号、感叹号。					✓			✓		
	1.3.3.1 能用普通话朗读简单句。	✓									
	1.5.3.1 能参加班级、学校活动。			✓	✓		✓				

（二）长期目标配入教材主题

目前，专为聋校、盲校及培智学校编制的各学科义务教育实验教材已经相继问世，这些教材严格遵循国家课程标准编制，每个章节或单元均明确设定了教学目的与知识脉络，旨在满足特殊教育的实际需求。在实施基于学科教学的个别化教育时，需要教师将学生的长期目标与教材内容巧妙融合。若遇到无特定配套教材的情况，教师需主动甄选合适的教学材料，并嵌入学生的长期目标。这一整合过程不仅加强了学习内容与学生个性化发展的联系，增强了教育干预的针对性和实效性，还确保了教育实践与国家教育方针及价值观保持一致。

在将长期目标配入教材主题的这一过程中，教师首先需深入了解每位学生的长期发展目标，随后深入剖析教材，领悟其教育意图与知识脉络，并参照课程标准，精确界定教学任务与预期成果。教师需具备敏锐的洞察力，识别并提取教材内容中与学生长期目标相吻合的知识节点或技能训练点，进而灵活调适教学安排，可能涉及内容的重组、补充或删减,以确保教学内容既能精准对接课程标准,又能最大化促进学生的个性化成长。

(1)方式一:同一长期目标在教材不同主题中呈现,长期目标相同,各单元内容有差异。如表6-2所示。

表6-2　同一长期目标配入《生活语文》教材不同主题

学生IEP中的长期目标	第一单元:学校生活	第二单元:个人生活	第三单元:家庭生活	第四单元:社会生活
1.1.1.1能在别人对自己讲话时注意倾听。 1.1.1.2能听懂5个以上常用的词语,并作出适当回应。	能够听词语"五星红旗""课程表",找出相关图片。	能够听词语找出"照镜子""坐正""站直"的图片。	能够听词语找出"存钱罐""大灰狼""小白兔"的图片。	能够听词语找出"高楼""海边""农田"的图片。
1.1.1.4听到3句生活中的常用词语、句子时能做出相应动作。	听到"敬礼""立正"时能做出相应动作。	听到"坐正""站直""抬头""挺胸"时能做出相应动作。		
1.1.2.1能模仿运用3句以上生活中的常用语言。	能够用"我们在____""春天到了,____"句式说话。	模仿说句子"谁和谁是好朋友,他们____。"	模仿说句子"我把____"。	能够仿说句子"____到了,____开了。"
1.2.1.2能区别一般图形与汉字。	区别课文中出现的图形与汉字。			
1.2.1.3认读生活中常用汉字10~50个。	认读汉字:五、文、心。	认读汉字:马、正、鸟。	认读汉字:在、午、开。	认读汉字:冬、田、雨。
1.2.1.4认识6个汉字的笔画。	认识笔画"横""竖""撇""捺"。	认识笔画"点"。		认识笔画"横折钩"。
1.2.2.1能用铅笔描写或抄写生活中常用汉字5个以上。	抄写汉字:五、文、心。	抄写汉字:马、正、鸟。	抄写汉字:在、午、开。	抄写汉字:冬、田、雨。
1.2.3.1能按从左到右的格式书写。	按照从左到右的顺序抄写汉字:五、文、心。	按照从左到右的顺序抄写汉字:马、正、鸟。	按照从左到右的顺序抄写汉字:在、午、开。	按照从左往右的顺序书写汉字:冬、田、雨。

续表

学生IEP中的长期目标	第一单元：学校生活	第二单元：个人生活	第三单元：家庭生活	第四单元：社会生活
1.3.1.1对书感兴趣，能模仿成人的样子看书。	融入到家庭作业"每日阅读"中。			
1.3.2.1能从图片中找出5个以上熟悉的人、物和生活情景。	能够找到春天踏青、升国旗的图片。	能够找到照镜子、坐正站直的图片。	能够在复杂背景中找到存钱罐、大灰狼、小兔子。	找出春夏秋冬的场景图。
1.3.2.2知道图片上的文字和画面是对应的，文字是用来表示画面意义的。	能够在阅读课文时通过图画猜测文字意义。		能够进行小兔子、大灰狼图片文字情境配对练习。	看图猜一猜是什么季节。
1.3.2.3能阅读背景简单的图画，了解大意。	看图说出课文插图中的人在做什么。(升国旗、春游)	看图说出小兔子和小鸟在做什么。	1. 明白存钱罐是用来做什么的。 2. 看图说一说小兔子和大灰狼在做什么。	1. 看图了解城市和农村分别有些什么。 2. 看图说说《春晓》所描述的画面。
1.3.2.4能阅读情节简单的图画故事书，了解大意。			阅读小兔子乖乖的故事，了解不能随意给陌生人开门。	
1.3.3.5能结合图片的内容，理解词、句的意思。		结合图片理解"好朋友"的意思。	结合图片理解古诗《悯农》大意。	结合图片理解古诗《春晓》大意。
1.3.2.6能认识句号、逗号、问号、感叹号。	能够认识逗号、句号。	能够认识问号、感叹号。		
1.3.3.1能用普通话朗读简单句。	能够跟读课文。	跟读课文。	朗读课文、古诗。	诵读课文、古诗。
1.3.3.2会诵读2首诗歌。			诵读古诗《悯农》。	诵读古诗《春晓》。

学生IEP中的长期目标	第一单元：学校生活	第二单元：个人生活	第三单元：家庭生活	第四单元：社会生活
1.5.1.1熟悉班级环境，能与同伴一起交谈，获取2条有关信息。	1.能够找到班级中课程表的位置。2.学会阅读课程表。	说一说自己的好朋友是谁。		
1.5.2.1观察校园环境，能用自己的方式说出观察所得。	观察学校中国旗所在位置，并说一说什么时候升国旗。	观察教室中坐正站直标志在哪里，并说一说。		说一说校园里不同季节分别有些什么景物。
1.5.3.1 能参加班级、学校活动。	能够参加"寻找春天"的活动。	能够参与找朋友的活动。	能够有序参与六一排演。	能够有序进行我的家乡介绍。

（2）方式二：在教材不同主题中呈现长期目标。如表6-3所示。

表6-3　教材各主题配入长期目标

月份	单元主题	《生活语文》学生IEP中的长期目标
3月	学校生活	1.1.1.1能在别人对自己讲话时注意倾听。
		1.1.1.3能听懂简单的句子并作出适当的回应。
		1.1.2.4能做简单的自我介绍。
		1.2.1.3能认读生活中常用汉字10～50个。
		1.3.2.1能从图片中找出熟悉的人、物和生活情景。
4月	个人生活	1.1.1.4能听懂生活中的常用语言。
		1.1.2.1能模仿运用生活中的常用语言。
		1.2.1.3能认读生活中常用汉字10～50个。
		1.3.1.3愿意阅读，能感受阅读的乐趣。
		1.3.1.2能以基本正确的姿势阅读。
5月	家庭生活	1.2.1.3能认读生活中常用汉字10～50个。
		1.2.3.1能按从左往右的格式书写。
		1.3.2.6.能认识句号、逗号、问号、感叹号。

续表

月份	单元主题	《生活语文》学生 IEP 中的长期目标
6月	社会生活	1.2.1.3 能认读生活中常用汉字10～50个。
		1.3.2.3 能阅读背景简单的图画故事书，了解大意。
		1.5.3.1 能参加班级、学校活动。

（三）将班级学生的短期目标配入教材各主题中

长期目标配入教材主题的工作完成后，需要再将班级学生的短期目标配入，这样才能保证每位学生 IEP 中的短期目标在教学中能够被教师关注，能够达成目标。教师可根据上述长期目标汇总表查阅班级中有该长期目标的学生，通过翻阅学生的 IEP 查看此长期目标所包含的短期目标内容，内容相同的可以进行合并，内容不同的均罗列在表格中，并在表格右侧呈现班级学生姓名，通过勾选的方式标注学生对应的短期目标。如表6-4所示。

表6-4 《生活语文》学科短期目标配入教材主题

月份	单元主题	学生 IEP		学生姓名									
		长期目标	短期目标	A	B	C	D	E	F	G	H	I	J
3月	学校生活	1.1.1.4能听懂生活中的常用语言	1. 学生能听懂或在教师的辅助下对生活中的3-5句特定问候语给予回应，回应率达到80%。（如：老师好、再见、上课、下课）	√						√			
			2. 学生在听到生活中的常用语言能主动作出回应。（如：当教师说把文具收起来时，学生能够将本子、铅笔、橡皮装进书包）							√			

续表

月份	单元主题	学生IEP		学生姓名									
		长期目标	短期目标	A	B	C	D	E	F	G	H	I	J
3月	学校生活	1.1.2.4 能做简单的自我介绍。	1. 能够在教师或他人的提示下说出自己的姓名、年龄、班级、学校,正确率100%。			√	√				√	√	
			2. 能够在教师或他人的询问下正确连续地说出姓名、年龄、班级、学校、家庭住址、家长电话,正确率80%。			√		√		√		√	
			3. 能够在教师或他人的提示下问好。									√	
			4. 能够主动问好。									√	
		1.2.1.3 能认读生活中常用汉字10～50个。	1. 能够独立指认"上"、"下",正确率100%。	√	√				√				
			2. 能够独立指认并读出"老师好""再见""上""下""上课""下课""书包""本子""铅笔""橡皮",正确率100%。			√	√	√		√	√	√	√
			3. 能够在老师指导下书写"上""下",正确率60%。				√						√
		1.3.2.1 能从图片中找出熟悉的人、物和生活情景。	1. 学生能够在特定的图片中找出熟悉的人、物和生活情景。(如:老师、学习用品、教室、学校)						√	√			√

续表

月份	单元主题	学生IEP		学生姓名									
		长期目标	短期目标	A	B	C	D	E	F	G	H	I	J
3月	学校生活	1.3.2.1能从图片中找出熟悉的人、物和生活情景。	2.学生能够结合生活情境的图片说出熟悉的人、物和生活情景。（如：老师、学习用品、教室、学校）							√			√
4月	个人生活	1.1.2.1能模仿运用生活中的常用语言。	1.学生能够在老师的协助下模仿3句特定的常用语言。（两只耳朵、一个鼻子、用勺子、用筷子）	√	√								√
			2.学生能够独立仿说3句特定的常用语言。（我有两只耳朵、我有一个鼻子、我用勺子喝汤、我会穿衣服、我用筷子吃饭）			√							√
			3.学生能够在日常生活当中，运用常用语言。（我有……；我会用/穿……；桌子上有……）			√							
		1.2.1.3能认读生活中常用汉字10～50个。	1.学生能够在老师的指令下指认在图片或者黑板等媒介呈现的汉字"口、耳、眼睛、耳朵、鼻子、碗、勺子、筷子、吃饭、衣、上衣、裤子、穿衣服"，成功率75%。	√	√				√		√	√	
			2.学生能在教师的指导下在纸上写出常用汉字"口"。			√	√						√

续表

月份	单元主题	学生IEP 长期目标	短期目标	A	B	C	D	E	F	G	H	I	J
4月	个人生活	1.2.1.3能认读生活中常用汉字10~50个。	3. 学生能认读13个汉字。（口、耳、眼睛、耳朵、鼻子、碗、勺子、筷子、吃饭、衣、上衣、裤子、穿衣服）		√	√	√	√	√	√	√	√	√
			4. 能根据老师的指令独自指出以下汉字："上""下"、"口""耳""衣"，正确率80%。					√	√			√	√
			5. 学生能够将字词"口、耳、眼睛、耳朵、鼻子、碗、勺子、筷子、吃饭、上衣、裤子、穿衣服"的图片与字卡进行正确的匹配，正确率80%。	√		√			√		√	√	√
		1.3.1.2能以基本正确的姿势阅读。	1. 学生能够在教师的提示下，与书和桌子保持一定的距离（标准距离为15cm）。学生一次能够保持5分钟，一节课保持3次以上。									√	
			2. 学生能够独自阅读，能与书和桌子保持距离15cm，保持时间为3分钟。									√	
		1.3.1.3愿意阅读，能感受阅读的乐趣。	学生能够在老师提示下翻阅课本、注视课本，并能够根据老师指令指认图片。		√								

续表

月份	单元主题	学生IEP 长期目标	短期目标	A	B	C	D	E	F	G	H	I	J
5月	家庭生活	1.2.1.3能认读生活中常用汉字10～50个。	1.学生能够在老师的指令下指认在图片或者黑板等媒介呈现的3个汉字（门、开、电），成功率80%。	√	√	√	√	√	√	√	√	√	√
			2.学生能在老师的辅导或者提示下在多张字卡中找出自己名字和学校名字的字卡，正确率80%。			√					√	√	
			3.能指认读课本中关于生活的特定汉字，"爷爷""奶奶""一家人""回家""开门""客厅""打电话"。	√	√	√	√	√	√	√	√	√	√
		1.2.3.1能按从左往右的格式书写。	1.学生在进行书写活动时，能够正确握笔，不乱扔笔，不撕毁纸张。	√							√		
			2.老师在演示如何写字时，能够与老师进行注视。	√									
			3.学生能书空按从左到右的顺序书写"开门""日""电"。		√								
			4.学生能按从左到右特定的格式书写。（线上按从左到右的格式书写我的家人）		√						√		
			5.学生能在田字格范围内从左至右正确书写笔画横（"我的家人"），并能在一行的田字格里从左到右书写笔画横（"我的家人"）不跳格，不跳行。								√	√	

月份	单元主题	学生IEP		学生姓名									
		长期目标	短期目标	A	B	C	D	E	F	G	H	I	J
5月	家庭生活	1.3.2.6.能认识句号、逗号、问号、感叹号。	1.能在培智学校生活语文一年级下册语文小天地2的《咏鹅》这篇中正确识别逗号、句号,100%正确识别。					√	√				
			2.能在培智学校生活语文一年级下册第三单元家庭生活《爷爷奶奶》篇的一个简单句中正确分辨逗号、句号。(书写时,要按从左到右的顺序)					√					
			3.教师出示",""。""、"标点符号卡片时,儿童能够正确说出标点符号的名称。								√		
6月	自然与社会	1.2.1.3能认读生活中常用汉字10～50个。	1. 能100%独立指认并读出"日""月""大""小""草""小花""小草""大树""端午节""父亲节"。			√	√	√		√		√	√
			2. 能100%独立指认"日""月""大""小""草""小花""小草""大树""端午节""父亲节"。	√	√					√	√		
			3. 在老师指导下能够以60%正确率书写"日""月""大"。				√						

续表

月份	单元主题	学生IEP 长期目标	短期目标	A	B	C	D	E	F	G	H	I	J
6月	自然与社会	1.3.2.3能阅读背景简单的图画故事书，了解大意。	1. 阅读《端午节》绘本，根据老师指令指出绘本中出现过的粽子、龙舟的对应图卡。	√	√	√	√		√			√	
			2. 阅读《端午节》《我爸爸》绘本，教师提问绘本内容，学生做出回答，成功率50%。			√	√	√	√	√	√	√	√
		1.5.3.1能参加班级、学校活动。	1. 能在老师带领下主动参与端午节的各项活动，按老师要求主动完成50%的活动任务。			√	√						
			2. 能遵守端午节活动基本规则，出现问题行为的次数不超过2次。			√	√		√				

> ## 二、设计目标达成的教育形式

教育形式是一项基于对特殊教育需求全面评估和深入理解的重要决策过程，旨在精准匹配学生的个性化需求，将其安置到最适合其学习与发展的环境之中。选择合理的教育形式，学生能够得到与其个别化教育计划紧密相连的教学支持和服务，从而满足其特殊学习需求，最大程度地促进其全面发展。

（一）设计教育形式的原则

1.最少限制环境原则

尽量将学生安置在班级教学环境中，以促进学生班级融合和交往能力的发展。只有当学生的特殊需要确实无法在常规班级教学中得到有效满足时，才会考虑其他更具针对性的教育形式。

2. 个别化原则

根据每个学生的个体差异提供适应性教学和支持服务,确保教育形式能够精准回应学生的个性化需求,使他们获得恰当的教学资源和专业支持。

3. 参与性决策原则

教育形式的决策应当由教师、家长、学生本人以及其他相关专业团队成员共同参与,充分尊重各方意见,协同制订最有利于学生发展的安置方案。

4. 连续性和一致性原则

随着学生能力的发展变化,适时调整和完善教育形式策略,确保整个教育历程的连贯性和稳定性。不论在哪种教育场景下,都能始终关注并落实学生的长远发展目标,并保持一致的教学目标和执行策略。

5. 最大潜能原则

在确定教育形式时,始终坚持发掘和培养学生的内在潜能,努力创造条件让每个学生在其所在的学习环境中都能充分发挥自身优势,实现自我价值,获取最大限度的成长和发展空间。

总之,在特殊教育领域的教育形式的选择工作,必须综合运用以上各项原则,确保每个特殊教育学生都能在最合适自己的环境中接受到高质量的教育服务,推动其实现全面、和谐、有尊严的发展。

(二)教育形式

1. 班级团体教学

当学生的个别化教育目标与常规班级的总体教学目标高度契合时,将学生安排在原班级进行教育活动。其优势在于保持了学生在常规教育环境中的学习,有助于学生建立同伴关系,培养其团队协作和适应集体教育的能力,进一步融入社会。

2. 小组教学

针对具有相似学习需求和目标的学生组建专门学习小组,采用特别设计的教学方案,在特定时段或课程中集中进行针对性教学。其优势在于能够提供更精确的教学支持,针对小组内学生的共性需求给予针对性指导。

3. 个别训练

针对高度个性化需求的学生,实施一对一的教学辅导,为学生量身定制教学内容和进度，实施深度的个别化干预措施。其优势在于教师可以根据每个学生的个体差异制订出精准的教学计划，密切关注其学习进展并及时调整教学策略，最大程度满足学生的个性化需求，有效解决具体的学习难题。

4. 走班制

根据学生的个人目标、能力和需求，允许他们在同一学科内选择不同年级或难度等级的课堂进行学习，在这种模式下，有特殊教育需要的学生可以根据自身特点灵活安排课程表，与其学习能力相近的同伴共同学习。其优势在于体现了以学生为中心的教育理念，增强了学生自主学习和自我管理的能力。

5. 特殊班级教学

设立专门的特殊教育班级，配备专业的特殊教育师资力量，为具有严重障碍或多重障碍的学生提供全方位、多元化的特殊教育服务。其优势在于能够为此类学生提供综合性的教育康复服务。

在特殊教育领域的实践工作中，教育安置不仅是对学生学习环境的具体布局，更是对其整个教育生涯进行全面、系统规划的关键环节。教师必须深刻理解和尊重每一位特殊教育学生的特点和需求，科学合理地调配教育资源，兼顾公平与效率，力求确保每一个学生能够在最适合自己的环境中接受高质量且富有意义的教育，进而有力地促进他们的全面发展与潜能的最大释放。

> 三、学期教学计划的拟订

基于目标分配与学生教育安置情况，教师需要结合教材内容对任教学科进行学期教学规划。若教材内容与地方资源、班级学生情况不符，教师则需要依据单元主题自主选取适宜的教学内容进行学期教学规划。无论是否有教材支持，教师都需要根据各单元主题设计统整活动。这一过程中，教师需要深入理解并掌握每个学生的学习需求、优势亟待提升领域，将学生个性化的教育目标巧妙地融合到学科学期教学的整体规划中。根据学校教学日程安排，在确保学科知识体系的连贯性和完整性的同时，保持适宜的教学进度，通过精心设计的教学内容和方法，制订出科学合理的学科学期教学计划。

一份教学计划通常包括：学情分析、教材分析、教学目标、教学重点与难点、教学措施、评价方式、教具与学具准备、教学进度安排等。

（一）学情分析

学情分析是对学生学习状态的全面审视,包括学生的基础知识水平、学习习惯、兴趣偏好、学习动力、已有的学习成就以及存在的学习困难等。撰写时,教师应基于测试、日常观察、以往成绩记录和表现等多渠道收集信息,分析学生整体水平和个体差异,为制订差异化教学策略提供依据。如表6-5所示。

表6-5　某培智学校三年级某学期《生活语文》学科学情分析

三年级共有9名学生,因自身身体障碍及家长辅导能力所限,语言知识的掌握程度、语言的理解和表达能力整体上均较弱,部分学生基本无有意义语言,这还远远达不到适应生活、融入社会的目标,需在生活语文课程中进行更有针对性的教学。为更好地兼顾学生个别差异,学期初对学生进行课程评量,学生能力表现分析如下:

评量类型	学业评量、发展性评量
工具名称	学业评量:培智学校义务教育课程标准生活语文 发展性评量:心智障碍儿童个别化教育课程评量表及学习态度观察评量表
评量方式	一对一测评、集体测评、小组测评和日常观察
结果分析	A层: 1. 倾听与说话:具有沟通动机,能静坐等待,能模仿,能听从指令,有相对较好的适应能力;对简单的否定句、疑问句有适当的反应,有动词反应,能理解别人的要求,会用简单的礼貌用语;能说出常用名词,沈X沟通动机比较强,可以用简单句表达自己的需求,存在部分字词发音不清的现象,杨X表达主动性稍弱,但也能用句子表达需求;能够在提示下用恰当的方式与人沟通,了解部分基本的沟通礼仪。 2. 识字与写字:杨X识300个左右常用字,沈X识50个简单字,能够仿写简单的部首和简单字,控笔能力稍弱,书写姿势与规则性有待提高。 3. 阅读:两人均对书感兴趣,会主动阅读自己喜欢的书;能阅读简单情节的图画书,了解图画所要表达的意义;能用普通话朗读简单句,会诵读1-2首古诗。 4. 综合性学习:沈X主动与人进行交谈,获取相关信息,杨X会主动与人交谈;两人均会主动观察校园环境,沈X主动表达,杨雅雯需要在引导下进行表达;两人均能按照要求参与班级活动,参与活动时的文明礼貌习惯需不断加强。 5. 学习态度:活动量适中,具有一定静坐和等待的能力;课堂常规较好,具有一定规则意识;杨X注意力较为集中,能够主动注意指定刺激,能够在口头提示下集中注意完成整节课的学习,沈X够在提示下注意指定刺激,上课过程中容易受周边环境的影响;学习态度积极,乐意学习,课堂上会积极举手回答问题;具有一定模仿能力和听指令能力,经监督和口

续表

结果 分析	头约束能够自我控制;经过诱导能够完成指定事务,耐性有待提升;经诱导可以很快适应新环境;能够与人进行简单互动,杨X人互动的主动性较差;无特殊行为问题。 B层: 1. 倾听与说话:对外界刺激有反应并能注意,注意力时长较短;静坐等待能力和规则意识都较差;对简单的否定句、疑问句有适当的反应,能够执行简单指令,执行复杂指令的能力较弱;语言表达以字词和短句为主,能说出常用名词,王X够说出简单句子,那X和孙X发音不清晰,那X愿意主动表达,孙X常常需要老师的提示和引导;用正确的恰当的方式与人沟通的能力较弱。 2. 识字与写字:三人均能够关注汉字,能够区分图形与汉字,但是不能认读汉字;能够用铅笔随意涂画,不能在规定方格里涂颜色,不能进行描写和仿写。 3. 阅读:对书感兴趣并能看书,除王X外,其他人均能不破坏书;三人均能从图片上找出熟悉的人、物和生活场景;能够阅读并理解情节简单的图画。 4. 综合性学习:那X会主动与人进行交谈,获取相关信息,其余两人主动性较弱;三人均会主动观察校园环境,那X和王X会主动表达,孙X需要在引导下进行表达;三人均能按照要求参与班级活动,参与活动时的文明礼貌习惯需不断加强。 5. 学习态度:活动量适中,在语言提示下能够静坐;具有一定注意力,但是容易受周边环境的影响,需要老师的口头提示才能跟随老师完成整节课的学习;学习态度积极,乐意学习,课堂上会积极举手回答问题;具有一定模仿能力和听指令能力,能模仿简单的手部动作;具有一定规则意识,偶尔需要口头提示;经过诱导能够完成指定事务,耐性较差,喜欢与人互动。 C层: 1. 倾听与说话:对外界刺激有反应,注意时间短;静坐等待能力和规则意识都很差;对简单的否定句、疑问句有一定反应;薛X能说出常用名词,吐字清晰,但是表达的意愿不强,几乎不愿意主动说话,陈X在极其想要某个东西的情况下会表达需求,但是吐字不清,胡X能仿说词语,但发音不清晰,池X几乎没有语言,只会说"拜拜",发音不清晰;四人均不能用恰当的方式与人沟通,不懂基本的沟通礼仪,也无沟通的意愿。 2. 识字与写字:池X、陈X和胡X不能认读和仿写字词,不认识笔顺,薛X认识300左右的汉字,认识拼音字母,四人均不会仿画和书写,不能在规定方格里涂颜色。 3. 阅读:对书不感兴趣,不会主动看书;能够在引导下从图中找出熟悉的人、物和生活场景。 4. 综合性学习:不会主动与人交谈,获取相关信息;能够在引导下观察校园环境,但不会主动进行表达。 5. 学习态度:活动量非常大,在大量语言提示或者动作辅助下才能够静坐;注意力容易分散,只喜欢关注自己感兴趣的东西;两人学习意愿非常低,需要大量辅助方能参与课堂;具有一定模仿能力和听指令能力,能模仿简单的手部动作;自我控制能力、规则意识和听指令能力都非常差,课堂常规有待提高;经过大量诱导和辅助能够完成指定事务,耐性较差;经诱导也很难适应新环境;四人均有随意把东西塞进嘴巴里的习惯,池X会在情绪激动时撞头,薛X会玩口水。

（二）教材分析

教材分析是对选用教材内容的深入理解和解构,涵盖教材的编写意图、知识体系、技能训练要点、思想情感教育内涵等。撰写时,教师应细读教材,明确各章节的核心概念、逻辑结构、重难点分布,以及如何与课程标准相对接,为教学设计提供支撑。

（三）教学目标

教学目标是指导整个教学活动方向和预期学习成果的蓝图,在此除了需要呈现班级学生的学科长期目标和短期目标外,还可根据班级学生情况和学科特点增加学习习惯目标、康复目标、情感与社会发展性目标等。如表6-6所示。

表6-6　某培智学校一年级《生活语文》学科学期教学目标

1.学科目标

单元主题	学生 IEP		学生姓名									
	长期目标	短期目标	A	B	C	D	E	F	G	H	I	J
学校生活	1.1.1.4 能听懂生活中的常用语言。	1. 学生能听懂或在教师的辅助下对生活中的3-5句特定问候语给予回应,回应率达到80%。（如:老师好、再见、上课、下课）	√						√			
		2. 学生在听到生活中的常用语言能主动作出回应。（如:当教师说把文具收起来时,学生能够将本子、铅笔、橡皮装进书包）							√			
	1.1.2.4 能做简单的自我介绍。	1. 能够在教师或他人的提示下说出自己的姓名、年龄、班级、学校,正确率100%。			√	√				√	√	
		2. 能够在教师或他人的询问下正确连续地说出姓名、年龄、班级、学校、家庭住址、家长电话,正确率80%。			√		√		√		√	
		3. 能够在教师或他人的提示下问好。									√	
		4. 能够主动问好。									√	

续表

单元主题	学生IEP		学生姓名									
	长期目标	短期目标	A	B	C	D	E	F	G	H	I	J
学校生活	1.2.1.3 能认读生活中常用汉字10~50个。	1. 能够独立指认"上""下",正确率100%。	√	√				√				
		2. 能够独立指认并读出"老师好""再见""上""下""上课""下课""书包""本子""铅笔""橡皮",正确率100%。			√	√	√		√	√	√	√
		3. 能够在老师指导下书写"上""下",正确率60%。				√						√
	1.3.2.1 能从图片中找出熟悉的人、物和生活情景。	1. 学生能够在特定的图片中找出熟悉的人、物和生活情景。(如:老师、学习用品、教室、学校)						√	√			√
		2. 学生能够结合生活情境的图片说出熟悉的人、物和生活情景。(如:老师、学习用品、教室、学校)							√			√
个人生活	1.1.2.1 能模仿运用生活中的常用语言。	1. 学生能够在老师的协助下模仿3句特定的常用语言。(两只耳朵、一个鼻子、用勺子、用筷子)	√	√								√
		2. 学生能够独立仿说3句特定的常用语言。(我有两只耳朵、我有一个鼻子、我用勺子喝汤、我会穿衣服、我用筷子吃饭)			√							√
		3. 学生能够在日常生活当中,运用常用语言。(我有……;我会用/穿……;桌子上有……)			√							

续表

单元主题	学生IEP		学生姓名									
	长期目标	短期目标	A	B	C	D	E	F	G	H	I	J
个人生活	1.2.1.3 能认读生活中常用汉字10～50个。	1. 学生能够在老师的指令下指认在图片或者黑板等媒介呈现的汉字"口、耳、眼睛、耳朵、鼻子、碗、勺子、筷子、吃饭、衣、上衣、裤子、穿衣服",成功率75%。	√	√				√		√	√	
		2. 学生能在教师的指导下在纸上写出常用汉字"口"。			√	√						√
		3. 学生能认读13个汉字。（口、耳、眼睛、耳朵、鼻子、碗、勺子、筷子、吃饭、衣、上衣、裤子、穿衣服）		√	√	√	√	√	√		√	√
		4. 能根据老师的指令独自指出以下汉字:"上""下""口""耳"、"衣",正确率达80%。					√	√		√	√	
		5. 学生能够将字词"口、耳、眼睛、耳朵、鼻子、碗、勺子、筷子、吃饭、上衣、裤子、穿衣服"的图片与字卡进行正确匹配,正确率80%。	√		√			√		√	√	√
	1.3.1.2 能以基本正确的姿势阅读。	1. 学生能够在教师的提示下,与书和桌子保持一定的距离(标准距离为15cm)。学生一次能够保持5分钟,一节课保持3次以上。									√	
		2. 学生能够独自阅读,能与书和桌子保持距离15cm,保持时间为3分钟。									√	

续表

单元主题	学生IEP		学生姓名									
	长期目标	短期目标	A	B	C	D	E	F	G	H	I	J
个人生活	1.3.1.3 愿意阅读，能感受阅读的乐趣。	学生能够在老师提示下翻阅课本、注视课本，并能够根据老师指令指认图片。		√								
家庭生活	1.2.1.3 能认读生活中常用汉字10～50个。	1.学生能够在老师的指令下指认在图片或者黑板等媒介呈现的3个汉字（门、开、电），成功率80%。	√	√	√	√	√	√	√	√	√	√
		2.学生能在老师的辅导或者提示下在多张字卡中找出自己名字和学校名字的字卡，正确率80%。			√						√	√
		3.能指认读课本中关于生活的特定汉字，"爷爷""奶奶""一家人""回家""开门""客厅""打电话"。	√	√	√	√	√	√	√	√	√	√
	1.2.3.1 能按从左往右的格式书写。	1.学生在进行书写活动时，能够正确握笔，不乱扔笔，不撕毁纸张。	√							√		
		2.老师在演示如何写字时，能够认真看老师演示。	√									
		3.学生能书空按从左到右的顺序书写"开门""日""电"。		√								
		4.学生能按从左到右特定的格式书写。（线上按从左到右的格式书写我的家人）		√						√		

续表

单元主题	学生IEP		学生姓名									
	长期目标	短期目标	A	B	C	D	E	F	G	H	I	J
家庭生活	1.2.3.1 能按从左往右的格式书写。	5.学生能在田字格范围内从左至右正确书写笔画横（"我的家人"），并能在一行的田字格里从左到右书写笔画横（"我的家人"）不跳格，不跳行。								√	√	
	1.3.2.6 能认识句号、逗号、问号、感叹号。	1.能在培智学校生活语文一年级下册语文小天地2的《咏鹅》这篇中正确识别逗号、句号，100%正确识别。					√	√				
		2.能在培智学校生活语文一年级下册第三单元家庭生活《爷爷奶奶》篇的一个简单句中正确分辨逗号、句号。（书写时，要按从左到右的顺序。）					√					
		3.教师出示","""。""、"标点符号卡片时，儿童能够正确说出标点符号的名称。								√		
自然与社会	1.2.1.3 能认读生活中常用汉字10~50个。	1.能100%独立指认并读出"日""月""大""小""草""小花""小草""大树""端午节""父亲节"。			√	√	√		√		√	√
		2.能100%独立指认"日"、"月""大""小""草""小花""小草""大树""端午节""父亲节"。	√	√				√		√		
		3.在老师指导下能够以60%正确率书写"日""月""大"。				√						

续表

单元主题	学生IEP		学生姓名									
	长期目标	短期目标	A	B	C	D	E	F	G	H	I	J
自然与社会	1.3.2.3 能阅读背景简单的图画故事书,了解大意。	1. 阅读《端午节》绘本,根据老师指令指出绘本中出现过的粽子、龙舟的对应图卡。	√	√	√	√		√			√	
		2. 阅读《端午节》《我爸爸》绘本,教师提问绘本内容,学生做出回答,成功率50%。			√	√	√		√	√	√	√
	1.5.3.1 能参加班级、学校活动。	1. 能在老师带领下主动参与端午节的各项活动,按老师要求主动完成50%的活动任务。			√	√						
		2. 能遵守端午节活动基本规则,出现问题行为的次数不超过2次。			√	√		√				

2.学习习惯目标

(1)听到上课铃声能回位静息。

(2)上课时能安坐,不随意离开座位。

(3)上课时能保持安静,不发出与课堂无关的声音。

(4)能够用正确的姿势阅读。

3. 实践运用目标

(1)能够在统整活动中将所学知识进行运用。

(2)能将课堂上听指令、模仿动作等能力迁移到日常学校生活中。

(四)教学重难点

教学重难点指学期教学过程中需特别关注和深入讲解的部分,通常是学生理解难度大或对后续学习至关重要的内容。撰写时,需明确指出哪些知识点技能是教学的重点,哪些是难点,并设计针对性的教学策略,以帮助学生克服学习障碍。

示例如下:

1.教学重点:课堂常规的养成;听指令能力的练习;手部、口部模仿能力的练习;听说能力的练习;识字能力的培养;阅读能力的培养;书写能力的培养。

2.教学难点:重点字词的学习;听说能力的练习;阅读能力的练习;书写能力的练习。

3.解决措施:

(1)课堂常规方面给予学生较多视觉提示,合理利用教室环创,各个科任教师统一课堂常规要求;

(2)学生说的能力较弱,课堂中使用互动式学习,提供较多各式各样的图片,给予学生大量的练习机会;

(3)学生听觉记忆能力较弱,课堂中利用思维导图给予学生练习的机会;

(4)尝试在手势动作的辅助下帮助学生增强对课文的记忆力;

(5)布置每日作业进行控笔训练。

(五) 教学措施

教学措施包括教学方法、教学手段、课堂管理策略等,旨在提高教学效率和质量。撰写时,应根据教学目标、学情和教材特点,选择适宜的教学模式,如讲授法、讨论法、项目式学习等,并规划如何运用多媒体、实验、案例研究等多样化手段增强教学互动性和吸引力。

示例如下:

1.运用多种教学方法(如讲授法、游戏法等)和多种教学手段(如采用动作及多感官教学,运用图片、声音、动画等形式调动学生的多感官参与;运用直观教具,把抽象的语言知识通过学生容易接受的形式来传授,进行直观教学),创设生动的教学情境,充分发挥和调动学生的积极性。

2.课堂设置遵循学生的认知发展规律。

3.合理利用绘本等教学资源,创设环境,提高学生的学习兴趣。

4.分层教学,因材施教,让各个层次的学生在教学中都能得到发展。

5.借助辅助工具将口腔功能训练与手部力量训练融入到课堂常规教学中。

6.重视课堂常规的培养。

(六) 评价方式

评价方式是指用于评估学生学习成效的各种手段,旨在提供反馈、促进学习。撰写时,应设计形成性评价(如课堂提问、作业反馈、同伴互评等)和总结性评价(如考试、项目展示等)相结合的体系,确保评价全面、公平,既关注知识技能掌握,也重视过程评价和情感态度变化。

(七)教具与学具准备

教具与学具准备涉及到教学中使用的各种工具和材料,旨在辅助教学和学习。撰写时,应列出每个单元所需的实物或数字资源,如多媒体课件、实验设备、模型、图表、图书资料等,确保教学活动顺利开展。

(八)教学进度安排

教学进度安排是教学活动在时间维度上的布局,撰写时应根据学期总课时(周次)、节假日、考试安排等实际情况,合理规划教学准备、新授、复习时间、测评等环节,确保教学计划的可行性和教学节奏的合理性。如表6-7所示。

表6-7　某培智学校三年级下学期《生活语文》学科学期教学内容与进度

时间	教学主题	教学内容
第1周		教学准备
第2周	学校生活	《升国旗》
第3周		《课程表》
第4周		《寻找春天》
第5周		语文小天地一
第6周	个人生活	《镜子里的我》
第7周		《坐正站直》
第8周		《好朋友一起玩》
第9-10周		语文小天地二　口语交际:我们一起玩吧
第11周	家庭生活	《存钱罐》
第12周		《悯农》
第13周		《小兔子乖乖》
第14周		语文小天地三
第15周	自然与社会	《四季》
第16周		《我生活的地方》
第17周		《春晓》
第18周		语文小天地四　口语交际:情境对话
第19-20周		复习,期末评鉴

综上所述,目标统整、学生安置和教学计划拟订在特殊教育学校中构成了一个紧密关联、互为支撑的教育流程体系。其中,个别化教育目标统整作为个别化教育的基石,通过深入剖析每个学生的个体差异,确立了教育方向和教育资源的优化配置;学生教育安置则是将目标统整成果转化为实践的关键步骤,根据每个学生的特殊需要,灵活采取适宜的教育环境和教学模式,确保其能在最适合自己的环境中接受教育,实现全面发展;而学期教学计划的拟订,则是在目标统整与学生安置的基础上,将个别化教育理念和实际需求具体化到日常教学活动的设计与实施中,确保特殊教育真正做到以学生为中心,关注并满足其个性化需求,最大限度地激发特殊教育学生的潜能,为其将来更好地融入社会奠定良好的基础。

第二节　课程调整

特殊教育学校的课程调整是实现个别化教育目标的重要手段,旨在通过科学合理且有针对性的教学干预措施,为特殊学生提供最适合他们的教育资源和教育服务,促进他们全面发展,最大程度地发掘和发挥潜能。

> ### 一、课程调整的定义

特殊教育学校中的课程调整,是指在遵循国家教育方针、政策和相关法律法规的基础上,针对具有不同特殊教育需要的学生,对其所参与的课程体系进行个性化的设计与优化。这一过程旨在充分考虑并尊重学生的个体差异,进而对课程设置、课程目标、教学内容、教学方法、评价方式以及教学环境等方面进行全面而细致的适应性调整。课程调整不仅需要关注班级整体的教学效果和学生的一般性发展需求,更要深入洞察每个特殊学生的学习特点、能力水平和发展潜力,确保课程能够为每个学生提供最适宜的支持。

> ### 二、课程调整的意义

（一）落实个别化教育

特殊教育的核心在于尊重和满足学生的个性化需求,而课程调整是实现这一目标的关键途径。每个有特殊教育需要的学生由于其生理、心理及认知特点的差异，具有独特的学习方式与节奏。通过深入细致的课程调整，教师可以将个别化教育理念真正融入教学实践中，根据每个学生的能力水平、兴趣特长以及发展障碍进行针对性的教学设计，从而真正做到因材施教。这种精细化的调整有助于发掘学生的潜能，弥补短板，促进他们在学业、社交、生活技能等多方面的全面发展。

（二）提高教师教学效率

课程调整不仅有助于教师精准定位学生的学习难点和优势，更能够指导他们运用更为高效且多元化的教学策略。教师通过识别并解决学生个体面临的具体问题，避免在教学过程中产生无效或低效活动，进而显著提升教学的针对性与实效性。此外，课程调整过程促使教师不断更新教育教学观念，提升灵活应对不同学生需求的能力，同时激励他们在实践探索中创新教学手段，进一步推动自身的专业成长与发展。

（三）提升特殊教育质量

科学合理的课程调整在适应特殊学生需求变化的同时，还能够有效优化教育资源的分配与利用。当课程内容和方法紧密贴合学生的实际需求时，教学质量与学生学业成就均能得到显著提升，这无疑为特殊教育事业的持续健康发展提供了有力支撑。与此同时，对课程调整的不断研究与实践，不仅促进了特殊教育领域的理论创新与科研进步，也提升了整个领域的发展水平。

总之，课程调整在特殊教育中的应用意义深远。它不仅是实现特殊教育学生个性化发展的必要手段，更是提升教师教学效率、优化资源配置的重要工具。通过系统性的课程调整，能够充分挖掘并发挥学生的潜能，极大提升教学效果，并有力地推动特殊教育事业向更高品质、更具包容性和可持续性的方向迈进。

> 三、课程调整的原则

（一）最小程度的调整原则

最小程度调整原则强调在满足特殊学生个性化需求的过程中，尽量保持与常规教育体系的一致性，避免对原有课程设置进行大幅度改动。其核心在于通过提供适应性的辅助工具、教学资源和个性化的教学策略，使特殊学生能够在融入常规教育环境的同时,得到针对他们特殊需要的支持。这样既能保证他们的学习进度与班级学生大致同步,又能充分挖掘和发展他们的潜能。

(二)符合学生需要的调整原则

符合学生需要的调整原则要求教师在制订和执行课程调整方案时,始终坚持以每个特殊学生的个体需求为出发点和归宿。它强调深入细致地了解并评估每个学生的独特性,包括他们的认知特点、学习风格、能力水平、兴趣爱好以及特殊的教育需求等,从而能够根据这些信息精确设计和定制订合的教学内容、方法、评价标准等,满足个性化需要。

(三)符合教育目标和学生实际的调整原则

符合教育目标和学生实际的调整原则强调在实施课程调整时,必须同时考虑国家或地区的教育发展目标以及学生的个体实际情况。这意味着在遵循整体教育规划框架的基础上,要确保所制订的课程能够有效落实国家规定的学科知识与技能要求,并能紧密结合学生的实际发展状况和需求,使其在达成普遍教育目标的同时,也能够在个性化成长道路上取得实质性进步。

(四)可行的调整原则

可行的调整原则强调课程调整应建立在科学的教育理论基础之上,并紧密联系教学实践的实际情境。教师在设计和执行课程调整时,不仅需要深刻理解和尊重学生的个体差异和特殊需要,而且还要确保所提出的调整措施具备在现实教学环境中落地实施的可能性和实效性。这就要求教师具有较高的教育教学专业素养,能够灵活运用多元化的教学策略,以确保课程调整既符合教育理念,又能在实践中切实促进学生的学习进步和全面发展。

> 四、课程调整的策略

(一)课程设置的调整策略

特殊教育学校的课程体系构建需紧密围绕学生个别化教育需求和综合发展状况,既要注重课程内容的系统性与连贯性,又要充分考虑其灵活性与适应性,确保各类课程之间的层次递进、逻辑衔接以及实践应用的有效过渡。

1.阶段性和学科分类结合

课程的阶段性是指遵循学生的生理心理发展规律及能力提升梯度，对不同年龄阶段和能力水平的学生实施分层教学。低年级阶段以培养基础生活自理能力和基础认知技能为主，随着年级升高，逐步增加专业知识技能的学习，并强化社会适应能力的训练。

参照特殊教育学校课程设置方案，盲、聋、培智的课程设置既强调分科教学，又注重综合实践。因此，课程调整需要实现分科教育与综合性教育并举。一方面保持学科课程的专业深度，另一方面引入主题式或项目式的跨学科综合课程，通过解决实际问题、参与实践活动等方式，强化学生动手操作能力和创新思维开发。

阶段性和学科分类相结合的方式，确保了课程内容随着学生年龄和能力的增长而逐步深化，有效融合了分科教育的专业性与综合性教育的实践性。

2.学科类课程、特色课程和实践课程结合

学科类课程的设置旨在根据国家规定的课程标准和特殊教育要求，为学生提供全面且富有针对性的基础知识与基本技能教学，确保他们能在各学科领域达到适宜的发展水平，并在此基础上实施差异化教学策略，满足每位学生的个性化学习需求。

特色课程的开发旨在结合特殊学生的特性和兴趣特长，增设如艺术治疗、言语矫正、动作康复等一系列特色鲜明的专业课程，旨在挖掘潜能、补偿缺陷，为他们的未来的独立生活、职业发展乃至社会融入奠定坚实基础。

实践课程的开设旨在进一步丰富课程实践环节，包括但不限于社区融合活动、模拟工作实习以及社会实践体验等，鼓励学生走出课堂，在真实情境中运用所学知识与技能，提高解决问题的能力，同时促进社交情感、职业技能与社会责任感的全面发展。

学科类课程、特色课程和实践课程的有机结合，使得特殊教育学校的课程体系实现了从标准化到个性化的深度结合，不仅充分尊重并严格遵循了国家规定的课程标准与特殊教育要求，同时也深入挖掘并积极满足了学生个性化学习与发展需求。

3.课程设置调整示例

（1）聋校小学课程设置调整。

某学校在设计聋部小学阶段课程时，一方面严格遵守《聋校义务教育课程设置实验方案》的国家规范标准，另一方面充分考虑到各年龄段学生不同的学习需求和兴趣特长，特别增设了一系列具有针对性的特色课程。此外，针对不同年级学生的实际情况,有侧重地实施劳动实践教育内容,确保各年段学生的实践能力得到重点培养和发展。

表6-8　某学校聋部小学课程总表

年级	语文	数学	道德与法治	沟通与交往	体育与健康	美术	律动	心理健康	生活指导	特色课程	书法	信息技术	德育	校会	综合活动	周课时量
一至三年级	8节	5节	1节	3节	2节	2节	2节	1节	1节	4节	1节	1节	1节	1节	1节	34节
年级	语文	数学	道德与法治	沟通与交往	体育与健康	美术	律动	心理健康	科学	特色课程	书法	信息技术	德育	校会	综合活动	周课时量
四至六年级	7节	5节	2节	3节	2节	2节	2节	1节	1节	4节	1节	1节	1节	1节	1节	34节

针对一至三年级的聋生,特色课程以沟通训练为核心内容,旨在奠定学生的基础沟通能力,并融入美术、舞蹈等体验式课程,并通过多感官体验来促进学生的全面发展。同时,在综合实践活动中,重点培养学生的生活自理能力,确保学生在日常生活中能够独立自主。当学生进入四至六年级阶段时,特色课程进一步丰富拓展,新增了科学实验、计算机应用以及球类运动等,这些课程设计既满足学生的兴趣开发需求,又拓宽其知识领域和实践技能。与此同时,综合活动则侧重于劳动技能的学习与实践,通过参与社区服务等方式,强化社会交往能力的锻炼,从而有效提高学生的社会适应能力和公民责任感。

(2)培智学校班级课程设置调整。

某培智学校在对一年级学生的课程设计中,除了严格遵循《培智学校课程设置实验方案》的国家规定标准之外,还充分考虑了培智低年龄段学生的特殊学习需求与康复训练需要,在常规课程之外,特别增设了一系列具有针对性的康复型课程。

表6-9 某学校班级课程表

班级:一年级   班主任:***

	星期一	星期二	星期三	星期四	星期五
8:30-8:45	校会	晨会	晨会	晨会	晨会
第1节 8:50-9:25	生活语文	运动	生活适应	劳动技能	感知
第2节 9:35-10:10	运动	生活数学	生活适应	生活语文	感知
第3节 10:10-10:55	阳光大课间	阳光大课间	体智能活动	阳光大课间	阳光大课间
第4节 10:55-11:30	知动训练	知动训练	唱游律动	运动	知动训练
中餐、午休(11:30-14:00)					
第5节 14:10-14:45	生活适应	绘画手工	生活数学	戏剧	生活语文
第6节 15:00-15:35	唱游律动	绘画手工	运动	戏剧	少先队活动
第7节 15:45-16:20		训练课	知动训练	训练课	

（二）课程目标的调整策略

课程目标的调整是一个科学化、动态化的复杂过程,其核心在于根据特殊学生个体差异和需求进行精准定位,并确保每个学生在学习过程中获得最适合自己的支持与挑战。

1.分层目标设定

结合学科课程标准以及学期教育计划,教师在设计目标时应当兼顾层次性和多样性。针对不同能力层级的学生,构建分层的教学目标体系,以确保其挑战性与差异性。

其中,基础性目标旨在确保全体学生牢固掌握学科的核心知识和基本技能,形成扎实的学习基础;发展性目标则关注个体潜能与发展需求,旨在引导不同学生在其能力范围内实现持续进步和特长挖掘;挑战性目标专为高能力及高潜力学生设置,鼓励他们在特定领域积极探索、拓宽视野,并进一步激发创新思维和深层次能力。各类目标的设定均需符合学生的最近发展区,避免以差异化为由降低对任何学生的期待值,从而充分发掘并促进每个学生的潜能开发与全面发展。

2. 动态目标调整

在教学实践中,尽管课程目标基于课标、教材内容以及学生实际情况预先规划,但实际操作中必须保持高度动态和灵活性。教师需要实时监控每一位学生的学习进度与成效,据此适时调整课程目标。对于快速进步或表现出优异学习能力的学生,应及时提升教学要求,引入更具挑战性的任务,激励他们不断突破自我界限;而面对暂时落后的学生,则要提供个别化的辅导和支持,适当调低短期目标难度,采用渐进式方法增强他们的自信心与积极性。当预设目标与学生实际状况不符时,教师应迅速做出有针对性的修正,而非简单地将不同层次学生的目标数量或内容机械划分、增删,重点在于关注学生达成目标过程中的程度差异与学习速度差异。

3. 个别化教育计划更新

建立定期修订和完善每位学生个别化教育计划的机制,确保课程目标能够随着学生的发展变化而与时俱进,保持其针对性与实效性。通过不断地收集、分析学生成长数据,结合学生个人兴趣、特长及未来发展方向,细致入微地更新课程目标,从而形成一个以学生为中心,兼具连续性和灵活性的个性化教学目标管理体系。

课程目标的调整需兼顾学生当前能力和未来发展需求,通过精细化的分层目标设定、动态的目标调整策略以及持续更新的个别化教育计划,特殊教育学校能更好地遵循特殊教育的本质,充分尊重并发掘每一个学生的独特价值,为他们提供最适宜的成长路径,实现全面发展。

4. 课程目标调整示例

(1)教师根据课程评量结果,将某培智学校九年级学生生活语文学科学期教学目标分为3个能力层次。

(2)在某盲校三年级的语文学科教学中,教师根据各层学生的知识基础和实际能力差异,制订了具有针对性的分层教学目标。

表6-10 九年级生活语文学期教学目标

A层	B层	C层
1.1 有主动学习汉字的兴趣	1.1 增强耐心倾听的能力	1.1 增强耐心倾听的能力
1.1.1 能够自己应用1种工具正确查找汉字字义	1.1.1 能在别人讲话时耐心认真的倾听,并理解他人所要表达的3/4以上的意思	1.1.1 能在别人讲话时耐心认真地倾听,并理解他人所要表达的1/2以上的意思
1.2 增强掌握常用偏旁部首的能力	1.2 有主动学习汉字的兴趣	1.2 增强倾听与生活相关话题的能力
1.2.1 能认读或书写新学习的5个以上常用偏旁	1.2.1 能够在辅助下应用1种工具查找某个汉字	1.2.1 能听懂3个以上与自己相关特定的生活话题,并作出适当回应
1.3 增强认识常用汉字的能力	1.3 增强掌握常用偏旁部首的能力	1.2.2 能够听懂2个特定的任务分工、操作步骤和要求
1.3.1 能够新认识16个常用汉字	1.3.1 能认读或书写5个以上新认识的偏旁	1.3 提升与他人文明、友善交流的能力
1.4 增强常用汉字的书写能力	1.4 增强认识常用汉字的能力	1.3.1 能够在2个公共场合有文明交流的习惯
1.4.1 养成良好的书写习惯,会写的字能够保证字迹清楚、端正	1.4.1 能够新认识16个常用汉字	1.4 增强对汉字学习的兴趣
1.4.2 能够书写新认识的16个常用汉字	1.5 增强常用汉字的书写能力	1.4.1 能够主动关注2个以上特定汉字
1.5 增强阅读能力	1.5.1 能够书写16个常用汉字	1.4.2 能够认识1个新学习的汉字
1.5.1 能每天有固定时间阅读,并和他人分享阅读心得	1.6 增强阅读能力	1.5 增强常用汉字的书写能力
1.5.2 能够借助关键句子说出所学课文的主要内容	1.6.1 能每天有固定时间阅读绘本,并和他人分享3条以上的特定内容	1.5.1 能在指定区域内用手指涂色
1.5.3 能够阅读1篇简单的应用文(公告)	1.6.2 能借助关键词语说出课文的主要内容	1.5.2 能仿写简单笔画
1.5.4 能够阅读2种以上非连续性文本,并从中获取有价值的信息(购物清单、存取款单)	1.6.3 能够阅读1篇简单的应用文(公告)	1.6 增强阅读兴趣
	1.6.4 能够阅读2种非连续性文本,并从中获取有价值的信息(购物清单、存取清单)	1.6.1 能够指认3篇以上课文中的关键人物
	1.7 增强诗文的背诵能力	
	1.7.1 能够背诵1篇新学的古诗	
	1.8 增强写话与习作能力	
	1.8.1 能够在提示下用语言描述某个生活情景图	
	1.8.2 能进行简单的书面表达,愿意与他人分享习作的快乐	

表6-11　三年级语文学科课时教学目标

学生情况	教学目标
盲三年级班共有视障学生9名,全盲6名,低视力3名。三年级班视障学生思维活跃,乐于探索,具备一定的生活经验,对秋季的天气特点、自然界的变化有一定的了解,同时他们又活泼好动,注意力容易分散。依据学生认知能力和语文学习情况分为三层: A层学生3名(低视力1名),学习习惯较好,能根据学习目标运用多种感官进行观察,能清楚明白地表达自己的观察所得,愿意与同学合作。 B层学生4名(低视力1名),能在教师的指导下进行观察,愿意与同学分享交流,语言表达较清楚。 C层学生2名(低视力1名),1名学生积累知识少,缺乏学习主动性,另1名学生为盲兼有其他障碍,语言表达不清晰。	1. 认识秋季的六个节气,探索与秋季节气相关的习俗文化,了解相关农事活动,能说出自己知道的习俗活动。 A层: 能说出秋季的六个节气的名称、含义,能清楚讲述自己知道的习俗活动。 B层: 能说出秋季的六个节气的名称,能说出自己知道的习俗活动。 C层: 能说出秋季的六个节气的名称,能复述习俗活动。 2. 观察并体验秋天的收获,感受秋天的美及丰收的喜悦。 A层: 能主动运用多种感官观察落叶、水果,能有条理地表达自己的感受。 B层: 能在教师指导下运用多种感官观察落叶、水果,能表达自己的感受。 C层: 能在教师指导下观察落叶,品尝水果。

（三）课程内容的调整策略

在特殊教育学校的课程调整策略中,课程内容的调整涵盖了从教材选取、课堂教学内容到课后作业设计及呈现方式的全方位考量。在这一过程中,始终坚持以学生为中心,充分尊重个体差异,并着重关注实际教学效果。

1. 分层化教学和个性化作业

基于学生的个体能力差异和认知特性,实施分层教学,确保不同层次的学生能够接受与其学习能力相匹配的教学内容。首先,在教材运用上,灵活选择和改编教材内容,构建多层次、多样化的学习任务体系,既满足全体学生对基础知识和基本技能的需求,也针对高潜能或特殊需要学生设计具有挑战性的探究内容,实现课程要求与个体发展阶段的有效对接。其次，在作业设计环节，采用多元化手段，融合理论知识与实践应用，使作业既能强化课堂所学，又能引导学生将知识迁移至日常情境之中。鼓励学生根据自身能力和兴趣自主选择适合的学习材料，从而增强作业的针对性和吸引力。

2. 动态调整教学内容

教师依据学科知识内在逻辑以及学生认知发展规律，有序组织教学活动，平衡班级整体进度与个体学习速率，实时跟踪学生的学习进展和理解程度，动态调整教学节奏与内容深度。对于快速掌握知识的学生，及时引入更高层次的知识点，激发他们的探索热情；而面对学习困难的学生，则适当放慢教学步伐，提供丰富的实例说明、直观演示和专项练习，帮助他们克服难点，稳步提升学习效能。此外，教师还要根据学生对教学内容的接纳反馈，适时删减、补充、改编或重新安排教学内容，形成既能满足全体学生共同需要，又充分考虑个别差异的教学内容框架。

3. 个性化内容设计

针对不同学生的特性和需求进行个性化的内容设计和创新，不仅包括对既有教材的选择、改编或创编，还涵盖为特定学生群体量身定制的教学资源。例如，对于智力障碍学生，简化抽象概念，增加直观图像、实物操作等辅助教学手段；对于拥有特定兴趣或天赋领域的学生，结合其优势开发相关的拓展课程；对于视力障碍学生，则根据视力状况定制适宜的教材内容和触感材料，让教学内容更贴近实际需求。

4. 定期修订教学内容

定期对学生的学习成果进行全面、客观的评估，并基于评估结果及时修订教学内容，不断完善教学方案。通过对学生学习难点、进步点以及新的需求进行深入分析，保证课程内容紧跟学生发展的步伐，持续发挥实效性。

5. 辅助性教育资源整合

创新融合各类辅助教学资源和技术工具，如多媒体教学软件、实物模型、情景模拟等，以适应不同类型特殊学生的学习风格和需求。例如，为视力障碍学生提供音频描述和触觉材料来替代视觉信息输入，为语言沟通有困难的学生配备图片交换系统或其他辅助沟通设备，从而确保每个学生都能得到最适合自己的学习支持。

6.课程内容调整示例

（1）教学内容调整（见表6-12）。

表6-12　我的校园教学内容调整

教材·来源	聋校义务教育实验教科书《沟通与交往》一年级上册
原课文	我的校园
内容调整说明	本课是聋校《沟通与交往》一年级上册教材中第二单元"我爱上学校"里的第一课我的校园的第一课时。由于疫情影响，九月份，一年级新生仅在学校学习了不到两周的时间，对校园环境还比较陌生，加之年龄小，对于校园各建筑的名称还不熟悉、功能还不了解，特别是多重障碍的学生，对学校环境的适应情况不佳，曾出现找不到上课地点，不理解或记不住常用学校建筑的名称。因此，本节课将根据学生的实际需要在原教材内容的基础上进行校本化内容的调整，创设情境，引导学生学习本节课的重点内容。 【名词】操场、食堂、宿舍、教学楼、综合楼 【片语】在哪里干什么 鉴于学生语言表达能力的个体差异，课堂中鼓励A、B层学生主要以口语形式进行表达，而对于C层学生，则采取口语与手语相结合的方式辅助其进行有效沟通。同时，在教学过程中提供图片沟通板作为支持工具，以便为各层次学生的语言表达提供适时的提示和参照。 此外，通过搭建实景还原的学校模型沙盘，以直观、生动的形式呈现学习重点内容，旨在强化学生对所学知识的记忆，并有效提升学生在不同情境中的实际运用及交际能力。 在完成第一课时的教学之后，教师将根据学生对知识点的实际掌握程度以及应用情况，灵活调整第二课时的教学内容和策略，确保每位学生都能获得个性化的指导和支持。
作业设计	共性作业：用"在哪里干什么"向家人介绍学校。 个性作业： A层：说一说在自己家里的房间可以干什么，比如：在客厅看电视。

（2）分层教学内容设计（见表6-13）。

表6-13　两件商品的购买分层教学内容设计

A层（黄队）	B层（红队）	C层（蓝队）
1.学习"算两件商品总价用加法"，根据两件商品的价格，熟练列式算出总价在20元以内的应付钱款。 2.学习灵活数出相应的钱数付款。	1.学习"算两件商品总价用加法"，能根据两件商品的价格补充加法算式，算出总价在20元以内的应付钱款。 2.学习用一种钱币组合方式数出20元以内的钱数。	1.协助下，学习用计算器按给定式子算出10元以内的应付钱款。 2.协助下学习点数10元以内人民币。

（3）个性化教学内容设计（见表6-14）。

表6-14　多重障碍学生个性化教学内容设计

学生情况	教学内容
1. 医学诊断 听力障碍,语言发育迟缓,智力障碍,肌张力障碍。 2. 教育评估 （1）学习能力:通过希内学习能力评估可知,该生有一定的知觉、记忆、操作、思维和想象能力,能够经过一番努力后可以掌握新的知识和技巧,具有一定的观察力,对于一些比较简单的问题,该生能够顺利解决,但是对于比较复杂的问题,则可能需要付出较多的努力,或者需要他人的指导和帮助。 （2）听觉能力:通过听觉能力评估可知,该生对于词语和句子有较好的听辨能力,能够捕捉到句子里关键词的信息,能听懂简单问句。 （3）语言理解与表达能力:通过语言能力评估可知,该生掌握的词汇量在150个左右。沟通动机较强,能够模仿五字以内的词和短语的发音,能命名常见的事物名称和简单动作。但语音发音清晰度差,语言清晰度为20%,舌、唇、气息、鼻音等没有良好的发音习惯。能看懂简单的手势,会少量手语。 （4）动作能力:通过日常观察发现,该生走路姿势呈髂腰肌张力高步态,所表现的现象为:①右侧腿支撑时右侧腰部侧屈;②左侧腿摆动时左腿髋关节屈曲、外旋;③右侧腿摆动时右腿屈曲、外旋。分析原因为髂腰肌由腰大肌和髂肌组成,步行时此肌肉在足离地至摆动相早期至关重要,占据40%步态周期。该生右侧腿支撑时,腰大肌张力增高导致其右侧腰部侧屈;左侧腿摆动时髂肌和腰大肌同时收缩至髋关节屈曲,髂肌的过度紧张引起髋关节外旋;右侧腿摆动时与左侧摆动相同,髂肌紧张引起髋关节外旋。 （5）学习习惯:有学习的愿望,能主动参与学习,能独立完成指定的任务,并持续20~30分钟。多以视觉为主、听觉为辅进行学习,多以口语为主,手语为辅,必要时能加入笔谈进行沟通,最佳注意力集中时长为10~15分钟。	以听障为主要障碍的多重障碍学生,沟通是其群体课程的核心,是学习的基础,也是参与课程学习的先备技能,成功的沟通是认知、社会交往和动作技能整合及其表现的结果。 基于《聋校义务教育语文课程标准》第一学段(1-3年级)阅读目标中要求学生喜欢阅读,感受阅读的乐趣;语言交往目标中要求学生看(听)故事,能用自己的喜欢的方式复述大意,与他人分享自己感兴趣的内容。以及《聋校义务教育沟通与交往课程标准》第一学段(1-3年级)说话训练中,要求学生能根据情境进行简单的问答。 本门课程在全人教育的理念指导下,遵循课标发展要求,以绘本为载体,设计、开展能够促进学生的沟通、认知、动作技能和社会交往能力等发展的活动,旨在帮助学生得到最大限度的发展。 本节课选用的绘本《鼠小弟,鼠小弟》是本学期鼠小弟系列绘本中的一本,在此之前已经完成了《鼠小弟荡秋千》《鼠小弟和松饼》和《又来了,鼠小弟和松饼》三本绘本的教学。《鼠小弟,鼠小弟》中的大多数动物已在完成的三本绘本中出现过,故事围绕动物们称体重来展开,每一页都会通过在不同动物之间进行比较,进而层层推进故事的发展,每一页都会在重复的基础上稍作改变,便于学生不断探索、思考,在重复多次中,掌握一个知识点。

续表

学生情况	教学内容
3. 学习本课的优势与不足 优势:已熟悉绘本中的大部分动物,并能说出动物的名字,已初步建立了绘本学习的课堂常规,愿意完成主动动作拉伸。 不足:自主语言的词汇量较少,语言的清晰度和完整度不够。心理的紧张感会影响肌肉的放松和动作的控制。	这符合听多障学生认知与语言学习的规律和特点。同时,将学生的肌肉拉伸、动作控制融在绘本教学活动中,有助于学生语言与动作的同步康复,促进一心数用的神经稳定能力的提高。

（四）课程实施过程的调整

课程实施过程的调整是一个系统化的过程,其核心旨在根据每一位学生的学习需求进行精准适应,在特殊教育环境中,教师需要通过灵活多样的教学方法和适宜的教学环境创设来促进学生的全面发展。

首先,在教学方法的选择和运用上,强调高度的多样性和灵活性。教师应深入了解每个学生的学习目标、认知特点、学习风格、能力差异以及特殊需要,从而综合采用包括但不限于多感官学习法、结构化教学法、直接教学法、支架式教学法、启发式教学、探究式学习、合作学习、项目化学习等多种教学手段。例如,对于视觉学习型学生,可增加图表、模型等直观教具以辅助理解;对听觉学习型学生,则可通过清晰的语音讲解和音频资料丰富信息输入渠道;而对于有特殊需要的学生,如行动不便或沟通障碍者,需采用直观动作示范、触觉体验以及各类辅助技术工具进行个别化的教学支持。在实际课堂教学中,教师不仅要在课前精心设计教学流程以满足各类学生需求,还需具备敏锐的课堂观察力及应对各种突发情况的应变能力。

其次,营造有利于特殊学生发展的物理环境和心理环境是至关重要的。在物理环境层面,学校应当提供无障碍设施,确保特殊学生能够无障碍地参与到各类课堂活动中,同时创造布局合理、色彩协调、噪声控制良好的学习空间,减少因环境因素对学生学习造成的影响。而在心理环境方面,倡导接纳个体差异、尊重每个学生的独特性,构建一个安全、包容、积极正面的班级文化氛围,鼓励学生们互相帮助,让特殊学生在轻松愉快的心理环境中逐渐树立自信,提高学习的积极性和主动性。

再者,建立多元化、个性化的评价体系是课程实施过程中不可或缺的一环。这一评价体系不仅要关注学生的学业成绩,更应重视他们在学习过程中表现出来的态度、努力程度、进步状况以及社交技能等方面的发展。具体来说，一方面将过程性评价深入融入日常教学各个环节，通过观察学生在课堂参与度、作业完成质量、团队协作中的表现等，并及时给予反馈和指导；另一方面，结合终结性评价方式（如考试、作品展示、实践操作等）全方位评估学生的学习成果，确保评价结果能准确反映出学生在知识技能掌握和综合素质提升方面的实际进展。

由上可知，课程实施过程的调整要求教师持续探索创新，密切关注每一个学生的个性化需求和发展潜能，通过科学合理的教学规划与执行、有利于学生成长的支持性环境建设以及公正多元的评价机制，为全体学生搭建公平且高质量的教育平台，有效推动他们最大程度地实现个人成长与发展。

综上所述，课程调整是特殊教育学校不断优化教育教学质量、践行个别化教育理念的有效途径。通过系统地对课程设置、内容、目标及实施过程进行深入细致且科学合理的优化调整，旨在打破传统教育模式的局限，构建一个以学生为中心，兼顾普遍性与差异性的教育生态，最终助力每一位特殊学生充分发掘自身潜能，在个人成长之路上取得显著的进步与突破。

第三节　基于学科教学的个别化教学活动设计

在学科教学中，个别化教学活动设计是个别化教育计划的具体实践转化环节，它通过精心构思并执行与学生个性化需求紧密匹配的实施方案，旨在确保学生个别化教育计划中设定的教育目标与需求能得到满足。这一过程是将理论层面的个别化教育计划细化为实际课堂情境中的教学行动方案，以期切实提升特殊需要学生的个体发展水平，并有效应对他们在学习过程中面临的各种挑战。

> ### 一、个别化教学活动设计的内涵

在特殊教育学校中，教师需要针对每个学生的特点进行细致入微的教学活动设计。这不仅要求教师以学期教学计划为依据，更要结合课程标准、教材内容以及学生的个体差异（包括学习能力、兴趣特长、障碍类型及程度等），以课时或课题为单位，对教学内容、步骤、方法等要素进行具体设计与有序安排，形成满足每一个特殊学生发展

需求的个性化实施方案。

> ## 二、个别化教学活动设计的意义

个别化教学活动设计作为教育实践的基础与导向,在特殊教育中扮演着核心支撑和行动引领的角色,它为实现高效、精准的教学提供了坚实的理论基础和实际操作路径。这一过程不仅涵盖了对课程标准的深入解读、教材内容的细致研究以及教育资源的有效整合,而且要求教师全面理解和内化国家及地方的教育政策指导思想,确保教学实践活动与整体教育目标保持一致。

(一)让学科教学活动有据可依

首先,在严谨的课程标准和教材分析基础上构建教学活动设计。教师需对课程标准进行系统研读,准确理解其中的教学目标和内在逻辑,并通过深度剖析教材体系,揭示出知识脉络、价值内涵以及潜在的教学线索,从而搭建起科学严谨且符合教育理念的教学架构。

其次,教学活动设计强调对学生个性化特征和需求的精细关注与满足。教师要进行全面的学生个体评估,包括学习能力、心理特质、认知发展规律及其特殊需要等各方面,以此为基础设计定制化的教学方案。这种以人为本的教学方法能够确保每个特殊学生得到充分适应其特点的学习机会,激发他们的潜能,助力全面发展。

由上可知,教学活动设计是教学实践的基石和准绳,体现在两个核心维度:一是基于深刻理解和应用课程标准与教材资源,打牢了教学活动的理论基础;二是根据学生的个性差异进行精细化设计,保证教学活动具备高度的针对性、科学性和系统性。这样的教学活动设计有力地推动了特殊教育的有效实施,犹如为每一位学生绘制出一张既遵循教育规范又富有个性化特色的发展蓝图。

(二)促进个别化教育目标的落实

教学活动设计在落实个别化教育目标过程中起到决定性作用,其核心价值在于通过精心规划并有效执行针对每一个学生独特需求的教学计划,促进学生各项技能与知识水平的整体提升。具体来说,教师在此过程中肩负着深入了解并尊重学生个体差异的重任,通过对学生多方面的观察、评估和分析,如认知模式、学习风格、兴趣特长以及可能存在的身心障碍等,以确保设定的教育目标具有明确的针对性和显著的成效。

在设计教学活动时,教师需将学生当前的能力状态与其发展潜力紧密结合,为不同学生设计适宜的学习内容、方法和评价方式,帮助他们在语言沟通、社交互动、生活技能、学业知识等多个领域不断取得进步,克服学习挑战,逐步提高综合素养。

个别化教学活动设计着眼于学生的长期成长与全面发展,注重挖掘学生潜能,倡导个性化培养,旨在突破传统教育框架,追求教育公平与质量的双重提升。通过科学合理地组织教学环节与策略,教师能调动学生主动参与的积极性,启发其创造性思维,释放内在潜能,从而引导他们朝着全面而有特色的方向发展,为未来的生活与职业生涯奠定坚实根基。

(三)有利于学科教师教学水平的提高

教学活动设计的过程对于提升教师的专业素养与教育教学能力具有不可忽视的重要性。在这个过程中,教师需要持续反思既有教育理论,并结合课堂实际情况加以创新运用,同时通过不断实践检验和优化来改进自己的教育教学策略和课程执行效能。

具体到各个环节中,教学活动设计使教师深化对课标要求的理解层次,加强对教材内容的驾驭能力,同时增强对学生个体差异的敏锐洞察力。教师必须精确把握课标精神,细致解析教材内容,洞悉其蕴含的知识结构和价值取向,密切关注每个学生的认知特性、学习习惯、情感需求和身心发展阶段,以便精准设计和灵活调整教学策略。

在教学活动设计与实践中,教师不断提升课程实施的灵活性和应对变化的能力,通过反复试验与改良教学方法,磨练出能够帮助学生跨越障碍、发掘潜能、实现全面发展的高效教学艺术。此外,这个过程还极大地锻炼了教师在复杂情境中的决策能力和专业判断力,使其能够在实践中迅速做出合理决策,进一步提高教学质量。

总之,教学活动设计不仅是确保高质量教学不可或缺的关键步骤,更是教师实现个人成长与专业提升的必经之路。在这条路上,教师不断进行深度反思、勇于探索创新、积极研究教育教学规律、努力提高自身的教学研究能力,在持续改进的过程中稳步提升教学水平,有力推动整个教育系统的质量和效率的共同跃升。

> 三、个别化教学活动设计的内容与方法

教学活动设计是教育实践全过程的记录与策略性规划,它既是对教学设计思路的

系统化梳理和提炼,也是实际教学执行情况的生动展现。作为教师进行教学实践的重要参照,教学设计不仅在文本层面上指导教学全流程,还具有明确的指引功能,确保各项要素得以恰当运用,有效推进教学进程。此外,教学活动设计本身即是衡量教学质量的关键标尺,是全面评估教学效果的多维度表现。一套完整的教学活动设计方案应涵盖以下关键构成部分:对教材深度剖析,对学生个体差异精准把握,设定明确的教学目标,找准教学重难点,选择适宜的教学方法,合理安排课时,精心准备教具资源,科学规划教学内容呈现方式,设计直观有效的板书,布置高质量的分层作业,并在教学结束后进行深刻反思,以持续优化教学实践,提升教学质量。

（一）教材分析

在个别化教学活动设计中,教材分析是一个至关重要的环节,它涵盖了对课程标准、教科书内容以及教学参考资料的深入研究与整合。2016年我国教育部颁布了三类特殊教育学校的课程标准,并于2022年进一步修订义务教育课程标准,这些文件为特殊教育提供了明确的方向和要求,是教师进行教学活动设计的重要依据。

首先,在课程标准层面,教师需要深入研读并理解其内涵,明确本学科在不同阶段残疾学生学习中的性质、目标和主要内容,掌握教学评价方法及实施建议,确保教学活动符合国家规定的教育方针和培养目标。通过细致解读课程标准,教师能够确定本学科课程的具体目标,了解教材的整体架构和核心知识点分布,把握知识技能传授、学习过程与方法指导以及情感态度价值观培养的基本要求。

其次,在教科书分析维度上,教师要将教科书作为教学实践的核心资源,对其进行深度钻研。这意味着从整体到部分,再到整体的螺旋式研究过程,既要通览整套教材以掌握其逻辑脉络,又要关注每一单元、每一课时的教学内容,结合课程标准的要求,深入挖掘教材背后的编写理念,理清章节之间的内在联系,准确识别各部分内容的重点、难点和关键点,做到对教材内容烂熟于心,以便灵活适应各类学生的个性化需求。

再者,教学参考资料作为教科书的补充和拓展,也是教材分析不可忽视的一环。教师需广泛查找并筛选高质量的教学参考资料,将其中的相关信息有机融入教学设计中,使其既能满足多样化教学需求,又能针对特殊学生的特点进行适配和优化。

对于具体单课教材的分析,教师应当系统地开展以下工作:首先,明晰教材内容的来源,如国家统编教科书、校本课程或其他有价值的参考资料;其次,详尽阐述教学内容选择的依据，紧密结合课程标准的理念、学段特点和学生的生活实际；最后，细致拆解教材内容要点，精准把握各个知识点或技能训练点的重点所在，确保教学活动能针对每个学生的独特性进行个性化设计与实施。通过以上三个维度的教材分析，教师能够为特殊教育学校的学生提供更为科学、合理且具有针对性的教学方案，有效促进他们的发展和成长。

（二）学生情况分析

学生情况分析是教师深入了解学生、拟订个别化教学活动设计的基础，可简称为学情分析。这个过程涵盖了对学生全面而深入的评估，包括但不限于学生的身心发展状况、学习风格、认知水平、兴趣特长、行为习惯以及现有的知识技能掌握程度等各个维度。通过细致入微的学情分析，教师能够精准识别每个学生的个体差异，为他们定制符合其特点和需求的学习路径。

首先，在学情分析的具体内容上，教师需要从多个层面进行综合考量：一是详尽了解学生的障碍程度与类型，以便提供适宜的教学支持；二是剖析学生的心理特征，把握他们的内在动机、情绪状态及社会适应能力；三是研究学生的学习特点和习惯，明确他们在接收、处理和应用信息时的独特方式；四是关注学生的兴趣点和需求，激发他们的主动学习意愿；五是准确评估学生已有的知识技能基础，确定教学起点和增量目标。

一份高质量的学情分析应结合学科特点和领域要求，清晰地呈现出不同层次学生与当前教学内容之间的关联性，揭示他们在学习过程中所展现的优势和面临的挑战。教师通过扎实的学情分析，能够将抽象的教学内容与学生的实际生活经验紧密相连，真正做到因材施教，确保每一个学生都能在适合自己的步调下取得实质性的进步。

在学情分析的呈现方式上，既可以采用文字描述的形式，详细记录每个学生的特性、现状和发展潜力，也可以运用表格等可视化工具，直观展示学生间的异同和各自的发展轨迹。无论是哪种形式，学情分析都是贯穿整个教学过程的重要组成部分，它既是个别化教学活动设计的前提条件，也是持续优化教学效果、推动学生全面发展的重要保障。

（三）教学目标拟订

在个别化教学活动设计中，教学目标的设定具有决定性作用。它不仅涵盖了全班学生共同追求的基本学习成果，更注重针对每一个学生的个性化发展需求和潜能进行挖掘与提升。教学目标作为教学实践的核心驱动力和方向标,需要从"核心素养"的综合视角出发,涵盖认知能力、学习策略运用及个人品行与价值观三个相互渗透、互为促进的层面进行全面且细致的设计。这三个层面的教学目标相互交织,共同构筑了教学活动的立体框架,力图确保教育实践不仅传递学科的核心知识与关键技能,更加重视学生批判性思维、问题解决能力的培养,自主学习方法的掌握,以及正向情感、责任感、尊重他人等价值观的内化。这样的目标设定,促使教学活动更加聚焦于学生作为一个全面发展个体所需具备的综合素养,以适应快速变化的世界。

在实际设置教学目标时,教师需要根据学期教学计划中班级学生长短期目标配入教材主题的情况,细致规划如何将对应的短期目标具体落实到教材内容中,确保每一步教学都能够有效地促进学生朝向既定目标前进。首先,教师需将学期教学计划中的短期目标进一步细化为具体、可操作、可量化的小目标,确保每项目标都与即将教授的教材内容直接相关联。通过编制详细的目标清单,明确每章节或单元的学习成果期望,使得教学目标既具有明确导向性,又便于监测和评估。其次,根据学生的差异情况,将细化的目标进行分层设置。在此过程中,教师应当灵活借鉴维果斯基的最近发展区理论,以保证所设定的目标既能够贴近学生的当前认知水平,又能恰到好处地挑战其潜在的发展空间。这意味着为同一教材内容设计不同难度的任务或活动,确保每位学生都能在自己的最近发展区内学习,既避免过于轻松导致的无聊,也不至于因过难而产生挫败感。这样一来,学生便能够在教师的专业引导与支持下,通过自身的主动探索与努力,逐步实现对原有能力的超越,并在这个过程中不断实现目标的达成。

总之,基于学科教学的个别化教学活动设计中教学目标的拟订旨在将学生的短期目标与学科教学内容相结合,促进学生在各自起点上全面且个性化的成长与发展,力求在确保教学质量的同时,有效推动教育公平,让每个学生都能在达成学科知识技能目标的同时,不断提升思维品质、增强自主学习能力,并树立起积极健康的人生观与价值观。

（四）教学重难点设置

在个别化教学活动设计中,教师对于教学重点和难点的精准把握是决定教学质量的关键步骤。首先,教师要深入研读教材内容,挖掘其中对学生核心素养形成起关键作用的基础知识、基本技能以及学科内在的核心概念、规律和思想方法。这些教学重点通常来源于国家课程标准及具体教学目标的要求，它们构成了一节课的灵魂与核心，旨在确保学生能够掌握并理解最基本的学习内容。

与此同时，教学难点则是指那些在教学过程中可能给学生带来理解或操作困难的知识点或技能点。这些难点是在充分考量学生的认知发展水平、个体学习风格及特殊需要的基础上识别出来的，反映了学生在掌握教学重点时所面临的个性化挑战。值得注意的是，教学难点不完全等同于教学重点，但两者往往相辅相成，互为影响。

在实施个别化教学的过程中，确定教学重点和难点是一个动态且持续的过程。教师需要具备敏锐的洞察力，实时关注学生的学习进展和潜在问题，根据学生的实际需求和发展潜力适时调整教学策略。通过这种方式，教师可以确保教学活动既能有效地强化学生对基础知识和技能的扎实掌握，又能有的放矢地帮助他们克服个人的学习难题。

总之，在基于学科教学的个别化教学活动设计中，教学重难点的设计需要紧密结合教材内容、学生特性以及教学目标，通过深度分析学情、灵活运用教学策略和手段，从而实现教学内容的有效传递和学生能力的全面发展。

（五）教学方法运用

在个别化教学活动设计中，教师需要灵活运用多元化的教学方法，以适应各类特殊学生的学习需求。特殊教育常用的教学方法有直接教学法、情景教学法、工作分析法、游戏教学法等。

1. 直接教学法

直接教学法是一种结构化、系统化且教师主导的教学策略，强调明确的教学目标、有序的课堂管理和高效的指令传递。在实施过程中，教师会以清晰简洁的语言讲解知识点，并辅以直观教具、示范演示等手段，确保学生能够准确理解和掌握关键内容。直接教学法尤其注重学生的学习反馈和技能训练，通过大量的练习和即时纠错来巩固知识，提高学习效果。

针对特殊教育需求的学生，如孤独症谱系障碍、智力障碍或学习困难的学生，直接教学法能够提供稳定、可预测的教学环境，有助于减少干扰因素，增强学生对教学内容的理解和吸收。这种方法通常包括分解复杂的任务为一系列小步骤，逐步引导学生完成，同时结合个别化教育计划，根据学生的具体能力和进步情况灵活调整教学节奏和难度,确保每个学生都能在自己的能力范围内取得有效进步。

2. 情景教学法

特殊教育中的情景教学法是一种以学生为中心的教学方法,它通过创设与现实生活或未来生活密切相关的具体情境,引导特殊需要的学生在实际操作、互动体验中学习和掌握知识、技能。教师依据学生的认知特点和个体差异设计多元化、可感知的情境活动,如角色扮演、实物模拟、虚拟现实等,帮助学生从真实场景中理解抽象概念,促进其情感态度、社会适应能力和实践创新能力的培养。在特殊教育中,情景教学法尤其适用于那些需要直观感受、反复练习以及个性化的学习支持的学生群体,旨在通过情景化的方式提高特殊教育的教学效果和学生的学习成果。

3. 工作分析法

工作分析法是一种将复杂任务分解为一系列简单步骤的教学方法,主要用于帮助有特殊需要的学生学习和掌握各种技能。这种方法强调通过细致观察、记录和分析目标行为或职业技能的每一个组成部分,然后按照由简至繁、循序渐进的原则,设计出清晰明了的操作序列和教学流程。

在实际应用中,首先,教师需详细拆解工作任务,确定每个步骤的关键动作、所需材料和环境条件,并结合学生的个体差异和能力水平,设定适合的学习目标与评估标准。其次,教师需采用直接教学、示范演示、手把手指导以及反复练习等多种手段,逐步引导学生模仿并掌握各个分解步骤,直至能够独立完成整个任务。

工作分析法在特殊教育中尤为重要,因为它可以有效提高教学内容的可操作性和针对性,帮助特殊学生克服学习障碍,培养其生活自理能力和职业技能,促进他们在社会生活及未来职业发展中实现自我价值。

4. 游戏教学法

游戏教学法是一种以游戏活动为载体的教学方法,通过设计和组织富有教育意义的游戏来吸引学生积极参与,帮助他们更自然、愉快地学习和掌握知识技能。在实施过程中,教师需结合学生的个体差异与特殊需要,创设符合学生认知发展水平的游戏情境,并融入相应的学习目标。

游戏教学法的特点在于其寓教于乐,能够激发特殊学生的学习兴趣,降低焦虑情绪,提高专注力。它强调体验式学习和互动参与,使学生在游戏中练习语言表达、社交沟通、认知理解、动作技能等多元能力。例如,针对不同障碍类型的学生,可以设计视觉游戏、听觉游戏、感知运动游戏等多种形式,确保每个学生都能在适合自己的游戏环境中得到锻炼和发展。

总的来说,在特殊教育中采用游戏教学法不仅有助于提升教学质量,促进学生全面发展,还能有效改善学生的情绪状态,增强其自我效能感,为其未来生活和融入社会奠定基础。

5. 听读教学法

在针对视障学生的教学过程中,教师需要灵活运用与其学习方式相匹配的教学策略。视障学生主要依赖听觉和触觉获取信息,因此,听读教学法成为了一种极具针对性的教学手段,特别适用于视力障碍或其他视觉学习困难的学生群体。该方法的核心理念是通过有声教材、专业音频资源、朗读讲解等途径,将原本的书面内容转化为易于听力接收和理解的声音形式,确保学生能够充分把握课程的知识要点、深入理解概念内涵,并能跟随问题解答的逻辑过程。

在实际操作中,教师需精心制作或精选高质量的语音材料,保证声音清晰、内容准确无误,同时辅以详尽的口头解读,使学生在听的过程中能够全面而细致地领悟文本内容。此外,为了强化理解和记忆,还会同步配合盲文教材及各类触觉辅助工具,如实物模型、立体图表等,以多维度的方式帮助学生感知和掌握知识点。

听读教学法更注重互动性与反馈机制的建立,鼓励学生在听取讲解后积极参与复述、讨论和提问,从而检验自身对知识的理解程度。教师会根据每位学生的个体差异提供个性化的指导和支持,确保每个学生都能在适合自己的节奏下取得进步。

此外,听读教学法还积极融合多元感官体验,如触觉、嗅觉等非视觉感知方式,以此丰富教学手段,增强教学效果,提升视障学生的学习体验。总之,听读教学法旨在解决视障学生在阅读和学习上的难题,助力他们在无障碍的教育环境中全面发展知识技能、锻炼思维能力以及提高自我学习效能。

6. 视觉强化与替代法

视觉强化与替代法是一种在教育听力障碍或需要额外视觉支持的学习者时广泛采用的教学方法,强调通过视觉手段增强、补充或取代听觉信息传递,以提高学习效果和理解度。这种方法旨在克服由于听力损失带来的沟通和学习难题,增强学生的认知参与度和学习效果。具体方法包括使用实物、图片、图表、文字说明、符号系统、视频、动画以及肢体语言等多种形式的视觉媒介来传达概念、知识和指令。同时,现代技术如实时字幕也常被用于此目的,确保信息无障碍地传递给学习者,并促进他们的认知发展与学习进步。视觉强化与替代方法要求教师具备创新教学思维和使用多元化教学手段的能力,通过充分调动学生的视觉通道,实现高效、全面的学习体验。

7. 结构化教学法

结构化教学法是一种在特殊教育领域广泛应用的创新教学策略,特别针对孤独症谱系障碍以及其他有显著结构化需求的学生群体。该方法的核心价值在于通过精心设计和实施一套系统化的教学框架,为学生营造出稳定、清晰且可预测的学习与生活环境。

首先,在物理环境层面,结构化教学法强调对学习空间进行有序且功能明确的划分,并采用视觉提示和组织规则,如标签、颜色编码等手段,帮助学生快速识别不同区域的功能及其对应的活动内容,从而增强其对周围环境的理解和适应能力。其次,通过可视化日程表和时间管理工具,教师能够向学生清晰地展示每天的活动流程和预期任务,使他们能预见即将发生的事情,这有助于减少因不确定性引发的焦虑感,同时培养学生的自我规划能力和时间观念。再者,结构化教学法倡导使用具有结构性的工作系统或任务分解方法,将复杂的技能或学习目标拆解成一系列易于理解的小步骤,配合丰富的视觉支持材料,引导学生循序渐进地掌握知识技能,逐步提升独立完成任务的能力。此外,该方法十分注重个别化教学计划的制订与执行,确保每个学生的教学内容、进度以及教学方式都能与其个体差异、兴趣点及发展潜力相匹配。在跨情境的一致性方面,教师会努力确保无论在学校还是家庭环境中,都遵循相似的教学原则和策略,以促进学生在不同场景下的持续进步和综合发展。

由上可知,结构化教学法旨在通过对教学过程的高度结构化处理,全方位提升孤独症谱系障碍及其他发育障碍学生的社交互动技巧、沟通能力、学业表现以及生活自理能力,最终助力他们在社会生活中实现最大程度的融合、参与。

8. 支架教学法

支架教学法是一种深受维果斯基最近发展区理论启发的教学方法,尤其适用于特殊教育领域。该方法的核心理念在于通过教师的引导和支持,搭建一个从学生当前认知能力到潜在发展能力之间的"桥梁",即所谓的"学习支架"。在实际教学过程中,教师首先需深入评估学生的个体差异、学习风格和现有能力水平,从而设定既具有挑战性又符合学生最近发展区的教学目标。在实施支架教学时,教师扮演着关键的角色,他们根据学生的需求提供不同程度的支持与指导,这些支持可能包括清晰的示范演示、明确的学习提示、适当的任务分解以及灵活调整任务难度等。这些"支架"旨在帮助学生克服学习障碍,逐步掌握知识技能,并逐渐提高其解决问题的能力。随着学生不断进步,教师会适时地减少或撤除已不再需要的支架,鼓励学生独立思考和自主探索,以培养他们的自主学习能力和自我调节策略。同时,支架教学强调动态监测和及时反馈,教师需密切关注学生的学习进展并据此调整教学策略,确保每个学生都能在最适合自己的节奏下稳健成长。

总之,支架教学法是一种高度适应性和灵活性的教学模式,它不仅关注短期的学习成果,更注重长远的发展潜力的挖掘,致力于培养学生的自主学习习惯、批判性思维和社会实践能力,为他们在未来生活中能够持续学习、独立解决问题打下坚实的基础。

9. 主题教学法

主题教学法是一种创新且综合性的教育方法,它强调在课程设计和实施过程中以一个中心主题为主线,将不同学科的知识点有机整合并融入到情境化、生活化的学习环境中。这种方法不仅关注知识的传授,更重视学生兴趣激发、认知能力发展以及个体目标实现,因此,教师需选择贴近学生生活经验、富有意义且能够跨领域融合的主题,例如社区生活、自然生态等。在实际操作中,主题教学法倡导实践性学习与个别化支持相结合的教学模式。教师需精心策划多元化的实践活动,如实地考察、动手实验、艺术创作、角色扮演等,使特殊需要的学生能够在这些丰富的情境体验中直观地理解和运用相关知识技能。同时,针对每个学生的特殊需要提供定制化的教学辅助手段,确保所有学生都能在安全、包容和支持性的环境中全身心地参与学习活动,并从中获得实质性的进步。此外,主题教学法高度重视对学生社会交往能力、情感态度及问题解决能力的培养。通过组织团队合作项目、分享交流讨论等活动,鼓励学生在互动沟通中增进友谊、培养同理心,同时提升他们在面对复杂问题时的分析思考能力和决策执行力。

由此可知,在特殊教育领域应用主题教学法能够有效提高教学质量,增强学生的学习动机,促进他们更好地适应现实生活,并全面发展其认知、情感、社交等多方面的能力。这一方法有助于打破传统学科间的壁垒,营造出更为生动有趣、充满挑战性和成就感的学习氛围,从而实现特殊教育的目标。

（六）课时安排、教具准备

在教学活动设计中，课时安排与教学准备是确保教学质量、满足特殊学生个性化需求的要素。首先，在规划每节课的教学时间分配时，教师需细致考虑各个教学环节的比重和顺序，确保课堂流程紧凑且连贯，避免冗余或突兀的过渡。例如，合理设置引入新知、详细讲解、互动讨论、实践操作及总结反馈等各环节的时间长度，以适应学生的认知节奏和学习特点。在教学活动设计中，课时安排与教学准备对于保证教学质量、满足特殊学生需求至关重要。

其次，对于具有特殊教育需求的学生，教师应当预先周全地准备各类辅助教学工具和设备，这些资源旨在克服学生的特殊障碍，提升他们的参与度和学习效率。例如，针对视障学生，提供盲文教材、点字器、触摸图形等视觉替代材料；对听障学生，则配备助听设备、实时字幕软件或者手语翻译服务；而对于有感知觉障碍的学生，可以运用触觉材料、立体模型以及多感官互动教具，以多元方式呈现信息。同时，教师还应积极营造一个包容性、接纳性和支持性的教学环境，鼓励学生积极参与课堂活动，勇敢展现自我，并通过不断实践和体验，促进他们在社交、情感、认知和技能等各方面实现全面而有质量的发展。

此外，在整个教学活动设计阶段，教师需精确计算完成一篇课文或一个单元教学所需的教学总课时数，并科学合理地分解各阶段的教学目标和内容，以确保课程进度得到有效的控制和管理。在教学准备工作上，除了列出具体使用的各种教学硬件设备（如多媒体教学设施、实验器材等）、实训场地、教育教学用具、实验耗材、教学标本和模型等实物资源外，还需特别关注所有教学资源是否符合特殊教育的标准要求，能否真正服务于各类特殊学生的学习需求，并能在实际教学情境中灵活应用，从而显著提高教学效果和学生的学习成绩。

（七）教学过程设计

教学过程是教育的核心环节，它不仅包含教师传递知识的活动，更强调学生对知识的内化吸收、实践应用以及构建新的认知结构。在特殊教育领域中，学生学的过程尤为重要，并需要充分兼顾班级整体的教学目标和每个学生的个性化需求。

一节课的教学流程通常可细分为四个核心部分：引入新课、讲授新知、巩固练习和课后总结。

在引入阶段,教师运用生动有趣的方式吸引学生的注意力,如通过故事叙述、视频观看、游戏互动或旧知识复习等手段与本节课内容建立联系。此环节的时间控制在3~5分钟以内,以确保学生有充沛的精力集中于后续的新知学习。例如,在教授基本数学概念加法时,教师可以利用学生感兴趣的实物动物玩偶,设计一个简短的故事情境:"今天,小熊的果园里有3个苹果,又摘来了2个,请问现在有多少个苹果?"通过结合学生熟悉的玩具和生活化的情景,吸引注意力,那些有视觉偏好的学生,更易于理解和参与。

在新知学习阶段,教师根据学生的个体差异和认知发展水平合理设计教学内容,内容不宜过多,应采用分层递进的方式呈现,尽可能与学生的日常生活经验相结合,以便学生更好地理解和掌握。教师要遵循最少限制性原则,适时提供学习支架,并逐渐减少过度的支持,旨在帮助学生将所学内容内化为自身知识体系的一部分。例如,对于孤独症学生,教师在教授分数加减法时,使用颜色编码的数学方块和清晰的步骤图解,帮助学生视觉化操作。同时,为不同短期目标的学生设定不同的学习任务,如低能力层的学生专注于理解1/2的含义,而高能力层的学生进行简单分数相加减法。教师使用视觉时间表和计时器来管理学生的时间感知,减少焦虑,确保教学活动的顺利进行。这一阶段一般持续20~22分钟。

在巩固练习环节,教师设置多元化的练习题目,关注不同能力层级学生的个性化需求,注重活动形式的多样性与练习内容的层次性。在此过程中,教师需实时反馈指导,保证每个学生都能在适合自己的难度下得到锻炼和提升。例如,在练习数字排序时,教师设计了三种不同难度级别的活动:基础级别使用实体物品排序(如玩具车),中等难度提供数字卡片让学生手动排列并记录,高级别则通过电子平板上的互动游戏,学生需按规律拖动数字。同时,为需要更多辅助的学生提供一对一的助手,确保其能理解练习目的和方法。这一环节时间控制在8~9分钟。

在最后的课堂小结环节,教师引导学生回顾整节课的学习重点,强化记忆,同时布置具有分层要求的课后作业,让学生能在课后进一步深化理解新知,实现知识的迁移应用。这部分大约用时4分钟。例如,教师通过视觉图示和关键词回顾本课重点,确保信息的清晰传达。对于需要记忆辅助的学生,提供彩色打印的摘要卡片。分层作业布置上,针对阅读理解,为理解能力较弱的学生准备配有大量图片辅助的简短文字阅读,中等水平的学生则布置有少量图片的故事阅读,并伴有几个理解题,而能力较高的学生则分配无图的篇章,要求完成批判性思考问题。此外,为需要家长协助的家庭提供简明的作业说明,促进家校合作,确保每位学生在家中也能获得适当的支持和练习。

在特殊教育实践中,为了实时了解和评估学生的学习成效,教师可以在引入和巩固练习环节融入前测和后测策略,以便于及时调整后续课程计划并提供个性化的教学指导。总之,在设计教学过程时,教师必须全面考虑课程标准、教材内容、教学目标和学生特点之间的关系,灵活运用各种教学方法和策略,做到因材施教、精心备课,才能有效实施高质量的教学活动,从而确保教学目标的有效达成和教学内容的稳固落实。

(八)板书设计

板书设计是教师在课堂教学中运用的一种关键可视化教学手段,它通过实体黑板、白板或电子白板等媒介,系统化、层次分明地展示课程内容的核心知识点、内在逻辑结构以及重要信息。优秀的板书设计不仅是一个静态的知识框架构建过程,更是动态的教学艺术实践。从静态来看,板书则是一幅精心构思并逐步完善的教学蓝图,凝聚了教师对课程内容提炼精华、梳理逻辑的心血结晶。这些以精炼语言、逻辑关系图表等形式固定在黑板上的信息,为学生提供了把握课程整体脉络、聚焦重难点的有效工具。从动态视角分析,板书是教师授课过程中实时创作的艺术作品,他们用笔尖在黑板上挥洒文字、符号、公式及简图,将抽象的概念具象化、直观化,并以此作为知识传递和思维启发的重要纽带。这种书写行为随着教学节奏推进,如同一场无声的对话,引导学生跟随教师的思路,同步参与到学习进程中。

板书设计的核心价值体现在其直观性、结构性和持久性上,有助于促进学生的深度学习与理解记忆。其结构化的呈现方式揭示了知识点间的关联性和层次性,帮助学生建立系统的认知网络。同时,板书设计具有高度灵活性,既可以预先根据教学计划精心规划,也可依据课堂实时反馈灵活调整,这种即时互动特性对于吸引学生注意力、激发参与热情至关重要。尽管多媒体技术广泛应用,但板书因其独特的现场生成性和视觉焦点效应,在解释复杂概念、梳理思考路径时仍具备不可替代的优势,应与多媒体教学手段有机结合,共同服务于提高教学质量。

板书设计形式多样,如提纲式便于概览全貌;对比式用于凸显异同;词语式强调关键词汇的突出;线索式利于展现知识发展的历程;图画式利用图像直观传达抽象理念;分析综合式适用于复杂体系的分步解析和整合。每种类型的板书都需基于学科特点、具体教学内容,以及学生的认知水平和学习需求来灵活选择和巧妙结合,旨在最大限度提升课堂教学效果和学生的学习成效。

（九）作业布置

作业布置是一个需要精心设计的教学环节,它不仅是巩固和深化课堂知识的工具,更是个性化教学的重要组成部分,旨在根据每位学生不同的需求、能力和特点制订适宜的学习任务。教师在设计作业时,首要原则是深入理解并尊重学生的个体差异性,细致分析他们的认知水平、兴趣特长以及学习风格,从而策划具有针对性的学习活动。作业内容的设计需兼顾知识技能的巩固与提升,同时在兼顾知识技能巩固与提升的同时,强调其实用性和生活化导向,确保所学知识能够有效迁移到实际生活场景,进而增强特殊学生的实践操作能力、问题解决技巧以及社会适应能力。例如,面对视觉障碍的学生,教师可以提供触觉或听觉化的作业材料;而对于有认知障碍的学生,则通过设置结构清晰、步骤明确的任务,逐步培养其独立思考及解决问题的能力。

在作业实施过程中,教师采用分步指导与支架教学策略至关重要。初期阶段,教师应提供充分的支持辅助,随着学生能力的增长,逐渐减少外部干预,帮助他们建立自主学习的信心与能力。此外,构建一个及时反馈机制,密切关注每一位学生完成作业的情况,并依据学生的进步速度和面临的困难点灵活调整作业难度和教学方法,以实现最优化的教学效果。

家校合作作为特殊教育中的重要环节,在推动学生学业进步和个人发展中起着不可替代的作用。教师与家长需要共同携手,建立积极有效的沟通渠道,密切协作监督并引导学生完成作业,为学生提供适时、恰当的指导和支持。通过这种紧密的互动关系,双方能更好地理解学生的需求,共同促进其全面发展。

由上可知,特殊教育中的作业布置是一个全方位、系统性的过程,涵盖了对学生特性深度剖析、精准开发教学资源、适时调整教学策略以及强化家校协同等多元因素,旨在最大程度地挖掘每一位学生的潜能,助力他们在学术成就和个人成长道路上取得实质进展。

（十）教学反思

教学反思是教师在完成课程或教学活动后,对整个教学过程进行深度思考、系统回顾和批判性评价的核心环节。这一过程不仅限于对教学结果的简单回顾,更是通过自我分析与评估来优化教学目标设定、改进教学方法、提升教学质量,并促进教师的专业成长与发展。

在反思教学目标时,教师需评估设定的目标是否具备科学性、合理性及可行性,同时充分考虑学生的个体差异和多元智能需求,确保教学目标既能体现课程标准的要求,又能激发学生的学习潜能,适应不同层次学生的发展。

在反思教学过程时,教师要全面反思各个环节的有效性,如新课导入如何吸引学生的注意力并引发其学习兴趣;讲解内容的逻辑性和清晰度如何影响学生对知识的理解和吸收;互动讨论在多大程度上促进了学生的思维拓展和观点碰撞;实践操作环节对学生技能培养的具体贡献以及总结巩固阶段对知识点掌握情况的强化效果。此外,教师还要深入研究和分析所采用的教学手段、工具和课堂管理策略,以保证教学资源符合学生认知特点,讲授方式生动有趣且富有启发性,课堂互动和反馈机制灵活且及时,能有效满足各类学生的学习需求。

通过对学生作业、测试成绩、课堂参与表现及课后反馈等多元化信息的综合分析,教师可以客观准确地评估教学的实际成效,识别出教学的优势和不足,进而有针对性地调整和完善教学策略,提高教学效率和质量。在此基础上,教学反思还涵盖了教师对自身专业素养的不断提升,包括专业知识体系的更新迭代、教育理念的与时俱进、教学技能的精细化与创新化发展以及职业素养的整体提升等方面,以助力教师从经验型向研究型、创新型转变,实现专业上的持续进步。

教学反思是一个内涵丰富、具有深度的自我审视与探究的过程,它促使教师关注教学全貌中的每一个细节,发现问题、解析问题,并主动寻求解决问题的途径,从而推动教学实践不断创新发展与优化升级。通过教学反思,教师能够将抽象的教学理论转化为具体实用的教学策略,这既有助于提升教学质量,也有利于增强教师的教育科研能力和专业素养。最终,教学反思构建起一座连接理论与实践的桥梁,共同促进学生的全面发展和教师的专业化成长,形成一个循环递进、动态完善、持续发展的良性教育生态系统。

需要特别注意的是,在进行个别化教学活动设计时,教师必须特别关注并紧密围绕学生的个别化教育计划开展工作。这意味着,在教学活动设计的各个环节中,都必须深入贯彻和体现学生的个别化教育目标。这一做法不仅为教师提供了明确、精确的教学干预依据,还确保了教育资源得以合理、高效地分配与使用,使得每一项教学决策都能直接服务于学生的个性化发展需求。

综上所述,个别化教学活动设计不仅是实现高质量特殊教育的核心手段,也是促进教师专业成长的重要平台,它以科学合理的教学方案为依托,深度影响着每一个特殊教育学生的学习历程和未来发展,从而有力推动整个特殊教育体系向更高水平迈进。

第四节　基于学科教学的个别化教学活动设计案例分享

> 一、听障教育个别化教学活动设计案例

（一）聋校二年级数学《认识角》教学活动设计

表6-15　听障教育个别化教学活动设计案例——《认识角》

课题	《认识角》		
学科	数学	设计人	高金花
年级	二年级	主讲教师	高金花
一、教材介绍与分析			
本节内容选自2018人教版聋校义务教育实验教科书《数学》二年级下册第三单元角的初步认识第一课时,是让学生初步认识角的含义,体会角的基本特征,是在学生认识长方形、正方形、三角形等几何图形的基础上进行的教学,教材结合生活情境,引导学生从生活中的实物开始,逐步抽象出角的几何图形,认识角的形状,学习角的各部分名称。通过学生的实际操作,加深他们对角的认识,学生熟练地掌握这部分内容,可以为他们在第二学段继续认识角、角的度量、角的分类等知识作好铺垫;同时也可以为学生继续学习长方形、正方形、三角形等平面图形积累感性经验。			
二、学情分析			
本班共有11名学生,其中5人植入人工耳蜗,6人佩戴助听器。8名学生属于听力障碍,3名学生属于多重残疾。4名学生接受过言语语言康复训练,有一定的语言表达能力,其余同学语言表达能力较弱或不能用口语进行表达。 本节内容是在学生已经初步认识了长方形、正方形和三角形等平面图形的基础上进行的教学。学生经历过立体图形抽象出平面图形的过程,通过对许多物体的感知,已经积累了有关角的经验,也			

有了学习简易图形的经验和知识基础。结合学生的认知水平和生活经验,部分学生对角并不陌生,很容易在现实生活中找到角。

高 X 逻辑思维能力、理解能力较好,学习能力较强,空间观念较强,对语言的理解能力较强,有主动探究问题的习惯。李 X、李 X、邓 XX、吴 XX、董 XX、张 X 逻辑思维能力、理解能力相对较好,学习能力较好,空间观念一般,对语言的理解能力较弱,学习的积极性较弱。罗 XX、张 X、王 XX、任 XX 逻辑思维能力、理解能力较弱,学习能力较弱,空间观念较弱,学习的主动性较差。其中,王 XX 全身肌肉张力紧张,动手操作能力较差。任 XX 注意力不集中,学习效率较差。

结合学生的障碍类型、听力损伤程度及学习能力,将学生分为A、B、C三层。

A层:高 X

B层:李 X、李 X、邓 XX、吴 XX、董 XX、张 X

C层:罗 XX、张 X、王 XX、任 XX。

三、教学目标

A层:

1. 让学生经历由实物上的角抽象为几何图形的角的过程,初步认识角,能正确说出角的各部分名称,能正确指出物体表面的角,能正确在平面图形中辨认出角。

2. 使学生通过观察、操作认识角,培养学生的观察思维能力,动手操作能力,发展学生的空间观念。

3. 创设生活情景,激发学生积极参与数学活动的学习兴趣。

B层:

1. 让学生经历由实物上的角抽象为几何图形的角的过程,初步认识角,能说出角各部分名称,能指出物体表面的角,能在平面图形中辨认出角。

2. 使学生通过观察、操作认识角,培养学生的观察思维能力,动手操作能力,发展学生的空间观念。

3. 创设生活情景,激发学生积极参与数学活动的学习兴趣。

C层:

1. 让学生经历由实物上的角抽象为几何图形的角的过程,初步认识角及各部分名称,能指出物体表面的角,能在平面图形中辨认出角。

2. 使学生通过观察、操作认识角,培养学生的观察思维能力,动手操作能力,发展学生的空间观念。

3. 创设生活情景,激发学生积极参与数学活动的学习兴趣。

四、教学重点

1. 理解角的组成。

2. 设计动手操作激发学生的学习兴趣,让学生产生主动探究的欲望。让学生经历体验—参与—实践的过程,加深对学习重点的理解和记忆。

续表

五、教学难点
1. 根据角的组成辨认角。
2. 根据学生的生理和心理特点,合理利用多媒体,增强学生的直观感受,让学生通过直观的练习,在有"错误"的练习中,区辨出正确的问题。

六、教学过程	设计意图
(一)实践感知、揭示课题 1. 师生一起用圆形纸片折扇形。 2. 引导学生通过触摸角,感受角的顶点和边。 3. 教师用扇形纸片在黑板上描出角,引出课题《认识角》。	让学生自己动手操作,激发学生学习数学的主动性、参与性,通过触觉,感受角的顶点(尖的),角的边(平的、直的),再通过实物到平面图形的变化,对角有初步的感受。
(二)引导探究、学习新知 1. 观看视频,初步认识角。 2. 讲授角的组成。 (1)展示五角星图片,学生直观认识并数角。 (2)讲授角的组成:讲授五角星五个角的顶点和边;不同方向、大小的角的组成。 (3)展示一个不是角的图形,让学生结合角的组成,探究是不是角。 (4)动手摆角。 学生选择教师提供的材料,摆出一个角。 教师将学生摆的角拍照上传的课件中,给学生以反馈。 3. 辨角。 (1)区辨分类:展示图片,学生观察,把角送回家。 (2)竞赛:区辨真假角。 4. 认识生活中的角 (1)在剪刀、钟面、三角版中找角,并说一说角的组成。 展示图片,教师示范在剪刀图片中找到角,并描一描。 (2)找一找教室里的角。 (3)在校园图片中找一找角,并描一描。	学生通过观看微视频,对角的组成有初步认识。 让学生体验从平面图形(五角星)抽象出角的过程,初步直观地认识角。 学生初步认识角的组成,说出角各个部分的名称。 了解学生对知识点的理解和掌握,让学生进一步加深对角的认识和理解。 检验学生对角的认识和理解,激发学生的学习兴趣和学习数学的积极性。 认识现实生活中的角,能找到学习、生活环境中的角,并说出各个部分的名称。
(三)巩固练习、拓展延伸 1. 判断对错。 2. 知识拓展:图形中有几个角。 3. 找到组合图形中的角。 4. 知识延伸,能力检测。(用自己的方法画一个角)	检验学生对知识点的掌握情况,激发学生的学习兴趣。 检测学生对知识点的理解,为下一课时画角做铺垫。
(四)全课小结、布置作业 总结本次课的知识点。	让学生再次巩固知识点。

续表

七、家庭指导	设计意图
1.完成课后练习。 2.预习下一节内容:画角。	巩固课堂学习内容,为下节课的学习做铺垫。

八、教学反思

在教授二年级聋生数学时,面对他们旺盛的好奇心、较短的注意力保持时间和活泼好动的特点,传统教学方法往往难以取得理想的教学效果。然而,借助信息技术手段来改革数学教学活动,可以有效调整课堂氛围,调动学生学习数学的积极性,并且更贴合低年级聋生的认知和生理特性。

在新技术未得到应用前,聋校教师通常采用挂图、口语结合手语、黑板书写以及大量实物教具等方法进行教学,这种方式不仅耗时较长,尤其对于不擅长文字理解的低年级聋生而言,仅依赖图形展示和手语讲解知识点,抽象性较强,不易让学生充分理解。例如,在教授有关点、线、面关系的内容时,由于缺乏直观呈现,学生的空间思维能力难以得到有效锻炼。引入新技术后,信息化课堂形式通过运用信息技术构建情境化教学环境,能够将原本对聋生来说十分抽象的数学概念变得生动具体。比如在本节课中,利用播放微视频的方式,使学生对知识点有初步感知;希沃白板的图片显示与消失功能,则有助于从五角星形象中抽离出角的图形,变抽象为直观,帮助学生更好地理解和掌握知识。同时,通过动态展示图形的变化过程,如角的指向变化,强化了学生的空间想象能力和逻辑思维能力。利用点、线闪烁功能来突出角各部分名称的教学,起到了信息强化作用,加深了学生对角的认识。此外,采用图形移动功能,让学生真切体验到角的不同方向变化,进一步促进了空间思维的发展。

在攻克教学难点——根据角的构成辨认角时,教师运用电子白板的趣味分类互动游戏,学生通过参与区分和选择正确的图形,增强了记忆和理解,提高了积极性,课堂氛围活跃。再配合分组竞赛活动,改变了以往单一的纸笔练习模式,增添了课堂趣味性,成功突破了教学难点。

课程还巧妙地展示了生活中的剪刀、钟表、三角板及校园场景图片,引导学生从中找出角的存在,培养其在现实生活中抽象提取数学知识的能力,从而认识到数学知识源自生活并服务于生活。另外,在学生动手操作和练习阶段,使用电子白板的拍照上传功能,实时展示每位学生的操作情况和练习成果,打破了传统教学无法同时展示多人作品的局限,提升了学习效率。

兴趣是激发学生主动学习的关键动力,而本节课通过电子白板实现的互动课堂活动,营造了新颖、丰富且多样化的学习体验,使得师生间、生生间的交流达到预期目标,顺利完成教学任务。课堂活动设计的游戏化特点,让学生成为情境教学的积极参与者,显著提高了他们的融入度和学习积极性,实现了信息技术与聋生数学课堂的高效融合,取得了良好的学习成效。

尽管本节课在整体上表现出色,但仍有提升空间。教师需要在未来教学中保持饱满的热情,以带动学生的学习积极性;同时加强手语表达的自然流畅程度,提高手语在数学教学中的运用水平。此外,持续完善信息技术的应用,力求在未来的数学教学实践中创造出更为生动、适宜聋生特性的数学课堂环境。

（二）聋校一年级沟通与交往《我们的学校》教学活动设计

表6-16　听障教育个别化教学活动设计案例——《我们的学校》

课题	《我们的学校》		
学科	沟通与交往	设计人	杨灿
年级	一年级	主讲教师	杨灿
一、教材介绍与分析			

本课是聋校《沟通与交往》一年级上册教材中第二单元"我爱上学校"里的第一课《我的校园》的第一课时。由于疫情影响,九月份,一年级新生仅在学校学习了不到两周的时间,对校园环境还比较陌生,加之年龄小,对于校园各建筑的名称还不熟悉、功能还不了解,特别是多重障碍的学生,对学校环境的适应情况不佳,曾出现找不到上课地点,不理解或记不住常用学校建筑的名称。因此,本节课将根据学生的实际需要在原教材内容的基础上进行校本化内容的调整,通过实景还原的学校模型沙盘的直观呈现,创设情境,引导学生学习本节课的重点内容。

【名词】操场、食堂、宿舍、教学楼、综合楼

【片语】在哪里干什么

根据《聋校义务教育沟通与交往课程标准(2016年版)》第一学段(1-3年级)的学段目标,本节课,教师将在设置的情境中用各层学生能听懂的语言和方式介绍学校各建筑及其功能,并以口语、手语等方式来与各层学生开展对话互动,激发学生的沟通动机。在遵循学生语言发展规律的基础上融入语言训练,通过运用手势、视频、图片、实物、沙盘多种教学手段来帮助学生理解语言,积累学校学习、生活常用词汇,通过引导各层学生用口语进行表达练习,提高学生的语言表达能力和沟通交往技能,促进学生学校适应能力的发展和归属感的建立。

二、学情分析			

本班一共有6名学生,均为7-8岁的重、极重度听力损失儿童。5名学生佩戴助听器及人工耳蜗后能听到声音,其中一名学生患有肌张力异常,另1名学生右耳失聪,左耳为轻度听力损失,但未佩戴助听器及人工耳蜗,且患有注意缺陷与多动障碍,兼孤独症倾向。详见下表所示:

续表

姓名	年龄	听力情况	听阈范围	障碍类型	语言能力情况	清晰度
吴x	7	佩戴人工耳蜗 听力损失为极重度耳聋 听力康复级别:二级 听力补偿情况:适合	250~ 8000Hz	单一听障	语言康复级别:一级	65%
任x	7	佩戴助听器 听力损失为重度耳聋 听力康复级别:二级 听力补偿情况:较适	500~ 4000Hz	单一听障	语言康复级别:一级 ↑	65%
王x	8	佩戴人工耳蜗 听力损失为重度耳聋 听力康复级别:三级 听力补偿情况:适合	250~ 8000Hz	听障兼肌张力异常	语言康复级别:一级 ↓	20%
周x	7	未佩戴助听器和人工耳蜗,左耳听力损失30分贝,右耳失聪。 听力康复级别:一级 听力补偿情况:无	大部分声音能够听到	听障兼注意力缺陷和多动障碍、孤独症	语言康复级别:三级	90%
童x	8	佩戴人工耳蜗 听力损失为极重度耳聋 听力康复级别:一级 听力补偿情况:适合	250~ 6000Hz	单一听障	语言康复级别:一级 ↓	70%
杨x	8	佩戴人工耳蜗 听力损失为极重度耳聋 听力康复级别:二级 听力补偿情况:适合	250~ 6000Hz	听障兼发育迟缓	语言康复级别:一级 ↑	65%

在课堂参与方面,吴x、任x、王x、童x、杨x能主动参与学习任务,周x需要教师较多的提示来维持注意力。在认知和语言理解方面,学生多以视觉为主、听觉为辅进行学习,学习能力大都处于知觉-概念期和概念期,能通过关键词的理解和教师的动作辅助听懂教师的部分日常简单句,能进行少量日常简单的模仿对话。其中,周x能听懂教师的大部分语言,吴x、任x、杨x在提示下可以理解教师的部分语言,童x、王x需要教师的动作、表情、辅具支持才能明白教师的部分语言。在沟通表达方面,周x处于构句期向语言精熟期发展的阶段,语音清晰度高,多用简单句进行表达,沟

续表

通动机受情绪影响较大,语用能力有待进一步提高;杨x和吴x处于语汇期向构句期发展的阶段,对已有语言经验能有主动沟通的行为;童x、任x、王x处于语汇期,沟通动机较强,但语音清晰度差,需要手语和沟通辅具辅助表达。

大部分学生能自主表达的语言多以已有经验的词语为主,能说出学校常见建筑的功能,能用图片进行学校常用建筑及其功能的配对,但由于认知和语言记忆能力的不足,学生不能对建筑进行命名,需要在教师的引导下模仿完成片语的表达。此外,学生对问句"这是哪里"和"在这里干什么"的理解会出现混淆。

根据学生的认知和语言能力可以分为以下学习层:

A层:周x

B层:吴x、杨x

C层:王x、童x、任x

【优势】

A层学生词汇量丰富,能听懂教师的简单问句,与人沟通的动机强。

B层学生能听懂教师大部分简单问句,有一定的语言仿说能力和认知能力,有与人沟通的意愿,在教师的提示下能够完成课堂学习任务。

C层学生课堂参与度高、常规好,注意力集中,能通过教师的动作理解部分语言和简单问句。

【不足】

A层学生情绪化严重,注意力集中时长较短,课堂参与度低。

B层学生在看图说话、沙盘情境中,主动语言少。

C层学生语言清晰度低、理解能力弱。

三、教学目标

(一)知识与技能

1.总体目标:

(1)主动参与师生对话,能听懂并回答问句"这是哪里""在这里干什么"。

(2)能根据情境说出:在哪里干什么。

2.分层目标:

A层:能正确说出学校常见建筑的名称,完整且连贯地说出:在哪里干什么。

B层:在提示下说出学校常见建筑的名称,完整地说出:在哪里干什么。

C层:能模仿教师发音说出学校常见建筑的名称,在提示下说出:在哪里干什么。

(二)过程与方法

学生通过观察学校的实物模型来认识学校,用图片配对来强化学校建筑的功能记忆,在教师的引导下,说出:在哪里干什么。

(三)情感与态度

了解自己的学校,愿意和他人介绍自己的学校,有主动表达的意愿。

四、教学重点
激发学生口语表达的动机;对学校的建筑进行命名;说出在哪里干什么。

五、教学难点
理解问句"这是哪里",完整且连贯地说出在哪里干什么。

六、教学过程	设计意图
(一)情境导入,揭示本节课的学习内容 1. 播放学校三维动态视频,出示学校模型沙盘,前测学生已有经验。 2. 发音训练活动。	激发学生的学习动机,通过直观的视频和模型来提高学生学习和参与的主动性,了解学生与本节课相关的已有认知和语言能力(前测)。
(二)新授本节课主要内容 1. 出示图片,找到模型沙盘中的对应建筑,说出建筑的名称和功能。 2. 听辨练习:听"干什么"(功能),指出或找出图片"在哪里"(建筑名称)。 A层:尝试说出"在哪里干什么"。 3. 操作练习:在图片沟通板上完成对应的图片组合,说出在哪里干什么。 A、B层:以口语为主进行表达。 C层:以口语为主、手语为辅的方式进行表达。	通过图片与模型的一一对应,帮助各层学生学习、理解、记忆各建筑的名称及功能。通过听辨练习巩固学生对建筑及功能对应关系的掌握情况,培养学生听的习惯。通过图片沟通板引导学生完成本节课主要学习内容的片语组成,进一步巩固建筑名称及其功能的配对记忆,为说出片语"在哪里干什么"做准备。教师通过分层指导学生规整句式,帮助不同层次的学生学习用口语、手语表达出正确的句式,从而提高学生语言表达的语法能力。
(三)巩固练习,实际运用(后测) 1. 运用学校模型沙盘,回顾建筑名及其功能,说出:在哪里干什么。 2. 创设任务情境,用"在哪里干什么"介绍学校。 A层:提示下用口语完成多个建筑的介绍。 B、C层:提示下用口语完成一个建筑的介绍。	运用学校模型沙盘练习本节课所学内容,提高学生在情境中的语用能力,加强学生对学习重点内容的记忆,对学生本节课的学习情况进行检测。创设任务情境提高学生主动表达的意愿,为作业的布置做铺垫。
(四)小结,布置作业 1. 小结本节课学习的内容和学生学习的情况。 2. 作业布置。	通过小结,激发学生对学校的喜爱之情。通过课堂评价,促进学生良好课堂常规的养成。通过作业的布置,巩固本节课所学内容,逐步提高学生的语言表达能力。

续表

七、家庭指导	设计意图
1.共性作业:用"在哪里干什么"向家人介绍学校。 2.个性作业: A层:说一说在自己家里的房间可以干什么,比如:在客厅看电视。	巩固课堂学习内容,拓展A层学生语言运用能力。

八、教学反思

本节课的设计严格遵循《聋校义务教育沟通与交往课程标准(2016年版)》中第一学段(1-3年级)的教学目标,结合聋校一年级上册《沟通与交往》教材第二单元"我爱上学校"中的首课《我的校园》,并针对本班级学生的实际需求和我校实际情况进行了校本化调整,旨在有效激发学生主动沟通的意愿,并显著提升其语言表达能力。

从教学过程的设计来看,本节课环节清晰,内容难度递进的梯度合理。教师将学生的已有认知和语言经验——建筑的功能(动宾短语)作为切入点,通过新授名词(建筑名称)——组合名词和动宾短语(建筑名+功能)——学习片语(在+建筑名+功能)的递进方式,引导学生在增加词汇的基础上,学习句式的规整,从而逐步提高学生的语法能力。最后,教师让学生在情境中运用本节课习得的片语,以此来提高学生的语用能力,这符合学生语言学习和掌握的规律——示范、模仿、操作、运用,为学生今后学习完整的句式打基础。

从教学策略和方法的运用来看,考虑到本班学生是一年级新入校的学生,听力补偿、重建情况适合,大部分学生的语音清晰度可以达到65%以上,有一定的口语表达能力,基本无手语基础,语言的理解能力有限,所以本节课的教学主要采用口语为主、手语为辅的方式来进行,同时运用学生视觉学习的优势为学生提供直观学习资源——视频、实物沙盘模型、图片来激发学生学习和表达的主动性、提高学生的语言理解能力,这与学生的年龄特点和学习能力水平相匹配。对于口语清晰度低的个别学生,我引导其口语和手语相配合,旨在通过多渠道沟通的方式提高该生的沟通效度。

从教学目标的达成情况来看,各层学生均基本达到了各自本节课的目标,大部分学生能理解并回答问句"这是哪里""在这里干什么",能用片语"在哪里干什么"介绍学校。其中,A层学生能独立完成目标内容,B层学生完成目标内容时需要教师少量的语言提示,C层学生完成目标内容时需要教师语言、动作的提示。由学情分析可知,A层学生处于构句期向语言精熟期发展的阶段,因此,对于目标内容的达成,只需教师新授词语后,引导其学习规整句式的方法、提高语法能力,A层学生便能独立完成目标内容。B层学生处于语汇期向构句期发展的阶段,因此,需要教师在新授词汇后通过图片配对的操作方式帮助学生理解片语的组成关系,为语法的学习和语言的表达提供视觉提示,在实际运用阶段,学生需要教师的语言提示作为完成目标内容的辅助符合学生目前语言记忆的能力水平。C层学生均处于语汇期,且语音清晰度差,因此,需要教师在新授词汇时提供大量的语音示范和重点学习内容的手语示范来让学生模仿、学习,旨在让学生通过口语和手语的学习和配合来提高语言的理解、记忆能力和沟通的效度,并通过图片配对的操作方式帮助学生理解、记忆建筑及其功能的关系,为语言的表达提供视觉提示,而在实际运用阶段,学生因语言能力的限制,需要在教师的语言、动作的提示下完成,这符合学生的目前语言能力发展阶段的特点。

从课堂的呈现来看,学生的课堂参与度高、参与面广、表达欲望强,师生的互动充分等,都体现了教师对学生学习兴趣和年龄特点的把握准确,教学的组织形式和方法的选择有效地调动了学生学习的积极性和主动性。教师及时地对学生的表现进行评价和反馈,有利于一年级学生良好课堂行为的塑造和良好习惯的养成,为课堂效率的提高打下良好的基础。教师时刻关注学生的学习状态,充分调动学生的多感官参与到学习中,不仅注重知识的传授还注重学生学习思维的培养和学习方法的掌握,鼓励学生大胆表达。教学内容的难度适中,各层学生在各环节活动中都能参与并有所收获。

从学习评价设计来看,本节课主要采用动态评估的方式,即对学生的已有知识、学习状态、目标达成等情况进行过程性评价,旨在教师在教学过程中根据学生的知识经验、能力水平、课堂学习表现进行及时的教与学的调整,实现教、学、评三者相结合的课堂教学评价模式。其中,环节一的前测和环节三的后测,可以较为清晰地呈现学生在本节课的学习所得;环节二的活动中,教师教学支持的调整将在评估学生学习和能力情况的基础上进行差异化的支持;环节三的活动中,教师将通过评估学生的完成情况来确定下节课的教学目标。此外,本节课还运用了代币制的奖励机制,即在开课前与学生共同制订"课堂公约",教师根据公约内容在课堂中对学生的表现进行及时的评价、记录,课后根据学生的评价情况进行相应的奖励品兑换。

反思整堂课,也存在一些需要改进的地方,如教师图片的选择和问题的提出不够精准,使得学生混淆了"食堂"和"宿舍"两个建筑名称,而教师在课堂上没有有效地进行改进和处理。而"宿舍"一词对于走读的学生较为陌生,记忆此词出现了困难,但教师除了反复示范和提示外没有更好的方法帮助学生突破此难点。此外,在知识迁移方面,教师没有把知识教活了,使得学生处于死背句式的状态,没有将句式的运用拓展到学生日常生活中加以巩固。这些问题的存在,追其原因,还是教师对本学科课程目标的理解不够透彻,未能将学情和课程目标进行有机的联系,对学生基于本学科的培养目标不够清晰。此外,教师面对学生的变化——从原来的单一听障儿童到现在的以听力障碍为主的多重障碍儿童,教学方法虽有改变和调整,但略显经验化,未能从学生学习时大脑运作的机制上去研究,教育理念有待进一步完善,特殊教育教师的教学素养也有待进一步提高。

二、视障教育个别化教学活动设计案例

(一)盲校三年级语文《听听,秋的声音》教学活动设计(昭通市特殊教育学校 刘东霞)

表6-17 视障教育教学活动设计案例——《听听,秋的声音》

课题	《听听,秋的声音》		
学科	语文	设计人	刘东霞
年级	三年级	主讲教师	刘东霞

续表

一、教材介绍与分析

本文是盲校义务教育实验教科书，小学语文部编版三年级上册第七课略读课文。诗歌描写了秋天大自然里一些特有的声音，树叶的"唰唰"声，蟋蟀的"㘗㘗"声，大雁的叮咛和秋风的歌吟，说明秋的声音藏在大自然的许多事物中，需要我们细细聆听。诗歌语言精练，表达富有韵味，展现了秋天的生机和活力。

《盲校义务教育课程标准(2016年版)》中指出应激发和培育学生热爱祖国语言文字的思想感情，引导学生丰富语言积累，培养语感。本课应指导学生想象秋天的美好景象，根据诗歌感情基调，自己揣摩朗读。着重是引导学生有感情地、流畅地朗读诗歌，领悟到词句表达的精妙，体会诗中浓浓的秋情，想象秋天景象的美好。仿照第一二小节，充分发挥想象说一说。

二、学情分析

三年级的视障儿童思维活跃，想象力丰富，有一定的阅读、理解和审美能力。但是诗歌描写秋天的声音有能听到的，还有比较抽象的，所以学生较难感受秋天的意境美。在教学时，教师要充分发挥学生的读，以学生的自主学习和交流为主，适当点拨，激发想象，感受诗歌的韵味和秋天的美景。三年级的学生对于自主探究和合作交流的方法还不是很熟练，需要老师细致指导。

《盲校义务教育课程标准(2016年版)》中提出，课堂必须面向全体学生，使盲生和低视生都获得基本的语文素养。《盲校义务教育课程标准(2016年版)》应特别关注学生的个体差异，科学评估学生的特殊需要，实施个别化教育。对盲生和低视生实行分类教学，根据学生的不同学习水平实行分层教学。因此，通过对三年级九班孩子的摸底，深入了解，分析研究，11个学生可以分成两类三层：

一类学生共7名：陶x波、马x涛、罗x春、田x炳、陈x羽、雷x林、訾x锋，都属于全盲生。

二类学生共3名：保x军、赵x、陈x才，都属于低视力生。

这两类学生又分为三个层次：

A层学生可以交流合作，能根据播放的声音，课文的内容有较大的想象空间，能根据诗歌基调有感情地朗读，同时也能仿照句式创作短小的诗句。(陶x波、田x炳、陈x羽)

B层学生在A层学生的带领下，能进行交流合作，想象空间稍微局限一些，并且不能准确地把握朗读时的感情，但听读后能准确有感情地朗读，能仿照诗歌格式简单说一两句。(罗x春、雷x林、马x涛、訾x锋)

C层学生要在老师的指导下跟AB两层的学生进行合作交流，不能把握诗歌的基调，从而只能把课文简单读一读。能积极回答老师提问，表达的语言有时会不通顺。(保x军、赵x、陈x才)

三、教学目标
1. 能正确、流利、有感情地朗读这首诗,培养学生的语感及朗读能力。
2. 一边读一边展开想象,能用自己的话语描述秋天的声音,体会秋天的美好。
3. 能仿照诗歌的形式,简单创作诗文。
根据学生类别层次:
A类学生能达到教学目标1、2、3点。
B类学生能达到1、2点,其中朗读语感上把握会困难些。
C类学生勉强达到第1点,只能较为正确地朗读,速度较慢不够流畅。

四、教学重点
有感情地朗读课文,体会诗中浓浓的秋情,想象秋天景象的美好。

五、教学难点
让学生通过诗歌的朗读学习,仿说诗歌。

六、教学过程	设计意图
(一)活动激趣、走进秋天 1. 听声识音。(播放录音) 学生静静地倾听后回答听到了什么声音。(踩在树叶上的声音、大雁声音、蟋蟀的声音、流水的声音等) 2. 揭示课题《听听,秋的声音》 请学生读课题,要求读得美一点。(板书课题)	以猜一猜的活动激发学生学习的兴趣,用音乐与声响创设开放互动的课堂情境,引起学生美好的想象,把学生带入美丽的大自然、带入秋声之中。
(二)初读课文、聆听秋声 1. 出示学习要求:认真听盲童小星星的朗读,盲生边听边摸读心里默读,低视生边听边小声跟读,数数有几个小节,你从这首诗歌里听到了哪些声音? 2. 加深印象,再次听老师有感情的朗读,从课文小节里找到声音,回答问题。(黄叶唰唰、蟋蟀嚁嚁、大雁叮咛、秋风歌吟) 板书:黄叶唰唰　蟋蟀嚁嚁　大雁叮咛　秋风歌吟 3. 提醒低视生与说话有关的字都有口字旁。 4. 教师发盲文板书卡给盲生同学,让盲生摸读明白教师的板书内容,让盲生思维跟老师讲课时板书内容同步。 5. 理解歌韵、叮咛、歌吟的意思。	《盲校义务教育课程标准(2016年版)》中指出,应注重引导学生多感受,多体验,多读书,多积累,重视语言文字运用的实践,在实践中领悟文化内涵和语文应用规律。 平时在上课时,盲生都不知道教师的板书内容是什么,而教师的对每一节课的板书,恰好又是对一堂课的总结提纲,因此上课时给盲生准备一张教师的板书内容,更有利于让学生掌握文章主旨,从而更好地理解课文,朗读课文。

续表

(三)自主学习、感悟秋景 根据学生喜欢声音的不同把学生分成三个小组。 1. 分发学习卡,分组学习。 学习卡内容: (1)读一读自己喜欢的小节,说说喜欢的理由?用什么语气朗读? (2)这一小节让你仿佛看到了什么,听到了什么? 2. 小组汇报学习成果。 尽量让学生发散了说,小组有感情的齐读。 3. 教师及时肯定学生的回答,给予有效的评价方式(奖励小星星)。 4.学生有感情齐读三个小节。	《盲校义务教育课程标准(2016年版》提出要爱护学生的好奇心、求知欲,鼓励自主阅读、自由表达,充分激发他们的问题意识和进取精神,关注个体差异和不同的学习需求,积极倡导自主、合作、探究的学习方式。通过小组合作,自主学习,学生更能深入理解作者是如何写出这些声音的小节,体会秋天的美好,诗歌的写作方法。
(四)展开想象,感悟诗情 1. 秋天的声音好听吗?美妙吗?那么秋天收藏了这么多美妙的声音,秋天像什么呢?(找到第四小节) 你喜欢这个音乐厅吗?喜欢这一小节吗?(比一比,看谁读出了喜爱之情)学生齐读。 2. 秋的声音只有这些吗?还藏在哪儿了?同学们去找找秋天的声音藏在哪里了?(找到第五小节,贴图片:叶子、小花、汗水、谷粒……指导用喜爱、轻快的语气读一读)学生自由读。 3. 老师也有喜欢的一个小节,有感情地朗读给学生听,老师喜欢的原因是这个小节把同学们喜欢的小节全部总结了。 4. 在这美丽的秋天里,落叶离开了树妈妈的怀抱,小蟋蟀唱起了离别歌,大雁飞往南方过冬去了。稻田里一片金黄,稻子压弯了腰,高粱涨红了脸……秋天的一切是多么美好啊,让我们把这美好的一切读出来吧! 5. 老师带领全体学生有感情地配乐朗读。	通过多种形式的读,学生在读中思,读中议、读中练、读中悟,读中品,读中评;在读中领悟到词句表达的精妙,体会到诗中浓浓的秋情,想象到秋天景象的美好;在读中学会了自主、合作、探究。

续表

(五)仿说诗歌,赞美秋天 1. 走进秋,走进大自然这辽阔的音乐厅,你还能听到哪些秋的声音? 2. 播放秋风、秋雨、鸟叫、虫鸣、风铃声音 3. 秋的声音实在太丰富、太美妙了,你能照着课文第一、二小节的样子用"听听,秋的声音……"的方式说一说吗? 4. 指导学生说出加横线的句子,可以发散说。 听听,秋的声音, 秋雨落在地上, "滴答", 弹奏出动人的琴声。 5.秋的声音令人遐想,秋的声音令人陶醉……让我们下课之后像这个小诗人一样把刚才自己说的这些句子写下来好吗? 6. 分层布置课后作业,体现个体差异。 7.播放歌曲《秋的声音》让我们站起来,随着音乐动起来,吟唱歌曲,感受秋天的美好。	语文学习不能仅局限于教材之内,而应凌驾于教材之上,超越文本,走进生活,走进大自然。这样进行练说不仅开阔学生思维,还进行了语言训练,真可谓一举两得。 学生学习语言的目的就是为了运用语言,学生们将会在练笔中,写出秋的韵味和风情。把练笔作为课后作业,可以巩固本堂课的学习,让学生在学中,朗读中,产生兴趣,乐于创作,写写简单的小诗歌。
七、家庭指导	设计意图
本次作业设计采用分层次设计的方法。 A层: 背诵课文;仿照这首诗的形式写一写你听到的秋天的声音,要求整首诗仿写。 B层: 正确、流利、有感情地朗读课文;仿照这首诗前两节的形式写一写你听到的秋天的声音。 C层: 正确、流利、有感情地朗读课文;摘抄自己喜欢的句子。	巩固课堂学习内容,激发学生的创作兴趣。
八、教学反思	
这是一首以精炼而优美的现代诗篇,作者凭借独特的视角描绘了秋天的寻常景物,赋予其深邃内涵和韵味。针对学生的年龄特点以及视力障碍学生在理解和感知上的特殊需要,我采取了丰富多元的教学策略,借助多媒体手段引导学生通过朗读去理解、感悟并表现诗歌之美。 首先,在"朗读理解美"的环节中,我强调反复诵读的重要性,通过多种形式的阅读方式如摸读、默读、听教师示范、自由读、齐读、小组合作读等多种组合,让学生在跟读过程中融入个人情感,实现对课文意境的深度体验。例如,在学习第一至三时,学生们通过朗读体会到了黄叶飘落的场景和其中蕴含的离别之情,而在解读第二节时,则深入理解了"振动翅膀"的寓意,这些都充分体现了新课标对于个性化阅读与情感体验的要求。	

续表

其次,在"活动感悟美"部分,遵循《盲校义务教育课程标准(2016年版)》的精神,我没有采用传统的琐碎分析和生硬说教,而是组织了一系列富有趣味性和探索性的课堂活动,如聆听声音、寻找关键词句、讨论朗读的情感表达等,让学生在主动参与中深化理解和体验,激发思考,陶冶情操,享受审美乐趣。通过图片、板书、多媒体课件等多感官教学工具的应用,让盲生和低视力生能全方位地参与到学习过程中,使整个课堂既紧张有序又生动活泼,让学生们始终沉浸在美的感受之中。 最后,在"说说表现美"的阶段,鼓励学生在自主学习和合作探究的基础上,勇敢表达自己的独特见解,这是对个性化阅读理念的有力实践。全盲生和低视生在深入理解诗歌内涵后,不仅能够用自己的语言表述所悟到的诗意秋韵,还通过仿写练习展示了他们对诗歌内容的深刻理解和创新性表达,这也成为了他们口头表达能力训练及美学创造的一次宝贵实践。 总结起来,在这一堂以秋天诗歌为主题的课程中,我致力于打造一个包容、多元且富于启发性的学习环境。通过精心设计的"朗读理解美""活动感悟美"与"说说表现美"三个环节,实现了从感知到理解,再到创造的递进式教学过程。不仅盲生和低视力生能够跨越视觉障碍,借助多感官的教学手段去欣赏和领悟诗歌中的意象与情感,而且他们在主动参与、独立思考及团队合作的过程中,提升了自身的语言表达能力,培养了审美情趣,并激发了创新潜能。 通过这样的教学实践,我见证了学生个体成长的重要瞬间,他们不仅在对美的探寻中找到了自我表达的方式,更在感受秋日诗篇的同时,体验到了生活和自然中的无尽韵味。这是一次成功的尝试,它不仅符合课标的精神要求,更为特殊教育领域如何进行文学艺术教学提供了宝贵的借鉴案例。教学相长,每个学生的独特理解和个性化创作,都为我们的课堂增添了浓厚的艺术氛围和人文温度,进一步证明了在任何条件下,教育都能成为挖掘和释放美的有力途径。

(二)盲校二年级定向行走教学活动设计

表6-18 视障教育教学活动设计案例——《知动-定向之寻找失落物体的综合应用》

课题	知动-定向之寻找失落物体的综合应用		
学科	定向行走	设计人	云南省昆明市盲哑学校 杜妍
年级	二年级	主讲教师	杜妍
一、教材介绍与分析			
本课的教学内容选自人教版《定向行走》第六章的第五节,教学内容为寻找失落物体。寻找失落物体是学生日常生活中的常见现象,寻找失落物体就是学生采用正确的定向和定位方法确定物品掉落的具体方位,然后通过移动和寻找的方法,并捡起物体的过程。本课需要学生调动听觉、触觉、运动觉来寻找失落物体,寻找失落物体的过程中包含了听音定位、转向移动、抬手、下蹲、抓握等内容,在学习本节内容前学生需具备基本活动能力以及方位辨别能力。 教学内容主要分为以下几个方面:			

基本概念	基础训练	定向技能	行走技能	寻找失落物体
画圆法、栅栏法	听觉训练 寻找失落物的动作训练(粗大动作:手臂屈、伸、内收、外展、下蹲、转向移动 精细动作:手指抓握)	四方位 复合方位	上下部保护 独立行走	听音定位 转向移动 画圆法和栅栏法 下蹲拾物

二、学情分析

本班共有4名学生,1名女生,3名男生。在学习本节课前分别对3名学生进行了与课程相关的评估。评估内容参考知-觉动作、定向、bot-2和TGMD等量表。评估情况如下:

姓名:杨X		性别:男			年龄:10岁			视力状况:全盲	
知—动	站姿	行走	步态	听觉	触觉	定向	力量	协调	跑
20独立倒退蹲走3步	正常	可独立	正常	5米或以上	灵敏	四方位复合方位	可仰卧起坐和两头起	肢体协调	正常

姓名:汪X		性别:男			年龄:10岁			视力状况:低视	
知—动	站姿	行走	步态	听觉	触觉	定向	力量	协调	跑
20独立倒退蹲走3步	正常	可独立	蹭步	5米或以上	灵敏	四方位	可仰卧起坐和两头起	肢体协调	正常

姓名:黎X		性别:女			年龄:8岁			视力状况:全盲	
知—动	站姿	行走	步态	听觉	触觉	定向	力量	协调	跑
14指令下交替半跪对侧抬手	低头	可独立	碎步	3米或以上	灵敏	四方位	可仰卧起坐不可两头起	上肢协调一般	手臂弯曲不足,脚掌无明显过渡

姓名:刘X		性别:男			年龄:8岁			视力状况:全盲	
知—动	站姿	行走	步态	听觉	触觉	定向	力量	协调	跑
20独立倒退蹲走3步	正常	可独立	正常	5米或以上	灵敏	四方位	可仰卧起坐和两头起	肢体协调	正常

续表

本班中3名男生的知觉动作能力已达到膝、踝、足关节的稳定控制，力量、灵敏、协调素质在健康体适能范围。1名女生的知觉动作能力发展进入认知指挥动作的学习和大脑统整协调阶段，已经拥有一心数用的能力。其他方面为：杨X同学的独立性强，喜好运动且跑、跳、投、抓握能力发展良好，定位定向为复合方位。汪X同学的体姿上表现为低头，步态常出现蹭步，复合方位定向不稳定，因不喜欢运动，所以基本运动能力（跑、跳、投等）为一般水平，核心力量不足以致四足支撑不稳定。黎X同学体姿上表现为低头，有碎步和蹭步的步态，通过观察评估发现，主要是因为对外界环境的恐惧和不喜欢运动导致，跑步手臂弯曲不足，脚掌无明显过渡，上肢和肢体有时会出现同手同脚。刘X同学步态和行走正常，基本运动能力良好，但因入学时间较晚，定向行走基础薄弱。学生能力分层如下：

层级	A	B	C
学生	杨X	汪X	刘X、黎X
认知和语言沟通	理解能力好、短时记忆力好、执行能力强	理解能力好、短时记忆力好、执行能力较强	理解能力较好、短时记忆一般、执行能力一般
学习需求	强	中等	刘X中等，黎X一般
学习偏好	喜欢运动和音乐	喜欢吃零食	喜欢吃零食、唱歌听音乐

三、教学目标

本课的教学目标参照《盲校义务教育定向行走课程标准（2016版）》，具体如下：

学生层级		A	B	C
基础目标		1. 学生能够听音定位。（说出、指出、身体朝向或移动到方位均可） 2. 了解画圆法和栅栏法。 3. 能够运用方法寻找失落物体。 4. 通过寻找失落物的动作提高肢体协调，增强下肢稳定。		
差异性目标	听音定位、转向移动（范围≤1米）	移动到物体方位	移动到物体方位	移动到物体周围1米方位
	画圆法、栅栏法	学会两种方法	学会两种方法	学会其中一种方法
	寻找失落物体	根据情境，自主选择合适的方法找到失落物体。	运用一种方法找到失落物体。	老师引导下，运用一种方法找到失落物体

四、教学重点
学生熟练掌握寻找失落物体的方法和步骤。

五、教学难点
学生根据不同失落物的特性判断其掉落后的方位。

六、教学过程	设计意图
(一)游戏导入 教师活动： 引导学生进行摸鱼游戏。将鱼放在四方位，助教在四方位敲鼓，主教老师引导学生回到原点，并将鱼放入筐中。 学生活动： 1. 学生按队列队形排队。 2. 学生进行摸鱼游戏。 3. 学生将摸到的鱼放进老师准备的筐里。	通过运动觉感知身体和方位，熟悉周围环境，在游戏中进行听音定位，转向移动、上下部保护和下蹲等热身活动，激活相关动作模式。游戏活动能激发学生的学习兴趣，放松身心，为后续课程做铺垫。
(二)感受寻找失落物体的方法 教师活动： 1. 引导学生思考寻找失落物体的过程。 2. 老师进行分组。 3. 老师引导学生感受两种方法。 学生活动： 1. 学生思考摸鱼的过程和动作。 2. AB层学生一组，C层学生一组。 3. 学生在老师的引导下感受方法，并进行动作描述。	触觉感知，感受不同方法的路线、形状等，引导学生进行自主探索。
(三)学习画圆法和栅栏法 教师活动： 1. 讲解画圆法和栅栏法的动作要领。 2. 指导学生在教具上进行两种方法的练习。 3. 指导学生在地板上模拟动作并摆放物体。 学生活动： 1. 根据引导词做动作。 2. 在教具上进行分组练习。 3. 模拟动作并根据动作找到物体。	通过触觉进行方法路线学习，模拟动作形成肌肉记忆，反复练习巩固和强化动作。

续表

(四)找水果 **教师活动：** 1. 将水果丢落到地上，请学生进行听音定位并记住方位，让学生采用自己喜欢的方法进行找物。 2. 将圆形水果丢落到地上，提高游戏难度请学生寻找，老师从旁观察学生使用方法的情况。 3. 助教对C层学生进行辅助，引导找物。 **学生活动：** 1. 听音定位，记住掉落方位，选择自己喜欢的方法找物。 2. 听音定位，记住最后掉落的方位，并采用画圆法或栅栏法进行寻找。 3. 学生运用方法寻找失落物体。	检测学生对于画圆法和栅栏法掌握程度，以及寻找失落物体的综合运用能力。
(五)总结 **教师活动：**整理队形并对本堂课进行总结，布置作业。 **学生活动：**回顾本节课。	总结并帮助学生梳理知识点，给予学生课堂反馈和鼓励。

七、教学反思

(一)目标完成情况

本节课A、B层学生基本能够自主运用所学方法寻找失落物体，而C层学生也可以在引导下使用其中一种方法找到失落物体。学生通过本节课的学习，基本能达到教师预定的教学目标。4名学生在本节课目标达成情况如下：

学生层级		A	B	C
基础目标完成情况		基本达成本节课所设定的基础目标		
差异性目标完成情况	听音定位(范围<1米)	完成预期目标	完成预期目标	完成预期目标
	画圆法、栅栏法	自主使用画圆法找到物体	自主使用栅栏法找到物体	可以自主做出其中一种方法
	寻找失落物体	可自主找到	可自主找到	可在教师辅助下找到

(二)教学自我评估

教师在本节课中起到了引导和启发的作用，课程的重点有所呈现。在自主探索的环节中，充分尊重学生的主体性。在教学的过程中，体现了分层教学。在课堂教学中，教态大方，语言清晰，能根据课堂内容，制作适合学生使用的教具，能充分地利用学生的感知觉补偿来进行教学。

(三)经验总结
寻找失落物体是前几个章节所学知识的综合运用,本节课运用凯伯的知觉动作原理,通过大动作来感知物体在空间中的方位;通过触摸教具的形状和路线,形成直观感受;学生在大脑中建立"触觉地图",以此形成动作记忆,从而引出画圆法和栅栏法的方法和步骤。
通过"摸鱼"游戏来导入新课,增加学生学习的趣味性,同时检测学生听音定位的能力以及日常生活中的相关习惯性动作,摸鱼游戏能让教师了解学生的已有能力,做到心中有数。
分组教学能更好地关注到每名学生的学习需求,从而更好地进行个别化指导。本节课内容因和生活密切相关,失落物体具有不同的特性,本节课根据物体的特性来制订难度,做到了层层递进。
(四)不足之处与改进策略
在教学过程中,应当根据学生的课堂表现,提高部分学生的任务难度,让学生能够走向最近发展区。教学过程中活动强度稍低,活动中手部的活动还需要增加,活动量也可以相应增加。练习寻找失落物体的方法时,应让学生一边蹲走一边来练习"画圆法"和"栅栏法",更符合生活中的实际情况,而不是让学生原地练习。

> ## 三、培智教育个别化教学活动设计案例

(一) 培智学校二年级生活语文教学活动设计

表6-19　培智教育个别化教学活动设计案例——《我有一双手》

课题	《我有一双手》		
学科	生活语文	设计人	云南省昆明市五华区新萌学校 杨晓平
年级	二年级	主讲教师	杨晓平
一、教材介绍与分析			
本篇课文选自人教版《生活语文》二年级上册第二单元第六课。本册教材注重语言理解和说话能力的培养,以常见生活问题为主题进行口语训练、生活技能的学习,旨在培养学生的口语交际能力以及日常生活技能,以适应社会生活的需要,更好地融入社会。 《我有一双手》这篇课文以图文结合的形式呈现了一首小儿歌,通过课文的学习,旨在帮助学生理解手的特点、本领以及爱护手的方法,引导学生认识自我、了解自我。课文呈现听读说认四个训练内容,要求学生能够听指令指出"手指"的图片,能够跟读并理解课文,能够结合场景说词语、说句子,认识生字"十"。 本课时为第一课时,在之前的学习中,AB层学生已经能够指认和命名手及手指的图片,知道手指的部位,C层学生认识手的实物、模型,可进行图片配对。本课时将在学生原有的基础上进行学习,旨在提高A层学生短文的背诵能力及理解能力;提高B层学生短文的记忆能力、跟读能力及理解能力;提高C层学生的听指令能力和图片分类能力。			

续表

二、学情分析
(一)A层:杨×、沈×(2人)
A层学生听指令能力较好,能听懂大部分简单句子,乐意执行指令;静坐等待能力及课堂专注度较好;能够说出简单的句子,有部分字词吐字发音不清晰;认识手的图片和文字;会跟读,背诵小短文的经验较少,记忆有待提高;之前的生活经验及教学中较少涉及对文中"一双""本领""爱护"几个词语的理解。
(二)B层:那×、王×、孙×(3人)
B层学生具有一定听指令能力,能听懂单一指令,执行指令偶尔需语言提示;能在提示下遵守课堂规则,具有一定专注力,偶尔需要提醒。对游戏、声音非常感兴趣,能够在游戏化、活动化的课程中保持较高专注力;三人表达多以字词为主,王×能说短句,发音较为清晰,其余两人发音不清;认识手的图片,能指认命名;能跟读词语,句子需要提示;知道手的样子,但不能用语言表达出这个手的特点,不理解"本领""爱护"及"一双"的意思。
(三)C层:陈×、薛×、池×(3人)
C层学生能够听懂简单指令,但指令执行能力弱,需要不断进行口头提示,课堂安坐能力和课堂常规差,情绪容易失控;通过之前的学习,已经认识手的实物、模型,能够配对手的图片,分类各类手的图片掌握得还不够稳定。

三、教学目标
(一)分层目标
A层:
1. 能够背诵课文。
2. 能够说出手的特点、用途及爱护手的方法。
B层:
1. 能够在动作或语言提示下背诵课文。
2. 能够根据课文内容判断对错。
C层:能够在提示下分类手的相关图片。
(二)康复目标
在语言学习活动中进行口部练习及正音训练,增加词语、句子的学习,提高词汇量,提升口语表达的流畅度;在学习过程中加入听的环节,增强学生的听觉辨别能力和听觉专注力。

四、教学重点
背诵课文。

五、教学难点
理解"一双""本领""爱护"三个词语的意思。

六、教学过程	设计意图
(一)课前手部感知体验游戏 通过课前游戏——小手画,让学生去感知和体验手,引入所学内容。	通过感知和体验游戏,让学生对手的外形特点进行复习,自然而然引入本节课内容,并对后面学习"本领"一词进行铺垫。
(二)创设情境,导入课题 使用多媒体设备,以声音、图片等形式创设嘟啦和小熊误入手指城堡的场景,用语音播报的方式讲解走出城堡的规则:需要获取四条线索,就能打开城堡。	通过手指城堡的情景进行导入,并将这一情景串联到整节课的学习中,增强课堂趣味性,激发学生的学习兴趣。
(三)线索一:我有一双手 1. 情景:嘟啦和小熊走进第一扇门寻找线索。 2. 出示打乱的"我有一双手"几个字,A层学生来将其拼成完整的句子。 3. 教师带读:教师出示句卡,学生跟读,引导A层学生看着字来读。读的过程中对部分学生进行正音。 4. 教师讲解词语"一双"的含义,电子白板上出现各种各样打乱的"一双"物品,学生来摆一摆。(C层有提示,找一样的,AB层无提示) 5. AB层学生加上动作读句子,C层学生进行分类手的图片练习。	第一环节A层学生来进行连词成句,直接出示本环节的线索。 重点通过教师讲解来了解第一句话中"一双"一词的意思,不断进行练习,让学生了解这一词的含义。 每个层次的学生在不同环节都有各自任务。 在读的过程中加入动作,让学生能够更好地记忆。
(四)线索二:十个手指头 1. 情景:嘟啦和小熊走进第二扇门寻找线索。有一个握紧的拳头,点击握紧的拳头,出示数手指头的动图。 2. AB层学生跟着动图数一数手指头,辅助C层数一数。 3. 游戏下的数手指头。反复读"十个""手指头"。 4. 教师引导学生猜测图示句子。 5. 加上动作读句子。	这一环节通过看图跟着数手指头以及游戏下数手指头让学生能够清楚直观理解"十个手指头"的意思。 在游戏过程中不断读词语,为后续读句子做准备。 本环节由教师主讲逐步过渡为引导。
(五)线索三:小手本领大 1. 情景:嘟啦和小熊走进第三扇门寻找线索。 2. 箱子里摸东西,引导学生感受手可以做很多事情。 3. 学生回忆手可以做些什么,并自主说,教师在电子白板上图片展示总结。 4. 通过图片引出"本领"一词,读词语。 5. 出示句子,学生自主试读,教师带读。 6. 加动作读句子,学生自主想动作。C层学生进行分类练习。	本环节通过摸东西感受手的本领很大,可以摸出物品形状,猜测它是什么。 通过回忆手可以做的事情,包括课堂开始之前的"小手画",让学生更加深刻理解"本领大"一词。 本环节抛给学生较多问题,让学生进行思考,教师引导。

续表

(六)线索四:我要爱护它 1. 情景:嘟啦和小熊走进第四扇门寻找线索。 2. 游戏:"超能手"。 3. 引导学生思考在刚才的游戏中我们的手怎么了。 4. 学生自主思考并说一说要怎么爱护手。 5. 判断正误。 6. 引导学生说出句子"我要爱护它"。 7. 加动作读句子,学生自主想动作。C层学生进行分类练习。	本环节通过游戏让学生体验手是会受伤的,所以在日常生活中我们要爱护它。
(七)读整首儿歌 完整出示儿歌,各种方式来读一读。 分组练习:AB层学生读,C层进行图片分类练习。	通过各种各样的读来让学生记忆整首儿歌。 分层进行各自目标的练习。
(八)课堂练习 进行课堂小练习,了解学生学习情况。	对所学内容进行巩固,并通过练习了解学生学习情况。
七、家庭指导	设计意图
A层: 1. 向爸爸妈妈介绍小手的特点、本领以及如何爱护它。 2. 拓展阅读:阅读绘本《这是手》。 B层: 1. 读一读所学小儿歌给爸爸妈妈听。 2. 拓展阅读:阅读绘本《这是手》。 C层: 进行四组以上手的图片的分类练习。	对所学内容进行巩固和拓展。

八、教学反思

夯实语文基础 构建高效课堂
——《我有一双手》第一课时教学反思

(一)可取之处

1."课标导向",合理设计教学内容。

《培智学校义务教育课程设置实验方案》中指出培智学校生活语文教学强调立足学生核心素养发展,充分发挥语文课程的育人功能,强调语文性与生活性相结合。因此,在本节课中,以寻找线索为情景,依次引出每句课文内容,激发学生的学习兴趣,通过体验式操作游戏与实际生活场景理解"一双""本领""爱护"等词语的含义,在各种形式读的过程中增强其对儿歌的跟读、唱读、认读能力。将教学内容与生活实际相结合,在理解手的特点、本领及爱护方法的过程中提升学生的语文素养。

2."医教结合"，注重培养学生基础能力。

随着培智学校教育对象的复杂化，为了让学生得到全面发展，提出了"医教结合"的课改理念，主张在课堂中进行平行式康复和嵌入式康复。本班学生在语言发音、动作模仿、视觉追视、听觉注意、听觉理解等方面都存在较多问题。本节课中结合"医教结合"的理念，从学科特点出发挖掘康复内容。第一，在课前对学生进行了测评，发现部分学生发"手"这个音不清晰，因此，在课堂上对其进行针对性的正音训练，包括弹舌练习、压舌板摆正舌位等活动，学生发音具有一定改善。第二，在本节课中加入大量听的环节，包括听老师的指令、听小猴和小嘟啦的对话提取关键信息等，将听觉注意和听觉理解融入日常教学中。第三，本节课进行了大量动作和语言模仿练习，让学生在练习过程中，提高自身专注力和模仿力。

3.以"情"激趣，以"境"促学。

情景式教学是通过在教学中创设富有感情色彩的氛围和生活场景，引导学生在实际场景中感受问题、解决问题的一种教学模式。这种教学方式能够很大程度上增强学生学习的积极性和趣味性。培智学校的学生课堂专注度不够，生活语文学科受其知识性较强这一特点的影响，容易使学生感到枯燥乏味，学习动力不足。因此，在本节课中，我将"帮助嘟啦和小猴寻找线索走出城堡"这一情景串联到整节课的课堂教学中，使用大量图片和语音引导学生进行学习，让他们能够在寻找线索的过程中学会读四句小儿歌。学生的学习热情也相对较高，课堂氛围活跃。

4.巧用"体验式"教学，调动多感官参与。

体验式教学是指根据学生的认知特点和规律，通过创造实际的或重复经历的情境和机会，呈现或再现、还原教学内容，使学生在亲历的过程中理解并建构知识、发展能力、产生情感、生成意义的教学观和教学形式。在本节课开始之前，带领学生进行手部感知体验活动——"小手画"，让学生对手的外貌特点进行一个整体感知及回顾。在课堂中，使用"数手指"的方法了解"十个手指头"这句话的含义，利用"摸箱子里物品"的游戏让学生体验到手的本领很大，通过"食指拿牙签"的体验活动让学生感受到手是会痛会受伤的，因此应该好好爱护。通过摸、看、听、感受、体验等多种形式，调动学生多感官的参与。本节课通过较多体验式的活动，学生对课文中几个重点词语的含义掌握较好。

5.注重教学逻辑性，过渡衔接自然。

本节课的课文内容存在层层递进的逻辑关系，在讲解课文时保持一种"系统思维"，不单立地来看某一个教学内容，而是形成一种纵横勾连的认知网络。难度层层递进，抓住每句课文的重点，将活动与活动之间自然衔接。

(二)不足之处

1.对C层学生关注不够，课堂效率有待提高。

在本节课中，C层学生的课堂参与度过少。在进行前期教学设计时，原本给C层学生设置的个别辅导内容是找到每句线索过后，AB层自主读，C层进行个别目标的练习。但是在实际教学中，AB层学生自主读的能力较弱，老师辅导C层学生时AB层学生就不会读了，因此老师很难兼顾每个层次的学生，导致C层学生的课堂参与度过少。除此之外，C层学生课堂纪律较差，教师在讲课的同时还

续表

要管理C层学生的纪律,课堂节奏容易被打断,课堂效率不高。在以后的教学中应当思考如何在现有的教育资源条件下,在每个教学环节为每个层次的学生设置学习内容,高效利用课堂完成每个层次学生的目标。

2.教育机制有待提升。

智力障碍学生身心特点各不一样,课堂中教学元素较多,正式开展教学时常会出现预设外的状况。在本节课中池同学异常兴奋激动,出现了两次离座行为、很多次脱鞋及脱衣服的行为。池同学是一名孤独症,在日常生活中经常会出现情绪崩溃、哭闹、激动的行为,至今没有找到确切原因,也没有找到较为合适的解决办法。出现这样的现象,需要老师沉着冷静、控制情绪来安抚解决,但是本节课上我还是受到了学生的影响,打乱了教学节奏。在以后的教学中应当继续寻找学生情绪问题的解决方法,沉着冷静进行应对。

3.AB层学生自主学习能力的培养仍需加强。

在本节课中原本设置了较多学生自己读的练习,也给予了一些视觉提示,但是学生没有很好地完成,究其原因是学生自主学习能力较差,在日常课堂中的培养还不到位。在以后的教学中可以寻找一些方法,着重培养AB层学生的自主学习能力。如此,便可更好地来提高课堂效率。

4.教学内容稍多,课堂时间把控能力有待提高。

在公开课中总是想把所有内容都进行展示,让教学看起来很完整。但是,35分钟的时间,如果内容过多便不能讲解得深入、练习得充分。在本节课中,找到四条线索过后,应该还有几次完整读、各种各样方式读小儿歌的环节。但是时间原因,没有办法完成,课堂在找到四条线索时就结束了。究其原因一方面是安排的内容略多,可以把完整读的内容放在下一节课来完成;另一方面是对课堂的把控度还不够,教学节奏不稳,不能较好地将每个环节的时间合理利用。

5.教学基本功还需再扎实。

教学灵活度有较大提升空间,比如在第二个线索中,雅雯很快就总结出了"十个手指头",这个时候就可以出现线索,就不用再反复数手指了。但是教师还是按照原本计划进行活动,教学不够灵活,不会根据学生的生成对课堂进行调整。进行教学设计了,为了节省时间,没有进行板书书写这个环节,但是上完课后进行思考,这是一节语文课,板书是很重要的,不能只靠板贴,还是要有书写的部分。在以后的教学中,应当加大板书的练习力度,加快板书的书写速度。

(二)培智学校三年级生活适应教学活动设计

表6-20　培智教育个别化教学活动设计案例——《分担家务活——夹子的使用》

课题	《分担家务活——夹子的使用》		
学科	生活适应	设计人	云南省昆明市五华区新萌学校 杨维维
年级	三年级	主讲教师	杨维维

续表

一、教材介绍与分析

本节课选自培智学校义务教育实验教科书《生活适应》学科三年级下册第三单元"家庭生活"中的"分担家务活"一课。授课对象为三年级的智力障碍学生,他们已具备初步的生活自理能力,能够参与诸如倒垃圾、擦桌子等简单家务活动,并展现出积极参与家务劳动的意愿。然而,在面对需要精细动作完成的家务任务时,学生们则会遇到一定的困难。

根据培智学校生活适应课程标准的要求,该课程以学生实际生活为核心,关注他们在日常生活中的需求与问题,强调通过实践操作提升生活技能。针对三年级学生在参与家务劳动过程中所面临的具体需求和挑战,本课对教学内容进行了精细化处理,将家务劳动按照操作难度、参与程度及情境适用性等方面进行梳理和分类。

为了克服学生因精细动作能力不足而影响实际家务操作的问题,本课采用嵌入式康复教学法,巧妙地将小肌肉群训练融入日常教学中,在教授具体家务操作技能的同时,针对性地对学生手部小肌肉功能进行强化训练。

本节课以教材中"晾晒衣物"这一家务活动为教学切入点,引导学生认识并体验夹子在日常生活中的使用场景。通过亲身体验、动手操作和探究学习的过程,使学生获得直接参与晾晒衣物、整理物品等家务劳动的实际经验,从而更好地理解自己在家庭中的角色定位,学会承担起相应的家务职责,共同维护家居环境的整洁有序。这样的教学不仅有助于培养学生的实践能力,也为他们成长为具有良好公民素质和家庭责任感的个体奠定了扎实的能力基础和心理准备。

二、学情分析

本节课针对三年级中重度智力障碍学生进行设计,学生共有8人,其中:

学生姓名	障碍类型	惯用手	拇食指运用的能力	手指力量	手眼协调	上肢稳定性	学习能力
于x	中度智力障碍	左手	能使用拇食指撕纸,并贴在纸上	能够拧动玩具发条	能穿小的珠粒(0.8cm)	上肢能够完成日常基本操作,但上肢力量仍需加强。	有强烈的求知欲,能积极参与学习,有良好的学习习惯。
陈x	唐氏综合症	左手	能使用钥匙开锁	能使用订书机将两张纸订上	能搭起11—12块积木	上肢能够完成日常基本操作,但上肢力量仍需加强。	有强烈的求知欲,能积极参与学习,但学习自觉性差,需要常常提醒。

续表

陈x	听力语言障碍	左手	能使用钥匙开锁	能双手反方向拧干小毛巾	能搭起11~12块积木	上肢能够完成日常基本操作。	注意力不集中,能按要求完成学习任务。
撒x	唐氏综合症	左手	能使用钥匙开锁	能双手反方向拧干小毛巾	能将正方形纸对折2次成小三角形	上肢能够完成日常基本操作。	有强烈的求知欲,能积极参与学习,有良好的学习习惯,能够通过自己的思考解决问题。
施x	重度智力障碍	左手	能使用钥匙开锁	能够拧动玩具发条	能穿大的珠粒(2~3cm)	上肢能够完成日常基本操作,但上肢力量仍需加强。	能按要求参与教学活动,注意力不集中,需要提醒。
冷x	重度智力障碍	左手	能使用拇食指撕纸	能使用订书机将两张纸订上	能穿小的珠粒(0.8cm)	上肢能够完成日常基本操作。	能够按要求参与教学活动,基本能完成教学任务。
张x	重度智力障碍伴随发育迟缓	左手	能使用拇食指撕纸	能用刀将泥胶切开	能使用拇食指捡取珠粒(2~3cm)	上肢能够完成日常基本操作,右肢力量较左肢弱。	能积极参与教学活动,学习自觉性差,注意力不集中。
杨x	脑瘫伴随重度智力障碍	左手	能使用拇食指撕纸	能使用订书机将两张纸订上	能搭起7~9块积木	上肢能够完成日常基本操作,但上肢力量仍需加强。	对于较难的学习任务有畏难情绪,注意力不集中。

从上表可以看出大部分学生已经具备抓握、伸够的能力,但手指的力量不足,手指灵活度较差,手指与手指之间的有机配合需要进一步的训练。上肢的稳定性不够也影响了手腕、手指的协调活动。

三、教学目标

(一)共同目标

积极参与活动,在活动中体验成功与参与劳动的快乐。

(二)分层目标

A层:

1. 能够根据不同的需要选择适合的夹子;

2. 通过练习,能够开合不同难度的夹子;

3. 通过训练,提高拇食指同时运用的能力;

4. 培养学生动作操作的兴趣,养成热爱劳动、热爱生活的品质。

B层:

1. 认识3种不同的夹子名称和功能;

2. 通过练习,能够使用夹子夹住物品;

3. 通过训练,增强手指力量,提高手指的灵活度;

4. 培养学生动作操作的兴趣,养成热爱劳动、热爱生活的品质。

C层:

1. 认识2种不同的夹子名称和功能;

2. 通过活动,能够拇、食指配合打开夹子;

3. 通过训练,增强上肢的稳定性,增强手指力量;

4. 培养学生动作操作的兴趣,养成热爱劳动、热爱生活的品质。

(三)康复目标

1. 通过夹子的使用学习,提高学生拇食指同时运用的能力;

2. 通过捏、握等多种方法,锻炼学生的手部小肌肉群,增强手指的力量及灵活度;

3. 利用不同物品使用夹子的开合力量要求,锻炼学生的拇食指的力量。

四、教学重点

生活中夹子的选择与使用,正确开合夹子。

五、教学难点

夹子不同的使用方法。

六、教学过程	设计意图
(一)情景导入 1. 森林音乐会。 2. 小怪物的闯关游戏。	以故事激发学生的好奇心,为接下来的游戏进行铺垫。

续表

(二)闯关游戏 1. 第一关:吃水果(双手抓握小肌肉训练器,进行上肢稳定性及手部小肌肉训练。 A层学生每只手握10磅的分指四孔握力圈; B层学生每只手握5磅分指四孔握力圈; C层学生每只手握康复握力球。 2. 第二关:森林里的毛毛虫(使用夹子完成游戏活动)。 3. 音乐放松活动:跟着音乐一起进行上肢活动。	通过游戏活动,将枯燥的训练与有趣的游戏结合在一起,激发学生的兴趣,并根据夹子的使用方法设计不同难度的游戏活动,使学生循序渐进地掌握夹子的使用。 通过音乐放松活动,进一步对学生的上肢、手腕、手指进行灵活性训练。
(三)夹子的使用 1. 情景启发:小乐手晾晒的衣物被风吹走。 2. 认识常见的夹子,了解夹子的基本功能,引导学生知道夹子多种的使用场景及方法; 3. 选择夹子参与不同难度的晾晒任务;根据学生能力分配相应的任务。 A组学生进行小毛巾的晾晒; B组学生进行小袜子的晾晒; C组学生在辅助教师的支持下完成使用裤夹晾晒质较硬鞋。 4. 认识不同外形、功能的夹子。 5. 根据任务,找到自己认为合适的夹子,并完成任务。 任务一:整理帽子;任务二:整理卡片;任务三:晾晒毯子。	将夹子的使用方法迁移到生活场景中,使学生更容易将习得的技能进行泛化。通过参与不同的家务劳动,巩固强化学生对于夹子的使用。 通过使用夹子参与不同的家务劳动,观察学生对于夹子的使用,对课堂目标进行后测。为下节课的教学内容以及目标的制订提供依据。
(四)放松活动 1. 评价学生学习情况; 2布置课后任务。	通过课堂评价对学生在教学活动中的表现给予肯定,树立学生的自信。引导学生积极参与家务劳动,布置课后学习任务。

七、家庭指导	设计意图
A层： 1. 使用家中不同型号的夹子,使用夹子夹起物品如：袜子 毛巾。(每天可进行3至4次) 2. 练习对指肌力训练器,锻炼手指力量及灵活性。(每天可进行5次,每次持续时间2分钟) 3. 游戏"夹子制作小动物"家长准备小动物的卡纸,将夹子作为小动物的手、脚、耳朵等。(每天可进行1次) B层： 1. 使用家中小号的夹子,使用夹子完成相应的家务劳动如：晾晒袜子、整理帽子。(每天可进行3至4次) 2. 练习分指四孔握力圈,锻炼手指力量及灵活性。(每天可进行5次,每次持续时间2分钟) 3. 游戏"谁是小刺猬"和孩子做"石头剪子布"的游戏,输了的一方要把1个夹子夹在自己的衣服上,看看最后谁的衣服上夹子最多。(每天可进行1次) C层： 每天抓握有一定重量的物品,如：装有水的饮料瓶,进行手臂的开合、上举练习,锻炼上肢的稳定性。(每天可进行5次,每次持续时间2分钟)	在日常生活中,利用自然环境,巩固学习的内容,让学生能够学以致用。让家长及时了解教学内容,选用生活中常见的物品,在家中对孩子进行有针对性的指导,使教学内容在家庭中得到延伸,起到更好的训练效果。

八、教学反思

本节课在教学实践中,融合了生活实践、多维度康复理念以及开放生成式学习等多种特色,并针对智障学生的个体差异实施了差异化分层教学。具体表现为如下几个方面：

(一)教学特色

生活与实践结合：本课程教学活动紧密围绕学生日常生活,注重实践性,确保学生在课堂上获得直观体验,并能将所学知识技能灵活运用到实际生活中。

多维度康复融合：康复理念贯穿于教学全过程,旨在为学生提供学习和生活的有效支持。通过综合评估结果,制订个性化训练目标和活动,巧妙地将平行式康复与嵌入式康复相结合,以满足不同学生的康复需求。

开放与生成式教学：营造一个开放且轻松的教学环境,鼓励学生发散思维,不设思维边界。课程从一系列开放性问题出发,在自主探究和动手实践中,引导学生发现如衣物分类晾晒、使用小夹子晒被子等预设之外的问题,激发新的学习点。差异化分层教学：鉴于智障学生的显著差异性,尤其是障碍程度的轻重不一,本课程设计时对同一内容如游戏、晾晒衣物、整理物品及课后任务均实施了层次化设置,确保每个学生都能找到适合自己的挑战水平。

续表

(二)提升方向
教学内容深化与拓展：目前仅对"晾晒"这一家务劳动进行了深入探讨和生活应用扩展，未来将进一步细化并延伸其他各类家务劳动的教学内容。计划深度解读教材内涵，构建系列化的教学模块，比如折叠技巧系列、清洁擦拭系列等。同时，根据本校、本年级学生的具体特点，精选和改编相关课程内容，切实落实生活适应课程标准，使教学更具针对性和连贯性。
重度学生参与策略优化：针对重度智力障碍学生在培智课堂教学中的参与度低问题，如何确保他们在生活适应课程中也能有所收获，是亟待解决的重要课题。未来教学工作中，我将针对每一位重度学生的个体需求设定适宜的教学目标，探索采用同伴协助教学、定制辅具辅助学习以及影子教师等多种策略，力求提高重度学生在课堂教学中的参与度和学习效果。通过不断反思与实践，努力让每一个学生在课堂上都有所成长和进步。
本节课致力于构建一个全方位、个性化的教学体系，既强调生活实践的融入与康复理念的整合，也注重开放创新的教学方式和差异化的学生发展。今后，我将持续深化并拓展教学内容，细致挖掘各类生活技能的教学价值，并积极探索重度智力障碍学生参与课堂的有效途径，力求在实践中不断优化教学策略，促进每一位学生的全面发展与进步，让教育成为他们实现生活自理、提高生活质量的重要桥梁，进而助力他们在融入社会的过程中收获自信与尊严。

(三) 培智学校五年级生活数学教学活动设计

表6-21　培智教育个别化教学活动设计案例——《两件商品的购买》

课题	《两件商品的购买》		
学科	生活数学	设计人	玉溪市特殊教育学校 吴金廉
年级	五年级	主讲教师	吴金廉
一、教材介绍与分析			
培智学校课程注重以生活为核心，强调满足学生生活适应、社会适应的基本需求。生活数学课程是促进学生思维发展、生活技能形成的重要学科，旨在促使学生掌握必备的数学基础知识和基本技能，培养学生的思维能力，为学生适应生活、适应社会奠定基础。 本课教学内容选自人民教育出版社出版的培智学校义务教育实验教科书《生活数学》五年级上册《20元以内人民币的计算》单元的内容。本单元课时为4课时，本课为第一课时，内容为"两件商品的购买"。本课设置了"超市购物"情境，将"两件商品价格相加等于两件商品总价""20元以内钱币的点数和支付""购物付款基本步骤"等知识技能融入教学内容，通过课堂实践，促使学生将习得的数学知识与技能迁移到生活实践中，有效掌握实际购物技能，提高生活适应能力。			
二、学情分析			

本班共12名学生,其中发育迟缓5名,脑瘫3名,唐氏综合征2名,孤独症2名。按学生认知能力、课堂综合能力强弱将其依序分为A、B、C三层,按层级组成学习团队:黄、红、蓝队。

A层(黄队4人):总体认知能力较好,指令听从佳,注意力相对集中,语言表达能力尚可;掌握20以内进位加法,口算能力稍好;熟悉各种面值的人民币,能自主购买20元以内的单件商品。

B层(红队4人):认知能力尚可,指令听从良好,注意力易分散,语言表达稍弱;有20以内不进位加法基础,口算能力稍弱,能借助手指计算;能区分20元以内各种面值的人民币,能购买20元以内的单件商品。

C层(蓝队4人):认知能力较弱,基本能遵守课堂常规,注意力易分散,语言表达能力弱,其中两名只能使用片语表达;三名学生有一定数量概念,在协助下能使用计算器进行20以内的加法计算,一名学生无数量概念;在协助下能指认20元以内面值的人民币,在协助下能完成10元以内单件商品的购买。

三、教学目标

(一)知识与技能

A层(黄队):

1. 熟悉"算两件商品总价用加法",根据两件商品的价格,熟练列式算出总价在20元以内的应付钱款。

2. 能以计算结果为准,灵活数出相应的钱数付款。

B层(红队):

1. 知道"算两件商品总价用加法",能根据两件商品的价格补充加法算式,算出总价在20元以内的应付钱款。

2. 能用一种钱币组合方式数出20元以内的钱数。

C层(蓝队):

1. 协助下用计算器按给定式子算出10元以内的应付钱款。

2. 协助下点数10元以内人民币。

(二)过程与方法

A层(黄队):

通过提出和解决数学问题,灵活应用数学知识解决两件商品的购买问题,培养用数学思维解决实际问题的能力;通过"超市小游戏"及时巩固新知;通过"班级超市购物"活动实践、迁移新知;利用代币系统的应用激发课堂参与的积极性和主动性。

B层(红队):

通过引导解决数学问题,初步训练解决数学问题的思维能力,获得购买两件商品的基本能力;通过"超市小游戏"及时巩固新知;通过"班级超市购物"活动实践新知;利用代币系统激发课堂参与的积极性和主动性。

C层(蓝队):

通过教师引导、协助和个别辅助,能读取标价签,获得价格与钱数对应的基本能力;通过"超市小游

续表

戏"、"班级超市实际购物"活动及时巩固、实践新知;利用代币系统激发课堂参与的积极性和主动性。
(三)情感态度与价值观
激发数学学习兴趣,了解数学与生活的联系性,体验自主购物的乐趣,感受购物技能的重要性,培养团队精神和小组合作意识。

四、教学重点
1. 会根据购物情境求出两件商品的总价。
2. 能以计算结果为准,数出相应的人民币付款。

五、教学难点
1. 在实际购物情境中,灵活应用课堂所学,将本课知识在生活中有效实践和迁移。
2. 以计算结果为准,根据手头的钱币面值,灵活数出20元以内的钱数付款。

六、教学过程	设计意图
(一)创设情境,引入新课 1.出示PPT,创设乐乐购物情境。 2.提问引导学生翻到课本第54页,在课本中找出转笔刀和笔袋的价格,说出价格。 3.引导学生提出数学问题:买两件商品一共需要花多少钱?	情境导入,激起学生主动学习与探究的兴趣。以乐乐要买两件商品为情境线索,启发学生提出"买两件商品一共需要花多少钱"的数学问题,开启课题。
(二)新授:如何计算两件商品的价格 1.教师讲解。 (1)以解决"一共需要花多少钱?"这一数学问题,启发学生列出加法算式,计算出购买转笔刀和笔袋的总价。 (2)小结:算两件商品的总价,可以把两件商品的价格加起来。 (3)教师陈述买转笔刀和笔袋一共要付17元,引导学生点数17元人民币,贴于黑板上展示。 2.自主学习,小组探究。 (1)课件出示贝贝和天天去买玩具的情境。 (2)引导学生观察贝贝和天天的购物清单,找出关键的数学信息(价格),分组解决数学问题。(一共需要付多少钱?) (3)教师分发作业单,指明各组任务: 红队(B层)帮贝贝计算买两件玩具要多少钱; 黄队(A层)帮天天计算买两件玩具要多少钱; 蓝队(C层)找出贝贝要买的玩具的价格。	首先,以问题解决为线索,引导学生带着问题学习与探索新知:"要求两件商品的总价就把两件商品价格合起来相加",启发学生推导得出购买两件商品用加法计算。教师引导下运用正确的方法数钱付款。 接着,出示贝贝和天天购买两件商品的情境,利用两个不同难度的加法算式,让A、B层学生小组合作完成进一步的探索,解决两件商品的购买问题。本环节的分组活动不仅能强化课本上例题1的知识,同时落实了分层教学目标。

(4)教师巡视指导,对C层进行个别指导。 (5)依次请红队、黄队同学分享探究结果,说说各自的算法和结果,教师给予相应指导和点评。 (6)教师小结。 (三)练习付款 1. 出示人民币,复习人民币面值。 2. 请红、黄队(A、B层)代表分别到讲台上找出15元、14元贴至黑板相应位置。 3. 分发装有1元、5元、10元币值人民币的托盘至各组,要求: 红队(B层)帮贝贝数出15元钱至另一托盘内; 黄队(A层)帮天天数出14元钱至另一托盘内; 蓝队(C层)找出贝贝要买的玩具的价格(找到10元、5元钱币贴到对应价格下)。 4. 教师指导蓝队(C层),巡视其余两队。 5. 针对学生完成情况给予反馈并小结。	此环节对C层的教学难度做出下调处理,同时实施个别化教育,能促使C层学生有效参与课堂。 最后,分组按计算结果数出相应钱数进行付款,检验学生知识掌握情况,强化其数钱付款能力。利用教具指导C层,有效实施个别化教育。
(四)巩固练习,实践新知 1. 购物游戏,巩固新知。 (1)教师出示游戏界面1(天天购物情境),教师演示游戏,说明游戏规则。 (2)教师按顺序出示游戏界面2、3、4(天天、贝贝购物情境),学生轮流参与游戏,教师适时进行反馈和讲解,引导学生进一步熟悉"算购买两件商品总价"用加法计算。 2.购物体验,实践新知。 (1)教师出示货架(货架上备有各种商品),激发学生的购买欲望。 (2)兑换各队在本节课获得的筹码。 (3)教师发放购物选项单,请红、黄队(A、B层)队员根据兑到的钱数选定两件商品,制作购物清单,列式计算出购买两件商品的总价,点数出相应的钱款等待购物。教师协助蓝队(C层)制订购物清单、列式、用计算器算出总价、点数钱款,准备购物。 (4)各小组依次派代表进行购物实践。	游戏是学生喜闻乐见的活动,把学习任务做成交互性游戏,学生在玩中学、在玩中练,寓教于乐,有助于学习主动性和积极性的激发。 "班级小超市"购买活动是与人民币有关课程的常规活动,也是本班代币系统实施的一个主要形式。本环节将学生获得的代币兑换成真正的钱,顺理成章地实践、迁移新知,激发学生学习的浓厚兴趣,一举两得。 本环节协助C层学生使用计算器计算,目的在于利用计算器代偿其运算能力,训练学生逐步获得使用计算辅具的生活技巧。

续表

(五)课堂总结 今天我们学习了购买两件商品的方法,就是用两件商品的价格相加,计算出总价,根据算出的结果进行付款。(强调付钱的时候记得要点数清楚)	这一环节通过看图跟着数手指头以及游戏下数手指头让学生能够清楚直观理解"十个手指头"的意思。 在游戏过程中不断读词语,为后续读句子做准备。 本环节由教师主讲逐步过渡为引导。
(六)拓展延伸:支付方式拓展 生活中,除了能用现金付款以外,我们用什么方式付款? (引导学生回答:微信扫码支付、支付宝支付、刷卡支付) 课后延伸——作业布置 黄队(A层):自主决定购买20元以内的3件商品。 红队(B层):按照作业单要求购买20元以内的2件商品。 蓝队(C层):在父母协助下购买20元以内的2件商品。	本环节通过摸东西感受手的本领很大,可以摸出物品形状,猜测它是什么。 通过回忆手可以做的事情,包括拓展生活中的其他支付方式,有助于学生开阔眼界,丰富学习、生活经验。 置购物实践作业,有助于知识的应用和迁移,促进学以致用;作业分层设计,为不同认知层次的学生提出了有针对性的个别化要求。
七、家庭指导	设计意图
A层: 1. 到超市完成日常购物:2件商品的购买。 2. 拓展:尝试在超市购买3件物品。 **B层:** 1. 在父母协助下,到超市完成日常购物:2件商品的购买。 2. 拓展:尝试在超市购买3件物品。 **C层:** 父母协助下,在日常购物时,用计算器计算2件商品总价。	对所学内容进行巩固、拓展,促进课堂所学知识的泛化与实际应用。

八、教学反思

本次课程在教授"两件商品的购买"这一数学知识的过程中,取得了一定的教学成效。首先,在教学方法上,我尝试通过启发式教育引导学生自主提出和解决与购物相关的实际问题,逐步搭建起学生对数学知识的理解框架,让学生在探索过程中自然习得理论知识并提升其实际应用能力,这一策略显然得到了良好的反馈,多数学生能够积极参与并从中获得学习乐趣。

在教学准备与设计方面,本节课注重结构化的处理方式,无论是教学环节的设计还是教具学具的选择与使用,都做到了充分且有序,确保了整个教学流程行云流水、自然流畅,为学生营造了一个良好的学习环境。特别是通过引入购物游戏和模拟真实购物活动,有效地将课堂氛围推向高潮,大大激发了学生的参与热情和积极性,尤其是代币系统的运用,让每个学生都能主动投入到课堂活动中。

同时,我在课堂中坚持关注每一位学生的个体差异,实施个别化支持策略,从"教学前后评测表"的数据来看,各层次的教学目标均达成良好,分层及个别化教学效果显著,有力地推动了全体学生的学习进步。

然而,反思本节课的教学实践,也发现了尚待改进之处。对于那些在课堂互动中较为内向或者不善于主动表达的学生,我需要进一步加强关注,创设更多机会让他们发声,鼓励他们积极融入课堂讨论,从而提高他们的课堂参与度。此外,针对学生的即时反馈和需求,我应提升回应的及时性和针对性,强化多元化的教学支持手段,确保每一个疑问都能得到充分解答,每一份努力都能得到及时的认可。

综上所述,本节课在实现教学目标、创新教学方法以及关注个体差异等方面取得了较好的效果,但也意识到在关注全体学生、满足不同需求方面的改进空间。未来教学中,我将持续优化教学策略,力求使每一堂课都成为学生愉快学习、有效成长的过程。

思考题

1. 自选一个学科撰写一篇学期教学计划。

2. 试阐述基于学科教学的课程调整的策略和方法。

3. 自选一个学科中的一个内容撰写一篇教学活动设计。

第七章

基于学科教学的个别化教育教学实施

本章聚焦

1.说课和评课的含义与内容。

2.上课所需的教学基本功、现代教育信息技术和教学策略,以及课堂教学的组织与管理。

3.关于说课和上课的案例分享。

本章结构

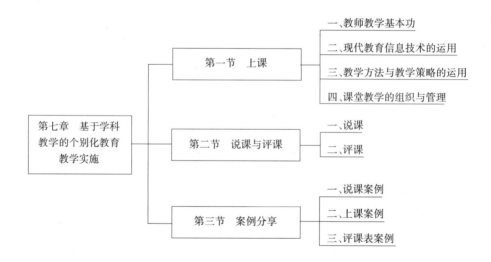

教学活动设计、说课、上课和评课这四个核心环节在教学实践中构建了一条"设计—预演—执行—反思"的闭环式教学链,它们之间相互关联、相互促进,共同构成了教育质量提升与教学实践优化的动态循环。在这个过程中,教师的教学基本功、现代教育信息技术能力以及对多元化教学策略的灵活运用,对每个环节的质量把控与效能提升起着至关重要的作用。

第一节　上　课

在当今教育多元化与个性化的趋势下,教师的教学基本功和现代教育信息技术的融合运用已成为提升教学质量、促进学生全面发展的重要基石。尤其在听障、视障和培智教育这三大特殊教育分支中,教师不仅需要具备深厚的专业素养与针对性的教学技能,更要善于借助现代化教学手段,灵活采用多元化的教学策略与管理方法,以满足不同障碍学生的学习需求,实现个体潜能的最大化开发。

＞　一、教师教学基本功

在特殊教育领域中,教师的教学基本功对于有效传递知识、促进学生发展具有决定性作用。在本章节里,我们将重点探讨这三类特殊教育教师应掌握的教学基本功,以便为特殊教育学生提供高质量、个性化的教育教学服务。

（一）听障教育教师教学基本功

1. 手语沟通能力

教师不仅需要精通并熟练运用中国手语,还应具备一定的手语文化素养,理解手语作为语言系统的内在规律和语法结构。教师需要根据学生的年龄和发展阶段,教授适合的手语词汇、句式以及表达习惯,并结合视觉艺术、表情和体态等非言语手段增强交流效果。掌握手势歌谣、手语故事表演等多种形式的教学方法,更能激发学生学习兴趣,培养他们的社交沟通能力和自信心。

2. 听力学基础知识与应用

教师应深入了解听力损失的成因、病理过程及预防措施,理解和掌握不同年龄段听障儿童的语言发育关键期,及时进行干预以促进其语言发展。能够识别和解读各类听力图,结合医学诊断结果制订个性化的听力康复计划。了解听力损失对个体心理、情绪和社会适应性的影响,以及如何通过心理咨询与支持帮助学生克服相关困难。

3. 助听设备及听力补偿技术

教师应熟悉助听技术的最新进展,了解各类助听器、人工耳蜗以及其他辅助听力设备的功能特点和适用范围。能够根据学生的听力状况进行助听设备的精准调试,并指导学生正确佩戴、使用和维护这些设备,以最大程度地提高其听力补偿效果。

4. 言语-语言康复训练技能

根据听障学生个体差异,教师设计和实施语音、发音、韵律及流畅度的矫正训练,引导学生逐渐形成清晰准确的口语能力。结合听觉训练和阅读理解训练,提高学生的语言理解和书面表达能力。创设丰富的语言输入环境,如朗读、讲故事、角色扮演等活动,促使学生在自然情境中习得语言。

5. 适应性教育教学法

教师要发展多元智能理论指导下的教学策略,充分利用多媒体教学资源,如视频、动画、图像等视觉媒介来传达信息。积极应用将复杂任务分解为小步骤的结构化教学法,并辅以实物、模型、图表等直观教具,帮助听障学生理解和记忆知识内容。实施小组合作学习,鼓励同伴间的互动交流,促进学生社会交往能力和团队协作精神的发展。

听障教育教师是特殊教育领域不可或缺的专业人才,他们需不断拓宽视野,深入研究听障学生全面发展的需求,在实践中精进教学基本功,从而为听障学生创造更加包容且充满可能性的学习环境,助力他们克服障碍,实现自我价值和社会融入。

(二) 视障教育教师教学基本功

1. 盲文读写技能

视障教育教师必须精通现行的盲文体系,包括但不限于汉字点字、数字点字、音标点字以及各类特殊符号和数学盲文。他们不仅需要熟练掌握盲文书写与阅读技巧,还要教授学生如何准确快速地通过触摸识别和表达信息,确保学生能够独立完成学业任务,并在日常生活中运用自如。

2. 触觉图、触摸教具的设计、制作和使用

(1) 触觉图:教师应具备设计并制作各种适应不同学科内容的触觉图形和模型的能力,如地理地图、数学图形、科学实验模型等,以帮助视障学生通过触摸感知空间结构和抽象概念。

(2) 触摸教具:根据教学需求创新开发和改造触感丰富的教具,这些教具可以是实物、立体模型,也可以是带有纹理、形状变化的平面材料,旨在让视障学生通过非视觉方式理解和学习知识。

3. 非视觉教学法

教师需灵活运用听觉、触觉、嗅觉、味觉等多种感官替代视觉的教学手段,比如利

用声音描述、模拟场景、角色扮演、体验式教学等方式,使视障学生能够在多维度的学习环境中获取知识、理解世界。

4. 生活技能与独立生活指导

教师需要教授视障学生日常生活所需的各项技能,包括对其个人卫生、饮食烹饪、衣物洗涤、室内清洁等自理能力的培养,以及定向行走、使用导盲杖、公共交通出行等独立行动技能训练。引导学生学会处理社会交往中的问题,如礼仪规范、人际沟通、情绪管理等,提高其在社区环境中的适应能力和自我保护意识。

5. 盲校辅助设备的使用技术

教师应熟悉并能教授学生正确操作各类助视设备和技术,如电子助视器、盲用计算机软件、有声读物播放器、盲文点显器等现代科技产品,以及传统的点字手表、语音计算器等。了解并教会学生如何充分利用无障碍设施和资源,如盲文图书、盲文教材、触感标识系统等,使其能在学习和生活中更加自主和便利。

6. 视觉康复训练基础知识和技术

教师需要掌握视力障碍儿童的视觉功能评估方法,了解不同类型视力障碍的特征和发展趋势,为视觉康复训练提供理论基础。结合医疗康复专家提供的专业意见,实施视觉康复训练计划,如眼球运动训练、视知觉训练、低视力矫正镜片的使用训练等,在最大程度上改善学生的残余视力或代偿视力功能,提升其生活质量。

由上可知,视障教育教师的教学基本功涵盖了语言沟通、感知教育、生活技能训练、技术辅助以及康复干预等多个层面,旨在为视障学生提供全方位的支持,促进其全面发展和潜能的最大发挥。

（三）培智教育教师教学基本功

1. 个别化教育计划的拟订与实施

培智教育教师首先需掌握针对每个智力障碍学生进行个性化评估的能力,根据学生的认知能力、兴趣特长、行为特点以及发展需求,科学合理地拟订个别化教育计划。在实施过程中,教师要能够灵活调整教学策略和方法,确保教育目标既能符合学生的个体差异,又能促进其全面发展。同时,教师应定期对学生的学习进步情况进行追踪评估,并据此动态优化教学方案。

2. 康复训练与支持的相关知识技能

教师应具备一定的特殊教育康复专业知识,包括但不限于言语治疗、物理疗法、职业教育等领域的基础理论和实践技能。他们需要了解各类智力障碍学生的特征和发展规律,结合学生实际状况提供针对性的康复训练方案。此外,还需熟悉并掌握各类辅助技术及设备的使用,以支持学生的学习活动和社会功能恢复。

3. 行为干预与管理技能

在培智教育中,行为干预是重要组成部分。教师需熟练运用行为分析原理,识别并理解学生的行为问题,采用正向行为支持、应用行为分析等专业手段对不良行为进行有效干预和矫正。同时,还要懂得如何建立积极的行为支持环境,培养和强化学生的良好习惯和社会适应性行为。

4. 生活技能与社会适应性训练

培智教育教师不仅要关注学生的学业学习,还必须重视其生活技能和社会交往能力的培养。这包括教授日常生活自理技能(如饮食、穿衣、个人卫生等),以及更为复杂的社会技能(如购物、乘坐公共交通工具、参与社区活动等)。通过模拟真实情境的教学方法,帮助学生积累实践经验,提高他们在日常生活中独立解决问题的能力,最终实现更好地融入社会的目标。

由上可知,培智教育教师的教学基本功是一个集教育学、心理学、康复医学和社会学等多个学科领域知识于一体的综合体系。培智教育教师不仅要具备扎实的专业素养,还要有极高的同理心和耐心,能够在实践中不断创新教学方式,为每一位智力障碍学生构建一个既充满关爱又具有挑战的成长空间。

(四)其他教学基本功

1. 特殊教育理论知识

特殊教育教师需要深入研究自己所教学生障碍类型的生理学基础、心理发展规律及其对学习的影响,还需了解和对比各类障碍学生的共性和差异性特点。需熟练应用多元智能理论,尊重并挖掘学生的多种潜能,同时依据个别化教育计划的理念,为每位学生量身定制个性化教学方案。

2. 家庭与社区协作

特殊教育的成功离不开家庭与社区的支持与合作。教师应具备良好的家校沟通技巧,能够建立有效的家校联系机制,共同制订学生的个别化教育方案。此外,还要积极参与社区资源的整合与利用,推动形成学校、家庭和社会三位一体的教育支持网络。

3.持续专业发展与自我提升

特殊教育教师应当保持强烈的终身学习态度,不断参加各类专业培训课程、学术研讨会以及国际交流活动,紧跟教育研究前沿,更新教育理念与方法。通过反思日常教学实践、分析典型案例、分享成功经验等方式不断提升自身的教学策略和问题解决能力。

4.信息技术整合能力

在现代信息技术的引领下,特殊教育教师必须具备高度的信息技术整合能力,这包括熟练掌握和运用各种先进的科技工具和技术手段,将它们融入到日常教学实践之中。例如,数字化教材不仅能够动态呈现课程内容,还支持个性化学习路径;辅助沟通软件则为特殊学生提供了多元化的表达与交流平台;在线教育资源平台则汇聚了丰富的互动资源,便于教师根据学生个体差异进行定制化教学。通过巧妙整合多媒体元素如动画、视频、音频以及创新触觉反馈机制于课程设计中,教师可以显著优化特殊学生的课堂体验,增强其主动参与意识,并深层次地促进学生的知识理解和技能习得。

5.随班就读指导基本理论和基本技能

特殊教育教师必须全面理解和掌握随班就读政策、原则及相关理论,针对听障、视障、培智等不同类型的学生,在融合教育环境中对其实施有效的随班就读策略。这要求教师能够提供适宜的支持服务,比如为随班就读的听障学生配备听力补偿设备,教授普通教师简单手语以增进交流,或者为视障学生创设无障碍教室环境、提供触觉教具以辅助学习等。同时,教师还应协调特教资源教师与普通班级教师之间的合作,确保营造包容接纳的课堂氛围,根据随班就读学生的发展状况及时评估其进步程度,并据此灵活调整教学方案,力求使他们在融合教育体系中实现最大可能的发展成果。

由上可知,特殊教育教师的专业教学基本功构成了特殊教育教师职业素养的核心内容与价值体现。特教教师需要在各自教育领域中展现出教育智慧和人文关怀,不断深化并拓宽特殊教育的教学实践,以满足不同障碍类型学生独特且多元的学习需求。持续强化并优化特殊教育教师的教学基本功建设,是提升整个特殊教育行业水平和教学质量的关键性措施之一。只有这样,我们才能确保每一位有特殊教育需要的学生获得更加优质且个性化的教育服务,帮助他们克服障碍,充分实现教育公平与个体发展的双重目标,共同推动我国特殊教育事业步入新的发展阶段。

> 二、现代教育信息技术的运用

随着现代教育信息技术的飞速发展与广泛应用,特殊教育领域迎来了前所未有的变革。在听障、视障及培智教育中,创新技术正发挥着至关重要的作用,为特殊需要学生创造更加包容、无障碍、个性化且高效的学习环境。

（一）现代教育信息技术在听障教育中的运用

1. 类型

（1）实时字幕和转录技术:通过先进的语音识别系统,教师授课内容能够实时转化为文字,并显示于屏幕之上,为听障学生提供即时、同步的文字信息,使他们能够在没有声音输入的情况下紧跟课堂进度,全面参与到教学活动之中。

（2）听力增强设备与软件解决方案:FM无线调频系统,能有效解决教室环境中的噪声干扰问题。诸如此类的现代教育信息技术能将教师清晰的音频信号直接传送到学生的助听器或植入式听力设备中,显著改善听障学生的听觉体验。

（3）视觉和触觉提示系统:通过灯光闪烁、屏幕文字提示以及振动警报等多种形式,能确保听障学生在各种场合下都能及时接收到重要通知、时间提醒和其他原本依赖声音传播的信息,从而提高了其对周围环境变化的敏感度与反应能力。

（4）在线手语课程平台与视频通信工具:此类工具为听障学生提供了便捷的学习资源和服务,不仅能够让他们学习和提高手语技能,而且支持远程互动学习,让听障学生不受地理位置限制地融入到广泛的学习社区中,促进与其他学生及教师之间的无障碍沟通交流。

2. 注意事项

（1）设备适配与优化:针对听障学生的个体差异,应确保所有辅助技术设备如实时字幕系统、听力增强设备、视觉和触觉提示装置等都能进行精细化调试与个性化优化配置,以最大程度满足每位学生独特的听力需求和使用习惯。

（2）多元沟通方式结合:在利用现代化辅助技术的同时,不应忽视传统的非听觉沟通手段。教师应当结合手语教学、唇读训练以及其他直观的交流方法,促进听障学生全面理解和参与课堂活动,避免过度依赖单一的技术支持,实现多元化、多渠道的无障碍沟通环境。

（3）培训与技术支持：为保障辅助技术的有效应用，学校及相关部门需为学生、教师以及家长提供详尽的操作指南和技术培训，使他们熟悉各类设备功能及使用方法，并确保能够及时获取持续的技术支持服务。同时，也要关注使用者在实际操作中可能遇到的问题，定期进行技术跟进和指导，共同推进无障碍教育环境的建设和完善。

上述技术和策略的共同运用，旨在全面提升听障学生获取信息的能力，跨越沟通障碍，实现个性化干预和支持。它们有效地帮助听障学生克服听力上的挑战，在语言习得、口语表达以及社交互动等多方面取得实质性进步，确保他们在学校和社会环境中都能够活出精彩人生，实现全面发展。

（二）现代教育信息技术在视障教育中的运用

1. 类型

（1）电子助视装置：此类装置包括光学放大镜、数字屏幕放大器以及屏幕阅读软件等工具，主要通过光学或数字化手段增强视力受损学生对文字、图像和其他视觉信息的感知和理解能力，使他们能够独立完成阅读、写作及网络信息查询等任务。

（2）盲文转换与显示设备：此类技术能够将电子文档实时转化为触觉可读的形式，如通过点字显示器展示布莱叶盲文，或者借助盲文打印机输出实体盲文文本，确保视障学生能够无碍地接触到各类书面资料。

（3）触摸反馈与触觉地图技术：利用3D打印技术、触觉图形模型和立体地图制作手段，为视障学生提供实物形态和空间结构的真实模拟，帮助他们在触摸中感知物体形状、理解和记忆地理信息，从而提升抽象概念认知和空间思维能力。

（4）智能语音合成与导航应用：搭载先进语音技术的移动应用程序不仅能够朗读屏幕内容，还具备室内定位、路线指引等功能，极大地方便了视障学生在校园内外环境中的独立行动，提高了他们的出行能力和信息获取效率，助力其更好地融入社会生活和学业活动。

2. 注意事项

（1）设备适用性与易用性考虑：在配备和使用电子助视装置、盲文转换与显示设备等技术辅助工具时，需充分考虑不同视障学生个体差异及视力损伤程度的特殊需要，确保选择的设备具有良好的适应性和易用性。同时，应关注设备的人体工学设计，保证学生能够长时间舒适使用,并且关注设备与各类学习平台、教材资源的兼容性,以便于他们无障碍地获取和处理信息。

(2)教育材料无障碍格式要求:为确保视障学生能够无差别地参与学习,所有教材、课件、网络教育资源等都应当遵循无障碍标准,采用可转换为语音或盲文的格式进行制作。例如,文本资料应支持屏幕阅读器解析,图像图表需配有详细的文字说明,视频内容需提供音频解说或者字幕等。

(3)技术更新与维护:随着科技发展,相关的辅助技术也在不断进步和完善,因此,学校和教育机构应定期对现有的新技术设备进行升级维护,包括软件系统更新、硬件保养以及故障排查修复等,以保持设备始终处于最新状态和最优性能水平,有效满足视障学生日益增长的学习需求和生活便利需求。此外,还应定期开展针对教师、家长和学生的培训活动,帮助他们掌握新技术的正确操作方法和最佳使用策略。

上述现代视障辅助技术在实际应用中不仅显著提升了视障学生的自主学习能力,促进了他们对抽象知识的理解和三维空间感知的发展,同时也极大地增强了他们在日常生活自理、独立行动乃至公共场所活动的能力,有力推动了视障学生全面而有尊严地融入教育和社会生活的各个层面。

(三)现代教育信息技术在培智教育中的运用

1.类型

(1)多媒体互动学习软件:此类软件融入了动画和游戏化元素,旨在针通过创造生动有趣、直观易懂的学习环境来提高智力障碍学生的学习兴趣与参与度,将抽象或复杂的知识点转化为富有趣味性和互动性的学习内容,从而有效吸引学生的注意力,激发他们的内在学习动机,并帮助他们逐步掌握知识,降低复杂任务的难度。

(2)AAC交流辅助工具:这些工具结合了符号、图片、简单文字及语音输出的功能,专门服务于有严重沟通障碍的学生群体,助力他们清晰地表达需求、情感和观点。通过使用AAC辅助工具,智力障碍学生能够逐渐提升自身的沟通技巧,增强自信心与独立性,进而促进他们在社交场合中的有效沟通和融合能力的发展。

(3)智能化评估与康复训练系统:此系统利用数据驱动的方法持续跟踪和记录智力障碍学生在各领域的能力发展情况,根据数据分析结果,自动为每个学生生成个性化的训练计划和教学建议。这种精准的教学支持有助于针对性地解决学生在学习和发展过程中的问题,同时也有利于教育者制订更科学合理的康复方案,以全方位支持智力障碍学生的全面发展和进步。

2.注意事项

(1)符合认知发展阶段的教学设计:在使用多媒体互动学习软件时,应确保其动画、游戏等元素符合智力障碍学生的认知水平和发展阶段,避免过于复杂或简单化,既要激发学生兴趣,又要确保内容的有效性和适宜性。在应用AAC交流辅助工具时,教师所选择的符号、图片和语言素材的难易程度需要与学生的理解能力相匹配,以确保辅助工具能支持他们逐步提升沟通技能。

(2)定期评估与动态调整:不论是采用多媒体互动学习软件进行知识传授,还是借助AAC交流辅助工具促进沟通能力发展,或是通过智能化评估与康复训练系统实施个性化教学,都需要教师定期对智力障碍学生的学习效果进行细致评估。根据评估结果,及时调整教学内容、节奏和方法,以适应学生不断变化的学习需求和个人成长轨迹。

(3)满足个性化需求与防止依赖:在利用各类信息技术辅助教学过程中,教育者需要充分考虑每个智力障碍学生的个性化差异,灵活设计和定制适合他们的学习资源和方案。同时,要注意引导学生合理使用这些工具,既要充分利用技术手段弥补他们在学习和沟通中的困难,又要培养他们独立解决问题的能力,避免对技术工具产生过度依赖,确保技术辅助始终服务于学生全面发展的核心目标。此外,在日常教学中还需结合传统的人际交往与实践活动,保持教育环境的多元化与平衡性。

信息技术与培智教育的深度整合,有力地拓展了教学方式和策略,不仅大大增强了学习过程的趣味互动性,还切实帮助智力障碍学生克服他们在认知理解、沟通交流及康复训练中遇到的各类挑战。这样的深度融合为个性化教学和精准化支持提供了强有力的工具,确保每一位智力障碍学生能够最大限度地挖掘自身潜能、提升各方面能力,并逐步走上更广泛的社会融入之路。

由上可知,现代教育信息技术在听障、视障和培智教育中的实践运用,不仅弥补了传统教育手段的局限性,而且极大地拓宽了特殊教育的可能性边界。从实时语音转译系统到触觉反馈装置,从电子助视器到AAC交流工具,每一项技术都在助力特殊需要学生克服自身局限与困难,更好地融入主流教育和社会生活。然而,我们也应清醒认识到,在享受技术带来便利的同时,要确保其恰当地服务于每个个体的独特需求,避免产生依赖，并注重结合传统的教育方法以达成最佳教学效果。

＞ 三、教学方法与教学策略的运用

在上课这一核心环节中，科学运用多元化的教学方法和策略，不仅有助于打造生动活泼且富有成效的即时课堂，更能帮助每一位学生建构坚实的知识体系、拓展原有认知结构，同时充分发展他们的多元智能与潜能。

（一）兼顾全体与个别，促进学生全面发展

在实施个别化教育的过程中，教师需巧妙地将普遍教学与个性化指导融为一体，确保每一位学生在特殊教育环境中都能获得包容且均等的教育机会。为了实现这一目标，教师应当：

1. 精准把握个体差异

关注每个学生的个性化需求和发展特点，尊重其独特的学习风格和兴趣点，确保课程设计既能满足全体学生的基本要求，又能激发个体潜能。

2. 全面促进多元智能发展

教师不仅要致力于提升学生的认知能力，更要深入挖掘和培养他们在情感、态度及行为规范等方面的素养。对于有特殊需要的学生，尤其要重视情感关怀与心理健康教育，通过精心的教学活动，培养他们的自尊自信、自主决策能力和互助互爱精神，助力其全面发展。

3. 灵活运用多样化的教学策略

在课堂教学实践中，教师应根据不同学生的特点，灵活运用多种教学方式与方法，如针对听障学生提供视觉辅助，为动觉型学习者安排实践操作等，以适应不同个体的学习需求，并保证全体学生在课堂中的积极参与和有效学习。

4. 搭建有效的沟通桥梁

借助语言、书面、非言语交流以及现代多媒体技术等多种沟通手段，强化与特殊需要学生之间的互动联系。同时，建立互助学习伙伴机制，及时反馈并解决特殊需要学生的问题，提供精准而有针对性的教学支持。

总之，在特殊教育学校中，教师通过以上综合策略，旨在构建一个兼顾全体学生与个别需求的教学体系，既要确保所有学生在认知领域的同步进步，又要充分关注他们

的情感体验、价值观念和社会行为的发展，从而创建一个既有利于全体学生共同成长，又能充分挖掘并发挥每个学生独特潜能的良好教学环境。

（二）预设与生成辩证融合，实现个性化潜能发展

在特殊教育的教学设计中，教师构建一套逻辑严密、内在连贯的教学内容框架是至关重要的预设环节。这一核心工作旨在为学生提供一个坚实的知识基础和发展路径。然而，为了真正实现每个特殊需要学生潜能的最大化挖掘和个性化学习体验，教师的角色绝不能仅仅停留在精心策划预设课程内容的层面，而应当积极投身于课堂实践，深入参与并引导教学现场的动态生成过程。

在特殊教育课堂上，教师不仅需要具备扎实的专业知识，更需练就一双敏锐洞察的眼和一颗细腻关爱的心，时刻关注每一个学生的即时反馈与个体特性反应。例如，在教授数学概念时，针对视力障碍的学生，教师可创造性地运用触觉材料，如立体几何模型、盲文图表等，让学生通过触摸感知几何形状的变化、理解抽象数学概念的本质，从而将看似遥不可及的知识点转化为生动、直观且可操作的学习体验。此外，教师可设计开放性问题，如"如何运用我们今天所学的数学方法解决日常生活中遇到的问题？"以激发学生结合自身的亲身经历与现实生活场景来思考和解决问题。

在特殊教育环境中，妥善处理预设教学与课堂生成之间的辩证关系至关重要。这意味着教师要充分尊重每一位学生的个体差异，包括他们的认知方式、学习风格以及情感需求，并能够根据这些差异灵活调整教学策略，以确保教学活动既有结构性又有开放性，形成富有层次和内涵的教学互动。这种教学方式不仅能有效推动全体学生的全面发展，尤其对于有特殊教育需求的学生而言，它将在极大程度上助力他们在认知能力提升、情感智能发展以及社会适应技能习得等多个层面上取得实质性的进步和成长。

（三）灵活运用强化机制，实现个性化精准激励

强化物在特殊教育情境中的应用是教学干预和激励机制的核心要素，它具有高度的针对性与灵活性。这一强化策略不仅限于非物质性奖励，如教师的口头表扬、真挚的肯定以及颁发体现学生个人成就的荣誉证书等；还延伸至设计各类符合特殊需要学生特点的比赛与挑战活动，如视力障碍学生的手工制作比赛、听障学生的艺术表演赛等，以激发他们的潜能并提升自信心。当然，物质性的激励手段同样不可或缺，例如，

根据学生的兴趣爱好及学习进步情况发放定制的小礼品,或是建立一套易于学生理解的积分奖励系统,用量化的方式记录和认可学生们的努力和成绩。在特教学校中,教师可以为阅读困难的学生设立阅读打卡奖励制度,可以为有语言沟通障碍的学生设置一系列可实现的短期目标,每当他们完成一定的阅读量或成功完成一次表达任务时,就给予相应的积分或小礼物作为激励。

在实际操作中,要实现强化物的巧妙利用,需要教师深入了解每个学生的独特性,制订出针对性强且灵活多样的激励方案。例如,对于有肢体障碍但动手能力强的学生,在完成特定技能训练后,可为其颁发象征技能掌握程度的徽章;而对于社交能力较弱但学业优秀的学生,则可通过组织小组合作项目,并对其团队协作表现进行积分奖励,以此来培养其社交技能。

为了充分发挥强化物的作用,特殊教育学校的教师可以设置可视化工具,如班级积分榜、荣誉墙或成长档案,记录每一位学生的点滴进步与突出表现。这些工具不仅能及时对学生付出的努力给予公开的肯定,更能营造一个既尊重个体差异又强调公平竞争的学习环境。在这种环境中,学生们能够在彼此的鼓励与竞争中激发出内在动力,从而在认知技能、社交交往、情绪调控等多个方面获得实质性的提升与发展。举例来说,某特殊教育学校开展了一项"每周进步之星"评选活动,通过教师观察和同学互评相结合的方式,选出本周在某个领域(如沟通交流、生活自理、学业知识等)取得显著进步的学生,并将他们的照片和事迹展示在荣誉墙上。此举不仅增强了被选中的学生的成就感和自尊心,同时也鼓励了其他学生向榜样看齐,共同营造了一个积极向上、相互支持的学习氛围。

(四)调动多感官参与,实现全人发展

现代特殊教育理念尤其重视"全人发展"和多元智能的发掘与培养。针对听障、视障、培智等不同类型的特殊需要学生,教师需深入理解并充分利用各种感官通道的独特作用,设计出针对性的教学策略和活动,以适应他们的个性化认知方式,促进他们对知识的全方位感知、深刻理解和长期记忆。

在听障教育中,教师可以巧妙运用视频展示结合字幕或手语翻译的方式,使听障学生能够通过视觉途径获取信息,理解和掌握知识点,同时辅以清晰的唇读示范,帮助他们理解语言表达的细微差别。此外,还可以结合节奏鲜明的振动设备或触觉音乐元素,帮助听障学生感知节奏和韵律,从而提高他们对抽象概念的理解能力。

在视障教育中,教师要注重运用触觉资源进行教学,例如提供立体模型、盲文教材及触感丰富的实物教具,使视障学生能通过触摸感知几何形状、物体结构以及科学实验中的关键过程,从而加深对抽象概念的理解。同时,引入盲文打字机、语音识别软件等高科技工具,帮助视障学生实现独立阅读和信息获取,进而提升他们的学习自主性和创新能力。

在培智教育中,教学方法更侧重于实践操作和多感官体验。例如,借助虚拟现实技术创造沉浸式场景,将复杂的知识点转化为可感知的互动体验,有助于培智学生更好地理解和掌握抽象概念;在唱游律动课堂中,教师结合悦耳动听的音乐旋律引导学生模仿,锻炼听觉反应力和音乐节奏感;生活技能课程则可以设计丰富的实践活动,让学生亲手操作,以便其从实际操作的成功中获得成就感,增强动手能力和解决问题的实际技巧。

总之,在特殊教育环境中,充分调动学生的多感官参与教学过程是实现全人发展和个性化教学的核心手段,旨在确保每一位特殊需要学生都能通过最适合自身特点的学习方式,有效吸收知识,全面提升各项能力,并最终在亲身体验和实践中达成全面发展目标。

（五）确保知识点准确传递,整合学科特点和学生个体差异

在特殊教育的教学实践中,教师面对的是具有不同能力水平、学习方式及特殊需要的学生群体,特别在教授具体知识点时,其责任尤为重大。所以,首要任务是确保信息传达的准确性与可靠性,这是建立学生正确知识体系的基础。这要求教师始终保持严谨的教学态度,严格审查教学内容,避免出现任何可能对特殊学生造成认知混淆或误导的不准确表述和片面观点。同时,教师需要深入理解并掌握各学科的核心知识,并充分考虑每一位学生的个性化需求和认知特点,设计出灵活多样的教学方法和策略,以适应不同类型特殊教育学生的学习路径。

例如,在数学教学中,针对有特殊需要的学生,教师可以采用更为直观、生动的教学手段,如利用实物模型、图像辅助工具等具象化手段,逐步引导他们建立起逻辑严密的推理框架,培养他们在抽象思维领域的理解和创新能力。对于视力障碍的学生,可以通过触觉材料让他们感知几何形状,进而理解数学概念;对于认知障碍的学生,则通

过分解复杂的数学问题为简单步骤,帮助他们逐步掌握解决问题的方法。

例如,在语文课程的教学过程中,教师应注重情感表达和人文素养的培育,精选多样化的文学作品,结合丰富的文化背景和生活情境,引导学生进行深度阅读和情感体验,提高他们的语言表达能力和人际交往技巧。为听障学生提供手语翻译或字幕支持,以便他们更好地理解文学作品的情感内涵;而对于言语发展迟缓的学生,可通过角色扮演、故事创作等方式,激发他们的口语交流欲望和社会适应能力。

总之,在特殊教育环境下,只有将确保知识点传递的准确性原则融入到各个学科的教学核心,同时紧密结合每门学科的独特性和学生的个体差异,才能真正推动特殊教育学生在学科核心素养上的全面提升,并为他们全面发展奠定坚实的知识基础和能力结构。例如,某特殊教育学校针对孤独症学生开设了一门融合艺术与科学的综合课程,通过绘画创作和简单化学实验相结合的方式,既锻炼了他们的精细动作能力和观察能力,又激发了他们的创造力和好奇心,实现了多维度的成长和发展。由此可知,特殊教育中的教学不仅仅是传授知识,更是要关注每个学生的个体成长和发展,尊重其独特性,实现教育公平与教学质量的双重提升。

上述相互融合、极具综合性与时效性的教学手段,为不同层次、不同类型的学生搭建起一个既能深入掌握学科知识体系,又能充分发掘自身潜能的个性化成长舞台。在这个舞台上,学生的社会适应能力和全面素质得以同步提升、大放光彩。

> 四、课堂教学的组织与管理

在特殊教育课堂教学中,教师需要采取灵活而有序的教学组织与管理模式,充分考虑到学生的需求差异和行为特点,确保课堂秩序的同时,激发学生的学习积极性和参与度。

(一)创设适应性强的教学环境

特殊教育学生的需求呈现出显著的多样性和复杂性,为此,教师需基于学生的个别差异灵活调整课堂布局和教学环境配置。例如,对于未佩戴助听设备的听障学生,教师需确保其坐在便于观察教师唇语或手语的位置;对于佩戴助听设备的学生,需确保其设备与讲台的距离适中,方便学生实时获取课堂信息。对于视障学生,教室内的设施需易于触摸识别,如设有盲文标签的物品、触觉地图和实物模型,同时提供电子助视器、盲文点显器等技术辅助工具,确保视障学生能够通过触觉和听觉获取教学内容。对于培智学生,教师需考虑其可能存在的认知和行为特点,设置简洁明了的教学区、活动区和休息区,并提供结构清晰、色彩鲜明的教学材料和互动教具,以适应其学习方式和认知水平。此外,不论何种类型的特殊教育学生,教室布局都需确保通行无阻,特别是为轮椅使用者和需要特殊移动辅助的学生留出足够的空间,以实现安全、便捷的教学环境。

（二）建立清晰的课堂规则与积极的行为支持系统

在特殊教育课堂中,建立一套清晰且积极的课堂规则对维持课堂秩序、有效管理和引导学生行为至关重要。教师需根据特殊教育环境的特性,量身定制适应学生需求的行为规范,并结合正向行为支持策略,以鼓励学生的正面行为,及时地纠正不适当的行为表现,从而降低潜在问题的发生率。例如,教师可与视障学生一同制订"在教室内部移动时务必提前告知周边同学""使用盲文板或点字设备时保持安静专注"等规则,以培养其独立性和安全感。同时,教师需及时对视障学生在盲文阅读、盲杖使用等技能上的进步给予积极的认可和奖励,以此激发其学习热情和参与课堂活动的积极性。针对听障学生,课堂规则可以包括"在使用手语或电子沟通设备进行交流时保持眼神交流""在他人发言时及时开启并专注于助听设备的声音输入"等,这些规则有助于其培养良好的沟通习惯和团队协作精神。在此基础上,教师需运用正向激励,赞赏听障学生在手语学习、语音识别能力提升等方面所做出的努力,进一步巩固其的自信心和自我认同感。对于培智学生,教师可以设定如"完成任务后举手示意""轮流分享和交换玩具及学习资源"等规则,以培养其规则意识和基本的社交技能。对于个别学生在情绪调节和社交技能方面的需求,教师需提供个性化的行为干预方案,例如在课堂活动中融入情绪识别训练、角色扮演等实践教学环节,通过实际操作,引导学生学会有效控制情绪、增进对他人的理解和尊重,从而促进其在社会适应能力和情绪管理方面的健康发展。

（三）分层教学与小组合作相结合

教师需依据学生的个体能力差异,灵活开展分层教学,确保不同层次的学生都能在适合自己水平的教学内容中获得适宜的挑战与进步。同时,借助小组合作学习的方式,鼓励不同能力的学生在团队中互相协作、相互学习,这样不仅能帮助他们在学业上共同进步,更有助于培养其团队协作能力与人际交往技巧。例如,可以让全盲学生与低视力学生结对,共同完成包含触觉元素的艺术创作、科学实验等活动,通过互相协作,视障学生可以提高自身的感知和表达能力,同时也能增进与他人的沟通交流。对于听障学生,教师可以根据其听力损失程度、手语能力以及语音识别能力进行分层教学。对于培智学生,教师需根据学生的认知能力和社交水平进行分层教学,为不同能力的学生提供合适的学习材料和任务。在小组合作中,教师可以设定简单的角色分工,让不同能力的学生协同完成拼图游戏、生活技能训练等活动,通过共同努力达到目标,从而提高其自信心和团队合作意识。

（四）构建灵活有序的课堂活动结构

特殊教育课堂通常需要更为结构化的教学流程,以帮助学生更好地理解和跟随课堂进程。在此基础上,教师也需具备高度的灵活性,随时根据学生在课堂上的不同反应和需求变化,适时调整教学速度和内容。例如,对于视障学生,教师在进行教学时可以先通过口头描述和触觉体验的方式介绍主题,然后借助盲文资料、触觉模型或音频文件进行详细讲解。在学生进行盲文阅读或操作触觉材料时,教师需密切关注其反应,根据学生理解的程度和速度,灵活调整讲解的深度和速度,适时提供额外的解释或重复教学环节。对于听障学生,课堂活动应结合手语和字幕展示,确保信息传递的准确性。教师在讲解知识点时,可采用视频演示、实物展示以及手语同步翻译等多种方式,同时观察学生的反应,根据学生是否跟上教学节奏,及时调整手语的速度、清晰度或切换到另一种教学方法。对于培智学生,课堂活动结构应简化且明确,每一步骤都清晰指示,并辅以视觉、听觉等多感官刺激。在教授某一概念或技能时,教师需先通过形象化的实例引入,再逐步展开讲解,一旦发现学生在某个环节出现困惑或难以跟上进度,教师应立即停止或回溯,用更直观、简化的语言重新解释,或者调整教学活动,例如增加实物操作、互动游戏等环节,确保每个学生都能在适宜的节奏中理解和掌握知识。

（五）建立多元化的课堂评价与反馈机制

建立多元化的课堂评价体系,教师需除了关注学生知识技能的掌握程度外,更要重视学生在情感、态度、价值观及社会适应等方面的发展。通过实时、有效的反馈机制,帮助学生清晰认知自己的优点与不足,鼓励其在课堂上勇敢尝试、不断进步,从而在持续的自我修正与发展中提升综合素质。例如,对于视障学生,除了考查其对盲文知识的掌握程度,教师还需关注其在触觉感知、空间定位、情感表达和独立生活技能等方面的表现。对于听障学生,评价体系需覆盖手语表达能力、语音识别与唇读技巧、听力训练的进步以及团队沟通与协作的表现。对于培智学生,评价指标需兼顾认知技能、社会交往、情绪调控以及生活自理能力等多个维度。

由上可知,特殊教育教师在组织和管理课堂教学过程中,不仅要注重教学内容的适宜性和有效性,还要致力于创建一个包容、互助、积极的学习氛围。教师需充分发挥教育智慧和耐心,用心观察每一位学生的特点和需求,及时调整教学策略,确保每一位特殊教育学生在安全、舒适的环境中享受学习的乐趣,最大程度地发掘他们的潜能,培养其全面发展的核心素养。

综上所述,课堂组织和管理为教学活动提供了物理和行为层面的框架,教学方法和策略是在这个框架内实施具体教学行动的原则和手段,而教师基本功是实施一切教学活动的根本支撑,现代技术运用则是提升传统教学手段、革新教学模式的重要驱动力。这五个方面相辅相成,共同构建了现代教育体系中高效优质的教学实践。

第二节　说课与评课

"说课"与"评课"作为教育实践中的两个重要环节,分别从自我表达和他人审视的角度,有力地推动了教师的教学反思与专业发展。前者要求教师清晰地表述教学思路与方法,后者则借助他人的反馈与建议,促使教师持续优化教学行为,提高教学质量。

> 一、说课

说课这一概念起源于我国20世纪80年代,历经四十多年的发展与实践检验,已逐步形成了完善的理论体系,并在教学实践中占据了重要地位,成为评价教师专业能力、推动教学改革和提高教学质量的有效手段。

（一）定义

说课是一种非课堂教学情境下,教师运用口头表达和多媒体展示相结合的方式,对某一具体教学内容或课题进行深入剖析和设想解读的过程。在说课中,教师不仅需详尽阐述其教学设计方案的具体实施步骤，还要紧密结合教育学理论基础，解析支撑这些设计背后的原理依据。相比教案的简单陈述，说课更关注教学目标的确立逻辑、教学内容的选择理由、教学方法的策略性应用、教学过程的精心布局以及教学评价体系的整体构建等环节的深入剖析与整合。

在实际操作中，说课通常借助精心制作的多媒体课件来辅助阐述教学构思，让听者能够直观、生动地理解教学设计方案。优质的课件不仅注重信息的准确传达，还强调美学设计，如首页布局整洁有序、目录结构层次清晰，同时关注文字量、字体色彩与字号大小等视觉元素，确保课件既具有实用性又具有观赏性。然而，说课的灵魂在于教师的语言艺术与逻辑思维能力。教师需具备精准流畅的语言表达能力，从教材研读、学情分析到课堂互动设计、教育资源整合利用，再到课后辅导规划，全程详细诠释教学活动的每一个环节。为了达到最佳效果，说课时教师需注重语言节奏把控，适时调整音量与语速，措辞严谨且具有专业性，充分融入教育设计理念与理论依据；同时，通过肢体语言、眼神交流等非言语沟通手段，强化个人教学理念的传达，使得听者能够深刻理解并接纳所提出的教学策略。

作为一种深度的教学研究实践活动，说课对于提升教师的专业素质、培养具备研究素养和学者特质的教师队伍至关重要。它不仅能加强教师之间的教学研讨实效，推动教育资源共享，还有利于深化教育教学改革，不断激发教师自我更新教育观念、拓展专业知识领域、提升语言组织能力和公共演讲技巧，从而有力促进整体教学质量的持续优化与提升。

（二）分类

根据发生时间的不同，说课分为课前说课和课后说课。课前说课发生在正式授课之前，课后说课发生在授课之后，二者均需教师对教学设计方案进行完整阐述，但在目的、内容和重点上各有侧重。其中，课前说课需要教师对课堂中可能出现的问题进行预测，并提出相应的解决策略；课后说课则需要教师对已经进行的教学活动进行回顾、反思与评价，从而提出教学调整的方案，为今后的教学活动提供指导。

（三）内容

说课作为教学研究和设计的重要手段，涵盖了对教学全过程的细致梳理与深入解读，主要包括以下八大核心内容。

1.阐述教学内容

首先,在深入分析课程标准的基础上,明确本课题在学科体系中的定位、功能及其教育价值,并紧密结合课程整体目标予以详尽阐释。接下来,对选用教材进行深层次剖析,探究其内容架构、知识脉络、核心知识点以及内在逻辑关系,同时揭示教材中蕴含的教育理念,确保教学素材与教学目标的有效衔接与支撑。

2.分析学生情况

全面了解学生的认知水平、学习习惯、兴趣爱好、已有知识储备等学情信息,以个别化教育计划为基础,尊重并充分发挥学生的主体地位,确保教学活动具有针对性和实效性。

3.设定教学目标

根据课程标准要求及对学生实际需求的深入了解,设定明确、可测量、可行的教学目标,涵盖知识技能、过程方法和情感态度价值观等多个维度,确保教学目标既符合学生当前的实际需求,又能对接他们的未来发展需要。同时,要详尽解释设立各项目标的具体依据和预期达成的标准。

4.明确教学重难点

明确指出本节课的教学重点与难点,并详细解释确立这些重点难点的原因。同时,展示通过何种教学策略和方法有效突破难点、突出重点,以提升教学效果。

5.教学策略与方法选择

详细介绍将采用的教学策略、模式、手段和具体方法,并论述选择这些方法的理由,强调其对于实现教学目标的关键作用。

6.说明教学准备

全面概述为实施本次教学所做的各项准备工作,包括物理资源(如教具、多媒体资料等)的筹备、心理预备活动(如通过有趣的导入设计激发学生的学习兴趣)以及个人专业知识和技能的提升和储备。此外,详细介绍教学过程中将利用的各种教育资源,以及如何有效整合现代教育信息技术手段,提高课堂教学效率与效果。

7.详解教学过程

深入解说整个教学流程的设计思路,详细描绘各个教学步骤,包括新课导入、新知讲解、实践活动、互动讨论、总结归纳等各个环节的设计意图与实施细节。同时,板书设计也是重要一环,合理规划板书布局和内容选择,体现其对学生思维引导和课堂信息传递的重要性。在此基础上,还要探讨课堂管理措施和灵活多样的教学组织形式,确保良好的教学秩序和学生的积极参与。

8.构建教学评价与反馈机制

阐述制订的教学评价标准、评价方式以及反馈机制,旨在客观公正地检验学生的学习成效,及时获取反馈信息,进而持续改进和完善教学设计,推动教学质量不断提升。

教师在进行说课时,可根据教学活动的时间轴,将说课过程划分为课前设计阶段(包含教学内容分析、学情分析、教学目标设定与重难点确定)、课堂实施阶段(涉及教学策略与方法选择、教学准备、详细教学过程设计),以及课后反思与优化阶段(着重于教学评价与反馈机制的构建)。在课堂实施阶段的叙述中,教师必须紧扣"教师活动""学生活动"与"设计意图"的主线,清楚阐明"教什么"(具体教学内容)、"怎么教"(所用教学方法和流程),以及"为何这样教"(教学背后的理论依据和实践目的)。通过透彻理解和展示这些教学元素之间的紧密联系,教师能够显著增强教学设计的科学性、合理性与创新性,使教学实践更符合教育规律,适应学生个性化发展的需求。

由上可知,说课作为一个全面、立体的教学研讨与设计平台,通过深化教学内容解析、精细学生学情分析、科学设定教学目标等一系列严谨的教育研究过程,成功地连接了教学理论与实践,实现了教学过程的优化与教学质量的持续改进,对于培育高素质教师队伍和满足学生多元化学习需求具有不可替代的作用。

> 二、评课

评课是教学管理与教育科研工作中的重要组成部分,它既是深化课堂教学改革的关键抓手,也是强化教学常规管理的有效途径。通过系统性地开展评课活动,能够对教师的课堂教学全过程及其效果进行全面而深入的挖掘和客观评价,从而推动教学质量的持续优化,促进教师专业能力不断提升,并关注学生学习过程及成效,助力其全面发展。

(一)定义

评课是在听课或观看授课视频之后展开的教学研究与评价环节,旨在通过对教师的教学设计、实施及成果等多维度进行综合评估,揭示教学实践的优势与不足,为改进教学策略、创新教学方法提供具体建议。这一过程既关注教师的教学技艺展示,又强调对学生学习过程的关注,确保教学活动符合教育规律、具有针对性,并能有效激发教学创新活力。

在实际操作中,评课紧随听课后展开深度探讨,对执教教师课堂表现进行全面细致考查,涉及教学设计科学性、教学实施有效性以及教学成果的实际检验等多个层面。此外,评课尤为关注教学目标在预设阶段与实际教学过程中的设定与达成情况,以保证教学符合教育规律且满足学生的个性化需求。

（二）内容

1. 教学目标达成情况评估

评价教师对教学目标设定的精确性,以及在课堂中有效传达、引导学生实现这些目标的能力。同时,详细分析教师如何通过精心设计的教学活动,确保学生在知识技能、过程方法及情感态度价值观三个维度上均取得显著的进步和成长。

2. 教学内容处理的评价

深入剖析教师对教材内容的解析与处理方式,考察其是否能精准提炼重点难点、以易于理解的方式呈现知识点,并保证知识传授得准确无误。此外,验证教师所教授内容是否符合课程标准要求,以及是否能够根据学生的个体差异、认知水平进行灵活调整,从而真正促进全体学生的有效学习与进步。

3. 教学程序与设计的合理性

分析教师的教学流程设计是否逻辑清晰、连贯有序,课堂结构布局是否科学合理,教学节奏控制是否有助于学生理解和掌握知识,以及各教学环节间的过渡是否自然流畅,以保持良好的课堂氛围和学生注意力。

4. 教学方法与策略的有效应用

审视教师在课堂中采用的教学方法和策略是否具有针对性、创新性和有效性,能否激发学生的学习兴趣,促使学生积极参与到教学活动中来。对比分析教师在实际教学中选择并应用的教学手段和方法是否得当,是否注重多样性和灵活性,同时是否积极进行了教学方法的改革与创新,旨在提高教学效率,调动学生的学习积极性。

5.教师教学基本功的表现

细致观察和评估教师在板书设计、教态展现、语言表达、实验演示等方面所展现出的教学基本技能水平,判断这些基本能力是否规范、高效地服务于课堂教学目标。着重考量教师如何巧妙运用现代教育技术手段,如多媒体资源,辅助教学活动,提升教学质量,并关注教师在使用过程中体现出来的创新意识和技术整合能力。

6.教学组织与课堂管理效能

对教师在实际教学过程中对教学节奏控制、课堂秩序维护、突发事件应对等方面所展现出的组织管理水平进行综合评价,探究其如何创建一个既能满足学生学习需求又能保障和谐有序的教学环境。

7.教学效果与学生发展状况

着重评价课堂教学对学生认知能力的发展、思维品质的培养、问题解决能力的提升、合作交流技巧的锻炼等方面的实效,以及教师如何关注和满足不同学生的个体差异需求,确保每个学生都能在课堂中获得实质性的发展和进步。同时,检查教师对学生学习情况的评价机制是否公正合理,是否及时给予反馈,并据此做出有效的教学策略调整。

通过以上七个方面的全面评析,教师能够依据反馈信息不断调整和完善自身的教学方式,实现教与学的良性互动与相互促进,从而有力推进教师专业素养的持续升级。最终,评课的目标是提高整体教育教学质量,激发教学创新活力,并确保每个学生都能在富有挑战性和启发性的课堂环境不断进步与发展。

总结而言,评课作为一个动态的过程,不仅体现了对教学过程的深度审视和精细化管理,而且有助于构建一个兼顾教师专业成长与学生个性化发展的高效教学体系。通过评课机制的不断完善与运用,我们能够在实践中不断探索教育规律,紧跟教育发展趋势,从而为培养未来社会所需的高素质人才奠定坚实基础。

综上所述,无论是说课还是评课,都是教师在教育教学实践中不断反思、改进、创新的重要环节,系统理解并熟练运用这两项教学技能,有助于共同构建教师专业成长和教学质量保障的关键机制。

第三节　案例分享

> **一、说课案例**

（一）听障教育课堂教学说课实例

1. 聋校一年级沟通与交往《我们的学校》说课稿(云南省昆明市盲哑学校 杨灿)

大家好,今天我将为大家解析我在《沟通与交往》课程中为一年级聋校学生设计的一节课——《我的校园》。本节课的教学内容严格按照聋校义务教育沟通与交往课程标准(2016年版)第一学段的目标要求,并紧密结合我校一年级学生的实际情况进行了针对性的校本化调整。

针对本班学生的特殊学情,他们都是刚入学的小朋友,年龄较小,对新环境即学校尚不熟悉,语言理解和表达能力有限,尤其是那些具有多重障碍的学生在适应校园生活上存在较大困难。因此,在教学内容策划阶段,我特别关注引导学生认知和介绍校园内的各类建筑及其功能,旨在激发他们的主动沟通意愿,逐步提升其语言表达技能。

根据学生们在沟通发展上的不同层次,我把班级分为三层,并为每层设定了相应的学习目标:A层学生需要独立说出常见校园建筑名称并能流畅地表述"在哪里做什么";B层学生则在教师提示下完成类似任务;C层学生通过模仿教师发音及接受提示,逐渐习得相关表达方式。

本节课的核心教学重点在于激发学生的口语表达动机,准确识别并命名校园建筑,并能够回答和运用"在哪里干什么"的句型描述活动场景。而难点则在于让学生理解并熟练应用问句"这是哪里",以及如何连贯、自然地表达出自己的活动地点和行为。

教学过程以四个环节循序渐进,从创设情境进行前测开始,接着过渡到新知识讲解、实践操作训练,最后进行课堂总结与作业布置。各个环节的内容难度设计遵循了由浅入深的原则,从学生已有的生活经验出发,通过引入新的词汇、结合建筑名称与其功能的学习、掌握"在哪里干什么"这一句式结构,引导他们在积累词汇的同时建立规范的语言语法体系,进而提高实际语用能力。在教学方法上,充分考虑到了学生的视觉优势,利用视频、实物模型、图片等多种直观教具辅助教学,有效帮助学生加深理解和记忆。

在作业布置方面,我设计了兼具共性和个性化的作业任务,旨在巩固和迁移课堂所学知识，使其融入学生日常生活。而在学习评价体系设计时，我采用了动态评估的方法，对学生的学习进程进行全面细致的过程性评价，以便及时对教学策略做出调整，实现课堂教学中的教、学、评一体化。

通过对本节课教学效果的反思，各层次学生基本都达到了各自设定的学习目标，能够较好地理解和运用"这是哪里""在这里干什么"的句型来描绘校园环境。然而，回溯整堂课的教学过程，也暴露出一些值得改进的地方，比如部分选择的图片不够精确，导致学生混淆了"食堂"和"宿舍"的概念；对于"宿舍"这一相对陌生的词语，我没有找到更有效的解决办法帮助学生记忆。此外，在知识的实际迁移运用上，我未能做到深入引导，使学生真正把所学句式灵活运用到日常生活中去强化记忆。这些问题反映出我对学科课程目标的理解深度仍有待加强，需要更加紧密地结合学情与课程目标，对基于本学科的学生培养方向有更为清晰的认知。

同时，面对当前特殊教育群体的变化趋势，从单一听障儿童扩展至以听力障碍为主的多重障碍儿童，尽管我在教学方法上已有尝试性的改革，但仍然显得较为依赖经验，尚未深入研究学生学习过程中大脑的运作机制，教育理念亟待进一步更新和完善。作为特殊教育的教师，我深知自身专业素养还有很大的提升空间，必须不断适应特殊教育的新需求与挑战，努力提高自身的教育教学水平。

以上便是我关于本节课设计与实施情况的全面分析。在此，感谢各位的倾听与指导，期待我们共同探讨、持续优化教学实践，携手助力每一位特殊学生在成长道路上取得更大的进步与发展。

2.聋校五年级语文《花钟》说课稿（云南省昆明市盲哑学校 罗文君）

尊敬的评委、同行们，大家好！今天我将详细解读《花钟》第二课时的教学方案与实践。这篇课文出自五年级下册聋校义务教育实验教科书《语文》第三单元第八课，围绕"观察与发现"的核心主题，生动描绘了一天中不同时间段内各种花卉依次绽放的现象，并引导学生探索这一自然规律背后的原因。

由于本次教学涉及五年级和六年级的学生，涵盖了听障、培智、肢体残疾以及多重障碍等不同类型的特殊需要学生，因此，我在遵循聋校义务教育语文课程标准及培智义务教育生活语文课程标准对第二学段学生的阅读要求的基础上，提出了本节课的核心目标——提升学生的朗读技能，培养他们识别并理解关键词句在表达情境和情感方面的重要作用，并将此目标进行细化后得出本节课的教学目标：

(1)学生能够准确、流畅地朗读课文的第一自然段;

(2)能够清晰说出文中提及的九种花的名字、各自的开花时间和开放形态;

(3)在教师指导下,全体学生参与简易花钟的制作活动。

为了满足各层次学生的学习需求,我对这些目标进行了分层设计:A层学生需独立识读生字词,能在教师引导下完成全文朗读;B层学生则着重于认读部分字词,跟随教师进行课文跟读,并能回答一些基本问题;C层学生由于认知和语言能力相对有限,主要通过参与实践活动,以互动的方式加强对关键信息的感知和把握。

本节课的教学重点聚焦于指导学生正确、流畅地诵读第一自然段内容,并能找出并深刻理解描述九种花卉开放状态的句子。而难点在于引导学生领悟和解析作者如何运用多样的表达方式来描绘鲜花开放的各种情景。

在教学方法上,我综合采用了讲授法、小组讨论法以及读书指导法,辅利用实物花钟教具和多媒体课件辅助教学,确保教学过程直观且生动。

我将课堂教学环节分为五个阶段:第一,播放各国花钟视频并展示相关图片,帮助学生直观体验花钟的概念,引出课题,激发学生的学习兴趣,为后续深入学习构建基础。第二,引导学生自主阅读课文,圈画出文中提到的所有花名,初步掌握第一自然段的整体内容。第三,在深入解读课文阶段,逐一解析描写每种花卉开放情况的句子,利用固定的提问模式,促使学生整理每种花的名称、开花时间及其特点,同时讲解其中的重点词语和修辞手法。通过对比分析,强化学生对时间顺序的理解,进而提炼出该段落的关键句。随后组织学生动手制作花钟模型,根据不同学生的能力差异分配适宜的任务,确保每位学生都能参与到实践中,从而巩固所学知识并增强实际操作能力。第四,全班集体采用手语口语结合的方式齐读第一自然段,以此回顾整合已学内容,深化对课文整体含义的理解。第五,根据每个学生的个体差异布置作业,A层学生需要仿照课文中的句式创作新句子,而B、C层学生则侧重于熟读并复述课文的第一自然段。

在本次教学实践中,我认为较为成功的地方在于课前准备充分,合理利用了多媒体资源适应学生的认知特点,尤其是通过制作花钟这一实践活动,使学生有效地将文本知识转化为实践操作,锻炼了他们的实践技能,并进一步增强了对课文内容的理解。同时,我在教学过程中尽量兼顾各类特殊学生不同的学习能力和需求。

然而,在反思中也发现了存在的不足之处,如对学生个体的实际能力和学习需求了解得不够深入全面，这导致部分教学目标设置略显过高；在指导培智学生的过程中，未能提供足够丰富的个性化支持策略。鉴于此，我将在未来的工作中持续深化对语文教学方法的研究，积极探寻适用于多重障碍学生特性的教学手段与策略，力求更好地服务于每一位特殊教育学生，促进其全面发展。

（二）视障教育课堂教学说课实例

1.盲校二年级定向行走《知动—定向之寻找失落物体的综合应用》说课稿（云南省昆明市盲哑学校 杜妍）

各位评审老师，大家好！我今天的说课题目是"寻找失落物体的教学策略"。本节课教学内容源自人教版定向行走课程第六章第五节，旨在培养学生在日常生活情境中运用定位与定向技巧找回遗失物品的能力。本节课不仅关注学生对基本定位理论的理解，更强调实际操作技能的培养，包括听音定位、空间转向、精确移动以及通过抬手、下蹲等动作进行物体抓握。

在教材分析环节，课程内容设计围绕五个关键部分展开：基本概念理解、基础训练活动、定向技能提升、行走技能强化以及实战演练——寻找遗失物品。其中，基本概念和基础训练作为教学基石，基础训练细化为粗大动作（如转身、移动）和精细动作（如触摸辨别）两个层面。授课前，我参照凯伯知觉-动作理论、Boots评估体系及TGMD运动发育测试量表，对四名代表性的学生进行了全面的评估，涉及站立平衡、步态调整、听觉敏锐度、触觉辨识能力、定向感知及基本生活技能等方面。

根据评估结果，我依据盲校义务教育定向行走课程标准2016年修订版，将学生分为三个层次，并为每个层次分别设定了基础性目标和差异化目标，以适应不同学生的个体差异和发展需求。

教学重点在于确保学生能够熟练掌握一套系统化、步骤化的寻找失落物体的方法；而难点则在于引导学生根据不同物体特性判断其可能的失落方位，从而灵活运用所学方法。

接下来详述教学过程：

环节一：导入阶段，采用"摸鱼游戏"，助教将玩具鱼藏于教室四个角落，鼓励学生自主探索并摸索寻回，再放入指定容器，以此锻炼学生的空间感知与搜索能力。

环节二：体验式学习环节，我特别制作了两套模拟教具，让学生通过触摸体验不同的路径和形状,直观感受寻找遗失物品的方法。这一环节有助于建立初步的触觉记忆图谱。

环节三:方法教学阶段,将学生分组分别教授画圆法和栅栏法。画圆法要求学生双手自然张开,从内到外逐渐增大画圆范围,用手指轻触地面完成探测;栅栏法则是指导学生以指尖为轴,沿直线方向向外扩展,然后向前向内收拢进行搜索。通过教具练习和实地模拟,帮助学生将触觉记忆转化为认知理解,最终掌握这两种有效的方法。

最后的应用环节,设计了趣味盎然的"找水果"游戏,教师随机放置各种水果在地上,学生需借助听音定位,运用所学的画圆法和栅栏法寻找水果。在此过程中,教师针对不同层次的学生提供个性化指导,确保每位学生都能得到适当的挑战与支持。

教学反思方面,本节课是一堂深度整合知觉动作原理的综合实践课。课堂上,学生通过大动作感知环境和物体位置,利用触摸教具形成直观的空间映射,进而巩固动作记忆。经过反复操练,学生们已能成功运用画圆法和栅栏法解决实际问题,达到了预期的教学效果。同时,我在教学过程中坚持以学生为中心,注重启发引导而非灌输知识。

然而,任何教学都有可改进之处。对于后续教学,我计划根据学生个体差异动态调整教学难度与强度,对进度较快的学生增加更高阶的训练任务;在练习中结合实物滚动的方向和距离变化,设计更具层次感的实践活动,使学生能在不断递进的挑战中深化技能掌握。

总之,我会持续地对本节课的教学方案进行优化和丰富,以更好地满足学生的学习需求和提高他们的定向行走技能。再次感谢各位老师的倾听,以上就是我今天的说课内容。

2.盲校六年级美工《十五的月亮——石英砂画初体验》说课稿(云南省昆明市盲哑学校 乐洋)

各位老师好:今天我说课的课题是《盲校美工课:十五的月亮——石英砂画初体验》。

本课是一堂针对盲校六年级学生设计的美工课程,鉴于中秋节的时间背景,课程以"制作月亮装饰画"为主题,围绕盲校义务教育美工课程标准(2016年版)和盲校义务教育综合康复课程标准(2016年版)两个课标内容,通过采用石英砂画的独特肌理特点,融合科学知识,利用纸巾、废纸板、牙刷等多种触感材料,引导学生运用模仿、拓印和装饰等手法创作具有触觉性质的美工装饰画作品。同时,本课程特别关注视障学生的上肢与手部功能强化训练,旨在提高其协调性、灵活性、精细动作技能以及日常生活自理能力。将美工课作为实施作业治疗的有效手段,并辅以音乐治疗元素,这堂课同时可成为一节具有康复价值的精细运动训练课程。此外,整节课的教学内容充分考虑了视障学生的操作体验,涵盖了美工学习的四大领域,借助丰富的音频资源和微课视频来构建适宜的教学情境。通过这样的教学设计,不仅锻炼了学生的动手能力和艺术表现力,还让他们在实践中了解月球科学知识,树立环保意识,感受中国传统文化,培养合作交流的能力,展现出教师对课程资源整合及开发利用的高度关注与实践。

本班共8名学生,其中4名为低视力学生,4名为全盲学生,全员上肢力量发展基本良好,肩、肘关节都能按作业要求稳定或活动,腕关节及指间关节发展能力有所区别。依据日常学生语言理解、精细运动发展水平及手工作品制作能力评估,将8名学生分成了A、B、C三层。

结合该班级学生的实际情况,根据本堂课的结构和内容分析,我制订了以下教学目标:

知识与技能目标为所有学生学习使用相关工具,了解石英砂画的特点及制作步骤,了解月球的基本知识;过程与方法目标为所有同学能积极动手参与到课堂中,有困难时能够向同伴或老师主动寻求帮助;情感与价值观目标为所有学生能够借本堂课回忆起与家人共度中秋时的温情,能够感受废物利用、制作石英砂画的乐趣。根据学生的能力分层情况,我还分别对各维度的目标进行了分层目标的设置。

本节课的教学重点为相关工具的学习使用,石英砂画的制作要领,石英砂画肌理特点的赏析;教学难点为视障学生对作品画面布局和色彩过渡等概念的理解,如何在美工作品的制作中提升学生腕关节的灵活度及稳定度。

本堂课我主要采取情景教学法、直观教学法、活动探究法让学生积极主动地参与到教学活动中来,使他们在活动中得到认识和体验,产生自主动手创作的意愿。

首先,运用情景教学法时,我以学生为中心,结合中秋节主题,运用音频、微课视频、语音提示及背景音乐等多种多媒体形式构建生动活泼的学习情境,激发学生兴趣,培养其自学、思考与动手能力,通过音乐渲染温馨氛围,帮助学生更好地融入课程内容。

其次,运用直观教学法时,我设置实物接触环节,让学生亲手触摸成品模型和所需材料工具,从而对操作步骤、工作台布置以及工具使用有直观感知,为后续的实践活动提供基础认知支持。

再次,我将活动探究法贯穿整堂课的手工制作过程中,不断提出问题引发学生思考,鼓励他们分析讨论,教师再适时给予指导解答。这种互动式学习方式能充分调动学生的积极性,强化他们的主体作用,加深对手工艺术创作的理解和实践技巧的掌握。

此外,在教学过程中我尤为注重学法指导,倡导自主探究、合作学习和总结反思的方法。学生通过亲自动手尝试使用新工具如刮刀、牙刷等,相互协作解决问题,在实践中锻炼技能,同时在自我总结与反思的过程中,促进从被动接受知识到主动探索学问的转变,实现"学会"到"会学"的跨越。

在本节课的教学过程中,我遵循清晰、互动与紧凑的原则,通过精心设计的各个环节,成功调动了视障学生们的积极参与和主动学习。教学流程如下:

第一,导入新课,预计3分钟。通过猜谜导入,引导学生关注"月亮",激发学生的求知欲,为后续课程内容做好铺垫。

第二,补充关于月球的科学知识,预计3分钟。借助微课形式,讲解月球的真实特征,如立体结构、满月状态、表面地形等,使抽象艺术创作与具体科学知识相结合,激发学生的创作灵感与兴趣。通过知识补充,可以使抽象的知识具体化,枯燥的知识生动化,乏味的知识兴趣化,让学生能更清晰地知道要制作的物品是什么样子的,能够自主进行有意图的创作活动。

第三,制作石英砂画,预计30分钟。首先进行安全教育,然后介绍并展示所需工具及材料。带领学生逐一了解操作面板、刮刀、牙刷等工具的使用方法,并结合月亮地貌特点阐述选择石英砂的原因,让学生亲手感受材质特性,热身准备。接着出示制作步骤卡片,分层指导学生运用腕关节技巧完成拌匀颜料、平铺砂石、印盖造型、整理细节和装饰作品等环节,确保每位学生都能体验到自主创作的乐趣。

第四,讨论分享、布置作业,预计5分钟。组织学生分享创作心得,享受成功的喜悦,并布置相关作业以巩固课堂所学。

整堂课充分体现了跨学科整合、社会资源利用以及课程资源创新开发的理念,有效地提升了视障学生的美育素养,锻炼了他们的理解力、分析力、创造力等思维能力,同时也培养了动手实践、合作交流等社交技能,强化了上肢肌力和手部协调性、灵活性,为未来盲文学习、生活技能训练奠定了良好的生理基础。

反思不足之处在于直观教具数量有限,未能做到人手一份;教师还需进一步提高对课堂节奏的掌控能力和对重难点的教学解析能力。

总结来说,这是一堂注重实践探索、强调协作共享、体现多维发展的特色美工课。作为教师,我将持续努力改进教学方法,适应学生需求和时代发展,不断提升教学质量。再次感谢大家的关注与指正。

(三)培智教育课堂教学说课实例

1. 培智学校三年级生活适应《使用夹子》说课稿(昆明市五华区新萌学校 杨维维)

各位评委、老师们,大家好!今天我将围绕"适应生活,快乐生活"的主题,对人教版培智学校义务教育实验教科书《生活适应》三年级下册中关于分担家务活的延伸内容——夹子的使用进行详细说课。

生活适应课程的核心目标是培养学生的自理能力、基本家务技能、自我保护能力和社交适应能力,以期帮助学生形成积极的情感态度,逐渐成长为独立的社会公民。本节课的教学设计严格遵循培智学校义务教育课程标准,并针对学生的实际情况对部编教材《分担家务活》进行了适当调整和拓展。下面,我将从教学内容、学生现有能力分析、教学目标设定、教学过程规划、教学特色等方面进行详细阐述。

在《分担家务活》这一单元中,学生们在了解家庭成员及熟悉家庭环境后,将进一步学习参与家庭生活的实践操作,为他们日后明确家庭角色、承担家务劳动以及维护家居整洁打下基础。"使用夹子"虽非教材原有内容,但作为晾晒衣物家务活动的补充与深化,主要教授学生掌握夹子的不同用途。通过学习,学生不仅能在晾晒活动中运用夹子,还可以将其扩展至整理等其他家务情境中。

基于学生主体性原则,我在授课前充分考虑了三年级培智学生的学习能力和已有的生活经验、操作水平。经过学期初采用双溪心智障碍儿童个别化教育课程体系对8名学生进行七大领域的测评,发现他们在精细动作、生活自理和社会技能领域具备一定的基础能力。例如,学生已能完成倒垃圾、擦桌子等简单家务任务,但涉及精细化动作的家务劳动仍面临挑战。因此,我会结合小肌肉训练,设计不同难度和维度的实践活动来辅助学生克服困难。

根据香港学前儿童小肌肉发展评估量表对学生的小肌肉能力进行评估后得知,大部分学生能够抓握物体并伸展手臂去触及目标,然而手指力量不足,灵活性较差,且手指间的协调配合尚待加强,上肢稳定性也有待提高。据此,我制订了以下具有层次性和针对性的教学目标。首先,共同目标为激发学生积极参与课堂活动,在实践中体验成功与劳动的乐趣;其次,分层目标从以下三个维度进行设置:

(1)知识与技能:

A层:学会根据不同场景选择合适的夹子;

B层、C层:认识并能说出至少2种至3种夹子的名称及其功能。

(2)过程与方法:

A层:能够灵活开合各种难度的夹子;

B层:掌握用夹子夹取物品的基本技巧;

C层:能够在辅助下用拇指和食指协同打开夹子。

(3)情感态度价值观:培养学生对手部动作操作的兴趣,养成热爱劳动、热爱生活的良好品质,鼓励他们在家庭生活中主动承担适合自己能力的家务活。

此外,我还特别设计了康复训练目标:通过夹子使用的练习,提升学生拇食指同时运作的能力;利用握力器锻炼手部小肌肉群,增强手指力量和灵活性;组织训练活动以增强学生的上肢稳定性。

基于教材、学情分析以及教学目标的设定,本课的重点在于让学生学会在生活中正确选择和使用夹子,掌握夹子的开合方式;难点则在于让学生理解并掌握夹子在不同情境下的具体使用方法。

教学环境方面,录播教室配备了电子白板等多媒体教学设备,便于信息呈现和互动。为了便于学生操作和矫正不良坐姿,桌椅布置成半圆形,并配备摆位椅、平衡垫等辅助工具。

接下来的教学过程中,我巧妙地创设了魔法森林的故事场景,通过"大嘴怪吃水果"游戏,利用白板课件的互动特性,引导学生使用握力器进行小肌肉康复训练,并在游戏中锻炼双臂稳定性。之后,"送毛毛虫回家"的环节初步引入夹子的使用,对学生进行前测,了解他们目前使用夹子的情况,以便于后续提供个性化的分层辅导。在"帮助小乐手拿乐器"的游戏中,进一步提升夹子使用的难度,为晾晒衣物的任务做铺垫。随着欢快音乐的节奏,学生进行了手臂、手腕、大拇指与其他手指的开合练习,以增加其上肢及手部的灵活性。随后,我模拟了晾晒衣物被风吹走的情景问题,启发学生思考解决方案,自然引出生活中常见的夹子。依据前期对学生能力的评估结果,实施分层教学,A组学生负责小毛巾的晾晒,B组学生负责小袜子的晾晒,C组学生在教师辅助下使用裤夹晾晒较硬鞋垫,确保每个学生都能在尊重个体差异的基础上得到适合自己的训练。在晾晒任务完成后,我发现有学生将袜子和小毛巾混在一起晾晒,这反映出学生在实际生活中可能存在的分类晾晒问题。于是,我生成新的教学内容,指导学生学习分类晾晒的方法。最后,为了让学生更好地将所学应用到日常生活中,我引入了不同类型的夹子和其他日常生活用品,如帽子、卡片、毯子等,展示夹子在生活中的多种用途,使学生能更快速地理解和掌握知识技能,并实现知识向实际生活的迁移。在此过程中,我运用结构化教学法,通过操作流程图给予学生视觉提示,让他们通过观察与实践内化和掌握任务步骤。

为了确保家庭环境也能延续课堂教学成果,我设计了一系列的家庭指导内容,让家长能够及时了解教学内容并有针对性地指导孩子,真正将教学实践融入生活之中。

在本次教学实践中,我认为以下几点形成了教学特色:

(1)生活与实践相结合:紧密联系学生的日常生活,使学生在课堂上获得直接体验,并能在实际生活中灵活运用。

(2)多维度康复融合:结合评估结果,制订个性化康复训练目标和活动,将平行式康复与嵌入式康复有机结合到课堂教学中。

(3)开放式生成教学:营造开放、宽松的教学氛围,鼓励学生自主探索和动手实践,不断涌现预设之外的问题,如分类晾晒、特殊物件的晾晒方法等。

(4)分层要求,因材施教:针对智障学生个体差异较大的特点,对于同一教学内容如游戏、晾晒、整理等活动均设置了不同的层次要求,以满足各类学生的学习需求。

以上即是我本次说课的全部内容,如有不妥之处,请各位老师批评指正。再次感谢各位评委老师的聆听和指导。

2.培智学校二年级生活语文《好学生》说课稿(昆明市五华区新萌学校 李秋雨)

本次我说课的题目是《好学生》,我将从教学内容、学生情况、教学目标、教学重难点、教学策略与方法、教学准备、教学过程、教学评价与反馈8个方面进行具体阐述。

培智学校义务教育生活语文课程标准是培智学校实施语文教育教学的重要依据,强调生活语文在培养培智学生语言应用、思维发展、功能改善、文化学习和生活技能形成等方面的基础性作用。课程目标要求学生能够初步学会运用祖国语言文字进行沟通交流,并具备基本的听、说、读、写能力,以及逐步提升的文化素养和正确的人生观、世界观、价值观。

结合课标中对于识字与写字的教学建议:遵循先认后写、多认少写的识字教学特点,充分利用学生熟悉的识字情景、生活环境和已有的生活经验,运用多种识字教学方法和形象直观的教学手段。所以在设计本课教学时我会考虑本班学生的学习特点,设置丰富且有趣味性的学习活动,增加学生们的课堂参与度和学习主动性。

本课选自培智学校义务教育实验教科书生活语文二年级上册第一单元第1课《好学生》,内容围绕教室上课情境展开,包含词语"学生"、三个体现良好行为规范的句子及生字"生"。教学设计旨在引导学生学会认读并理解词语"学生",同时初步接触课文内容。具体教学过程中,教师将借助图文并茂的教学资源,如教室场景图等,帮助学生在实际情境中认知生字词,通过互动练习加深对词语含义的理解,并通过反复诵读、模仿等方式促进学生对语言文字的掌握和应用。

本节课的教学对象是培智学校二年级学生,他们普遍依赖直接经验学习,迁移能力较弱,缺乏自主探究精神,并需要反复复习以巩固知识。针对学生的个体差异显著这一特点,我将班级分为三个学习层次进行教学设计:

A层(3名学生)具备一定的汉字认读能力(约30个常见字),能跟读词语,根据图片描述词语,有一定的识图能力和句子跟说技能,在老师提示下能回应简单问题,遵守课堂常规,参与度高且注意力集中,基本能识别班级同学和教师。

B层(4名学生,其中1人无语言能力)能够跟读词语及部分简单句子,具有看图理解的能力,大体能遵守课堂规则,注意力维持时间需借助教师引导,能在提示下认识部分同班师生。

C层(1名学生)认知水平相对较低,能听从简单指令,但识图困难,注意力易分散,虽无法独立完成复杂学习任务,但在课堂上能与教师互动并观察其他学生行为。

结合教学内容和学生情况分析,我根据以下维度设置了分层教学目标:

首先,在知识与技能目标方面,A层学生能听指令找出"学生"的图片,正确认读字词"学生""生";B层学生能听指令在提示下找出"学生"的图片;C层学生能听指令,在辅助下找出自己的照片。

其次,在过程与方法目标方面,A层学生能使用平板,跟随示范读词"学生""生",读课文句子;B层学生能在提示下,配对"学生"的词与图,能听老师的范读,跟读生词"学生",跟读1-2句课文句子;C层学生能看老师的嘴型,在辅助下模仿口部动作。

第三，在情感态度价值观目标方面，A层学生能在学习过程中，建立对学习汉字的兴趣；B层学生能在学习过程中，建立对学习语文的兴趣；C层学生能在学习过程中，体会参与课堂活动的乐趣。

同时，我还在本节课还融入了康复目标，A层学生能在发音小游戏、反复练读的过程中，提高发音清晰度；B层学生能在发音小游戏、反复练读的过程中，提高发音清晰度；C层学生能在观看图片、老师表情的过程中，提升视觉注意力。

依据本节课设置的教学目标，我将教学的重点确定为跟读、认读字词"学生""生"，认识"学生"图片；难点为读准词语"学生"，正确指认"学生"图片。

为了有效突破教学难点，达成高效的教学目标与师生互动，我采取了以下教学策略：

第一，设计丰富的练读环节，通过充分且多次的练习，包括教师示范、学生依次跟读，借助生理机制形成动力定型，使智力障碍学生能在重复跟读和认读中掌握词语正确发音。

第二，创设多样化的实践活动，如观察人物图片特点、贴图互动、身份名牌识别及听词找图等，帮助学生在实践操作中理解词语含义并能准确指认"学生"图片。

第三，结合现代教育技术手段，利用电子白板制作课件，根据学生喜好剪辑发音儿歌视频，为A层学生配备平板以支持自主学习，使用沟通板协助语音输入输出，全面提升教学质量。

第四，应用代币激励制度，采用"小奖杯"贴图奖励课堂表现优秀的学生，激发学生的学习兴趣和专注力，这种激励方式建立在对学生喜好的深入了解和他们能够接受延迟满足的基础上。

我将本节课的教学过程分为课前热身、导入、新授、练习、课后评价、总结六个环节。

环节一是课前热身，通过播放自制的发音儿歌视频，以生动有趣的动作配合与本节课相关的音节（h/ao/sh/eng/x/ue），激发学生兴趣并预先评估他们的发音基础。

环节二是导入环节，通过师生互认点名和板贴学生照片，集中学生注意力。创设"师生大比拼"情境游戏，活跃课堂气氛，并以此为契机引入课题《好学生》，同时在黑板上书写课题。

环节三是新授阶段，包括三个挑战活动：挑战一为眼力大比拼，展示不同场景下的

"学生"图片,引导学生观察、识别并总结人物身份特点。通过听词找图小游戏加深对词语"学生"的理解和记忆;挑战二为耳力大比拼,进行跟读练习,分层次指导学生正确发音,A层学生利用平板自主学习,B层学生由教师纠正发音,C层学生进行口部模仿练习,确保语音听力输入的准确性;挑战三为口力大比拼,使用蓝牙话筒让学生轮流朗读词语"学生",并通过身份名牌互动和课文跟读任务,强化学生对生字词的认读能力。

环节四是练习巩固,我安排了传声话筒游戏和敲门游戏,进一步加强学生对词语"学生"的听说能力训练,保持学生对课堂内容的关注度。

环节五是课后评价,以再次播放发音儿歌视频作为本次教学效果的后测,检验学生发音是否有所改善。

环节六是课程总结,回顾整堂课的学习情况,统计小奖杯贴图最多的队伍获胜,并给予实物奖励;同时预告下节课将深入学习课文句子的内容,实现课程间的自然过渡和衔接。

为了客观、公正地评估学生的学习成效,并及时获取反馈信息以优化教学设计,我制订了以下细致的教学评价与反馈机制:

第一,课堂即时评价。在本节课中,我针对学生的发音清晰度进行了前测与后测的对比分析。通过记录和比较学生在课前与课后的发音变化,精准判断本次练读活动对学生掌握生字词"学生""生"的效果。课堂上,我会密切关注每位学生的发音情况,对发音不准确或有困难的学生进行个别指导,确保每个学生都能得到有针对性的辅导。

第二,课后作业与家长配合。我精心设计了课后作业,内容旨在巩固课堂所学知识,并适当拓展与预习下一阶段的内容。要求家长共同参与学生课后学习的过程,协助完成作业并提供家庭环境下的学习反馈。我将定期收集并批阅作业,根据作业完成质量及家长提供的意见,了解学生在脱离课堂环境下的自主学习能力和知识掌握程度。

第三,个性化指导与教学调整。基于作业完成情况和家长反馈的信息,为每一位学生提供个性化的指导建议,如针对发音难点制订专项训练计划,或是根据学生认知特点调整教学方法和节奏。同时,依据整体反馈数据,适时调整教学策略和课程进度,确保教学内容既能满足大部分学生的需求,又能兼顾个体差异,实现教学效果的最大化。

第四，持续性反馈与改进机制。建立长期有效的家校沟通渠道，定期开展学生学习成果展示和反馈会议，让家长、学生和教师能够共同参与到教学评价与改进的过程中来，形成良性互动，促进教学质量的不断提升。同时，鼓励学生自我反思，培养他们的自主学习能力和问题解决能力。

以上是我本次说课的内容，谢谢各位老师的聆听，请批评指正。

> **二、上课案例**

课堂教学实例

以下课堂实录可扫码登录观看。

（一）听障教育课堂教学实例

1.聋校二年级数学《认识角》课堂实录

2.聋校一年级沟通与交往《我们的学校》课堂实录

（二）视障教育课堂教学实例

1.盲校三年级语文《听听，秋的声音》课堂实录

2.盲校二年级定向行走《知动-定向之寻找失落物体的综合应用》课堂实录

（三）培智教育课堂教学实例

1.培智学校二年级生活语文《我有一双手》课堂实录

2.培智学校三年级生活适应《分担家务活——使用夹子》课堂实录

> **三、评课表案例**

以表7-1为例，评课可以依据表中评价要点来为教师和课堂评分，以评促教，提升教学质量。

表7-1 评课评分表

项目（分值）	评价要点	评分等级				得分
		优秀	良好	合格	待提高	
教学思想（10分）	1.落实立德树人根本任务，体现核心能力培养导向。 2.为学生发展而教，营造平等、积极和谐的学习共同体。 3.尊重学生，关注个体差异，满足不同学生的学习需要。	10~9	8~7	6~5	4~3	
教学目标（10分）	1.目标准确、明晰，符合学生全面发展需求，符合课程标准的要求，重视学生情感、态度、价值观的培养。 2.目标既能面向全体学生，又能关注个体差异。 3.分层或个别目标具体、可操作性强，体现教康整合的理念。	10~9	8~7	6~5	4~3	
教学设计与内容组织（30分）	1.教学过程设计合理，课堂容量恰当，时间安排得当，教学环节紧凑流畅。 2.教学内容紧扣教学目标，既能与学生已有知识和经验相联系，又能满足学生现实和未来生活的需要。 3.重视知识的形成过程、巩固和应用，强调知识、技能及方法的习得，重视教学重难点的突破，关注教学目标达成情况。 4.教学组织形式多样，教学方法多样、运用灵活，贴合学生实际，突出学生主体地位，师生互动良好。 5.教学反馈和评价及时恰当。 6.科学处理教学内容，充分挖掘课程资源，恰当运用多媒体，调动学生多感官参与学习。	30~27	26~23	22~19	18~15	
学生学习状态（20分）	1.注意力集中，思维得到启发，兴趣浓厚，有主动学习的热情。 2.会倾听，能积极与教师互动、与同伴有效合作，平等交流。 3.情绪饱满，能够主动思考。	20~18	17~15	14~12	11~9	

续表

项 目 (分值)	评 价 要 点	评分等级				得 分
		优秀	良好	合格	待提高	
教学 效果 (20 分)	1.课堂气氛活跃有序,学生学习积极主动,参与度高,课堂反馈正确率高,学生在学习活动中能获得良好体验。 2.教学目标达成,全体学生都能达到教学目标的基本要求,不同层次的学生都有收获。 3.教学资源的应用有效地帮助学生理解、掌握和应用知识。	20~ 18	17~ 15	14~ 12	11~9	
教学 素养 (10 分)	1.教态亲切、自然、大方、富有教学智慧,课堂调控能力强,能灵活处理各种突发情况。 2.普通话标准,语言准确、生动、逻辑严密,富有启发性和感染力。 3.具备扎实的学科基础知识和良好的学科教学能力。 4.板书规范、工整、美观;演示操作规范。 5.若是主辅式教学,辅助教师工作安排合理,能提升教学效果。	10~9	8~7	6~5	4~3	
总　分(满分100分)						

思考题

1. 教学活动设计、说课、上课和评课这四个环节是怎样相互促进和影响的?

2. 听障、视障和培智三类特殊教育教师均需具备的教学基本功是什么?

3. 自选内容,撰写一份课前说课稿。

第八章

基于学科教学的个别化教育实施后再评价

本章聚焦

1. 基于学科教学的个别化教育实施后再评价的意义。

2. 基于学科教学的个别化教育实施后再评价的内容。

3. 基于学科教学的个别化教育实施后再评价的原则。

4. 基于学科教学的个别化教育实施后再评价的方式。

本章结构

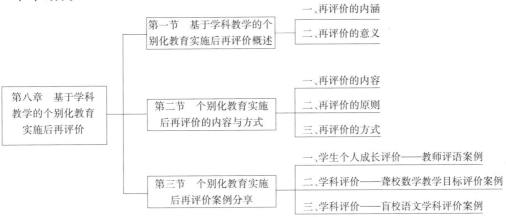

在个别化教育中,再评价作为一个关键环节,承载着教学活动进程中的反馈、调整与优化的重要使命。它不仅仅是对教育实践结果的审视与总结,更是推动教育计划迭代升级、贴合学生个性化需求的关键动力。

第一节　基于学科教学的个别化教育实施后再评价概述

在个别化教育实践中,衡量其实施效果和学生发展是否符合预期,关键在于对个别化教育计划进行适时的再评价。这一过程体现了教学活动的连续性和动态性,涵盖了对教学全过程中各个关键要素的深度剖析与反思。

> 一、再评价的内涵

基于学科教学的个别化教育实施后的再评价，是指在完成一个完整的个别化教育周期后，对所实施的教学活动进行全面、深入的重新评估和反思过程。这一过程的核心在于通过科学严谨的方法和多元化的评价手段，系统地考查并分析教学效果，旨在精确把握教学目标达成的实际程度，以及教学内容与方法对学生个性化需求和能力发展的适应性与有效性。

> 二、再评价的意义

（一）再评价的目的

教学评价不仅是对教学活动阶段性成果的确认与总结，更是引导新一轮教学活动设计与实施的重要依据和出发点。在个别化教育实践中，制订并执行教育计划是一个动态、持续且需逐步完善的循环过程，而非一次性完成的任务。因此，实施个别化教育后及时进行再评价显得尤为关键，它是整个教学活动连续体中承上启下的核心环节。

个别化教育计划的再评价是对学生在接受个别化教育措施后取得进步、遇到困难以及学习需求变化等方面的深度考察，旨在揭示教学干预的实际效果，并基于此提供调整优化方案。这一过程涵盖了对学生个体发展水平、学习适应性、潜能挖掘等多个层面的综合评估，以确保教育计划始终贴合学生的实际需求和发展趋势。

通过定期和系统的再评价机制，教师能够获取有关教育计划执行情况的第一手反馈信息，如学生的学习进步程度、目标达成状况、兴趣动机变化等，这些信息为修订和完善教育计划提供了实证支持。据此，教师可以根据每个学生的特点和学习进展，灵活调整教学内容、方法及策略，使得个别化教育计划得以与时俱进，更具针对性和有效性。

总之，在个别化教育的过程中，实施后的再评价是不可或缺的教学管理与改进工具，它不仅确保了教育计划紧跟学生个体成长的步伐，还推动了教学活动螺旋式上升，形成一个从实践到反馈再到优化的良性循环系统，从而助力特殊需要学生及其他有特殊教育需要的学生实现最大程度的发展和提升。

（二）再评价的意义

通过再评价，可以确保个别化教育计划的针对性和实效性，为学生的个性化发展提供更为有力的支持和保障。

（1）检验教学效果。教学评价的核心任务在于系统地验证教学活动的效果。实施再评价时，教师能够深入探究教学目标是否真正达成，对比实际教学成果与预期目标的一致性，揭示并解决在个别化教育计划执行过程中可能出现的问题，如目标设置不合理、教学方法不适用等情况。

（2）了解学生发展水平。再评价能帮助教师全面、客观地了解每个学生在教育过程中的发展状况，包括认知能力提升、情感态度变化、技能习得进展等多元维度。基于这些信息，教师可以更加准确地把握学生的个性化需求，从而灵活调整教学策略，创新教学方法，选取或创设更适合学生个体发展的教育资源和环境。

（3）提高教师专业素养。再评价要求教师不断反思自身的教育教学实践，审视并剖析教学活动的成功之处及改进空间。这一过程有助于教师养成自我审视、持续改进的习惯，增强发现问题、解决问题的能力，以及研究型教学的素养，不断提升教师的专业水平与教学效能。

（4）完善教育计划。再评价的基本职能是对教学活动中涉及的所有关键要素进行全面而系统的测评，包括但不限于教学内容的适切性、教学方法的有效性、教学环境的影响以及家校合作的状况等。基于再评价结果，教师可以针对教育计划的不足之处进行精细化调整，形成迭代优化的教学方案，确保教育计划始终紧跟学生个体的发展步伐，及时适应其需求变化，有效驱动学生潜能的最大化开发。

总体来说，再评价不仅是评估教学成效的重要手段，更是推动个别化教育向更高层次发展的重要推手。它不仅关注学生的即时进步和长远发展，也关乎教师的专业成长和教育体系的整体优化，从而构建出一个既能充分尊重学生个体差异，又能持续推动教育质量提升的良好生态。

第二节　个别化教育实施后再评价的内容与方式

个别化教育实施后的再评价是一个综合评估教育实践成效的体系框架，其内容设计和实施方式严格遵循一系列原则,以确保全面、客观、科学地评估教学效果及促进学生全面发展。

> 一、再评价的内容

（一）学生个人成长情况评价

关注学生在接受个别化教育后,在各学科领域学习过程中所发生的动态变化和实质进步,是评估教学效果和促进个体成长的关键环节。通过对比分析学生在实施个别化教育前后在学业表现、能力发展等方面的差异,我们可以全面深入地了解其个人成长轨迹和程度。

成长记录袋作为一种重要的质性评价工具,在特殊教育领域中发挥着不可忽视的作用。徐芬、赵德成在对成长记录袋的相关研究基础上提出:根据教育教学目标,有意识地将学生的相关作品及其他有关证据收集起来,通过合理的分析与解释,描述学生在学习与发展过程中的优势与不足,反映学生在达到目标过程中付出的努力与进步,并通过学生的自我反思激励学生取得更高的成就。

在基于学科教学的个别化教育实践中,成长记录袋的应用主要聚焦于对学生个人学习发展水平的评估。它不仅囊括了学生的各类作品集,还包含了从教学计划实施以来的文字记录,如课堂行为表现、教师评语、阶段性测试成绩等多维度信息(成长记录袋可收集资料见表8-1),全方位地反映出学生的学习历程及其发展状况。尤其值得注意的是,成长记录袋的建立和评价过程充分尊重并调动学生的主体性,让他们既作为评价的对象,又作为评价的参与者,这在很大程度上有利于培养特殊需要学生的自主学习能力,提高自我认知水平。

表8-1 成长记录袋课可收集资料

项目	内容
学生档案	个人情况介绍、健康状况、照片
成长痕迹	阅读书目、日记、学科作业、综合实践活动记录
优秀作品	习作、优秀作业、绘画或美工作品、演唱或朗诵录音
学科成绩	各学科测验成绩记录
获奖记录	各类奖状、获奖证书

续表

项目	内容
评估记录	评估报告、个别教育计划
成长评价	自我评价、家长评价、行为观察记录、教师评语

总之,运用成长记录袋这一手段可以更为客观、全面地评判个别化教育计划执行后学生在知识技能掌握、思维品质提升、情感态度塑造等多个层面的发展水平,为后续教育策略的优化调整提供有力的数据支持和实践依据。

(二) 教学目标达成度的评价

教学目标达成情况的评价,包括对学生长短期目标的达成情况的评量。按照个别化教育计划制订的目标通过标准,教师通过设计并实施特定的教学活动,密切关注学生对各项学习任务的反应和表现,根据评量标准为各个目标的完成程度进行分级打分,如0分代表尚未开始或完全未达成,1分表示完成了25%,2分表示完成了50%,依此类推直至4分表示已达到100%的目标要求,如表8-2所示。

表8-2 教学目标达成度的评价

课程名称	生活语文	授课教师	张老师
2023学年上学期长期目标、短期目标			期末检核结果
1 提升内在语言			
1.1 能在他人说话时注视他人,有转头注视说话人的行为。			4
2 提高仿说能力			
2.1 能模仿教师说出4个以上常用的语言(如:姓名、老师、妈妈、玩具)。			3
3 增强认读能力			
3.1 能指认生活中的特定汉字12个(如:上、下、口、门、日、月、大、耳、衣、开、电、小),准确率五分之四。			2
3.2 能认读与学校生活、个人生活、家庭生活、自然与社会相关的汉字12个(如:上、下、口、门、日、月、大、耳、衣、开、电、小),正确率五分之四。			2
4 增强书写能力			
4.1 能按从左到右的顺序书空"上下""日月"。			2
4.2 能按从左到右特定的格式书写(如:线上或大格子里按从左到右的格式书写"上下""日月")。			2

续表

课程名称	生活语文	授课教师	张老师
5 增进阅读兴趣和能力			
5.1 能主动挑选自己感兴趣的绘本或图书。			3
5.2 能主动翻阅图书或绘本，并能被书中的图画、文字或颜色、纸张吸引并注视。			4
5.3 能在教师提供的与课本相对应的两张图片（如：以儿童节、过生日、端午节为背景的图片）中，根据教师的指令指认出正确的一张，正确率三分之一。			3
5.4 能阅读背景简单的绘本，并指认出其中的主人公，正确率三分之一。			2
检核结果： 0分：尚未开始或完全未达成　　1分：完成25%　　2分：完成50% 3分：完成75%　　　　　　　　4分：已达到100%的目标要求			

基于这些详细的评量结果，教师需要进行全面深入的分析，以决定在后续的个别化教育计划中对目标采取何种策略：若某个目标已经完全达成，那么可以适时调整并设定新的进阶目标，以保持学生持续的进步动力；相反，如果目标还未达到预期水平，则需确认其是否仍有必要继续执行，并针对阻碍目标达成的原因制订更具针对性的教学干预措施。

接下来的关键环节是对现有目标达成度的具体剖析，包括但不限于考查学生在各学科领域中的具体学习状况，深入探究未能达成目标背后的学习障碍、认知瓶颈或是动机问题。同时，审视当前设定的目标是否真正契合学生的实际需求和发展阶段，以及在现实情境下是否具备可行性和可操作性。

因此，为了确保教育目标能够更好地服务于学生的个性化需求，教师应当根据实际情况灵活调整和优化目标设定，使其既能激发学生的学习兴趣和潜能，又能适应他们的能力发展节奏，从而促进每一个学生在各自的学业旅程中取得更为显著的进步和成就。

（三）教学内容的评价

教学内容的适应性对于特殊需要学生的学习效果有重要的影响，教师可以通过学业评估了解学生的学习状况和学习需要，分析学科教学内容的适应性。学业评估包括课堂观察、标准化测试以及其他定性和定量评价工具。其中，课堂观察是一种直观了解学生行为表现和内在心理状态的有效途径,它可以帮助教师捕捉到学生的学习态度、参与程度以及他们在学科活动中的具体反应,从而对教学内容与学生兴趣及动机之间的关联性进行评估。标准化测试则为衡量学生的知识技能掌握水平提供了量化标准,通过对学生在特定学科领域的成绩数据进行分析,能够准确把握学生在知识体系结构中的位置,以及他们在认知发展上的优势与挑战。

基于学业评估结果与个别化教育目标的对比分析,评估学科教学内容适应性的几个关键维度包括:

1.兴趣与需求匹配度

教学内容应能有效激发学生的兴趣点,将学生的个人喜好与课程内容相结合,以提高他们的学习动力和专注度。如果教学内容能够引起学生共鸣并产生积极的学习意愿,那么教学过程将会更具成效。

2.认知水平契合度

鉴于特殊需要学生的认知能力和学习速度的多样性,教学内容的设计应充分考虑每个学生的认知发展阶段,确保难度适中,既不会让学生感到乏味无趣,也不会因为过于复杂而造成挫败感。适时调整教学策略和材料呈现形式,确保内容的难易度适合学生的接受能力,有助于他们稳步提升知识技能水平。

3.促进全面发展性

个别化教育计划的核心目标是促进学生全人发展,因此,教学内容不仅应该围绕基础知识和基本技能展开,还应当注重生活技能训练、社交技能培养、情绪管理等多方面的发展要素,使学生在获得学业进步的同时,也能逐步增强独立生活和社会交往的能力。

4.教学内容的多元化与个性化

针对特殊需要学生多样化的学习方式和节奏差异,教学内容应具有足够的灵活性和包容性,能够提供多元化的学习路径和资源支持。这意味着教师要根据不同学生的特点设计多种教学活动和练习,如视觉、听觉或动手操作等多种学习模式,以满足不同学生在学习方法、进度上的个性化需求,实现因材施教的教学目标。

表8-3　云南省昆明市盲哑学校课堂教学指导要素

一级指标	二级指标	指标描述
课堂教学	教学目标	教学目标明确、具体,可操作、有层次,能落实,符合学科课程标准、教材、学生心理特征和认知。
	教学环节流畅紧凑	科学合理设计教学活动,课堂容量恰当,突出重点,环节清晰,注重全面发展、潜能开发、缺陷补偿,教学具有针对性和有效性。教学组织形式多样,反馈和评价及时恰当。
	教学方法策略适切	根据特殊学生需要采取多样化的教学方式、手段,注重启发式、探究式、直观性教学,促进特殊学生多感官参与,激发学习的主动性和积极性
	技术教辅融合有效	充分运用信息技术,表现形式合理、适宜学生;合理使用教具辅具,使教学内容呈现方式和表达方式更具多样性、直观性和适切性
	学生学习状态	注意力集中,思维得到启发,兴趣浓厚,有主动学习的热情;学会倾听,能有效合作,平等交流;尽可能自己观察、思考,敢于发表自己的意见和见解;参与面广,主动参与、全程参与。
	教学效果	课堂气氛活跃有序,课堂反馈正确率高,学生在学习活动中能获得良好体验,促进学生学科思维的发展,培养学生的创新精神和实践能力。全体学生都能达到教学目标的基本要求,不同层次的学生都有收获。
	教学基本功	教学基本功和学科知识基础扎实,课堂调控能力强;教态亲切自然,语言准确、生动、富有启发性和感染力,板书合理、工整、美观,演示操作规范、娴熟。
教案	是否有教案:　有　　没有 是否遵循教学计划:　是　　否 课堂教学是否与教案一致:　是　　否 是否有安全教育内容:　是　　否	

　　总结而言,通过深入细致地评量教学内容在以上各方面的适应性,教师能够在实施个别化教育过程中持续优化教学方案,确保教学内容更加贴近学生的实际需求,助力特殊需要学生取得实质性的学习进步和发展成果。

（四）教学方法的评价

　　教学策略和方法在个别化教育计划实施中的合理性与适用性是决定其成功与否

的关键要素。有效的教学策略和方法应该具备以下几个核心特征：

1.针对性

有效的教学方法应充分考虑学生的个体差异、特殊需要和学习风格。比如针对视觉障碍学生，除了常规的教学手段外，还需要提供非视觉化的教学资源和辅助工具，如通过音频描述、触觉材料、盲文教材等方式，使信息以听觉或触觉形式传递给学生。对于听障学生，则需借助视觉强化手段，如字幕、手语、图片、实物展示等，弥补听力上的缺失，确保他们能够获取到完整的学习内容。

2.启发性

优秀的教学策略应具有启迪心智的功能，激发学生主动探索知识的欲望和兴趣。教师需善于运用问题导向、案例分析、情景模拟等多种教学手法，引导学生自主思考、合作探究，培养他们的批判性思维和创新能力。

3.互动性

教学过程中，强调双向沟通和交流至关重要。这意味着教师不仅需要讲解知识，还要注重倾听学生的反馈，鼓励学生提问、讨论，并根据学生的实时反应及时调整教学节奏和方式，创建一个有利于学生积极参与和共同建构知识的教学环境。

4.可操作性

有效的教学策略还应具备实际可行性和可持续性，在日常教学实践中易于执行且能持续产生积极效果。这意味着教学方法应该简单易懂，既方便教师进行教学活动的设计与组织，也利于学生理解和运用，从而转化为进一步帮助学生取得实质性的学习进步。

5.技术辅助

现代技术的应用是提升个别化教育效果的重要途径。教师应充分利用数字化教育资源和教育技术工具，比如教育软件、虚拟现实技术、智能辅助系统等，来丰富教学形式、提高教学效果，增强学生的学习兴趣和自主学习能力。这些技术手段可以针对不同学生的能力特点提供定制化的学习支持，进一步推动个别化教育的发展和完善。

由上可知，理想的个别化教学策略和方法应兼具个性化、启发性、互动性、可操作性及技术辅助性，旨在确保每个学生都能在最适合自己的环境下充分发挥潜力，取得最大的学习成效。

（五）家校配合的情况评价

家校配合情况的评价是评估在个别化教育计划实施过程中,家长、学校及教师三方协同合作的紧密程度及其对推动个别化教育计划执行的实际效能,并探讨如何进一步优化这种合作关系以更有效地促进学生的个体发展。具体评价可以从以下几个核心维度展开:

1.沟通机制的有效性

可评估家校双方是否建立了多样且有效的沟通渠道,如定期组织家长会、适时进行家访、利用电话或专门的家校联系平台保持常态化的交流。考查这些沟通方式的畅通性和及时性,是否能够迅速将学生在学校的学习表现、行为习惯、心理状态以及个别化教育计划执行情况等信息传递给家长,并确保家长能够快速响应和反馈。

2.信息共享的质量与效率

检验学校与家庭之间关于学生信息的共享程度与质量,包括学习进度报告、课堂参与度、社交情感发展、生活自理能力提升等方面的数据与观察结果。确认这些信息是否能准确无误地传达给家长,是否有助于双方同步掌握学生的发展动态,从而共同制订或调整符合学生需求的个别化教学方案。

3.家长配合度及支持力度

考察家长对学校教学活动的实际参与和支持程度,如家长是否按时参加各类家校互动活动、是否协助完成家庭作业指导、是否参与定制并落实学生的个别化教育措施。同时,评估家长是否充分了解孩子的独特需求和发展特点,是否具备一定的特殊教育资源知识,以有效支持孩子在家庭教育环境下的持续进步。

4.家长期望与学校计划的一致性

探讨家长对子女教育的期望值,理解并分析家长对学校个别化教育计划的接受程度及其具体建议。评估家长的期待是否与学校的教育理念、目标以及实施策略相一致,双方是否能够在尊重学生个性差异的基础上达成共识,形成合力推动学生的全面发展。

5.家校合作策略的创新性与适应性

针对不断变化的家庭环境和学生需求,评价家校合作模式的灵活性与创新性,看其是否能根据学生实际情况调整合作策略,如设立家庭辅导项目、开展家庭教育讲座、提供在线家长工作坊等,促进家校共育的与时俱进和可持续发展。

6.家长教育素养的提升

通过家长培训、家长沙龙等活动形式,评估学校在提高家长教育意识和教育能力方面的成效,看看家长是否因家校合作而提高了自身的教育水平,进而更好地参与到孩子的个别化教育过程中。

通过上述多角度的综合评价,旨在发现并改进家校协作中的潜在问题,强化家校之间的协作关系,从而更好地服务于学生的个性化教育需求,助力他们在知识技能、情感态度和社会能力等方面取得长足进步。

综上所述,评价内容的五个关键维度——学生个人成长情况、教学目标达成度、教学内容适宜性、教学方法有效性以及家校配合情况,共同构成了对个别化教育计划实施效果全面而深入的考量框架。通过对这些方面的系统评估与分析,教师不仅能够准确地把握教育活动的实际成效,更能基于评价结果进行有针对性的教学调整和优化,确保教育过程始终紧随学生的个性化发展需求,有效促进其全面发展和持续进步。

表8-4　个别化教育计划实施效果考量实例1

昆明市五华区新萌学校教学目标检核表					
班　级	二年级	学科	认知	时间	2020年6月
本阶段学生目标达成整体情况	(分层或个别分析。) A层:陈**目标均已达成,吴**课堂学习主动性稍差,目标达成情况不稳定。 B层:达成情况不稳定,知识遗忘速度快。目标达成率约80%。 C层:达成情况不稳定,知识遗忘速度快。目标达成率约60%。				
目标未达成原因	(若有未达成目标则填写此项,从**目标制订、教学内容、教学方法、教学环境、学生原因**等方面进行分层或个别分析。) 1.部分学生每个课时教学目标不够清晰,导致教学内容安排不符合其学习需求,学生学习困难。 2.课堂教学组织形式稍单一,一对一辅导时间多,课堂效率低。 3.未及时布置课后作业,对家长指导不足,家庭训练剂量不够。				
可取之处	(从**目标制订、教学内容、教学方法、教学环境、学生原因**等方面进行分析。) 1.课堂常规活动能强化所学,也能激发学生学习兴趣。 2.多媒体技术运用较好,能辅助课堂教学。				

(资料提供:昆明市五华区新萌学校 王鱼琼老师)

表8-5 个别化教育计划实施效果考量实例2

昆明市五华区新萌学校教师备课检核表				
教师姓名		***	填写时间	2023年6月
检核内容			教师自检	组长检核
1. "一课一备"。			☑是　□否	☑是　□否
2. 对应教学计划备课。			☑是　□否	☑是　□否
3. 备课完整:每单元有学情分析、教学目标、教学重难点、教学过程、教学反思等重点部分。			☑是　□否	☑是　□否
4. 教学目标清晰明确,操作性强,可评量;体现学科核心素养。			☑是　□否	☑是　□否
5. 教学过程清晰,体现学科教学逻辑和学生学习思路。			☑是　□否	☑是　□否
教研组长检核修改意见				
无异议。 （盖　章） 2023年6月2日				
教研处抽查修改意见				
无异议。 （盖　章） 2023年6月6日				
教学副校长抽查意见				
无异议。 签字: 2023年6月9日				

（资料提供：昆明市五华区新萌学校 王鱼琼老师）

> ## 二、再评价的原则

（一）科学性原则

在个别化教育计划实施后的再评价环节中,科学性原则是整个评估体系的基石。这一原则强调运用科学的方法和工具,确保评价过程从翔实客观的数据与事实出发,精准无误地反映教育计划执行的真实状况及成效。其核心目标在于维护评价结果的客观性和准确性,坚决杜绝主观臆断、经验主义以及其他非理性因素对评价结论的影响。

针对不同类型和不同程度的特殊需要学生,科学性评价原则要求我们采取差异化和适应性的评估策略。根据每个学生的个体特点和需求差异,精心选择并应用适合的评估工具与评价方法,这些工具和方法应当具备高度的专业性和针对性,能够准确揭示学生的学习进展、能力发展以及特殊需要满足程度。

为了保证评价标准的客观性,评价指标体系的设计应以教育学、心理学、康复学等领域的理论为基础,结合实际教学情境,明确界定评价内容及其权重,确保评价项目的可量化或可观察性,并具有实际操作的可能性。例如,对于知识技能类目标,可以设置清晰具体的考核点;对于社交情感、行为习惯等软性发展目标,则需设计合理的观察记录表单或行为量表。

此外,科学性原则还强调评价者在数据收集和分析阶段的直接参与和全程监控。评价者必须亲力亲为,参与到原始资料和数据的第一手获取过程中,秉持实事求是、严肃认真的态度,严格执行评估程序,避免因人为误差、偏见或随意性导致的不准确评价结果。同时,评价者还需持续跟踪记录,采用多元化的证据来源,如标准化测试、教师观察、同伴互评、家长反馈等多种途径,共同构建全面且立体的学生表现图景。

总之,在个别化教育计划实施后的再评价过程中,科学性原则要求我们始终坚守专业精神和求真务实的态度,以科学的方法论为指导,通过精细、系统、公正的评价实践,切实促进特殊需要学生的有效成长和发展。

（二）发展性原则

发展性原则在个别化教育计划实施后的再评价中占据核心地位,强调以动态、前瞻的视角来审视学生的发展进程。这一原则要求我们不仅关注学生当前的学习表现和成绩,更要深度探究其内在潜能与长期发展趋势,充分尊重并挖掘每个学生的个性化特质,为其提供契合个人成长需求的针对性教育支持。

在具体实践中,基于发展性原则的再评价体系应具备显著的前瞻性特点。评价过程中不仅考查学生在知识掌握、技能提升方面的即时进展,更要深入分析他们在学习品质(如专注力、持久性、创新思维等)、适应能力(如环境适应、人际关系处理、情绪调控等)以及自主性(如自我管理、独立思考、自主探究等)等方面的发展趋势,从而为学生的长远发展做好战略规划与预备工作。

进一步而言,再评价的目的并非仅仅是对学生过往表现的简单总结或评判,而更在于对学生过去和现在状态进行全面、细致的剖析,并在此基础上科学预测其未来可能达到的发展目标。通过发展性评价,教师旨在激发学生内在的成长动力,引导其积极面对自身存在的差距与挑战,通过不断努力和发展,逐步缩小与预期目标之间的距离。

因此,在遵循发展性原则的前提下,个别化教育计划实施后的再评价应当是一种促进学生持续进步的有效手段,它致力于为特殊需要学生创造一个包容、激励的成长环境,帮助学生了解自我、突破自我,从而在原有的基础上不断提升与发展,最终达成符合其自身特点和潜力的人生目标。

（三）全面性原则

全面性原则在个别化教育计划实施后的再评价环节中具有决定性作用,它要求教师在对教育成果进行评估时必须全方位、多角度地审视学生个体的发展状况。这一原则强调在开展再评价的过程中,应系统地考察和分析评价对象的所有相关维度,确保评价内容的广泛性和深度能够准确反映教育实践的真实效果与学生全人的成长轨迹。

在执行再评价时,首先需要保证评价对象与内容的全面覆盖,既要审视学生在学科知识技能方面的掌握情况,也要考察他们在社交情感、行为习惯、创新思维、道德品质等非认知领域的表现与发展。同时,评价应结合定量与定性的方法,确保过程公正合理,从多角度、多层次反映出教育计划的实际运行效果。为了实现这一目标,在设计和实施评价的过程中,教师需综合权衡各类评价工具与手段的有效性及适用性,包括标准化测验、课堂观察记录、项目式学习评估、同伴互评以及自我反思等多种评价形式。此外,要充分收集并整合不同来源的数据资料,这不仅包括正式的测试成绩和专门的阶段性评价报告,也囊括日常教学活动中的表现记录、参与度数据,以及长期追踪的学生成长档案等信息。

这些翔实的记录能真实反映课堂教学情境的复杂性和学生个体差异化的学习过程,从而有助于更准确地理解学生在教育过程中取得的进步和遇到的挑战,进一步为调整和完善个别化教育计划提供有力依据。通过全面性原则指导下的再评价实践,教师能够更有针对性地优化教学策略,满足每个学生的个性化需求,促进其全面发展和持续进步,从而实现教育目标与学生个体发展目标的和谐统一。

（四）多元性原则

在个别化教育计划实施后的再评价中,多元性原则的核心在于确保评价体系的全面性和包容性,它体现在以下几个方面:

一是评价内容的多元化。多元性原则首先要求关注学生学习的全面性和复杂性。这意味着评价的内容不仅关注学生对学科知识的掌握程度,还深入到其应用所学解决实际问题的能力,以及在此过程中表现出的学习策略、创新思维等综合能力。对于特殊需要的学生,尤其要注重其在缺陷补偿方面的进展,发掘并促进其潜在能力的发展,而非仅仅停留在学业成绩上。

二是评价方式的多元化。多元化的评价方法强调根据不同阶段和目的灵活采用不同的评价工具与手段。比如,在诊断性评价阶段,通过观察和测试识别学生的学习起点和困难;在形成性评价过程中,利用日常课堂参与、项目作业、实验活动等实时反馈学生的进步动态;终结性评价则着眼于长期目标的达成情况。此外,评价标准可采取相对评价(与同龄群体比较)、绝对评价(基于预设标准)以及个体内差异评价(个体自身前后发展变化),以确保评价的公正性和激励性。定量数据与定性描述相结合的方式有助于更立体地展现学生成长全貌。

三是评价主体的多元化。鼓励教师、家长、同学乃至学生本人共同参与到评价过程中来,形成多元化的评价主体结构。尤其是让学生学会自我评价,培养其自主性和反思能力,使其能够对照个别化教育计划的目标进行自我调整和改进。这样的参与式评价有助于增强学生的主体意识,提升其自我效能感,并促进家庭、学校和社会三方的协同教育。

四是尊重个体差异与多样性。在遵循多元性原则时,特别要重视每一个学生的独特性和个性化需求。评价体系应当适应不同背景、兴趣、能力和风格的学生,避免一刀切式的评价标准,真正实现因材施教,从而促进所有学生的全面发展,激发其潜能,并确保每个学生在个性化的学习路径上都能找到最适合自己的成长节奏和空间。

> 三、再评价的方式

（一）过程评价与结果评价

过程评价聚焦于对学生个体在学习过程中动态变化的追踪与反馈。通过实时观察和记录学生在各个环节的学习行为、思维发展、情感态度等表现,教师能够及时识别并解决他们在学习过程中遇到的困难,适时调整教学方法和策略,以满足学生的个性化需求,从而有效提升教学质量。同时,过程评价还能全面反映学生的学习进步轨迹,揭示他们在知识掌握、技能习得以及情感态度等方面的优点与不足,为制订更加精准的后续教育计划提供有力依据。例如,针对学生的学习习惯、合作交流能力、创新能力等方面进行过程性评价,有助于发现他们的潜在优势和发展瓶颈。

结果评价则着重于对教育成效的总结性评估,它通过比较接受教育前后,学生在学业成绩、核心素养、行为习惯等方面的显著变化,来衡量教育活动是否达成预设目标,以及其实际价值和效果如何。结果评价通常以标准化测试、项目成果展示、教师评价等多种方式进行,旨在客观反映教育成果,并为未来的教育教学改进提供方向。

在实际操作中,为了确保教学效果的全面客观评估,往往需要将结果评价与过程评价相结合,既要关注学生的最终成长成果,也要重视他们的发展历程。例如,在面对有行为问题的学生时,教师可优先采用结果评价,关注其行为改善的具体指标;与此同时,也需辅以过程评价,深入探究其行为改变背后的学习经历和心理动因,以便实施更具针对性的教学干预和支持。

总之,无论是过程评价还是结果评价,都是推动个别化教育不断优化和完善的重要手段。在实践中,应灵活运用两种评价方式,持续收集和分析数据信息,根据学生的实际情况及教育目标,选取最适合的评价方法,以促进每个学生最大程度地实现自我发展与潜能挖掘。

（二）相对评价和绝对评价

相对评价作为一种常模参照评价体系,在个别化教育中主要体现在通过将单个学生的学习表现与同班级、年级或其他参考群体内的其他学生进行比较,以揭示其在群体中的相对位置和学业成就水平。这种评价方式有助于识别学生的特长或不足,促进竞争意识,并且适用于教育资源分配、选拔性考核等情境。例如,在学科教学中,教师可以利用相对评价来分析各学生间的差距,调整教学策略以满足不同层次学生的需求。

个体内差异评价虽然也具有相对评价的成分,但更侧重于个体自身的发展变化,是将学生当前的表现与其过去表现作比较,从而评估其学习进步的程度。在个别化教育背景下,个体内差异评价尤其重要,因为它关注每个学生的个性化发展路径,鼓励学生不断超越自我,体现了教育公平性和个性化原则。通过对学生在接受个别化教育前后数据的对比分析,教师能够精确把握教育干预的效果,及时调整教育方案,助力学生持续成长。

绝对评价则是基于一套预先设定的标准或者目标来进行评判,如国家课程标准、学科能力框架等,旨在考查学生是否达到了这些既定标准,而不涉及与其他学生的比较。在个别化教育中,绝对评价能确保所有学生都按照统一且客观的质量要求进行培养,不论其初始能力如何,都能获得明确的学习方向和支持。

将相对评价和绝对评价结合起来全面评估个别化教育效果,是至关重要的。在实际应用中,针对特殊教育群体的不同需求采取不同的评价侧重点:

对于听障或视障学生,他们的学科教育往往强调获取必要的知识技能以及达到相应的课标要求。因此,更多地采用绝对评价方法,对照课程标准和无障碍教学目标,确保他们能够在适应特殊环境的基础上实现与普通学生相当的学术水平。

而对于智力障碍学生,由于其发展水平可能远低于同龄人,所以教育目标更注重个人潜能开发和生活技能提升。在这种情况下,相对评价更为合适,着重于记录并认可学生在原有基础上取得的进步,激励其在各自的起点上取得有意义的成长。同时,也需要结合一定的绝对评价标准,确保他们在关键领域也能逐步接近或者达到相应的学习目标。

（三）定性评价与定量评价

定性评价在个别化教育中扮演着深度剖析和理解学生个体差异的角色。它强调对学生的特质、情感、动机、兴趣以及学习过程中的非量化特征进行细致入微的观察和分析。通过教师的直接观察、深度访谈、案例记录以及行为事件分析等手段,定性评价能够捕捉到学生的学习风格、思维方式、价值观以及在社会交往、情绪管理等方面的具体表现。这种评价方式有助于揭示学生内在的需求、优势及挑战,为制订个性化的教学策略提供丰富的背景信息。然而,定性评价的主观性和情境依赖性较强,评价结果可能受到评价者个人视角、经验、文化背景的影响,因此需要谨慎对待并力求客观公正。

定量评价则是在个别化教育中运用数学工具和统计技术对学生的学习进步和成

果进行精确度量的过程。它侧重于收集可量化的数据,如测试成绩、作业完成率、技能掌握程度等,并通过数据分析来评估教育方案的效果和效率。定量评价的优点在于其客观严谨,可以产出具有可比性的数据,从而帮助教师准确地定位学生的学习短板和长处,为教育资源分配、教学方法改进以及教学目标设定提供科学依据。但同时,定量评价也有其局限性,对于那些难以量化或无法用数字衡量的人文素养、创新能力、社交技能等综合素质,往往难以全面反映。

个别化教学活动涉及人的因素,各种变量及其相互作用是复杂的,为了更全面、准确地评估教育实施状况,应当将定性评价与定量评价相结合。可以量化的部分,使用指标加权重的定量评价方式。不可定量的部分,则采用档案记录、描述性评语、实际操作评价等定性评价方式。一般情况下,可以通过定性评价了解学生的特点和需求,为定量评价提供范围和方向。然后利用定量评价提供的数据和结果,制订再评价方案,根据再评价结果不断调整个别化教育方案。

鉴于个别化教学活动所涉及的复杂性与多元性,单一的评价方式并不能全面而准确地描绘出学生的全貌及其教育需求。因此,在实际操作中,应当将定性评价与定量评价有机融合,形成互补。针对可以量化的学习内容和成果,采用标准化测试、等级评分等定量评价手段;而对于那些无法简单量化的学习品质、情感需求和社会适应能力,则可通过建立学生档案、撰写描述性评语、实施项目评价等方式进行定性评价。

一般而言,先利用定性评价手段深入了解每个学生的特性和需求,为后续的定量评价设定更具针对性的评价维度和标准。随后,基于定量评价所获取的翔实数据,对教育效果进行系统梳理和科学解析,从而制订出更为精准的再评价方案。根据不断反馈的评价结果,持续调整个别化教育方案,以实现对学生全面而个性化的培养目标。

在个别化教育实践的全过程中,再评价作为不可或缺的关键步骤,起到了承前启后、反馈调节的核心作用,确保了教学活动始终围绕学生的个性发展需求而灵活调整,从而促进个别化教育计划得以精准落地,有效助力每一位学生的全面发展与潜能挖掘。

第三节 个别化教育实施后再评价案例分享

> 一、学生个人成长评价——教师评语案例

表8-6 学生个人成长情况评价

学生姓名	期末评语
杨××	你是一个阳光可爱的小姑娘,每天都把灿烂的笑容挂在脸上,同学们、老师们看到你在笑,也会和你一起变得快乐起来。你是一个乐于交往的孩子,每天都主动认真地和老师打招呼,喜欢接触班上的同学,在校园生活中也交到了好朋友。你是一个懂事的孩子,会捡拾地上的垃圾扔进垃圾桶,会帮老师整理教学具,会听老师的话参加各项活动。老师看到了你的闪光点,为你竖起大拇指!希望在之后的学习、生活中,你能更加专注地做事,取得更多的进步!
廖××	你是一个充满好奇、天真温柔的孩子,你喜欢关注老师和同学的表情、动作;喜欢每天到隔壁班去转一转,看看有什么新奇的东西;喜欢用自己的手去探索身边的事物;喜欢开怀大笑,将自己的快乐向外传递……这学期以来,我们感受到你慢慢长大了;你可以把凳子往前挪得好远,可以在上课点名时主动抬起自己的手,可以在不愿意做事的时候表现出身体上的拒绝,可以在排队时安静地跟着走……你真棒!希望在之后的学习、生活中,你能积蓄力量、慢慢进步!
赵××	你是一个可爱能干的孩子,在学校里,你会帮助老师分发营养餐,课后帮忙收拾教学具;在家里,你会化身"厨房小能手",帮助家人切菜、备菜。你是一个敏锐灵巧的孩子,对声音表现出很高的敏感度,会关注到身边的人事物。你是一个喜欢自然的孩子,喜欢触摸树叶,喜欢在学校门口的小径玩耍。在本学期里,你注意力集中的时候能跟着老师认真学习,情绪状态良好时能参与班级活动。但在规则意识、行为控制、情绪管理方面,你还有很大的进步空间,老师希望你慢慢成长、越来越好!
范××	你是一个特别有礼貌的孩子,会主动和老师们问好、问别;你是一个很爱分享的孩子,和老师分享你的生活所见、所感;你是一个非常好学的孩子,喜欢看书、乐于学习;你是一个脾性温和的孩子,说话轻声细语,慢慢道来……你有许多的闪光点,以后也等着我们去发现。这学期你有主动帮助老师张贴每日课程卡,在课堂上学到了许多知识,希望在下个学期里,你能更好地规范自己的行为,取得更多的进步!

续表

学生姓名	期末评语
王××	你是一个暖心的孩子,你会帮助老师分发营养餐;和同学们一起开心地参加集体活动;做科学小实验时,会帮助老师清洗实验器材;看到同学因为情绪不佳而哭闹时,会拍一拍同学表示安慰……这些都是你做得很棒的地方,老师为你感到高兴!这学期以来,老师发现你按卫生间冲水器的次数变少了,跑到教学楼上的行为也减少了,这些都是你做出的改变。希望你在后续的生活、学习中,能慢慢学会控制好自己的情绪,不断改进自己的行为,加油!
陶××	你是一个阳光、努力的孩子:你圆圆的脸蛋上会挂着灿烂的笑容,乐呵呵的样子让大家都感觉到了开心;你专注做事时,脸上总会写满倔强。你是一个能干的孩子:你认识许多汉字、数字、英文字母,你会把脑海中的形象画在黑板上,你可以帮助老师端水、端教具学具、打扫卫生。以上这些都是你的可爱之处,老师为你喝彩。但是,当你的要求没有得到满足时,你的不当行为就出现了;所以,希望你在家人、老师的教导之下,能逐渐改正自己的不足,取得更多的进步!
梁××	你是一个阳光友爱、纯真快乐的孩子:你喜欢和同学、老师互动,在班上交到了好朋友,与老师建立了良好的关系;你总是很快乐,喜欢笑、喜欢闹,时不时还表现出调皮的一面。你是一个专心、认真的孩子:上课时,你表现得越来越专注了,能配合老师完成相应的练习,投入地完成课堂任务。老师能看到你在一点一滴地进步,更欣喜你的身体状态越来越好。希望你在之后的学习、生活中,能更加懂事、学习到更多的技能。加油!
罗××	你是一个可爱温和、阳光向上的孩子,你总是有礼貌地和老师问好,在指导下能放好自己的书包、水杯。你可以表达出自己的需求,会自己独立去上厕所、喝水。这学期以来,你还取得了以下进步:上课时的安坐能力有提高,摆弄凳子的行为减少了许多;当红领巾没拉好时,你能说出完整句子,向老师寻求帮助……老师为你取得的进步感到十分开心。但是,你在上课时的专注度还不足,希望你在后续的学习中,能逐渐改变,加油!
温××	你是一个天真烂漫的孩子:你的世界里总有许多的奇妙故事,你常常能与故事中的角色对话,化身为有趣的故事人物。你是一个观察力十分敏锐的孩子:你能发现绘本视频中很细节的图案,关注到身边的人事物。你是一个表达能力很好的孩子:能完整、顺畅地说出自己的感受和需求。你是一个记忆力很好的孩子:当你专注听课的时候,你会记住许多内容。这些都是你闪闪发光的地方。但是,当你情绪不佳时,老师希望你能改变表达情绪的方式,用一种更恰当的方式纾解自己的情绪。加油哦!

(资料提供:昆明市五华区新萌学校 李秋雨老师)

二、学科评价——聋校数学教学目标评价案例

表8-7　昆明市盲哑学校聋部数学学科班级教学目标汇总

计划执行时间:2023年3月—7月　　　班级:聋二年级　　　学生:××

目标			学生目标预设与达成	
学年	学期	单元	预设	达成
1. 认识厘米和米,初步掌握测量知识和技能。	1.1 初步认识长度单位厘米和米,初步建立1米、1厘米的长度观念,知道1米=100厘米,初步学会用刻度尺量物体的长度(限整厘米),初步形成估计物体长度的意识。初步认识线段,会量线段的长度(限整厘米)。	1.1.1 经历长度单位形成的过程,初步认识长度单位和测量的含义,初步体会统一长度单位的必要性。	○	√
		1.1.2 认识长度单位厘米和米,初步建立1厘米、1米的长度观念,知道1米=100厘米。	○	√
		1.1.3 初步学会用刻度尺量物体的长度(限整厘米和整米)。	○	√
		1.1.4 初步认识线段,会用刻度尺量线段的长度,能按给定长度画线段(限整厘米)。	○	√
		1.1.5 在建立长度观念的基础上,初步尝试估测物体的长度,培养估量物体长度的意识和能力。	○	√
2. 体会四则运算,掌握必要的运算技能。	2.1 知道乘法的含义和乘法算式中各部分的名称,熟记全部乘法口诀,熟练地口算两个一位数相乘。	2.1.1 在具体情境中理解乘法运算的意义,知道乘法算式各部分的名称。	○	√
		2.1.2 经历编制乘法口诀的过程,知道乘法口诀的来源,熟记2~6的乘法口诀,会用乘法口诀熟练地进行口算。	○	√
		2.1.3 能运用加法、减法、乘法解决简单的实际问题。	○	√

续表

学年	学期	单元	预设	达成
2. 体会四则运算,掌握必要的运算技能。	2.1 知道乘法的含义和乘法算式中各部分的名称,熟记全部乘法口诀,熟练地口算两个一位数相乘。	2.1.4 使学生感受到用乘法表示同数连加的简洁性;感受我国语言文字(体现在乘法口诀)的独特魅力,增强民族自豪感。	○	√
		2.1.5 经历编制7~9的乘法口诀的过程,体验7~9的乘法口诀的来源,理解每一句乘法口诀的意义,熟记7~9的乘法口诀。	○	√
		2.1.6 能熟练的计算表内乘法,会用乘法解决简单的实际问题。	○	√
		2.1.7 通过编制乘法口诀的活动,初步学会运用类比推理的方法学习新知识。	○	√
	2.2 知道除法的含义和除法算式中各部分的名称,知道乘法和除法的关系;能够用2~6的乘法口诀求商。	2.2.1 理解平均分及除法运算的含义,能进行平均分。会读、写除法算式,知道除法算式各部分的名称。	○	√
		2.2.2 探究用乘法口诀求商的方法,初步认识乘、除法之间的关系,能够比较熟练地用2~6的乘法口诀求商,逐步培养学生的运算能力。	○	√
		2.2.3 能运用除法的意义解决简单的实际问题。	○	√
3. 初步认识角。	3.1 初步认识角,知道角的各部分的名称;初步认识直角、锐角和钝角;会用三角尺判断一个角是不是直角;会辨认锐角、钝角;初步学会画线段、角和直角。	3.1.1 结合生活情境及操作活动,使学生初步认识并会判断角,知道角各部分的名称,了解角的大小,初步学会画角和比较角的大小。	○	√

续表

学年	学期	单元	预设	达成
3. 初步认识角。	3.1 初步认识角,知道角的各部分的名称;初步认识直角、锐角和钝角;会用三角尺判断一个角是不是直角;会辨认锐角、钝角;初步学会画线段、角和直角。	3.1.2 结合生活情境及操作活动,使学生初步认识直角、锐角和钝角,会用三角尺判断直角、锐角、钝角。	○	√
		3.1.3 会运用角的知识解决简单的问题,培养解决问题的能力。	○	√
4. 认识时和分。	4.1 会读、写几时几分,知道 1 时 =60 分,知道珍惜时间。	4.1.1 在具体的生活情境中,借助钟面认识时间单位"分",知道 1 时 =60 分。	○	√
		4.1.2 了解时针和分针的运动方向,知道在钟面上分针走 1"小格"是 1 分钟,走 1"大格"是 5 分钟,走一圈是 60 分钟;初步认识几时几分,会读写几时几分和几时半。	○	√
		4.1.3 会运用时间的有关知识解决一些简单的实际问题,进一步学习观察、比较的方法,并形成初步的推理能力。	○	√
		4.1.4 初步培养学生珍惜时间、合理安排时间的习惯。	○	√
5. 在老师的指导下,发现和提出简单的数学问题,并尝试解决。	5.1 初步学习分析问题和解决问题的方法,感受数学在日常生活中的作用。	5.1.1 初步学习分析问题和解决问题的方法,感受数学在日常生活中的作用。	○	√
6. 在综合与实践活动中,体会数学与日常生活的密切联系,初步形成探索数学问题的兴趣,初步感受数学思想方法。			○	√
7. 养成认真作业、书写整洁的良好习惯。			○	√
8. 通过教学活动弥补语言缺陷,养成说话的习惯,初步形成用数学表达的能力。			○	√

（资料提供：昆明市盲哑学校 高金花老师）

> 三、学科评价——盲校语文学科评价案例

表8-8　昆明市盲哑学校盲部小学语文学科综合评价表

项目	评价要素	等级				分数
		优秀	良好	合格	待合格	
学习态度及表现 20%	上课认真听讲,注意力集中					
	主动思考,积极发言					
	课前预习,课后复习					
	广泛阅读课外书					
	善于提出问题,乐于合作					
	作业认真,独立完成					
盲文读写技能 20%	盲文摸读(平均每分钟)					
	盲文书写(平均每分钟)					
期末测试 60%	一至二年级非书面测试/三年级(含三年级)以上书面测试					
学期评价						

附:盲文读写技能评价标准

一年级:每分钟摸读盲文音节30个以上,书写盲文20方以上。

二年级:每分钟摸读盲文音节40个以上,书写盲文25方以上。

三年级:每分钟摸读盲文音节70个以上,书写盲文30方以上。

四年级:每分钟摸读盲文音节90个以上,书写盲文40方以上。

五年级:每分钟摸读盲文音节110个以上,书写盲文45方以上。

六年级:每分钟摸读盲文音节120个以上,书写盲文50方以上。

表8-9　昆明市盲哑学校盲一年级语文非书面测试方案

盲一年级上学期语文非书面测试方案

一、字母测试(25分)

测评内容:背诵盲文字母点位(限时3分钟)。

评分标准:错1个字母扣0.5分。

二、拼读测试(10分)

测评内容:5个教材中学习过的双音节词,进行拼读。

评分标准:正确拼读1个词语2分。

三、背诵课文(30分)

测评内容:背诵教材中要求背诵的古诗、短文各一篇。

评分标准:正确、流利地背诵,漏字、添字、错字不超过3个为满分,每错误3字扣1分。

四、听说测试(15分)

测评内容:听老师说一段话(约30字),复述这段话。

评分标准:能复述大意,人物、时间、地点等关键词正确为优秀,酌情评分。

五、口语交际(20分)

测评内容:做自我介绍,说清楚自己的姓名、年龄、爱好等。

评分标准:能说普通话,音量适中、语句通顺、意思清楚为优秀,酌情评分。

表8-10　昆明市盲哑学校盲三年级语文期末试卷

盲三年级下学期语文期末试卷

一、补充词语(12分)

五彩(　)(　)　　细嚼(　)(　)　　(　)(　)澎湃

(　)(　)壮阔　　四(　)八(　)　　百(　)百(　)

二、根据课文内容填空(30分)

1.西沙群岛(　),(　),是个可爱的地方。

2.每一片法国梧桐树的落叶,都像一个(　)。

3.长满蒲公英的草地,早上是(　),中午是(　),傍晚是(　)。

4.蟋蟀红头在牛肚子里的旅行路线:牛嘴里、(　)、第二个胃、(　)、喷出来。

5.两岸猿声(　),轻舟已过(　)。

三、按要求写句子(10分)

1.用"有的……有的……有的……"写一句话。

2.写一句比喻句。

四、默写古诗《饮湖上初晴后雨》(12分)

五、阅读短文,回答问题(16分)

小院的西面是花台,一年四季花开不断。北面有个挺大的葡萄架,人们经常在这里休息、玩耍,显

续表

得很热闹。院子的东面种着几棵高大的白杨树。院子南面是菜园,地里种着黄瓜、茄子、西红柿,个个漂亮,惹人喜爱。

1. 院的四面分别有什么?

2. "黄瓜、茄子、西红柿"总的名称叫什么?

3. 解释词语"惹人喜爱"。

4. 写出下列词语的反义词: 高大　热闹

六、作文(20分)

请你选几种小动物作为主人公,编一个童话故事,想象一下它们之间会发生什么事,然后写下来。

参考答案:

一、五彩(缤)(纷)　　细嚼(慢)(咽)　　(汹)(涌)澎湃

(波)(澜)壮阔　　四(面)八(方)　　百(发)百(中)

二、1. 西沙群岛(风景优美),(物产丰富),是个可爱的地方。

2. 每一片法国梧桐树的落叶,都像一个(金色的小巴掌)。

3. 长满蒲公英的草地,早上是(绿色),中午是(金色),傍晚是(绿色)。

4. 蟋蟀红头在牛肚子里的旅行路线:牛嘴里、(第一个胃)、第二个胃、(牛嘴里)、喷出来。

5. 两岸猿声(啼不住),轻舟已过(万重山)。

三、略

四、饮湖上初晴后雨　　宋　苏轼

水光潋滟晴方好,山色空蒙雨亦奇。

欲把西湖比西子,浓妆淡抹总相宜。

五、1. 西面是花台,北面有葡萄架,东面有白杨树,南门是菜园。

2. 黄瓜、茄子、西红柿总称"蔬菜"。

3. 惹人喜爱:让人很喜欢。

4. 高大——矮小　　热闹——冷清

六、无字数要求,能写出故事经过,语句通顺,会使用标点符号即可。

思考题

1. 试阐述基于学科教学的个别化教育实施后的再评价的目的和意义。

2. 试阐述基于学科教学的个别化教育实施后的再评价的内容。

3. 试阐述基于学科教学的个别化教育实施后的再评价的方式。

参考文献

[1] 张文京, 严小琴. 特殊儿童个别化教育: 理论、计划、实施[M]. 3 版. 重庆: 重庆大学出版社, 2021.

[2] 华京生. 差异教学与个别化教学的比较研究[J]. 中国特殊教育, 2014(10): 10-13, 27.

[3] 王辉. 特殊儿童教育诊断与评估[M]. 南京: 南京大学出版社, 2007.

[4] 张文京. 弱智儿童个别化教育与教学[M]. 重庆: 重庆出版社, 2005.

[5] 于素红. 美国个别化教育计划的立法演进与发展[J]. 中国特殊教育, 2011(2): 3-8.

[6] 黄朔希. 台湾个别化教育计划的理念与实践[J]. 宁德师专学报(哲学社会科学版), 2007(4): 87-89.

[7] 邓猛, 郭玲. 西方个别化教育计划的理论反思及其对我国特殊教育发展的启示[J]. 中国特殊教育, 2010(6): 3-7.

[8] 孙培青. 中国教育史[M]. 2 版. 上海: 华东师范大学出版社, 2000.

[9] 吴式颖, 李明德. 外国教育史教程[M]. 3 版. 北京: 人民教育出版社, 2015.

[10] 郑金洲. 走向"校本"[J]. 教育理论与实践, 2000, 20(6): 11-14.

[11] 吴春艳. 培智学校校本课程开发的现状研究[J]. 中国特殊教育, 2013(2): 31-35, 50.

[12] 赵斌. 落实特殊教育师资培养政策法规. 提升特殊教育支撑能力[J]. 大学, 2023(29): 1-2, 205.

[13] 申仁洪, 张婷. 我国培智学校课程发展的历史逻辑、价值取向与实践路径[J]. 现代教育论丛, 2023(3): 90-100.

[14] 佟月华. 美国全纳教育的发展、实施策略及问题[J]. 中国特殊教育, 2006(8): 3-8.

[15] 于晓辉. 中国智力残疾人教育保障现状与问题研究[J]. 经济研究导刊, 2012(19): 299-302.

[16] 方俊明. 开创我国特殊教育发展的新局面[J]. 中国特殊教育, 2017(8): 5-6.

[17] 赵斌. 特殊教育学校学科教学[M]. 北京: 北京师范大学出版社, 2023.

[18] 冯晖．高质量教育评估的内涵要义与推进策略[J].上海教育评估研究, 2023, 12(2): 1-7.

[19] 刘丽丽, 陶冶.动态评估视角下特殊儿童学校评估现状探讨——以杭州市某特校为例[J].绥化学院学报,2023,43(1):145-148.

[20] 张福娟, 王小慧.以课程为基础的评估在特殊教育中的应用[J].华东师范大学学报(教育科学版), 2000, 18(4): 31-36.

[21] 章永.特殊教育学校课程本位评估的操作性初探[J].乐山师范学报,2012,27(10): 128-130.

[22] 李宝珍, 戴玉敏.培智学校课程的四好评量与教学设计[M].重庆: 重庆大学出版社, 2023.

[23] 李宝珍, 戴玉敏.培智学校课程的四好评量表与侧面图[M].重庆: 重庆大学出版社, 2023.

[24] 袁玉芬, 汤剑文, 蒋建强.IEP理念下培智学校课程本位评估体系[M].长春: 东北师范大学出版社, 2020.

[25] 张文京, 许家成等.弱智儿童适应性功能教育课程与实践[M].重庆: 重庆出版社, 2002.

[26] 肖非.关于个别化教育计划几个问题的思考[J].中国特殊教育,2005,(2):9-13.

[27] 于素红.美国个别化教育计划的立法演进与发展[J].中国特殊教育, 2011(2): 3-8.

[28] 戴士权.美国特殊教育领域中个别化教育计划的立法演进及对我国的启示[J].外国中小学教育, 2018(5): 33-38, 8.

[29] 徐烨.特殊教育学校个别化教育计划实施困境及对策[J].新课程研究, 2021(S1): 66-67.

[30] 黄朔希.台湾个别化教育计划的理念与实践[J].宁德师专学报(哲学社会科学版), 2007(4): 87-89.

[31] 王庆宝, 田花.中度智力障碍学生个别化教学计划的调整与实施[J].现代特殊教

育, 2020(13): 64-65.

[32] 学科教学: 共性目标与个性目标的厘定和统一[J]. 江苏教育, 2009(34): 4.

[33] 胡芬. 通用学习设计在特殊教育领域的应用[J]. 社会福利(理论版), 2014(3): 50-52, 12.

[34] 贾婵娟, 辛伟豪. 通用学习设计: 发展、评析与启示[J]. 现代特殊教育, 2017(8): 21-25.

[35] 胡红华. 提升特需学生个别化教育质效打造特殊教育高质量发展新样态[J]. 现代特殊教育, 2023(13): 52-54.

[36] 颜廷睿, 关文军, 邓猛. 融合课堂中差异教学与学习通用设计的比较分析[J]. 中国特殊教育, 2015(2): 3-9.

[37] 王碧涵, 胡冲. 基于通用设计学习理念的自闭症儿童融合课堂教学策略[J]. 贵州工程应用技术学院学报, 2021, 39(2): 86-90.

[38] 詹世英. 基于通用教学设计理念的个别化教育实践[J]. 现代特殊教育, 2020(7): 20-23.

[39] 乔永强, 沈梦溪. 基于个别化教育理念的课堂教学模式研究和实践[J]. 教育界, 2021(41): 68-70.

[40] 赖振爱. 个别化教育理念下培智学校校本课程的构建与实施: 以广东省深圳市宝安区特殊教育学校为例[J]. 现代特殊教育, 2020(1): 57-61.

[41] 邱伟. 个别化教学对提升特殊教育课堂教学质量的探索[J]. 课堂内外(高中版), 2021(23): 8-9.

[42] 耿悦. 分层教学在培智学校中的运用探讨: 以生活适应教学为例[J]. 现代特殊教育, 2022(21): 34-40.

[43] 华国栋, 燕学敏. 差异教学的中外比较及对特殊教育的启示[J]. 中国特殊教育, 2022(2): 10-14.

[44] 孙颖, 郭楠, 王善峰. 北京市培智学校个别化课程实施模式的研究[J]. 中国特殊教

育, 2015(11): 8-12.

[45] 陆聪霞, 葛榴红. "一人一策": 随班就读学生个别化教育课程调适的校本研究[J]. 小学教学研究, 2022(17): 37-40.

[46] 李瑞江, 马丽霞. "三三三五"个别化教育计划的建构与实施[J]. 现代特殊教育, 2015, (Z1):109-111.

[47] 仇中辉, 仇晓东. "个别化+融合": 撬动农村小学融合教育高质量发展的有效支点 [J]. 现代特殊教育, 2020(21): 17-18.

[48] 华国栋, 华京生. 融合教育中的差异教学: 为了班级里的每一个孩子[M]. 北京: 教育科学出版社, 2019.

[49] 卡罗尔·安·汤姆林森. 差异化教学与个性化教学: 未来多元课堂的智慧教学解决方案[M]. 张静, 译. 北京: 中国青年出版社, 2022.

[50] 李娜. 特殊学校生活品质导向的个别化教育实践模式[M]. 广州: 广东高等教育出版社, 2022.

[51] 陈凯鸣. 广州市越秀区启智学校"个别化—支持"办学模式的实践探索[M]. 广州: 广东高等教育出版社, 2019.

[52] 葛增国, 范里. 个别化教育的计划与实施: 以仁爱学校数字化实践为例[M]. 南京: 南京师范大学出版社, 2020.

[53] 宋秉莹. 听障儿童个别化教学指导手册[M]. 兰州: 兰州大学出版社, 2020.

[54] 冯士博, 王杨. "新课标"理念下结构化思维备课模式研究[J]. 教育实践与研究(A), 2022(11): 56-59.

[55] 徐梅. 创新评课模式, 提升教师教研能力[J]. 河南教育(教师教育), 2021(7): 115.

[56] 孙仙伟. 夯实备课教研基础 催化教师自我成长[J]. 福建教育学院学报, 2023, 24(3): 119-121.

[57] 王永玉. 基于教学要素的听评课维度构建[J]. 中学政治教学参考, 2021(9): 36-38.

[58] 程水莲, 谷学丽. 精研新课标 深耕听评课[J]. 中学政治教学参考, 2022(42): 17-19.

[59] 刘祥. 目中有"人": 教师备课应有的价值追求[J]. 江苏教育, 2022(70): 29–33.

[60] 张小平. 评课, 请走出这些误区[J]. 科教文汇(上旬刊), 2021(1): 160–161, 168.

[61] 陈建炳. 评课"五关注"[J]. 思想政治课教学, 2021(2): 48–50.

[62] 张佳琦. 浅析中小学听评课的意义与策略[J]. 甘肃教育研究, 2023(1): 24–26.

[63] 吴艳玲. 师范生说课技能训练存在的问题及对策[J]. 周口师范学院学报, 2020, 37 (1): 133–136.

[64] 褚艳华. 说、唱、做、表: 准教师说课"法宝"[J]. 中国音乐教育, 2020(6): 51–54.

[65] 陈甦甦. 说课的策略: 以小学数学"图形与几何"领域教学为例[J]. 科学咨询(教育科研), 2020(6): 38.

[66] 王玉燕. 说课在课堂教学中的应用研究[J]. 文科爱好者(教育教学), 2022(2): 108–110.

[67] 宋健. 五级评课法: 为评课锦上添花[J]. 中学政治教学参考, 2022(6): 69–70.

[68] 王俊卿. 新课标背景下科学教师备课的四个"立足"[J]. 辽宁教育, 2023(7): 82–85.

[69] 司灵童. 语文学科的说课技巧[J]. 文学教育(下), 2021(8): 188–189.

[70] 北京市教育委员会, 北京市特殊教育中心编. 特殊教育学校教师基本功培训手册 [M]. 北京: 中国轻工业出版社, 2013.

[71] 姜瑞玥, 刘晓瑜. 特殊儿童学业评价方法评述[J]. 教育测量与评价(理论版), 2011 (9): 46–49.

[72] 刘全礼. 个别教育计划的理论与实践[M]. 北京: 中国妇女出版社, 1999.

[73] 余林. 课堂教学评价[M]. 北京: 人民教育出版社, 2007.

[74] 刘全礼, 李玉向, 汤剑文, 等. 特殊教育的课堂教学评价概论[M]. 南昌: 江西高校出版社, 2011.

[75] 李春伟, 倪波. 在个别化教育实施中探索教育与康复结合[J]. 现代特殊教育, 2022 (23): 61–62.

[76] 苏启敏. 学生评价的民主意蕴[J]. 教育研究, 2010, 31(2): 100–105.

[77] 宋保平. 个别化教学的学校实施: 策略与反思[J]. 教育发展研究, 2013, 33(12): 41-46.

附　录

盲校语文学科教学评估内容

1 识字与写字	1.1 识字	低年段(1—3年级)		中年段(4—6年级)		高年段(7—9年级)	
		盲生	低视力	盲生	低视力	盲生	低视力
		1.1.1 喜欢学习盲文,有主动借助点字板学习汉语的愿望	1.1.1 喜欢学习汉字,有主动识字的愿望	1.1.1 认真学习盲文,主动提高盲文摸读、书写技能	1.1.1 有较强的独立识字能力,累计认识常用汉字 3000 个	1.1.1 对学习汉字有浓厚的兴趣,养成主动识字的习惯	1.1.1 有较强的独立识字能力,累计认识常用汉字 3500 个左右
		0 未达 1 分 1 在摸读盲文课本时不排斥,呈现点字板和点字笔时有手摸的动作	0 未达 1 分 1 看到汉字,不排斥,能作出反应(例如:注意看、有一些身体动作、声音等表示看到)	0 未达 1 分 1 对学习盲文的活动不排斥,有反应(例如:会有摸字)	0 未达 1 分 1 对学习汉字的活动不排斥,有反应(例如:会有眼神注视)	0 未达 1 分 1 能参与盲文摸读活动,不排斥盲文摸读	0 未达 1 分 1 能参与识字活动,不排斥识字教学
		2 摸到常用的盲文时有反应(例如:摸到自己的生活用品、名字时会说一说是自己)	2 能关注特定的汉字,有主动识字的愿望(例如:自己的名字、老师的名字、喜欢的物品)	2 乐于学习盲文,能积极主动提高盲文摸读书写技能	2 累计认识常用汉字 2000 个左右,其中 1000 个左右会写	2 熟练摸读盲文,平均每分钟摸读音节数达到 130 个以上	2 在辅助下能认出特定的汉字(例如:在图片提示下能回忆再认学过的字)
		3 在日常生活中能主动摸读熟悉的盲文(如教科书上学过的)	3 能利用已有知识经验,借助韵语识字、看图识字、字理识字等多种方法识字(例如:日,先出示实物图片接着出示汉字图片,根据意思知道"日"也就是"太阳",最后通过组词等方式,在运用中进一步理解字义)	3 认真学习盲文,初步掌握盲文默读书写技能	3 累计认识常用汉字 2500 个左右,其中 1600 个左右会写	3 熟练摸读盲文,平均每分钟摸读音节数达到 135 个以上	3 能结合偏旁、部首认识象形性高的字,累计认识常用汉字 3200 个左右(例如:生活、学习常用汉字或感兴趣的字)

续表

		低年段(1—3年级)		中年段(4—6年级)		高年段(7—9年级)	
		盲生	低视力	盲生	低视力	盲生	低视力
1 识字与写字	1.1 识字	4平时保持主动识字的兴趣,会主动学习积极提高盲文摸读技能	4有主动学习汉字的兴趣,会设法理解其字义	4认真学习盲文,基本掌握盲文摸读书写技能	4独立识字能力较强,累计认识汉字3000个左右,其中2500个左右会写	4熟练掌握盲文摸读技能,平均每分钟摸读音节数达到140个以上	4能独立使用字典、词典识字,学习字意,累计认识常用汉字3500个左右(例如:课文和课外的阅读、新闻、资讯)
		1.1.2认识点字符形的基本结构	1.1.2认识常用汉字2700个左右,根据学生的功能性视力水平,可酌情降低标准	1.1.2能正确熟练摸读盲文,平均每分钟摸读音节数达120个以上			
		0未达1分	0未达1分	0未达1分			
				1对于摸读盲文不排斥			
		1摸到盲文字母的点字符号会主动说出,对盲文点字活动不排斥	1看到生活中常用汉字有反应或不排斥认识新的汉字或参与认读汉字的活动				
		2能说出点字符号的单位结构是"方"	2能指认生活中特定汉字500个以内(例如:学校名、教学楼名、动物名、同学们的名字)用来解决基本的生活和学习所需	2熟练的进行盲文默读			

		低年段(1—3年级)		中年段(4—6年级)		高年段(7—9年级)	
		盲生	低视力	盲生	低视力	盲生	低视力
1 识字与写字	1.1 识字	3 能认识并会写一方、二方或连方的点位符形	3 能认读课文中词语角的汉字1140个左右	3 能熟练的摸读盲文,平均每分钟摸读盲文音节90个以上			
		4 能熟练掌握满方、空方、隔方(跳方)、连方的点位符形	4 能认读学过的课文词语2700个左右	4 能正确熟练摸读盲文,平均每分钟摸读盲文音节120个以上			
		1.1.3 认识汉语拼音,能读准声母、韵母,记住字母点位	1.1.3 学会汉语拼音,能读准声母、韵母、声调和整体认读音节				
		0 未达1分	0 未达1分				
		1 摸读汉语拼音有反应,不排斥拼读、点字活动	1 看到汉语拼音有反应,不排斥拼读活动				
		2 正确认读六个单韵母、两个隔音字母,b、p等二十一个声母并记住点位	2 能正确区分和指认声母和韵母				
		3 正确认读八个复韵母,一个特殊韵母,五个前鼻音韵母,四个后鼻音韵母并记住字母点位	3 能认识整体音节(如:zhi chi shi zi ci si yi wu yu),了解声调				

续表

		低年段（1—3年级）		中年段（4—6年级）		高年段（7—9年级）	
		盲生	低视力	盲生	低视力	盲生	低视力
1 识 字 与 写 字	1.1 识 字	4 能正确区分声母和韵母的字母点位，读准声母、韵母	4 能用汉语拼音字母正确拼读汉字				
		1.1.4 能按拼音规则准确拼读音节、词语 0 未达1分 1 对拼读音节、词语活动不排斥 2 能用两拼音节和三拼音节的拼读方法，正确拼读声母和单韵母组成的十三个以内音节词（例 bà ba、mā ma等） 3 正确拼读声母和单韵母组成的十五个以内音节词 4 能清晰读准声母、韵母、整体认读音节	1.1.4 能准确地拼读音节，正确拼读声母、韵母和音节 0 未达1分 1 对认读声母、韵母活动不排斥 2 能主动认读常用声母和韵母，认读常用音节 3 能认读所有声母和韵母，但部分发音不准确（例如较难发音的声母g、j、k、z、c、s及复韵母ai、ei、ou等） 4 能清晰读准声母、韵母、整体认读音节				
		1.1.5 熟记《汉语盲文字母表》，熟练地使用汉语盲文字母 0 未达1分	1.1.5 认识大写字母，熟记《汉语拼音字母表》 0 未达1分				

续表

		低年段(1—3年级)		中年段(4—6年级)		高年段(7—9年级)	
		盲生	低视力	盲生	低视力	盲生	低视力
1 识字与写字	1.1 识字	1 了解汉语拼音基本规则,能说出声母、韵母的点位 2 能说出整体认读音节的点位以及相关规则(zhi、chi、shi、ri、zi、ci、si整体认读音节省略 i,zh、ch、sh、r、z、c、s七个声母可以单独成音节,其他声母不能单独成音节) 3 识记汉语盲文字母点位,掌握字母顺序,会书写汉语盲文字母点位 4 熟记《汉语盲文字母表》,正确使用汉语盲文字母	1 了解小写字母有大写形式,能区分大小写 2 认识大写字母,会正确配对大小写字母 3 识记大写字母形状,掌握字母的顺序,会写汉语拼音字母 4 熟记《汉语拼音字母表》,正确使用汉语拼音字母				
		1.1.6 认识盲文声调符号,能读准声调,掌握标调的基本规则,学会标调 0 未达1分 1 知道1点一声,2点二声,3点三声,23点四声的声调符号 2 掌握 b、p、m、f、d、t、n、l 的标调规则	1.1.6 能借助汉语拼音认读汉字,学习独立识字 0 未达1分 1 对用拼音拼读识字活动有反应 2 能主动用汉语拼音拼读单音节和双音节汉字				

续表

		低年段(1—3年级)		中年段(4—6年级)		高年段(7—9年级)	
		盲生	低视力	盲生	低视力	盲生	低视力
1 识 字 与 写 字	1.1 识 字	3掌握韵母标调规则(韵母自成音节,省写四声;ō、ó、ǒ、ò声调符号省写,ē、é、ě、è声调符号不省;五个特例;轻声不读标调;标本读变调)	3能主动认读汉字,能在辅助下完成所有音节汉字的拼读				
		4掌握"一"字的变调规律,熟练掌握变调的基本规则	4会运用汉语拼音认读汉字,独立识字				
		1.1.7认识并会写逗号、句号、问号、感叹号、冒号、引号、书名号	1.1.7能借助助视器,学习用音序检字法和部首检字法查字典				
		0未达1分	0未达1分				
		1对认识标点符号的活动不排斥	1对用助视器学习认识汉字的活动有反应				
		2认识盲文中的逗号、句号、问号、感叹号	2能在助视器的辅助下、老师的提示下用音序查字法查字典				
		3懂得盲文中句号、感叹号、省略号不能出现在行首,能在作业中正确书写	3能主动认读汉字,在助视器的辅助下用两种方法中的一种完成查字典				
		4认识并会写冒号、引号、书名号	4会运用音序检字法和部首检字法独立识字				

续表

1 识字与写字	1.2 写字	低年段(1—3年级)		中年段(4—6年级)		高年段(7—9年级)	
		盲生	低视力	盲生	低视力	盲生	低视力
		1.2.1 能正确使用盲文书写工具	1.2.1 喜欢汉字,有主动写字的愿望	1.2.1 能正确进行分词连写	1.2.1 硬笔书写能行款整洁,并且有一定的速度	1.2.1 熟练掌握书写技能,平均每分钟书写盲文达到60方以上	1.2.1 会写3500个左右常用汉字
		0 未达1分	0 未达1分	0 未达1分	0 未达1分	0 未达1分	0 未达1分
		1 能把书放正,字板的放正方式和字笔的握住方式正确	1 在看到汉字时不排斥,呈现字卡时有眼神注视。	1 对盲文书写活动不排斥	1 对硬笔书写活动不排斥	1 能用盲文书写并参与盲文书写活动	1 能参与写字活动或自己涂写
		2 用字板写盲文时能订正,字板不滑落、不歪倒	2 看到常用的汉字时有反应(例如:看到自己的生活用品、名字时会跟着写)	2 初步掌握分词连写的规则	2 会正确使用硬笔进行书写	2 能用正确进行分词连写和运用标点符号,基本掌握书写技能	2 能写特定或简单汉字3000个左右用于学校、生活基本所需(例如:名字、喜好物、表)
		3 能理解反写正摸,摸的时候在左边,写的时候在右边	3 在日常生活中能主动抄写或写汉字(如教科书上学过的)	3 掌握分词连写规则,能正确进行分词连写	3 熟练使用硬笔书写,做到规范整洁	3 盲文书写熟练,平均每分钟书写盲文达到55方以上	3 能写常用汉字3200个左右用于日常活动(例如:做笔记、日记中的简单表达、生活事件)
		4 熟练地使用盲文书写工具,学习使用计算机、盲文打字机等辅助工具	4 平时保持主动写字的兴趣,会主动抄写或写各种汉字	4 能正确分词连写,标点符号运用较熟练	4 硬笔书写行款整洁,有一定的速度	4 熟练掌握书写技能,平均每分钟书写盲文达到60方以上	4 会写3500个左右常用汉字参与日常生活各项活动(例如:流畅写作文、交往、考试)

续表

		低年段(1—3年级)		中年段(4—6年级)		高年段(7—9年级)	
		盲生	低视力	盲生	低视力	盲生	低视力
1 识 字 与 写 字	1.2 写 字	1.2.2 能熟练掌握盲文正摸反写的技能,初步了解分词连写的方法	1.2.2 会写常用汉字2200个左右	1.2.2 能正确熟练书写盲文,平均每分钟书写盲文达50方以上	1.2.2 在书写中体会汉字的优美		1.2.2 书写规范、整洁,进一步提高书写的速度
		0 未达1分	0 未达1分	0 未达1分	0 未达1分		0 未达1分
		1 能掌握盲文摸读与书写的区别	1 能用笔随意图画或对写字活动不排斥	1 对盲文书写活动不排斥	1 对书写汉字的活动不排斥		1 能在提示下按照笔顺正确书写汉字
		2 掌握盲文连接号的点位及占方、书写规则,并能在书写时正确运用	2 能写特定或笔画少的汉字(例如涉及姓名、家庭、学校的字),能用于生存需求	2 熟练进行盲文书写,姿势正确	2 在要求下会欣赏书法作品		2 能在提示下保持书面整洁,字体基本规范
		3 能写基本写话格式要求(例"开头要空两方,逗号后面空一方,句号后面不空方")	3 能书写生活中常用汉字或1140左右的汉字(例如:课表、作业、家庭事件),用于日常生活和学习	3 能正确熟练的书写盲文,平均每分钟书写45方以上	3 愿意主动欣赏书法作品		3 能在书写时主动保持书面整洁,书写基本规范
		4 掌握表示称呼的词语的分词写法	4 能写生活中常用汉字2200个左右(生活、学习各方面的词语等)	4 能正确熟练的书写盲文,平均每分钟书写50方以上	4 在书写中能感受到汉字的优美		4 能熟练快速正确地书写汉字,主动保持书面整洁
		1.2.3 能平均每分钟摸读盲文音节数,一年级为30个以上,二年级为40个以上,三年级为70个以上	1.2.3 能正确书写声母、韵母和音节		1.2.3 注意书写姿势,有良好的书写习惯		1.2.3 对书法作品有浓厚兴趣

		低年段（1—3年级）		中年段（4—6年级）		高年段（7—9年级）	
		盲生	低视力	盲生	低视力	盲生	低视力
1 识 字 与 写 字	1.2 写 字	0 未达1分 1 能摸读盲文音节并不排斥 2 能平均每分钟摸读盲文音节数30个以上 3 能平均每分钟摸读盲文音节数40个以上 4 能平均每分钟摸读盲文音节数70个以上	0 未达1分 1 能描写某个或几个简单拼音字母 2 能抄写部分声母、韵母 3 能按顺序正确书写声母、韵母 4 能牢记汉语拼音字母表，并根据指令正确写出声母、韵母、音节		0 未达1分 1 能坐着进行书写活动 2 在提示下能够保持端正坐姿进行书写 3 能长时间保持端正坐姿进行书写 4 会主动注意书写姿势，有良好的书写习惯		0 未达1分 1 对书法作品有反应（如指出、读出等） 2 会主动询问了解书法作品相关信息 3 会主动搜集各类书法作品 4 喜欢书法作品，主动研究其特点、风格并临摹
	1.2 写 字	1.2.4能平均每分钟书写盲文，一年级为20方以上，二年级为25方以上，三年级为30方以上 0 未达1分 1 能书写盲文平均每分钟20方以下 2 能平均每分钟书写盲文20方以上	1.2.4掌握汉字的基本笔画和常用的偏旁部首，能按笔顺规则用硬笔写字 0 未达1分 1 能描写简单字的或特定字的偏旁（例如：自己名字、称呼） 2 能按照笔画写出简单字，并能按照"从上到下""从左到右""先横后竖""先撇后捺"的笔顺规则正确书写				1.2.4 有良好的书写习惯 0 未达1分 1 能坐着进行写字活动 2 在提示或辅助下能保持端正坐姿进行写字活动

续表

| | | 低年段（1—3年级） | | 中年段（4—6年级） | | 高年段（7—9年级） | |
		盲生	低视力	盲生	低视力	盲生	低视力
1 识 字 与 写 字	1.2 写 字	3 能平均每分钟书写盲文25方以上 4 能平均每分钟书写盲文30方以上	3 能认出并写出生活中常用汉字的偏旁、部首，按照笔顺写出硬笔字 4 能掌握汉字的基本笔画和常用偏旁部首，按笔顺规则在田字格中正确写出硬笔字				3 能长时间保持端正坐姿进行写字活动 4 平时写字姿势正确，有良好的书写习惯
		1.2.5 努力养成良好的摸读、书写盲文习惯，点字姿势要正确，书写规范、端正、整洁 0 未达1分 1 有正确的写字姿势和握笔姿势 2 能规范书写，字迹清晰、字面整洁 3 能用正确姿势书写，在盲文纸上书写工整 4 熟练地进行盲文的摸读和书写，姿势正确	1.2.5 努力养成良好的写字习惯，注意写字姿势，书写规范、整洁 0 未达1分 1 有正确的写字姿势和握笔姿势 2 能规范书写，字迹清晰、字面整洁 3 能用正确姿势书写，在田字格中书写工整 4 有主动练字的习惯，能快速而正确书写，字面整洁				
			1.2.6 注意汉字的间架结构，初步感受汉字的形体美 0 未达1分 1 能在田字格中描出简单字 2 能不偏不倚的描写标准汉字或抄写汉字				

		低年段(1—3年级)		中年段(4—6年级)		高年段(7—9年级)	
		盲生	低视力	盲生	低视力	盲生	低视力
1 识字与写字	1.2 写字		3 能区分出笔画搭配、排列组合较好的常用汉字(例如:能在两个相同的字中辨别出间架结构较好的字) 4 能按照正确的间架结构书写汉字				

		低年段(1—3年级)	中年段(4—6年级)	高年段(7—9年级)	
		盲生	低视力	盲生	低视力
2 阅读	2.1 阅读习惯	2.1.1 喜欢阅读,尝试多种途径的阅读,感受阅读的乐趣 0 未达1分 1 在要求下愿意阅读,并不损坏书籍 2 能在阅读的过程中感受到一定的乐趣,认识课本的重要性 3 愿意阅读,能一页一页翻读,不乱涂乱画 4 能自主阅读或通过报刊、广播、电视、网络等信息渠道进行阅读,喜欢阅读并保护书籍	2.1.1 学会默读,默读有一定速度 0 未达1分 1 对参与默读活动不排斥 2 初步学会默读,做到不出声 3 能够主动使用默读阅读一般读物 4 默读有一定速度,盲生每分钟达130个音节以上,低视力学生每分钟达80个字以上	2.1.1 养成默读习惯,有一定的速度 0 未达1分 1 能参与默读,不排斥默读 2 能在提示下使用默读来阅读一般的现代文 3 能够主动使用默读阅读一般的现代文 4 能主动默读一般的现代文且有一定速度,每分钟达到140个音节以上	2.1.1 养成默读习惯,有一定的速度,能较熟练地运用略读和浏览的方法,扩大阅读范围 0 未达1分 1 能参与默读、略读和浏览,对此不排斥 2 能在提示下使用默读、略读和浏览的方式进行阅读 3 能够主动使用默读、略读和浏览的方式进行阅读 4 能够主动能主动默读一般的现代文且有一定速度,每分钟达到85个字

续表

		低年段(1—3年级)	中年段(4—6年级)	高年段(7—9年级)	
		盲生	低视力	盲生	低视力
2 阅读	**2.1 阅读习惯**				以上，能较熟练地运用略读和浏览的方法，扩大阅读范围
		2.1.2 养成爱护书籍的习惯 0 未达1分 1 在要求下能保护好书籍 2 能在阅读后将书籍整理放好 3 能在阅读时不乱涂乱画 4 能主动爱护使用书籍	2.1.2 学习浏览文章 0 未达1分 1 在提示下能略读文章主要信息 2 学习略读文章，粗知文章大意 3 学习浏览文章，扩大知识面 4 能够根据需要浏览文章，收集信息	2.1.2 能利用图书馆、网络等搜集需要的信息和资料，帮助阅读 0 未达1分 1 在辅助下利用图书馆查找学科所需的信息和资料 2 利用图书馆搜集学科所需的信息和资料 3 利用图书馆、网络搜集自己感兴趣的信息和资料 4 利用图书馆、网络搜集各类信息和资料，拓宽视野，帮助阅读	
				2.1.3 学会制订自己的阅读计划，能广泛地阅读各种类型的读物 0 未达1分 1 能参与阅读活动，不排斥阅读 2 要求下，能阅读规定的读物，如每天阅读一篇课外读物 3 能主动阅读自己感兴趣的读物 4 能根据自己制订的阅读计划阅读各种类型的读物	
	2.2 朗读	2.2.1 学习正确朗读课文，注意用普通话正确、流利、有感情地朗读课文 0 未达1分 1 能在要求下朗读课文 2 能按正确顺序朗读课文	2.2.1 能用普通话正确、流利、有感情地朗读课文 0 未达1分 1 对朗读课文活动不排斥 2 能用普通话朗读文章	2.2.1 能用普通话正确、流利、有感情地朗读课文 0 未达1分 1 能用普通话读准课文内所有文字，注意到不同的标点符号 2 不要求流畅度下能用普通话正确朗读全文	

		低年段(1—3年级)	中年段(4—6年级)	高年段(7—9年级)	
		盲生	低视力	盲生	低视力
2 阅读	2.2 朗读	3朗读课文时,发音正确,构音清楚 4能有感情的朗读课文,读好长句子并带有感叹句、疑问句的句子	3能用普通话正确流利的朗读课文 4用普通话正确、流利、有感情地朗读课文	3能用普通话正确、流利地朗读课文但缺乏感情 4能用普通话正确、流利、有感情地朗读课文	
2 阅读	2.2 朗读	2.2.2能诵读儿歌、儿童诗和浅近的古诗,展开想象,获得初步的情感体验,感受语言的优美 0未达1分 1能借助拼音和教师的示范,朗读儿歌、古诗 2能自己诵读时读准字音,读得一字不差 3能诵读完整内容的儿歌或古诗,并读出节奏感 4能诵读儿歌、古诗,读出自己的感受			
		2.2.3学习默读 0未达1分 1学习默读,学生能试着做出不出声 2默读课文,能根据提示(图片、表格等)说出课文的大概内容 3能带着问题默读课文,初步了解课文的主要内容,说出自己的看法 4默读课文,能了解故事的主要内容,能就印象深刻的部分说出感受			

续表

		低年段(1—3年级)		中年段(4—6年级)	高年段(7—9年级)	
		盲生		低视力	盲生	低视力
2 阅读	2.2 朗读	2.2.4学会听读,能够倾听、识记并理解浅近的语言信息,能够较完整地归纳所听材料的主要内容 0 未达1分 1 能不排斥听读、认真听故事,回答问题 2 能参与听老师读、跟老师读、和老师分角色读等多种方式,共读故事 3 能在听故事、看插图的基础上,尝试读故事,借助拼音阅读或教师指导 4 能用听读的方式学习读故事,能用自己的话说出所听材料的主要内容				
	2.3 阅读理解	盲生 2.3.1结合上下文和生活实际了解词句意思,在阅读中积累词语 0 未达1分 1 认识常用简单词句 2 在句子或段落中运用可与	低视力 2.3.1能借助读物中的图画阅读,结合上下文和生活实际了解词句意思,在阅读中积累词语 0 未达1分 1 能在老师的示范下阅读 2 课本中的"我爱阅读",在老师的指	2.3.1初步学会选择有益听读材料,提取其中有用信息 0未达1分 1在提示下能够选择有益的听读材料 2能主动的选择不同的听读材料进行阅读	2.3.1在通读课文的基础上,理清思路,理解、分析主要内容,体味和推敲重要词句在语言环境中的意义和作用 0 未达1分 1在要求下能阅读完整课文,不排斥 2在阅读的同时能够勾画出重要词句	

续表

		低年段(1—3年级)		中年段(4—6年级)	高年段(7—9年级)	
		盲生		低视力	盲生	低视力
2 阅读	2.3 阅读理解	生活实际相联系的词句 3 能够联系生活,积累词语	导下按顺序、图文结合,通读文章 3 自主阅读课本中的"我爱阅读",能理解故事内容,感受故事的有趣,积累好词好句	3 初步学会选择有益的听读材料,概括材料要点	3 通读课文后能够梳理文章思路,理解和分析主要内容	
		4 能联系上下文和生活经验,理解词句的意思	4 能正确、流利地阅读,结合已有知识经验和联系上下文了解词句,积累名言、谚语、成语等	4 初步学会选择有益的听读材料,能概括材料要点,能提取其中有用的信息	4 能够理解、分析主要内容,体味和推敲重要词句在语言环境中的意义和作用(可借助工具书)	
	2.3 阅读理解	2.3.2 认识课文中出现的常用标点符号,在阅读中体会句号、问号、感叹号的不同语气,了解冒号、引号的一般用法		2.3.2 能联系上下文与自我积累,理解词语的感情色彩和表达效果	2.3.2 对课文的内容和表达有自己的心得,能提出自己的看法,并能运用合作的方式,共同探讨、分析、解决疑难问题	
		0 未达1分		0 未达1分	0 未达1分	
		1 认识常见标点符号		1 在提示下能联系上下文进行阅读	1 对课文的内容和表达有自己的心得	
		2 知道句号、逗号在句子中表达的意思(逗号表示的是一句话未说完的话,句号表示完整的一句话的结束)		2 能主动联系上下文,理解文中词句的意思	2 能够主动提出自己对课文的看法	
		3 知道问号、感叹号在句子中表达的意思(问号表示		3 能联系上下文与自我积累,体会关键词句在文中	3 在提示下能够参与到合作中去(如老师、同学提醒)	

续表

		低年段(1—3年级)		中年段(4—6年级)	高年段(7—9年级)	
		盲生		低视力	盲生	低视力
2 阅读	2.3 阅读理解	提出疑问,感叹号表示惊叹、惊讶等)		表达情意的作用		
		4 知道冒号、引号的一般用法(冒号用在"说、想、是、宣布、例如"等词语后边,表示提起下文;引号用来标明文章引用的部分或表示特殊含义的词或表示特定称谓等)		4 联系上下文与自我积累,推想文中有关词句的意思,辨别词语感情色彩,体会表达效果	4能提出自己的看法并主动运用合作的方式,共同探讨、分析、解决疑难问题	
		2.3.3学习借助图画阅读浅近的童话、寓言、故事等,获得初步的情感体验,感受美好的情景,关心自然和生命		2.3.3 在阅读中了解文章表达顺序,体会文章表达的思想感情	2.3.3 在阅读中了解叙述、描写、说明、议论、抒情等表达方式	
		0 未达1分		0 未达1分	0 未达1分	
		1 在指导下学习阅读熟悉的有图画的儿歌、童话、寓言、故事等。		1 能在提示下得知文章的主要内容	1能阅读文章并理解文章大意	
		2 在要求下学习借助图画阅读熟悉的儿歌、童话、寓言、故事等,并能够根据提示获得情感体验。		2 能初步把握文章的主要内容,体会文章表达的思想感情,对不理解的地方提出疑问	2知道常见的表达方式(叙述、描写、说明、议论、抒情)	
		3 能够自主学习借助图画阅读浅近的儿歌、童话、寓言、故事等,了解故事的大概内容,根据提示获得初步的情感体验。		3 能把握文章主要内容,简单了解文章表达顺序,体会文章表达的思想感情	3阅读过程中能发现含有特别表达方式的句子	
		4 能够自主学习借助图画阅读浅近的儿歌、童话、寓言、故事等,根据内容展开想象,并获得初步的情感体验。		4 能把握文章主要内容,了解文章的表达顺序,体会文章表达的思想感情,在交流中有自己的看法和判断	4能知道不同的表达方式的特点并能辨别	

续表

		低年段(1—3年级)	中年段(4—6年级)	高年段(7—9年级)	
		盲生	低视力	盲生	低视力
2 阅 读	2.3 阅 读 理 解	2.3.4阅读过程中,对感兴趣的人物和事件有自己的感受和想法,并乐于与人交流 0 未达1分 1 能够理解文章大意 2 能够找出自己感兴趣的人物和事件 3 提问下能表达自己的感受和想法 4 能主动与人交流对感兴趣的人物和事件的想法	2.3.4学会阅读叙事性作品 0 未达1分 1 能阅读叙事性短文,能找出时间,地点,人物,事件 2 能复述叙事性作品的大意,初步感受作品中的优美语言,能找出作品中的主要人物 3 了解叙事性作品的大意,感受作品中的优美语言,关心作品中人物,能与他人交流自己的感受 4 了解事件梗概,能简述印象深刻的场景,人物,细节,说出自己的具体感受	2.3.4能够区分写实作品与虚构作品,了解诗歌、散文、小说、戏剧等文学样式 0 未达1分 1 能认识了解简单的诗歌、散文、小说等作品 2 能够认识了解写实作品,知道写实作品的相关文学形式(如散文有记叙、抒情,诗歌有叙述诗、抒情诗等) 3 能够认识了解虚构作品,知道虚构作品的相关文学形式(如小说有章回体、日记体等) 4 能够区分写实作品和虚构作品,了解散文、诗歌、小说等不同的文学形式	
		2.3.5能初步把握文章的主要内容,体会文章表达的思想情感,对文中不理解的地方提出问题 0 未达1分 1 能初步了解文章的主要内容 2 能理解文章的主要内容,体会文章表达的思想感情 3 能理解文章的主要内容,体会文章表达的思想感情并能勾出文中不理解的地方 4 能主动向老师或家长提出自己的疑问寻求解答	2.3.6学会阅读诗歌 0 未达1分 1 诗文阅读活动不排斥 2 会诵读优秀诗文,诵读中体验情感,领悟其大意 3 阅读诗歌,能找到关键诗句,想象诗歌描述的情景 4 阅读诗歌,大体把握诗意,能够想象所描述的情景和体会作品的感情	2.3.5欣赏文学作品,有自己的情感体验,初步领悟作品的内涵,从中获得对自然、社会、人生的有益启示 0 未达1分 1 不排斥阅读文学作品 2 能阅读文学作品,有自己的情感体验 3 能阅读文学作品,有自己的情感体验,初步领悟作品的内涵 4 能阅读文学作品,有自己的情感体验,初步领悟作品的内涵,从中获得对自然、社会、人生的有益启示	

续表

		低年段(1—3年级)	中年段(4—6年级)	高年段(7—9年级)	
		盲生	低视力	盲生	低视力
2 阅读	2.3 阅读理解	2.3.6能复述叙事性故事的大意,与他人交流自己的阅读想象 0未达1分 1能阅读叙事性短文,了解时间、地点、人物、事件 2初步阅读特定的叙事性故事,大致了解时间、地点、人物、事件 3能阅读叙事性故事,能借助生动形象的方法体会人物情感 4能阅读叙事性故事,能理解,愿意与他人故事大意,与他人交流自己的阅读感受	2.3.6学会阅读说明性文章 0未达1分 1对阅读说明性文章活动不排斥 2在提示下阅读说明性文章并找到关键词句 3阅读说明性文章,能抓住文章要点,理解文章大意 4阅读说明性文章,能抓住要点理解大意,了解文章的基本说明方法	2.3.6对文学作品中感人的情境和形象,能说出自己的体验,品味作品中富于表现力的语言 0未达1分 1能阅读文学作品,不排斥 2对文学作品中感人的情境和形象能够进行勾画 3对文学作品中感人的情境和形象能说出自己的体会 4对文学作品中感人的情境和形象能说出自己的体验,并对作品中富于表现力的语言进行品味	
		2.3.7能借助字典、词典和生活积累,理解生词的意义,在具体语境中区别多义词和同音异义词,辨析同音字和多音字 0未达1分 1能知道字典、词典的用途 2能借助字典理解复杂生字意思 3能知道词典的使用方法,并借助词典理解生词大意,分辨多义词和同音异义词 4能借助字典、词典和生活积累,理解生词的意思,能区别同音字和多音字	2.3.7低视力学生学会阅读简单的非连续性文本 0未达1分 1对非连续性文本阅读活动不排斥 2能根据图片理解文本意思 3阅读简单的非连续性文本时能结合图片与文本,找出简单信息 4能阅读简单的非连续性文本,从图文中找到有价值的信息	2.3.7阅读简单的议论文,区分观点与材料(道理、事实、数据、图表等),发现观点与材料之间的联系,并通过自己的思考,作出判断 0未达1分 1能阅读简单的议论文,并能知道中心论点 2阅读过程中能勾画出论据 3阅读过程中能够找出论证方法(道理、事实、数据、图表等) 4通过自己的思考并作出判断,发现论点、论据、论证三者之间的联系	

续表

		低年段(1—3年级)	中年段(4—6年级)	高年段(7—9年级)	
		盲生	低视力	盲生	低视力
2 阅读	2.3 阅读理解		2.3.8 理解课文过程中,体会标点符号的不同用法 0 未达1分 1 认识常见的点符号 2 在阅读中你会逗号用法,知道一句话未完时要用逗号 3 在阅读中体会逗号与句号的不同用法,了解冒号、引号的一般用法 4 在阅读中体会顿号与逗号、分号与句号的不同用法	2.3.8 阅读新闻和说明性文章,了解基本观点,获取主要信息 0 未达1分 1 不排斥阅读新闻和说明性文章 2 能阅读新闻并能知道关键信息 3 能阅读说明性文章找出基本观点 4 阅读新闻和说明性文章后,能表述获取到的信息	
				2.3.9 阅读科技作品,领会其中体现出的科学精神和科学思想方法 0 未达1分 1 不排斥阅读科技作品 2 阅读时能关注文章标题,掌握关键信息 3 阅读时能抓住中心句、关键句,标出段落的重点信息 4 阅读后能借助重点信息领会其中体现出的科学精神和科学思想方法	
				2.3.10 阅读由多种材料组合、较为复杂的非连续性文本,能领会文本的意思,得出有意义的结论 0 未达1分 1 不排斥阅读由多种材料组合、较为复杂的非连续性文本 2 阅读时能掌握不同材料的关键信息 3 能够借助关键信息领会文本的意思 4 能够借助关键信息领会文本的意思,通过思考得出有意义的结论	

续表

		低年段（1—3年级）	中年段（4—6年级）	高年段（7—9年级）	
		盲生	低视力	盲生	低视力
2 阅读	2.3 阅读理解			2.3.11 诵读古代诗词，阅读浅易文言文，借助注释和工具书理解基本内容 0 未达1分 1 能诵读古代诗词，阅读文言文，不排斥阅读 2 在要求下能阅读简单的古代诗词和文言文 3 在教师指导下能借助注释和工具书阅读简单的古代诗词和文言文 4 能主动借助注释和工具书来阅读并理解古代诗词和文言文	
				2.3.12 随文学习基本的词汇、语法知识，用来帮助理解课文中的语言难点 0 未达1分 1 在要求下能将课文中基本词汇勾画出来 2 能抄写课文中基本词汇及语法知识 3 理解基本词汇意思，会运用语法知识 4 恰当运用课文词汇，自主分析句子语法，将所学词汇及语法知识迁移到理解课文语言难点中	
				2.3.13 了解常用的修辞方法，体会它们在课文中的表达效果 0 未达1分 1 在要求下能抄写运用修辞手法的句子（如：比喻、拟人、夸张等） 2 看到文中运用比喻修辞手法的地方会有反应（如：指、勾画等） 3 能说出句子所使用的修辞手法 4 能说出句子所使用的修辞手法，体会它们在课文中的表达效果	

续表

		低年段(1—3年级)	中年段(4—6年级)	高年段(7—9年级)	
		盲生	低视力	盲生	低视力
2 阅读	2.4 阅读积累	2.4.1积累自己喜欢的成语和格言警句,课文中的优美词语、精彩句段或课外的语言材料 0 未达1分 1 能理解一般词句的意思 2 在阅读中能积累感兴趣的简单词句、成语和格言警句 3 能够积累感兴趣的词句,并能理解词句的意思 4 能每天坚持阅读,并能自主积累优美词句、成语和格言警句	2.4.1养成自主阅读习惯,课外阅读量不少于100万字 0 未达1分 1 对课外阅读活动不排斥 2 主动参与到课外阅读活动中 3 养成阅读的习惯,乐于收藏阅读材料,课外阅读总量不少于40万字 4 养成自主阅读习惯,阅读面不断扩展,课外阅读总量不少于100万	2.4.1注重古诗词和文言文的积累、感悟和运用,提高自己的欣赏品位 0 未达1分 1 能够理解简单的古诗词和文言文 2 在阅读中能够积累古诗词和文言文 3 对积累的古诗词能够有自己的感悟 4 能主动运用积累的古诗词,提高欣赏品位	
			2.4.2 背诵优秀诗文60篇(段) 0 未达1分 1 熟练朗读优秀诗文 2 提示下能背诵简单诗文 3 能背诵优秀诗文(50篇) 4 能熟练背诵优秀诗文(60篇)	2.4.2了解课文涉及的重要作家作品知识和文化常识 0 未达1分 1 能在要求下勾画出作家作品知识 2 阅读课本上重要作家作品知识和文化常识 3 能用自己的话复述课文中重要作家作品和文化常识 4 能主动搜集课外读物作家的相关作品知识和文化常识	
				2.4.3课外阅读总量不少于260万字 0 未达1分 1 不排斥课外阅读活动,能静坐参与阅读 2 能阅读自己感兴趣的课外读物,字数不少于150万 3 能阅读课外各类优秀书籍,了解读物内容字数不少于200万	

续表

		低年段(1—3年级)	中年段(4—6年级)	高年段(7—9年级)	
		盲生	低视力	盲生	低视力
2 阅读	2.4 阅读积累			4会自主阅读课外各类优秀书籍,字数不少于260万	
				2.4.4每学年阅读两三部名著 0未达1分 1能配合参与阅读名著的活动,不排斥 2在要求下能参与阅读名著的活动 3每学年能阅读自己感兴趣的两三部名著 4每学年能阅读任意的两三部名著	
				2.4.5背诵优秀诗文80篇(段) 0未达1分 1熟练朗读优秀诗文 2在老师或他人提示下能背诵60篇简单诗文(《关雎》《蒹葭》《观沧海》等) 3能背诵优秀诗文70篇(《己亥杂诗》《满江红》等) 4能背诵优秀诗文80篇(《曹刿论战》《出师表》等)	

		低年段(1—3年级)	中年段(4—6年级)	高年段(7—9年级)
3 写话	3.1 写话意愿	3.1.1对写话有兴趣,留心观察周围事物,并愿意与他人分享习作的快乐 0未达1分 1在要求下不排斥写话 2根据要求观察自己感兴趣的事物,并用纸笔写下对所观察事物的一句话 3遇到感兴趣的事物会经常想到用写话来表达,能每天写话 4能利用写话来与他人进行学习与沟通	3.1.1懂得写作是为了自我表达和与人交流 0未达1分 1对书面写作活动不排斥 2乐于书面表达,对写作感兴趣 3乐于书面表达,增强写作信心,愿意分享习作的快乐 4会动写作进行自我表达,并与他人分享写作的感受	3.1.1写作要有真情实感,力求表达自己对自然、社会、人生的感受、体验和思考 0未达1分 1对于进行写作不排斥 2提示下能在写作中表达情感 3能够主动在写作中表达自己的感受与体验 4能通主动思考,写作时力求表达自己对自然、社会、人生的感受、体验和思考

续表

		低年段(1—3年级)	中年段(4—6年级)	高年段(7—9年级)
3 写 话	3.1 写 话 意 愿	3.1.2 愿意写自己想说的话 0 未达1分 1 对参与写话活动不排斥 2 在引导下写下一句自己想说的话 3 有选择性地写下自己想说的话 4 会随手写下自己想表达的话		
	3.2 撰 写 技 能	3.2.1 学习运用陈述句句式写句子 0 未达1分 1 能根据提供的陈述句句式仿写陈述句 2 能使用常用字词编写简单陈述句,语法简单 3 能使用常用字词编写复杂陈述句 4 能使用正确的语法编写陈述句	3.2.1 养成利用各种感官留心观察事物的习惯,积累习作素材 0 未达1分 1 能够根据要求来观察熟悉的事物 2 能主动观察周围的不同事物 3 运用倾听、触摸的方式观察周围世界,能够写下自己的见闻感受,将感受最深的内容写清楚 4 养成充分利用各种感官观察事物的习惯,丰富见闻和个人感受,积累写作素材	3.2.1 利用多种感官、多角度观察生活,发现生活的丰富多彩,能抓住事物的特征,有自己的感受和认识,力求表达有创意 0 未达1分 1 在要求下能利用感官、多角度观察生活,不排斥 2 能主动利用感官、多角度观察生活,发现生活的丰富多彩 3 主动利用感官,多角度观察生活时能够抓住事物的特征 4 主动利用感官,多角度观察生活时能够抓住事物的特征,并且有自己的感受和认识,表达时有创意
		3.2.2 学习运用疑问句句式写句子 0 未达1分 1 能根据提供的疑问句句式仿写陈述句	3.2.2 能写简单的纪实作文和想象作文 0未达1分 1能用文字记录自己的见闻和想象	3.2.2 注重写作过程中搜集素材、构思立意、列纲起草、修改加工等环节,提高独立写作的能力 0未达1分 1对积累写作素材、构思立意、列纲起草、修改加工等环节不排斥

续表

		低年段（1—3年级）	中年段（4—6年级）	高年段（7—9年级）
3 写话	**3.2 撰写技能**	2 能使用常用字词编写简单疑问句，语法简单 3 能使用常用字词编写特殊疑问句 4 能使用正确的语法编写疑问句	2 能在习作中运用自己积累的语言材料 3 初步掌握记实作文与想象作文的写法 4 能写简单的记实作文和想象作文内容具体，感情真实	2 在要求下能积累特定的写作素材（如：老师指定的某一名人名言或者优美片段） 3 在提示下能够进行构思立意、列纲起草、修改加工等环节（如老师给出思考方向、大纲模板、从哪些方面进行修改等） 4 主动积累多种形式的写作素材（如：课外阅读看到的优美句段、名言警句、人物事迹等），独立进行构思立意、列纲起草，主动进行修改加工等
		3.2.3学习运用感叹句句式写句子 0 未达1分 1 根据提供的感叹句句式仿写感叹句 2 能使用常用字词编写感叹句，语法简单 3 能使用常用字词编写感叹句，句意表达明确 4 能使用正确的语法编写感叹句，句意表达明确	3.2.3学写常见应用文 0 未达1分 1 在提升下能够使用便条与人交流 2 在日常生活中能运用便条或简短书信与人进行交流 3 能灵活运用简短书信、便条与人交流，学习其他常见应用文写作 4 能够独立完成各类常见应用文的写作	3.2.3写作时考虑不同的目的和对象 0 未达1分 1 能配合参与简单的写作，不排斥 2 能在提示下知道目的和对象的不同 3 写作时能主动考虑到目的和对象的不同 4 写作时能够根据不同的目的和对象对内容、方法等进行合理安排
		3.2.4能在写话中乐于运用阅读和生活中学到的词语 0 未达1分 1 能运用熟悉的词语写话，句法简单	3.2.4学写读书笔记 0 未达1分 1 对学写读书笔记的活动不排斥	3.2.4写作时根据表达的需要，围绕表达中心，选择恰当的表达方式 0 未达1分 1 能够认识并理解不同的表达方式（包括记叙、议论、描写、抒情、说明）

		低年段(1—3年级)	中年段(4—6年级)	高年段(7—9年级)
3 写话	3.2 撰写技能	2 能联系生活体会四种不同的心情,并练习写话 3 能积累学过的词语,在写话中运用 4 能运用积累的词语或句式写话,句式使用无误,句意表达明确,书写格式正确	2 阅读时有意愿主动撰写读书笔记 3 在提示和帮助下完成读书笔记撰写 4 能独立完成读书笔记撰写	2 在提示下会使用某种表达方式 3 在提示下会根据表达的需要,围绕表达中心使用表达方式 4 会根据表达的需要,围绕表达中心,自主选择不同的表达方式
		3.2.5 能用简短的书信、便条进行交流 0 未达1分 1 能写1-2个词语 2 能用纸条写简单句(例如:周末我要回家) 3 能在书信、便条上写下日期 4 能写下一段话,包含时间、地点、人物,写清楚是一件什么事		3.2.5 写作时合理安排内容的先后和详略,条理清楚地表达自己的意思 0 未达1分 1 能按要求安排写作内容的先后 2 能在提示下注意内容的详略 3 能在提示下合理安排内容的先后和详略,条理清楚 4 能主动合理安排写作内容的先后和详略,条理清楚地表达自己的意思
				3.2.6 写作时运用联想和想象,丰富表达的内容 0 未达1分 1 知道联想和想象两种写作手法 2 能够区分联想和想象 3 在提示下能够运用联想和想象 4 写作时主动运用联想和想象,丰富表达的内容

续表

		低年段（1—3年级）	中年段（4—6年级）	高年段（7—9年级）
3 写话	3.2 撰写技能			3.2.7写记叙性文章，表达意图明确，内容具体充实 0未达1分 1能配合参与写记叙性文章，不排斥 2能按要求写简单的记叙性文章，提示下表达意图明确 3能写自己感兴趣的记叙性文章，提示下表达意图明确，内容具体 4能写任意的记叙性文章，表达意图明确，内容具体充实
				3.2.8写简单的说明性文章，做到明白清楚 0未达1分 1能配合参与写说明性文章，不排斥 2能按要求写简单的说明性文章，提示下做到明白清楚 3能写自己感兴趣的说明性文章，提示下做到明白清楚 4能写任意简单的说明性文章，做到明白清楚
				3.2.9写简单的议论性文章，做到观点明确，有理有据 0未达1分 1能配合参与写议论性文章，不排斥 2能按要求写简单的议论性文章，提示下做到观点明确 3能写自己感兴趣的议论性文章，做到观点明确 4能写任意简单的议论性文章，做到观点明确，有理有据

		低年段(1—3年级)	中年段(4—6年级)	高年段(7—9年级)
3 写 话	3.2 撰 写 技 能			3.2.10 根据生活需要,写常见应用文 0 未达 1 分 1 能配合参与写应用文,不排斥 2 知道应用文的写作格式 3 能按照要求写常见的应用文 4 能根据生活需要,写常见的应用文
				3.2.11 能从文章中提取主要信息,进行缩写 0 未达 1 分 1 能配合使用缩写,不排斥 2 知道缩写的基本方式 3 在提示下能够进行缩写 4 能主动从文章中提取主要信息,进行缩写
				3.2.12 能根据文章的基本内容和自己的合理想象,进行扩写 0 未达 1 分 1 能配合使用扩写,不排斥 2 知道扩写的基本方式 3 在提示下能够根据文章的基本内容进行扩写 4 能根据文章的基本内容和自己的合理想象,主动进行扩写
				3.2.13 能变换文章的文体或表达方式等,进行改写 0 未达 1 分 1 能配合使用改写,不排斥 2 知道改写的方法 3 在提示下能够变换文章的文体或表达方式等,进行改写 4 能主动变换文章的文体或表达方式等,进行改写

续表

		低年段(1—3年级)	中年段(4—6年级)	高年段(7—9年级)
3 写话	**3.2 撰写技能**			3.2.14 能与他人交流写作心得,互相评改作文,以分享感受,沟通见解 0 未达1分 1 能配合参与习作的交流,不排斥 2 能在要求下互相评改作文 3 能在要求下与他人交流写作心得 4 能主动与他人交流写作心得,主动互相评改作文,以分享感受,沟通见解
	3.3 标点符号的使用	3.3.1 根据表达需要,学习使用句号 0 未达1分 1 认识句号 2 在书写句子的时,在提示下会使用句号将句子隔开,但断句有误 3 在书写句子的时候会主动使用句号将句子隔开 4 在书写句子时能正确熟练地使用句号,并理解句号的意义(例:在完整的一句话后使用)	3.3.1 学会修改习作 0 未达1分 1 能够检查习作内容,学会找出习作中有明显错误的一个词 2 会在习作中找出有明显错误的部分词句 3 会找出习作中有明显错误的部分词句,并根据要求自己作出修改 4 会修改自己的习作,并主动与他人交换修改,做到语句通顺、行款正确、书写规范,整洁	3.3.1 能正确使用常用的标点符号 0 未达1分 1 认识符号(例:书名号、顿号、分号、破折号、单引号、双引号等) 2 在书写句子的时,在提示下会使用其他符号,使用不恰当(例:书名号、顿号、分号、破折号、单引号、双引号等) 3 在书写句子的时候会恰当地使用符号(例:在有解释、补充、说明的语句中使用;在表示说话时使用双引号;在被引用的语句里面还需要引用时,使用单引号) 4 理解符号的意义,在书写句子时能正确熟练地使用符号(例:在有解释、补充、说明的语句中使用;在表示说话时使用双引号;在被引用的语句里面还需要引用时,使用单引号)

续表

		低年段(1—3年级)	中年段(4—6年级)	高年段(7—9年级)
3 写 话	3.3 标 点 符 号 的 使 用	3.3.2根据表达需要,学习使用逗号 0 未达1分 1 认识逗号 2 在书写句子的时,在提示下会使用逗号将句子隔开,但断句有误 3 在书写句子的时候会主动使用逗号将句子隔开 4 在书写句子时能正确熟练地使用逗号,并理解逗号的意义(例:一句话未说完时使用)		
		3.3.3根据表达需要,学习使用问号 0 未达1分 1 认识问号 2 在书写句子的时,在提示下会使用问号,使用不恰当 3 在书写句子的时候会主动使用问号 4 在书写句子时能正确熟练地使用问号,并理解问号的意义(例:在表达疑问的句子后使用	3.3.2据表达需要,正确使用常用标点符号 0 未达1分 1 认识常用标点符号 2 在写作时,在提示下会使用冒号、引号等符号 3 在做写作时会正确使用冒号、引号、等符号 4 理解标点符号的意义,会根据表达需要正确使用常用标点符号	3.3.2根据表达的需要,借助语感和语文常识,修改自己的作文,做到文从字顺 0 未达1分 1 能够配合参与修改习作内容的活动 2 会根据教师对错误内容的标注,按照要求做出修改 3 能根据表达的需要,在提示下找出错误,修改自己的作文,做到文从字顺 4 能根据表达的需要,借助语感和语文常识,修改自己的作文,做到文从字顺
		3.3.4根据表达需要,学习使用感叹号 0 未达1分 1 认识感叹号 2 在书写句子的时,在提示下会使用感叹号,但使用不恰当		

续表

		低年段(1—3年级)	中年段(4—6年级)	高年段(7—9年级)
3 写话	3.3 标点符号的使用	3 在书写句子的时候会主动使用感叹号 4 在书写句子时能正确熟练地使用感叹号，并理解感叹号的意义(例：在表示惊讶、惊叹的语气的句子中使用)		
		3.3.5 根据表达需要，学习使用冒号 0 未达1分 1 认识冒号 2 在书写句子的时，在提示下会使用冒号，但使用不恰当 3 在书写句子的时候会主动使用冒号 4 在书写句子时能正确熟练地使用冒号，并理解冒号的意义(例：在"说、例如、证明"等词后引出下文或总结上文的句子中使用)		
	3.3 标点符号的使用	3.3.6 根据表达需要，学习使用引号 0 未达1分 1 认识引号 2 在书写句子的时，在提示下会使用引号，但使用不恰当 3 在书写句子的时候会主动使用引号 4 在书写句子时能正确熟练地使用引号，并理解引号的意义(例：在表示特殊含义或引用成语、俗语、诗歌等的句子中使用)		

续表

		低年段(1—3年级)	中年段(4—6年级)	高年段(7—9年级)
3 写 话	3.4 写 作 能 力 ·	3.4.1 课内习作每学年不少于16次左右(三年级开始习作) 0 未达1分 1 每学年能够完成4次课内习作 2 每学年能够完成8次课内习作 3 每学年能够完成13次课内习作 4 每学年能够完成16次以上的课内习作	3.4.1 课内习作每学年不少于16次 0 未达1分 1 每学年能够完成4次课内习作 2 每学年能够完成8次课内习作 3 每学年能够完成12次课内习作 4 每学年能够完成16次以上的课内习作	3.4.1 作文每学年一般不少于14次 0 未达1分 1 每学年能够完成14次习作 2 每学年能够完成16次习作 3 每学年能够完成18次习作 4 每学年能够完成20及次以上的习作
		3.4.2 运用倾听、触摸等多种方式,能不拘形式地写下自己的见闻、感受和想象,把自己觉得新奇有趣或印象最深、最受感动的内容写清楚 0 未达1分 1 能在要求下抄写句子 2 能仿照例句,把句子写具体 3 能把一次观察、一个想法、一次玩的过程或实验过程用一段话写下来 4 能展开想象,把听到的声音联系起来编一个故事		3.4.2 其他练笔每学年不少于8000字 0 未达1分 1 每学年能完成其他练笔不少于7000字 2 每学年能完成其他练笔不少于8000字 3 每学年能完成其他练笔不少于9000字 4 每学年能完成其他练笔不少于10000字
				3.4.3 在45分钟之内完成或不少于450字以上的短文 0 未达1分 1 两节课的时间能够完成450字的短文 2 七十五分钟内能够完成450字的短文

续表

	3.4	低年段（1—3年级）	中年段（4—6年级）	高年段（7—9年级）
3 写话	写作能力			3 一小时内内能够完成450字的短文 4 四十五分钟内能够完成450字以上的短文

		低年段（1—3年级）	中年段（4—6年级）	高年段（7—9年级）
4 口语交际	4.1 口语交际意愿	4.1.1 学说普通话，逐步养成说普通话的习惯。 0 未达1分 1 在要求下能与人进行交流 2 对有需求的事物可用眼神、手势、动作等方式表达 3 在提示下可主动发起沟通 4 对所有事物可主动发起沟通交流，能用普通话交谈	4.1.1 与人交往能尊重对方 0 未达1分 1 对与他人交往的活动不排斥 2 在与人交流时能用普通话进行交谈，学会倾听 3 能认真倾听他人说话，不随意插话 4 与人交往时相互尊重对方，有良好的互动行为	4.1 口语交际技能 4.1.1 在语言交往过程中会注意交往的对象 0 未达1分 1 不排斥与人交往 2 在提示下能用恰当的方式与人进行交往 3 能用恰当的方式与人进行交往 4 能根据交往对象年龄、性别、文化差异等不同使用恰当的方式
		4.1.2 愿意认真听别人讲话，能努力了解讲话的主要内容 0 未达1分 1 在要求下能看（听）别人表述 2 能看（听）别人表述并进行简单回应 3 能看（听）别人表述并进行简单交流 4 愿意认真看（听）别人表述，主动与他人分享话题相关内容	4.1.2 与人交往能理解对方，能就不理解的地方向人请教 0 未达1分 1 在要求下能抓住对方的关键词 2 在具体情境中，能抓住对方的关键词 3 根据语境能理解简单会话，基本理解对方表达的意思 4 在交谈中对不理解的问题能请教对方	4.1.2 在语言交往过程中会注意交往的场合 0 未达1分 1 在反复要求下能遵守熟悉场合的规则（如：在家里家长或邻居要求下能保持安静、在上课过程中老师要求下能保持安静） 2 在简单提示下能遵守熟悉场合的规则（如：看到嘘、禁止、停等动作能保持安静） 3 能自主遵守熟悉场合的规则 4 在所有场合都能遵守相应的规则

		低年段（1—3年级）	中年段（4—6年级）	高年段（7—9年级）
4 口 语 交 际	4.1 口 语 交 际 意 愿	4.1.3 听人说话能把握主要内容，并能简要转述 0 未达1分 1 能在要求下听人说话 2 能认真听故事，记住故事的主要情节并能转述 3 能听明白说话者的内容，对感兴趣的内容提出自己的看法或疑问 4 能一边听一边思考，想想别人讲的是否有道理，能表明自己的观点	4.1.3 乐于参与讨论，敢于发表意见并接受他人建议 0 未达1分 1 对于参与讨论活动不排斥 2 能主动参与到讨论中 3 讨论中有自己的想法和观点，并愿意与他人交流分享 4 在讨论中敢于发表自己的意见，并虚心接受别人的建议	4.1.3 在交往过程中能文明得体地交流 0 未达1分 1 在要求下能模仿使用简单的礼貌用语（如：谢谢、再见、你好等） 2 与人交流时能使用简单的礼貌用语（如：谢谢、再见、你好等） 3 与人交流时能文明使用常用的礼貌用语（如：您、请问、请坐、不客气、对不起、没关系） 4 与人交流时总是文明得体
				4.1.4 在交往过程中能耐心专注地倾听 0 未达1分 1 与人交往过程中在要求下能有听的行为（如：眼神注视、头转向说话者） 2 在与人交往过程中不打断对方对话 3 在与人交往过程中给予支持性倾听提示（如：表示同意对方观点时则点头、疑惑时表现出困惑的表情） 4 与人交往过程中做到积极倾听（如：主动提问、表达对说话者感受的理解、解释说明说话者的意思）

续表

		低年段（1—3年级）	中年段（4—6年级）	高年段（7—9年级）
4 口 语 交 际	4.1 口 语 交 际 意 愿			4.1.5 能根据对方的语气、语调等，理解对方的观点和意图 0 未达1分 1 在要求下能关注到对方的语气、语调等 2 在交往中能注意到说话者的语气、语调等，但不理解观点和意图 3 在交往中能注意到说话者的语气、语调等，理解对方简单的观点 4 在交往中能根据对方的语气、语调等，理解对方的观点和意图
				4.1.6 自信、负责地表达自己的观点，做到清楚、连贯，不偏离话题 0 未达1分 1 在要求下能用关键字词进行简单表达（如：吃、玩、好、不要、不行等） 2 在交往中能用关键词进行简单表达（如：吃、玩、好、不要等） 3 在交往过程中能完整表达自己想要表达的观点 4 在交往过程中能自信、负责地表达自己的观点，做到清楚、连贯，不偏离话题
				4.1.7 恰当地运用肢体语言，注意表情和语气，根据需要调整自己的表达内容和方式，不断提高应对能力增强感染力和说服力

		低年段(1—3年级)	中年段(4—6年级)	高年段(7—9年级)
4 口 语 交 际	4.1 口 语 交 际 意 愿			0 未达1分 1 在要求下能用肢体语言进行简单表达(如:吃、玩、好、不要、不行等) 2 在提示下运用肢体语言时会注意表情和语气 3 在提示下根据需要调整表达内容和方式 4 在交往过程中能恰当地运用肢体语言,注意表情和语气,根据需要主动调整自己的表达内容和方式,不断提高应对能力增强感染力和说服力
				4.1.8 讲述见闻,内容具体,语言生动 0 未达1分 1 配合参与见闻交流活动,不排斥 2 在要求下能够讲述见闻 3 能主动在交流中讲述见闻 4 在交流时主动讲述见闻,内容具体,语言生动
	4.2 口 语 交 际 技 能	4.2.1 喜欢与别人交谈,态度自然,有礼貌,注意仪态 0 未达1分 1 在要求下能与别人交谈 2 能自然地与别人进行交谈 3 能主动有礼貌地与他人进行交流 4 喜欢与他人交流,有礼貌,态度自然	4.2.1 与人交流时能抓住对话要点 0 未达1分 1 在提示下有认真听(看)说话者方向的表现 2 在交流中能够抓住对话关键词 3 听人说话能把握主要内容,并能简要转述 4 听人说话认真、有耐心,能抓住对话要点,并能简要转述	4.1.9 复述转述,完整准确,突出要点 0 未达1分 1 配合参与复述转述活动,不排斥 2 在要求下能够进行复述讲述,基本准确 3 能主动在交流中复述讲述,完全准确 4 在交流时主动复述转述,完整准确,突出要点

续表

		低年段(1—3年级)	中年段(4—6年级)	高年段(7—9年级)
4 口 语 交 际	4.2 口 语 交 际 技 能	4.2.2 有表达的自信心,积极参加讨论,敢于发表自己的意见 0 未达 1 分 1 上课能举手发言 2 上课回答问题声音洪亮 3 能主动向老师提出问题 4 积极参加课内外的讨论,敢于发表自己的意见	4.2.2 学会正确表达 0 未达 1 分 1 在提示下会表达自己的感受与想法 2 能简单的讲述见闻,简述故事,表达自己的感受 3 能清楚明白地讲述见闻,表达自我感受,生动具体的讲述故事 4 会正确表达,表达有条理,语气、语调、语速适当	4.1.10 能就适当的话题作即席讲话和有准备的主题演讲,有自己的观点,有一定的说服力 0 未达 1 分 1 配合参与讲话和演讲活动,不排斥 2 在要求下能作即席讲话和有准备的主题演讲 3 对适当的话题有自己的观点,为主题演讲主动做准备 4 能就适当的话题作即席讲话和有准备的主题演讲,有自己的观点,有一定的说服力
		4.2.3 能较完整地讲述小故事,能简要讲述自己感兴趣的见闻 0 未达 1 分 1 能在提示下看(听)别人讲述 2 在别人讲述时认真倾听并能复述大概内容 3 能主动看(听)别人讲述,就其中感兴趣的观点说出自己的见闻 4 能主动看(听)别人讲述的重点内容,能较完整地讲述说话者的内容	4.2.3 学会简单发言 0 未达 1 分 1 对于进行发言不排斥 2 会主动尝试简单发言 3 在提示下能做简单发言 4 能根据场合和对象,稍作准备,作简单发言	4.1.11 讨论问题,能积极发表自己的看法,有中心,有根据,有条理 0 未达 1 分 1 讨论问题时在要求下能表达看法 2 讨论问题时能积极发表自己的看法,有中心观点 3 讨论问题时能积极发表自己的看法,有中心,有根据 4 讨论问题时能积极发表自己的看法,有中心,有根据,条理清晰

续表

		低年段（1—3年级）	中年段（4—6年级）	高年段（7—9年级）
4 口语交际	4.2 口语交际技能	4.2.4看听故事、看音像作品等，能用自己喜欢的方式复述大意 0 未达1分 1 在提示下能对所看（听）故事、音像作品内容进行正确排序 2 能用恰当的词汇按一定的语法规则将所看（听）故事、音像作品内容进行组句 3 能用口头语言将所看（听）故事、音像作品中感兴趣的内容进行复述 4 能将所看（听）故事、音像作品内容按时间或者逻辑顺序复述	4.2.4以良好仪态参与社会交际 0 未达1分 1 在要求下能够以良好的仪态参与社会交际 2 提示下能够以良好的仪态参与社会交际 3 会自发以良好的仪态参与社会交际 4 以良好的仪态参与社会交际，并抵制不文明语言行为	4.1.12 讨论问题，能听出讨论的焦点，并能有针对性地发表意见 0 未达1分 1 讨论问题时能够仔细倾听他人的观点 2 讨论问题时能在提示下知道讨论的焦点 3 讨论问题时能通过自主思考听出讨论的焦点 4 讨论问题时能通过自主思考听出讨论的焦点，并能有针对性地发表意见

		低年段（1—3年级）	中年段（4—6年级）	高年段（7—9年级）
5 综合性学习	5.1 探索和考察周围环境	5.1.1对周围事物充满好奇心，能积极接收外界信息 0 未达1分 1 对周围环境事物不排斥、不破坏 2 可以短时间注视自己感兴趣的事物 3 可以向感兴趣的事物靠近或移动 4 可以触碰或探索感兴趣的事物（摸、看、闻）	5.1.1利用各类渠道获取资料，解决生活学习相关问题 0 未达1分 1 能在提示下发现学习和生活中的问题，并和他人共同讨论 2 能提出学习和生活中的问题，通过各种途径有目的的搜集资料，共同讨论 3 学会利用网络、图书馆等常用渠道获取资料来解决生活学习相关问题 4 利用网络、图书馆等信息渠道获取资料，解决学习生活相关问题，并尝试写简单研究报告	5.1.1自主组织文学活动，在办刊、演出、讨论等活动过程中，体验合作与成功的喜悦 0 未达1分 1 能够被动配合他人开展文学活动 2 能够按照已有经验自主组织文学活动，体验合作与成功的喜悦 3 能够按照基本程序开展简单的文学活动，体验合作与成功的喜悦 4 能够主动按要求开展大量的文学活动，在办刊、演出、讨论等活动过程中，体验合作与成功的喜悦

续表

		低年段(1—3年级)	中年段(4—6年级)	高年段(7—9年级)
5 综合性学习	5.1 探索和考察周围环境	5.1.2 能就感兴趣的内容提出问题。 0 未达1分 1 可以通过肢体动作或表情对感兴趣事物提问 2 可以用语音或词语对感兴趣事物提问 3 可以用短句对感兴趣事物提问 4 可以用完整句或长句流利地对感兴趣事物提问		5.1.2 共同制订简单的研究计划 0 未达1分 1 能够配合参与研究计划的制订,不排斥 2 能够在要求下参与制订研究计划 3 能够在制订研究计划过程中发表自己的看法 4 能够主动和大家合作共同制订简单的研究计划
		5.1.3 能根据问题结合课外阅读等有效途径有目的地搜集资料,共同讨论 0 未达1分 1 有参与解决问题讨论的意愿 2 能根据信息作简单推断理解课文内容,解决课文问题 3 能自主搜集相关资料,懂得与他人交流讨论 4 能按要求自主开展学习活动,组建小组,收集资料、整理资料,小组交流		5. 1.3 独立或合作写出简单的研究报告 0 未达1分 1 能够识读他人的研究报告 2 能够模仿他人研究报告的大体框架(包含研究目的、研究内容等) 3 能够在别人帮助或提示下写出简单的研究报告 4 能够独立或合作写出简单的研究报告
	5.2 参与活动与语言表达	5.2.1 结合语文学习,观察大自然,观察社会,能用书面或口头方式表达自己的观察所得 0 未达1分 1 可以使用1-2个词或口头语描述自己观察到的事物 2 可以使用短句或口头语描述自己观察到的事物 3 可以使用完整的句子或口头语描述自己观察到的事物	5.2.1 策划简单的校园活动和社会活动 0 未达1分 1 对参与校园活动、社会活动不排斥 2 积极主动地与校园活动、社会活动 3 能在帮助下策划简单的校园活动、社会活动	5.2.1 能提出学习和生活中感兴趣的问题,共同讨论,选出研究主题 0 未达1分 1 愿意倾听他人学习和生活中感兴趣的问题 2 在他人询问下能提出学习和生活中感兴趣的问题 3 能主动提出自己学习和生活中感兴趣的问题并与大家讨论

		低年段(1—3年级)	中年段(4—6年级)	高年段(7—9年级)
5 综合性学习	5.2 参与活动与语言表达	4 可以使用句子或口头语流利地描述自己观察到的事物	4 能独立策划简单的校园活动、社会活动	4 能主动提出学习和生活中感兴趣的问题,共同讨论,并选出研究主题
		5.2.2 热心参加校园、社区活动 0 未达1分 1 清楚活动指令不参与但不排斥 2 活动指令下达后在陪同下可以参与活动 3 活动指令下达后可以根据基本程序参与活动 4 主动积极参与校园、社区的大量活动	5.2.2 对大家身边的、共同关注的问题,能组织系列活动进行讨论 0 未达1分 1 能够发现身边存在的问题 2 会主动提出身边的问题,发表自己的看法 3 会主动提出问题,并与他人分享和讨论 4 能对热点问题发起讨论等一系列活动,学习辨别其中的是非观念	5.2.2 能从书刊或其他媒体中获取有关资料,讨论分析问题 0 未达1分 1 在获取资料时能被动配合简单拿、放动作 2 能够听从指令从书刊或其他媒体中获取有关资料 3 能主动从书刊或其他媒体中获取资料,整理相关资料 4 能主动从书刊或其他媒体中获取有关资料,并与他人讨论分析问题
		5.2.3 能用口语或图文等方式表达自己的见闻或想法 0 未达1分 1 在想要表达见闻或想法时没有过激情绪或行为 2 能用图片或肢体动作表达自己的见闻或想法 3 能根据已有经验按照基本程序表达自己的见闻或想法 4 能就活动或事物自由表达自己的见闻或想法		5.2.3 关心学校、地区和国内外的大事 0 未达1分 1 愿意倾听他人谈论或述说学校、地区和国内外的大事 2 能就他人述说学校、地区和国内外的大事时简单附和 3 在他人述说学校、地区和国内外的大事时提出自己的看法 4 能就自己关心的学校、地区和国内外大事查询相关资料
		5.2.4 遇到困难会寻求帮助 0 未达1分 1 遇到困难会主动寻求他人的帮助		5.2.4 就共同关注的热点问题搜集资料,调查访问,相互讨论 0 未达1分 1 能在要求下配合参与搜集就共同关注的热点问题的资料

续表

		低年段(1—3年级)	中年段(4—6年级)	高年段(7—9年级)
5 综合性学习		2学会请别人帮忙时要运用恰当的礼貌用语 3知道请人帮忙时要态度诚恳,把请求说清楚 4遇到困难会主动寻求帮助并能使他人明白自己的请求愿意帮助自己		2能主动就共同关注的热点问题搜集资料 3能就共同关注的热点问题搜集大量资料,进行调查访问 4能就共同关注的热点问题进行资料搜集及整理,调查访问并相互讨论
				5.2.5能用文字、图表、图画、照片等展示搜集资料的成果 0未达1分 1能配合展示实施搜集资料成果的工作 2能运用某种方式(如图片、文字、语言等)展示搜集成果 3能运用两种方式(如文字、图表、图画等)展示搜集成果 4能运用多种方式(如图表、图画、照片等)展示搜集成果
				5.2.6掌握查找资料、引用资料的基本方法,分清原始资料与间接资料的主要差别,学会注明所援引资料的出处 0未达1分 1在提示下知道查找资料、引用资料的基本方法 2掌握查找资料、引用资料的基本方法,在提示下知道原始资料与间接资料的差别 3掌握查找资料、引用资料的基本方法,能分清原始资料与间接资料的主要差别 4掌握查找资料、引用资料的基本方法,分清原始资料与间接资料的主要差别,并学会注明所援引资料的出处

		低年段(1—3年级)	中年段(4—6年级)	高年段(7—9年级)
5 综合性学习	5.3 在活动中解决问题	5.3.1能在教师的指导下组织和参与有趣味的语文活动,在活动中学习语文,学会合作 0 未达1分 1 能在教师的指导下参与有趣味的语文活动,不排斥 2 能在教师的指导下参与趣味语文活动,积累词语、偏旁 3 能在教师的指导下参与趣味语文活动,积累、分类相关词语并会读 4 能在教师的指导下参与趣味语文活动,听明白要求,与他人合作完成	5.3.1在家庭、学校和社区生活中,尝试运用语文知识和能力解决简单的问题 0 未达1分 1 在面临问题时保持稳定情绪 2 在面临问题时能够尝试解决问题 3 在提示下能用语文知识解决简单的问题 4 在面临问题时能够主动尝试运用语文知识和能力解决简单的问题	
		5.3.2在家庭、学校和社区生活中,尝试运用语文知识和能力解决简单的问题 0 未达1分 1 在面临问题时有正常的情绪(不排斥) 2 在他人下达解决问题指令时,能按步骤完成 3 在面临问题时能够尝试解决问题 4 在面临问题时能够运用正确的策略解决问题	5.3.2初步了解查找资料,运用资料的基本方法 0 未达1分 1 在提示下会查找资料 2 提示下会查找和运用资料 3 初步了解查找资料、运用资料的基本方法 4 了解查找资料、运用资料的基本方法后,会运用在问题解决中	

聋校数学学科教学评估内容

领域	次领域	低年段（1—3年级）	中年段（4—6年级）	高年段（7—9年级）
1. 数与代数	1.1 数的认识	1.1.1 现实理解万以内数的意义，能认、读、写万以内的数 0 未达1分 1 熟练地数出数量在20以内的物体的个数，会认、读、写20以内的数 2 理解现实100以内的数的意义，会认、读、写100以内的数。 3.认识"百""千"的数，会读写千以内的数 4 会读、写万以内的数，知道万以内数的组成，理解并认识万以内的近似数	1.1.1 在具体的情境中，认识万以上的数，了解十进制计数法，会用万、亿为单位表示大数 0 未达1分 1 能读"十万""百万""千万""亿" 2能读、写含两级的数 3知道相邻两个计数单位之间的关系，能比较亿以内数的大小 4掌握数位顺序表，十进制计数法，能将整万（亿）数改写成用"万（亿）"作单位的数	
		1.1.2 会用数表示物体的个数或事物的顺序和位置 0 未达1分 1掌握20以内的顺序大小 2掌握100以内顺序大小，相邻的的数 3掌握千以内的数位顺序 4掌握万以内的数位顺序，掌握各位数的顺序	1.1.2 结合现实情境，感受大数的意义，并会进行估计 0 未达1分 1 认识亿以上的数 2能读、写计数单位"十亿""百亿""千亿"。知道相邻两个计数单位之间的关系 3 了解数的发展历史，认识自然数，了解十进制计数法，掌握数位顺序表，会比较数的大小 4 能体会和感受大数在日常生活中的作用，根据要求用"四舍五入"法求一个数的近似数	

领域	次领域	低年段(1—3年级)	中年段(4—6年级)	高年段(7—9年级)
1.数与代数	1.1数的认识	1.1.3知道各位数的名称,了解各位数上表示的意义。知道用算盘可以表示多位数 0未达1分 1知道个位,初步认识十位了解个位数上表示的意义,学会用算盘和计数器表示个位数 2认识十位和百位数,了解十位数和百位数的意义,知道用算盘和计数器表示十位数和百位数 3初步了解千,和万,知道可以用算盘和计数器表示千和万位数 4知道各位数的名称,了解各位数上表示的意义。知道用算盘可以表示多位数	1.1.3会运用数描述事物的某些特征,进一步体会数在日常生活中的作用。 0未达1分 1看到与数相关的事物特征会主动指认 2能主动点数常见事物特征对应数字 3能主动点数事物特征对应数字,在辅助下点数所有事物特征对应数字 4能灵活运用数,描述事物的某些特征,进一步体会数在日常生活中的作用	
		1.1.4理解符号<、=、>的含义 0未达1分 1初步认识=、<、>,会用这些数表示20以内数的大小,会比大小,多少 2学会用=、<、>,来比较100以内数的大小 3会用=、<、>来比较百位数的大小 4会在计算各位数的算式和单位换算后用<、=、>比较大小,会比较万以内数的大小	1.1.4知道2,3,5的倍数的特征,了解公倍数和最小公倍数 0未达1分 1能主动了解倍数、公倍数、最小公倍数相关知识点 2能读、写出十以内2、3、5的倍数 3能读、写出十以内2、3、5的公倍数和最小公倍数 4掌握2,3,5的倍数的特征,以及公倍数和最小公倍数	

续表

领域	次领域	低年段(1—3年级)	中年段(4—6年级)	高年段(7—9年级)
1. 数与代数	1.1 数的认识	1.1.5 能用符号和其他形式描述万以内数的大小 0 未达1分 1 会用数手指图片或其他直观的数形式来描述十位数20以内的大小,能说出谁比谁大、小、多少 2 会用语言描述百位数以内比谁大谁比谁小,会通过比大小题目比出谁大谁小 3 会用语言描述百位数及以上的数谁比谁大谁比谁小,会通过比大小题目比出谁大谁小 4 能用符号和词语描述万以内数的大小	1.1.5 在1~100的自然数中,能找出10以内自然数的所有倍数,能找出10以内两个自然数的公倍数和最小公倍数。 0 未达1分 1 了解自然数 2 在1~100的自然数中,能找出10以内自然数的所有倍数 3 在1~100的自然数中,能找出10以内两个自然数的公倍数和最小公倍数 4 在1~100的自然数中,能完全找出10以内自然数的所有倍数,10以内两个自然数的公倍数和最小公倍数	
		1.1.6 在生活情境中感受大数的意义,并能进行估计。 0 未达1分 1 能初步了解生活中的一些拥有大数的物品 2 能结合生活情境说出哪些有大数,并初步了解大数的意义 3 知道大数表示的意义,并会写出大数	1.1.6 了解公因数和最大公因数;在1~100的自然数中,能找出一个自然数的所有因数,能找出两个自然数的公因数和最大公因数 0 未达1分 1 愿意了解公因数和最大公因数 2 掌握公因数和最大公因数概念 3 在1~100的自然数中,能找出一个自然数的所有因数,能找出两个自然数的公因数和最大公因数	

续表

领域	次领域	低年段(1—3年级)	中年段(4—6年级)	高年段(7—9年级)
1.数与代数	1.1 数的认识	4 能够在生活情景中自己感受大数的意义,并能进行估计	4 在 1～100 的自然数中,能找出两个自然数的所有因数,能找出三个自然数的公因数和最大公因数	
		1.1.7 能运用数表示日常生活中的一些事物,并会进行交流 0 未达 1 分 1 能够运用数学概念和符号表示日常生活中的一些简单事物,并愿意进行基本的交流。 2 能够更多地应用数学概念和符号来表示日常生活中的事物,并会与人交流 3 能够灵活应用数学概念和符号来解决更复杂的实际问题,并能与别人进行交流合作解决数学问题 4 能灵活运用数表示日常生活中的一些事物,会解决数学问题,并会与他人进行合作交流	1.1.7 了解自然数、整数、奇数、偶数、质(素)数和合数 0 未达 1 分 1 愿意了解自然数、整数、奇数、偶数、质(素)数和合数 2 了解自然数、整数 3 了解奇数、偶数、质(素)数和合数 4 全面掌握自然数、整数、奇数、偶数、质(素)数和合数	
			1.1.8 能结合具体情境,认识小数并理解小数的意义,会比较两个小数的大小 0 未达 1 分 1 愿意认识小数 2 认识小数并理解小数的意义 3 能认、读、写不超过两位的小数 4 会比较两个小数的大小,并能运用小数表示日常生活中的一些事物,感受小数与实际生活的密切联系	

续表

领域	次领域	低年段（1—3年级）	中年段（4—6年级）	高年段（7—9年级）
1.数与代数	1.1 数的认识		1.1.9 能结合具体情境,初步认识分数,并能比较两个同分母分数的大小,会读、写分数 0 未达 1 分 1 能读、写几分之一(分母一般不超过10) 2 初步认识几分之几(分母、分子一般不超过10) 3 能正确读、写几分之几(分母、分子一般不超过10) 4 能正确比较几分之一、同分母分数的大小	
	1.2 数的运算	1.2.1 结合具体情境,体会整数四则运算的意义 0 未达 1 分 1 初步学会根据加法减法地含义和算法解决一些简单的实际问题 2 初步学会认识乘法、除法的含义和乘除法算式中各部分的名称,熟记乘法口诀 3 知道乘法和除法的关系,能够熟练的用乘法口诀除商 4 学会结合情景算万以内的加减法,多位数乘一位数,除法求商	1.2.1 能计算两位数乘两位数、三位数的乘法,三位数除以两位数的除法。 0 未达 1 分 1 了解乘法和除法的运算 2 能口算两位数乘一位数(进位) 3 能口算一位、两位数乘整十数(不进位),能笔算出两位数乘两位数(不进位、进位) 4 能计算两位数乘三位数的乘法,三位数除以两位数的除法,以及连乘、连除问题	
		1.2.2 能熟练地口算 20 以内的加减法和表内乘除法 0 未达 1 分 1 认识 1-10 的各数,能够口算 10 以内的加减法	1.2.2 认识中括号,能进行简单的整数四则混合运算(以两步为主,不超过三步) 0 未达 1 分 1 愿意学习混合运算	

领域	次领域	低年段(1—3年级)	中年段(4—6年级)	高年段(7—9年级)
1.数与代数	1.2数的运算	2认识11-20的各数,能够口算20以内的加减法, 3能口算20以内的表内乘法,除法 4能熟练地口算20以内的加减法和表内乘除法	2知道中括号在混合运算中的运用 3能进行加法和减法以及除法和除法的运算 4能进行简单的整数四则混合运算(以两步为主,不超过三步)	
		1.2.3能口算简单的百以内的加减法和一位数乘除两位数 0未达1分 1蟹口算简单的20以内的加减法 2能口算简单的百以内的加减法,能够口算两个一位数相乘 3会口算一位数乘整十数、整百数,会口算两位数乘以一位数 4能够进行整百、整千的加减法口算,能口算两位数加减两位数和一位数乘除两位数	1.2.3探索并了解运算律(加法的交换律和结合律、乘法的交换律和结合律、乘法对加法的分配律),会应用运算律进行一些简便运算。 0未达1分 1愿意学习运算律 2初步了解运算律(加法的交换律和结合律、乘法的交换律和结合律、乘法对加法的分配律) 3能够探索并掌握运算律(加法的交换律和结合律、乘法的交换律和结合律、乘法对加法的分配律),会应用运算律进行一些简便运算。 4会应用运算律进行一些简便运算。解决生活中的实际问题	
		1.2.4能计算两位数和三位数的加减法 0未达1分 1能够比较熟练地计算20以内的加法和减法 2能够比较熟练地计算100以内的加法减法	1.2.4在具体运算和解决简单实际问题的过程中,体会加与减、乘与除的互逆关系 0未达1分 1愿意通过具体运算,解决日常生活中简单的实际问题 2了解加与减、乘与除的互逆关系	

续表

领域	次领域	低年段(1—3年级)	中年段(4—6年级)	高年段(7—9年级)
1. 数与代数	1.2 数的运算	3会笔算三位数的加减法,会进行相应的验算 4能熟练计算两位数和三位数的加减法	3掌握加与减、乘与除的互逆关系 4在具体运算和解决简单实际问题的过程中,充分运用加与减、乘与除的互逆关系	
		1.2.5一位数乘两位数、三位数的乘法 0未达1分 1熟练掌握两个一位数相乘 2会笔算一位数乘两位数 3会笔算一位数乘以汕尾数 4熟练掌握一位数乘两位数、三位数的乘法	1.2.5会进行小数的加、减、乘、除运算及混合运算(以两步为主,不超过三步);能解决小数的简单实际问题 0未达1分 1愿意学习小数的加、减、乘、除运算及混合运算 2能在教师引导下,计算一位小数的加法和减法 3会在教师提示下,进行小数的加、减、乘、除运算 4能独立进行小数的混合运算(以两步为主,不超过三步),并解决小数的简单实际问题	
		1.2.6两位数和三位数除以一位数的除法 0未达1分 1认识两位数除以一位数的除法 2会笔算两位数除以一位数 3认识三位数除以一位数 4会笔算三位数除以一位数	1.2.6会进行同分母分数(分母小于10)的加减运算 0未达1分 1能进行同分母分数的简单加减法运算 2能进行和是1的同分母分数加法运算 3能进行1减去几分之几运算 4能独立进行分数的综合计算,解决简单的实际问题	

领域	次领域	低年段(1—3年级)	中年段(4—6年级)	高年段(7—9年级)
1.数与代数	1.2数的运算	1.2.7认识小括号,能进行简单的整数四则混合运算(两步)。 0未达1分 1认识小括号的含义,知道小括号的作用 2知道两级运算的顺序,学会第一级运算 3学会第二级运算 4会进行简单的综合四则算式计算	1.2.7在具体情境中,了解常见的数量关系:总价＝单价×数量、路程＝速度×时间,并能解决简单的实际问题 0未达1分 1主动了解常见的数量关系 2能用总价＝单价×数量解决相应的数学题 3能明确知道总价＝单价×数量和路程＝速度×时间,在不同数学题中的运用 4能充分运用数量间的关系解决一些日常生活中简单的实际问题	
		1.2.8能结合具体情境进行简单的估算,体会估算在生活中的作用 0未达1分 1能在教师的指导下能结合具体情境估计大约有多少 2能结合具体情境进行简单的估算 3体会估算在生活中的作用 4掌握能结合具体情境进行简单的估算,体会估算在生活中的作	1.2.8在解决问题的过程中,能选择合适的方法进行估算 0未达1分 1能主动学习估算方法 2了解去尾法、进一法、四舍五入法、凑十法、凑整法等估算方法 3掌握去尾法、进一法、四舍五入法、凑十法、凑整法等估算方法 4能选择合适的估算方法,解决实际问题	

续表

领域	次领域	低年段(1—3年级)	中年段(4—6年级)	高年段(7—9年级)
1.数与代数	1.2数的运算	1.2.9能运用数及数的运算解决生活中的简单问题,能简单表达自己的计算思路 0未达1分 1初步学会根据加减法的含义和算法解决一些简单的实际问题 2会用加减法计算知识解决一些简单的实际问题,并能与他人交流各自算法的过程 3会运用乘除法的运算解决一些简单的实际问题,并能与他人交流各自算法的过程 4能运用数及数的综合运算解决生活中的简单问题,能简单表达自己的计算思路	1.2.9能借助计算器进行运算,解决简单的实际问题,探索简单的规律 0未达1分 1愿意使用计算器 2了解并观察计算器 3掌握计算器的使用方法 4能独立使用计算器进行运算,解决简单的实际问题,探索简单的规律	
	1.3常见的量	1.3.1在现实情境中,认识元、角、分,并了解它们之间的关系 0未达1分 1初步认识人民币元、角、分,认识钱数 2知道元、角、分之间的关系 3学会简单的元、角、分之间的换算 4在现实情境中能够用掌握的元、角、分的知识来解决生活中的找钱问题	1.3.1在现实情境中,感受并认识吨,并能进行简单的单位换算 0未达1分 1主动认识质量单位吨 2了解吨与千克的关系 3掌握吨与千克的换算 4在现实情境中,用列表法解决问题	
		1.3.2能认识钟表结合自己的生活经验,体验时间的长短 0未达1分	1.3.2了解24时记时法;结合自己的生活经验,体验时间的长短 0未达1分	

领域	次领域	低年段(1—3年级)	中年段(4—6年级)	高年段(7—9年级)
1.数与代数	1.3 常见的量	1 结合生活经验,知道大概什么时间是几点,能认识钟面知道大约几时 2 会认、读、写整时 3 认识时间,认识几分几十 4 认识时分秒,认识"秒",例如知道一分等于60秒,体验时间的长短	1 愿意学习24时计时法 2 了解24时计时法 3 会用24时计时法表示时刻,初业理解时间和时刻的意义,会计算简单的经过时间 4 结合自己的生活经验,体验时间的长短,建立时间观念,养成遵守和爱惜时间的意识和习惯	
		1.3.3 在现实情境中,感受并认识克、千克,并能进行简单的单位换算 0 未达1分 1 在现实情境中,能初步感受感受并认识质量单位"克" 2 在现实情境中,能初步感受感受并认识质量单位"千克" 3 知道 1kg＝1000g,能够进行简单的单位换算 4 能够运用g和kg的含义和换算来解决一些简单的实际问题	1.3.3 认识年、月、日,了解它们之间的关系 0 未达1分 1 愿意认识年、月、日的相关知识 2 知道大月、小月、2月及其相关知识 3 知道平年、闰年等方面的最基本知识 4 认识年、月、日,了解它们之间的关系	
		1.3.4 能结合生活实际,解决与常见的量有关的简单问题 0 未达1分 1 在现实情境中,初步认识元、角、分,年、月、日,克、千克 2 了解元角分、年月日、克千克之间的关系 3 能够用常见的量之间的关系和换算 4 能结合生活实际,解决与常见的量有关的简单问题		

续表

领域	次领域	低年段(1—3年级)	中年段(4—6年级)	高年段(7—9年级)
1.数与代数	1.4式与方程		1.4.1 在具体情境中能用字母表示数 0 未达1分 1 有用字母表示数的意愿 2 知道用字母表示数的概念 3 知道不同的量用不同的字母表示 4 在具体情境中,能用字母表示数	
			1.4.2 结合简单的实际情境,了解等量关系,并能用字母表示 0 未达1分 1 能主动学习等量关系 2 掌握简单的等量关系 3 了解用字母表示的等量关系 4 结合简单的实际情境,能用字母表示等量关系	
			1.4.3 能用方程表示简单情境中的等量关系(如 $3x+2=5$,$2x-x=3$),了解方程的作用 0 未达1分 1 愿意使用方程解决问题 2 了解过程的使用方法 3 能用方程表示简单情境中的等量关系(如 $2x-x=3$),知道方程的作用 4 能在实际情境中,用方程解决问题	
			1.4.4 了解等式的性质,会用等式的性质解简单的方程 0 未达1分 1 主动学习等式的性质基本概念 2 了解等式的性质	

领域	次领域	低年段(1—3年级)	中年段(4—6年级)	高年段(7—9年级)
1. 数 与 代 数	1.4 式与 方程		3 能掌握用等式的性质,解简单的方程 4 在实际情景中,会用等式的性质解简单的方程,解决简单问题	
	1.5 探索 规律		1.5.1 探索给定情境中隐含的规律 0 未达1分 1 了解图形或数字排列的简单规律 2 能观察、猜想图形或数字排列的简单规律 3 理解规律的含义并能描述和表示规律 4 会根据发现的规律进行推理,确定后续图形或数字的排列方式	
	1.6 数与 式			1.6.1 结合具体情境,理解分数的意义,理解百分数的意义;会进行小数、分数和百分数的转化(不包括将循环小数化为分数) 0 未达1分 1 能够准确认读小数、分数和百分数 2 理解现实小数、分数和百分数的意义 3 能够完成小数和百分数之间的转化 4 能够在小数、分数和百分数三者之间任意转化
				1.6.2 能比较分数的大小 0 未达1分 1 能够准确认读分数

续表

领域	次领域	低年段(1—3年级)	中年段(4—6年级)	高年段(7—9年级)
1.数与代数	1.6数与式			2能够比较分数与1的大小关系 3能够利用1作为中介比较两个数的大小 4能够比较任意两个分数的大小
				1.6.3能进行简单的分数(不含带分数)的加、减、乘、除运算及混合运算(以两步为主,不超过三步) 0未达1分 1能够进行简单分数的加减法 2能够进行简单分数的乘除法 3知道加、减、乘、除的运算顺序 4能够进行简单分数的加、减、乘、除运算及混合运算
				1.6.4能解决分数和百分数的简单实际问题 0未达1分 1能够读懂问题 2能够理清问题的数量关系 3能够根据数量关系列出算式 4能根据算式并结合题目要求解答问题
				1.6.5理解有理数的意义,能用数轴上的点表示有理数,会比较有理数的大小 0未达1分 1能够理解数轴与数存在一一对应关系 2能够在数轴上标出相对应的数

领域	次领域	低年段(1—3年级)	中年段(4—6年级)	高年段(7—9年级)
1. 数 与 代 数	1.6 数与 式			3知道数轴左小右大的规则 4根据数轴的规则标出相应的数后正确比较大小
				1.6.6 借助数轴理解相反数和绝对值的意义,会求有理数的相反数与绝对值(绝对值符号内不含字母) 0未达1分 1能够在数轴上标出相应的数 2能够理解0两侧的数的关系 3会求有理数的相反数 4会求有理数的绝对值
				1.6.7理解乘方的意义,掌握有理数的加、减、乘、除乘方及简单的混合运算(以三步以内为主) 0未达1分 1能够完成两步以内的有理数的加、减、乘、除简单混合运算 2能够理解乘方的意义 3能够完成两步以内的有理数的加、减、乘、除、乘方及简单的混合运算 4掌握有理数的加、减、乘、除、乘方及简单的混合运算
				1.6.8 理解有理数的运算律,会运用运算律简化运算 0未达1分 1知道括号与加、减、乘、除以及乘方的运算顺序 2掌握交换律和结合律 3掌握分配律 4能够运用运算律简化运算

续表

领域	次领域	低年段(1—3年级)	中年段(4—6年级)	高年段(7—9年级)
1.数与代数	1.6数与式			1.6.9 会运用有理数的运算解决简单的问题 0 未达1分 1 能够理解问题 2 能够理清问题的数量关系 3 能够根据数量关系列出算式 4 能根据算式并结合题目要求解答问题
				1.6.10 借助现实情境了解代数式,进一步理解用字母表示数的意义 0 未达1分 1 能够理解问题情境 2 能够理清问题的数量关系 3 能够根据数量关系列出代数式 4 结合题目理解代数式的含义并理解字母表示数的意义
				1.6.11 会求代数式的值,能根据特定的问题,找到所需要的公式,并会代入具体的值进行计算 0 未达1分 1 能够理解特定的问题 2 能够理清问题的数量关系 3 能够找到所需的公式 4 能够根据公式和数量关系解答问题
				1.6.12 了解整数指数幂的意义和基本性质;会用科学记数法表示数(包括在计算器上表示) 0 未达1分 1 能够正确认识什么是指数

领域	次领域	低年段(1—3年级)	中年段(4—6年级)	高年段(7—9年级)
1.数与代数	1.6数与式			2理解整数指数幂的意义和基本性质 3知道科学记数法的运算规则 4能够将科学记数法所记的数和原本的数相互转化
				1.6.13 了解整式的概念,掌握合并同类项和去括号的法则,会进行简单的整式加法和减法运算 0未达1分 1能够判断一个式子是不是整式 2掌握去括号的法则 3掌握合并同类项的法则 4能够进行简单的整式加法和减法运算
				1.6.14 在实际情境中,理解比及按比例分配的含义,并能解决简单的问题 0未达1分 1知道什么是比例 2能够理清谁比谁等于几比几的——对应关系 3能够理解按比例分配的含义 4能够根据题目要求根据按比例分配的——对应关系解决简单的问题
				1.6.15 通过具体情境,认识成正比例的量和成反比例的量 0未达1分 1能够理解什么是正比例 2能够理解什么是反比例 3能够理解什么是成比例的量 4通过具体情境认识成正比例和成反比例的量

续表

领域	次领域	低年段(1—3年级)	中年段(4—6年级)	高年段(7—9年级)
1.数与代数	1.6 数与式			1.6.16 能找出生活中成正比例和成反比例关系量的实例,并进行交流 0 未达1分 1 能够理解什么是成正比例和成反比例关系量 2 能够判断生活中成正比例关系量的实例 3 能够判断生活中成反比例关系两的实例 4 能够举出生活成正比例和反比例关系量的实例
	1.7 方程与不等式			1.7.1 能根据具体问题中的数量关系,列出方程,体会方程是刻画现实世界数量关系的有效模型 0 未达1分 1 能够理解问题情境 2 能够找出问题的数量关系 3 能够根据数量关系列出方程式 4 能够结合方程式解决问题并体会到方程是刻画现实世界数量关系的有效模型
				1.7.2 掌握等式的基本性质,能解一元一次方程 0 未达1分 1 知道什么是不等式 2 能够理解等式两边的数的关系 3 掌握等式的基本性质 4 能够根据等式的基本性质解一元一次方程

续表

领域	次领域	低年段(1—3年级)	中年段(4—6年级)	高年段(7—9年级)
1.数与代数	1.7 方程与不等式			1.7.3 掌握代入消元法和加减消元法,能解二元一次方程组 0 未达1分 1 掌握加减消元法 2 掌握代入消元法 3 能够运用代入消元法或加减消元法解简单二元一次方程 4 灵活运用两种消元法解二元一次方程
				1.7.4 能根据具体问题的实际意义,检验方程的解是否合理 0 未达1分 1 能够理解问题情境 2 能够找出问题中的数量关系 3 根据数量关系列方程求解 4 将答案带入题目探讨答案是否合理
				1.7.5 结合具体问题,了解不等式的意义,探索不等式的基本性质 0 未达1分 1 能够理解问题情境 2 找出问题的等量关系 3 根据等量关系列出不等式 4 解出未知数并探讨未知数可取的数值
				1.7.6 能解数字系数的一元一次不等式,并能在数轴上表示解集;会用数轴确定由两个一元一次不等式组成的不等式组的解集 0 未达1分

续表

领域	次领域	低年段（1—3年级）	中年段（4—6年级）	高年段（7—9年级）
1. 数与代数	1.7 方程与不等式			1 能够解数字系数的一元一次不等式 2 能够在数轴上表示一个不等式的解集 3 能够在同一数轴上表示两个不等式的解集 4 能够根据两个不等式的解集找出不等式组的解集
	1.8 函数			1.8.1 探索简单实例中的数量关系和变化规律，了解常量、变量的意义 0 未达一分 1 能够探究简单实例中的数量关系 2 能够探究简单实例中的变化规律 3 能够根据实例中的数量关系了解常量的含义 4 能够根据实例中的数量关系了解变量的含义
				1.8.2 结合实例，了解函数的概念和三种表示法，能举出函数的实例 0 未达1分 1 能够了解函数的概念 2 能够了解函数的列表法和解析式法 3 能够根据列表法和解析式法了解函数的图像法 4 能够举出函数的相关实例
				1.8.3 能结合图象对简单实际问题中的函数关系进行分析 0 未达1分 1 能够理解实际问题的等量关系

领域	次领域	低年段(1—3年级)	中年段(4—6年级)	高年段(7—9年级)
1.数与代数	1.8函数			2能够根据等量关系列出函数关系式 3能够根据函数关系式绘制图象 4能结合图象对简单实际问题中的函数关系进行分析
				1.8.4能确定简单实际问题中函数自变量的取值范围,并会求出函数值 0未达1分 1能够找出实际问题的等量关系 2能够根据等量关系列出函数式 3根据题目要求确定函数自变量的取值范围 4根据函数自变量的取值范围求出函数值
				1.8.5会画出一次函数的图象,根据一次函数的图象和表达式 $y=kx+b$ $(k\neq0)$,体会并了解 $k>0$ 和 $k<0$ 时图象的变化情况 0未达1分 1掌握一次函数的图像绘画方法 2根据一次函数的图象和表达式 $y=kx+b$ $(k>0)$ 并体会图象的变化情况 3根据一次函数的图象和表达式 $y=kx+b$ $(k<0)$ 并体会图象的变化情况 4对比体会两种情况下图像的变化情况

续表

领域	次领域	低年段(1—3年级)	中年段(4—6年级)	高年段(7—9年级)
1.数与代数	1.8 函数			1.8.6 会用一次函数解决简单实际问题 0 未达1分 1 能够理解实际问题情境 2 找出问题情境中的数量关系 3 根据数量关系列出一次函数并求解 4 将答案带入实际问题考虑答案的合理性
2 图形与几何	2.1 图形的认识	2.1.1 能通过实物和模型辨认长方体、正方体、圆柱和球等几何体 0 未达1分 1 初步认识长方体正方体 2 初步认识长方体、正方体、圆柱体、球等几何体 3 能通过实物说出几何体的名字 4 能通过实物和模型辨不同的几何体	2.1.1 结合实例了解线段、射线、直线 0 未达1分 1 愿意了解线段、射线、直线 2 能感知线段、射线、直线的基本形态 3 进一步认识线段、直线和射线 4 掌握直线、射线和线段的区别	2.1.1 能辨认从不同方向(前面、侧面、上面)看到的物体的形状图 0 未达1分 1 能够辨认从前面看到的物体形状 2 能够辨认从从侧面或上面看到的物体形状 3 能够辨认从不同方向看到的物体的形状 4 能够根据自己的辨认绘制出不同方向看到的物体的形状图
		2.1.2 能辨认长方形、正方形、三角形、平行四边形、圆等简单图形 0 未达1分 1 能认识长方形、正方形、三角形、平行四边形、 2 认识三角形和圆 3 知道长方形、正方形、三角形、平行四边形、圆等简单图形的特征 4 能辨认区分长方形、正方形、三角形、平行四边形、圆等简单图形	2.1.2 体会两点间所有连线中线段最短,知道两点间的距离。 0 未达1分 1 愿意想象、操作学习 2 能动手画出两点间可能出现的连线 3 体会两点间所有连线中线段最短 4 会用直尺量两点间的线段长度,知道两点间的距离	2.1.2 通过观察、操作,认识圆,认识扇形,会用圆规画圆;了解圆的周长与直径的比为定值,掌握圆的周长公式;探索并掌握圆的面积公式,并能解决简单的实际问题 0 未达1分 1 能够判断出图形是不是圆 2 掌握使用圆规画圆的方法 3 了解圆的周长与直径的比为定值,掌握圆的周长公式 4 探索并掌握圆的面积公式,并能解决简单的实际问题

领域	次领域	低年段（1—3年级）	中年段（4—6年级）	高年段（7—9年级）
2 图形与几何	2.1 图形的认识	2.1.3 会用长方形、正方形、三角形、平行四边形或圆拼图 0 未达1分 1 会用同样的图形进行简单的拼组，拼出自己喜欢的图形 2 会用不同的图形进行简单的拼组，拼出自己喜欢的图形 3 能够在图形中分割辨认出图形的组成 4 能在具体的活动中进行分割和拼组	2.1.3 知道周角与平角，了解周角、平角、钝角、直角、锐角之间的大小关系。 0 未达1分 1 主动观察不同的角 2 理解角的含义 3 了解角的度量单位和量角器的构成，能用量角器量角的度数 4 了解周角、平角、钝角、直角、锐角之间的大小关系	2.1.3 通过观察、操作，认识圆柱和圆锥，认识圆柱的展开图；结合具体情境，探索并掌握圆柱的表面积和体积以及圆锥体积的计算方法，并能解决简单的实际问题 0 未达1分 1 能够区分圆柱和圆锥 2 能够辨认圆柱的展开图 3 探索并掌握圆柱的表面积和体积的计算方法 4 探索并掌握圆锥体积的计算方法，并能解决简单的实际问题
		2.1.4 能对简单几何体和图形进行分类 0 未达1分 1 能够识别基本的几何体和平面图形，并能够将给定的图形和名称进行匹配 2 能识别更多种类的几何体，并能将相似的图形和几何体放在一起 3 能够将给定的几何体和图形进行细致分类，将其按照特征和属性进行归类 4 能熟练地将简单几何体和图形进行分类	2.1.4 结合生活情境，了解平面上两条直线的平行和相交（包括垂直）关系 0 未达1分 1 愿意进行观察、操作等活动 2 通过观察、操作等活动，理解平行、相交和垂直的概念。 3 能够动手画出平面上两条直线的平行和相交、垂直 4 结合生活情境，了解平面上两条直线的平行和相交、垂直关系	

续表

领域	次领域	低年段(1—3年级)	中年段(4—6年级)	高年段(7—9年级)
2 图形与几何	2.1 图形的认识	2.1.5结合生活情境认识角,会直观辨认直角、锐角和钝角 0未达1分 1初步认识角,知道角的各部分名称 2初步认识直角、锐角和钝角 3会用三角尺辨认一个角是不是直角 4结合生活实际会直观辨认直角、锐角和钝角	2.1.5通过观察、操作了解长方形、正方形的特征,认识平行四边形和梯形 0未达1分 1有自主观察、操作的意识 2经历动手操作和自主探究的过程,掌握长方形、正方形的特征 3通过观察、操作认识平行四边形和梯形 4通过分类、比较、归纳等多种方式,使学生理解平行四边形、梯形、正方形、长方形之间的关系,培养学生的空间观念	
			2.1.6认识三角形,通过观察、操作,了解三角形两边之和大于第三边、三角形内角和是180° 0未达1分 1能自主观察三角形 2通过操作活动。探究三角形边和角的特征 3知道三角形任意两边的和大于第三边 4三角形的内角和是180°	

续表

领域	次领域	低年段(1—3年级)	中年段(4—6年级)	高年段(7—9年级)
2 图形与几何	2.1 图形的认识		2.1.7认识等腰三角形、等边三角形、直角三角形、锐角三角形、钝角三角形 0 未达1分 1 愿意参与三角形教学活动 2 概括三角形特征,了解各部分名称和含义 3 认识等腰三角形、等边三角形、直角三角形、锐角三角形、钝角三角形 4 按角给三角形分类,辨认和区别各类三角形	
			2.1.8能根据具体事物、照片或直观图辨认从不同角度观察到的简单物体 0 未达1分 1 有主动观察的能力 2 知道从不同位置观察物体时看到的形状不同 3 能辨认从不同位置观察简单物体时看到的形状 4 能辨认从不同位置观察简单几何体时看到的形状	
			2.1.9通过观察、操作,认识长方体、正方体;认识长方体、正方体的展开图 0 未达1分 1 能够自主观察、操作 2 通过观察、操作,认识长方体、正方体 3 知道长方体、正方体展开方法,并观察 4 认识长方体、正方体的展开图	

续表

领域	次领域	低年段(1—3年级)	中年段(4—6年级)	高年段(7—9年级)
2 图形与几何	2.2 测量	2.2.1结合生活实际、经历,用不同的方式测量物体长度的过程,体会建立统一度量单位的重要性 0未达1分 1初步认识长度单位厘米和米 2学会用刻度尺量物体的长度,初步形成估计物体长度的意识 3初步认识线段,会量线段的长度 4结合生活实际、经历,用不同的方式测量物体长度的过程,体会建立统一度量单位的重要性	2.2.1会用量角器量指定角的度数,会画指定度数的角,会用三角尺画30°,45°,60°,90°角 0未达1分 1愿意使用辅助工具学习 2掌握使用量角器的方法 3会用量角器量指定角的度 4能画指定度数的角,会用三角尺画30°、45°、60°等一些特定度数的角	
		2.2.2在实践活动中,体会并认识长度单位米、厘米,知道分米、毫米,能进行简单的单位换算,能恰当地选择长度单位 0未达1分 1初步认识长度单位米、厘米,知道分米、毫米 2能进行简单的单位换算 3能结合生活实际,能恰当地选择长度单位 4在实践活动中,体会并认识长度单位米、厘米,知道分米、毫米,能进行简单的单位换算,能恰当地选择长度单位	2.2.2在实践活动中,体会并认识长度单位千米,能进行简单的单位换算 0未达1分 1认识毫米,及毫米与厘米的关系 2认识分米,及分米与米、厘米的关系 3认识千米,及千米和米的关系,体验1千米的长度 4能进行厘米与毫米,千米与米的换算,估计实际距离	

领域	次领域	低年段(1—3年级)	中年段(4—6年级)	高年段(7—9年级)
2 图形与几何	2.2 测量	2.2.3能估计一些物体的长度,并进行测量 0未达1分 1学会用刻度尺测量物体的长度 2用不同的方式描述物体的长度 3会估测、并用自己的话描述物体的长度 4能估计一些物体的长度,并进行测量	2.2.3结合实例,认识面积,体会并认识面积单位厘米、分米、米,知道千米、公顷,能进行简单的单位换算 0未达1分 1愿意学习面积单位 2结合实例认识面积的含义,体会引进统一的面积单位的必要性 3认识面积单位平方厘米、平方分米、平方米,平方千米、公顷,建立1平方米、1平方分米、1平方厘米的表象 4熟悉相邻两个面积单位之间的进率,会进行简单的面积单位换算	
			2.2.4探索并掌握长方形、正方形的周长,面积计算公式,能初步估计给定长方形、正方形的周长、面积 0未达1分 1有自主观察、操作能力 2结合具体事物或图形,通过观察、操作,掌握长方形、正方形的特征 3知道周长、面积的含义,能测量简单图形的周长,探索并掌握长方形、正方形的周长、面积计算公式 4能根据长方形、正方形的周长、面积计算公式,解决生活中简单的实际问题,感受数学与生活的联系	

续表

领域	次领域	低年段(1—3年级)	中年段(4—6年级)	高年段(7—9年级)
2 图形与几何	2.2 测量		2.2.5 探索并掌握三角形、平行四边形和梯形的面积公式,并能解决简单的实际问题 0 未达1分 1 有学习面积公式的意愿 2 自主探索三角形、平行四边形和梯形的面积公式 3 掌握三角形、平行四边形和梯形的面积公式 4 能用三角形、平行四边形和梯形的面积公式,解决简单的实际问题	
			2.2.6 了解体积、容积的意义及度量单位(米、分米、厘米、升、毫升),单位之间换算,感受米、厘米及升、毫升的意义 0 未达1分 1 有主动探索精神 2 了解体积、容积的意义及度量单位 3 度量单位(米、分米、厘米、升、毫升)之间,能进行换算 4 结合实物,感受米、分米、厘米、升、毫升的意义	
			2.2.7 结合具体情境,初步探索并掌握长方体、正方体的体积和表面积的计算方法,并能解决简单的实际问题 0 未达1分 1 能主动参与教学活动 2 初步探索并掌握长方体、正方体体积的计算方法	

领域	次领域	低年段(1—3年级)	中年段(4—6年级)	高年段(7—9年级)
2 图形与几何	2.2 测量		3 初步探索并掌握长方体、正方体表面积的计算方法 4 结合具体情境,使用长方体、正方体的体积和表面积的计算方法,解决简单的实际问题	
			2.2.8 初步探索某些实物体积的测量方法 0 未达1分 1 有主动探索的能力 2 初步探索并掌握长方体、正方体体积的计算方法 3 初步探索多个实物体积的测量方法 4 掌握某些实物体积的测量方法,并运用于学习过程中	
	2.3 图形与位置	2.3.1 会用上、下、左、右、前、后描述物体的相对位置 0 未达1分 1 在生活情境中会用上下描述物体位置,会用主体自身与目标物之间的位置关系来标明目标物的具体位置 2 在生活情境中会用左右描述物体位置,用环境中的其他物体与目标物之间的关系来标明目标物的具体位置 3 在生活情境中会用前后描述物体位置,用抽象的词来描述目标物的位置 4 会用上、下、左、右、前、后描述物体的相对位置		2.3.1 了解比例尺;在具体情境中,会按给定的比例进行图上距离与实际距离的换算 0 未达1分 1 了解比例尺的概念 2 能够读懂比例尺的比例关系 3 能够将图上距离与实际距离比例一一对应 4 能够按给定的比例进行图上距离与实际距离的换算

续表

领域	次领域	低年段(1—3年级)	中年段(4—6年级)	高年段(7—9年级)
2 图形与几何	2.3 图形与位置	2.3.2给定东、南、西、北四个方向中的一个方向,会辨认其余三个方向 0未达1分 1初步认识东、南、西、北、四个方向 2在现实情境中认识东南西北四个方向,并能用词语描述物体的方向 3了解平面图上如何表示方向并能描述平面图上物体的相对位置 4给定东、南、西、北四个方向中的一个方向,会辨认其余三个方向		2.3.2能根据物体相对于参照点的方向和距离确定其位置 0未达1分 1能够找到物体和参照点 2掌握上北下南左西右东的方位判断方法 3掌握两点间直线距离的测量方法 4综合方位判断和距离测量确定参照物的位置
				2.3.3会描述简单的路线图 0未达1分 1能够找到出发点、途经点和终点 2掌握上北下南左西右东的方位判断方法 3掌握两点间直线距离的测量方法 4综合方位判断和距离测量确定每一段路线的行进方向和距离
			2.3.1结合实例,感受平移、旋转、轴对称现象 0未达1分 1愿意进行操作、观察活动	2.4.1通过具体实例了解轴对称的概念,了解它的基本性质:成轴对称的两个图形中,对应点的连线被对称轴垂直平分 0未达1分 1通过具体实例了解轴对称的概念

领域	次领域	低年段(1—3年级)	中年段(4—6年级)	高年段(7—9年级)
2 图形与几何	2.4 图形的运动		2 认识平移、旋转、轴对称的性质 3 能在方格纸上认识平移、旋转、轴对称现象 4 能在方格纸上画平移、旋转、轴对称	2 知道垂直平分的概念 3 成轴对称的两个图形中,对应点的连线被对称轴垂直平分 4 能够判断给定图形是否为轴对称图形
			2.3.2 初步认识轴对称图形,能在方格纸上画出轴对称图形的对称轴;能在方格纸上补全一个简单的轴对称图形 0 未达1分 1 愿意操作、观察 2 认识对称轴和轴对称图形的性质 3 进一步认识轴对称图形及其对称轴,体会轴对称图的特征和性质 4 能独自在方格纸上补全一个简单的轴对称图形	2.4.2 能画出简单平面图形(点、线段、直线、三角形等)关于给定对称轴的对称图形 0 未达1分 1 掌握轴对称图形的概念 2 能够画出简单平面图形(点、线段、直线、三角形等) 3 能画出点和线段关于给定对称轴的对称图形 4 能画出直线和三角形等关于给定对称轴的对称图形
			2.3.3 在方格纸上认识图形的平移与旋转,能在方格纸上按水平或垂直方向将简单图形平移,会在方格纸上将简单图形旋转90° 0 未达1分 1 有动手操作、探索的意愿 2 能在方格纸上认识图形的平移与旋转 3 能在方格纸上按水平或垂直方向将简单图形平移 4 会在方格纸上将简单图形旋转90°	2.4.3 认识并欣赏自然界和现实生活中的轴对称图形 0 未达1分 1 掌握轴对称图形的概念 2 能够判断出简单轴对称图形 3 能够判断出自然界和现实生活中的轴对称图形 4 能够举例说出自然界和现实生活中的轴对称图形

续表

领域	次领域	低年段（1—3年级）	中年段（4—6年级）	高年段（7—9年级）
2 图形与几何	2.4 图形的运动			2.4.4通过具体实例，认识平面图形关于旋转中心的旋转。了解它的基本性质：一个图形和它经过旋转所得到的图形中，对应点到旋转中心距离相等，两组对应点分别与旋转中心连线所成的角相等 0未达1分 1能够指出旋转中心 2了解平面图形关于旋转中心的基本性质 3能够判断简单平面图形是否关于旋转中心的旋转 4根据图片得出对应点和两组对应点分别与旋转中心连线所成的角的关系
				2.4.5了解中心对称、中心对称图形的概念，了解它的基本性质：成中心对称的两个图形中，对应点的连线经过对称中心，且被对称中心平分 0未达1分 1了解中心对称、中心对称图形的概念 2能够找出对称中心 3能够判断给定图形是否为中心对称图形 4了解中心对称图形的基本性质
				2.4.6认识并欣赏自然界和现实生活中的中心对称图形 0未达1分 1掌握中心对称图形的基本概念

领域	次领域	低年段(1—3年级)	中年段(4—6年级)	高年段(7—9年级)
2 图形与几何	2.4 图形的运动			2 能够判断给定的简单图形是否为中心对称图形 3 能够判断自然界和现实生活中的中心对称图形 4 能够举例说出自然界和现实生活中的中心对称图形
				2.4.7 通过具体实例,认识平移,了解它的基本性质:一个图形和它经过平移所得的图形中,两组对应点的连线平行(或在同一条直线上)且相等 0 未达1分 1 了解平移的概念 2 知道平移不同的距离对应不同的图形 3 能够简单判断给定图形是否为平移后的图形 4 了解平移的基本性质
				2.4.8 认识并欣赏平移在自然界和现实生活中的应用 0 未达1分 1 掌握掌握平移的基本概念 2 能够判断给定的简单图形是否为平移后的图形 3 能够判断自然界和现实生活中的平移图形 4 能够举例说出自然界和现实生活中的平移图形

续表

领域	次领域	低年段(1—3年级)	中年段(4—6年级)	高年段(7—9年级)
2 图形与几何	2.4 图形的运动			2.4.9 能利用方格纸按一定比例将简单图形放大或缩小 0 未达 1 分 1 能利用方格纸找到关键的点 2 将关键点同时向图形内侧或外侧移动相同距离 3 连接移动后的关键点即为放大或缩小后的图形 4 能利用方格纸按一定比例将简单图形放大或缩小
				2.4.10 运用图形的轴对称、旋转、平移进行图案设计 0 未达 1 分 1 掌握轴对称、旋转、平移的基本概念 2 能够辨别轴对称、旋转、平移图形 3 能够绘画轴对称、旋转、平移图形 4 能够运用图形的轴对称、旋转、平移进行图案设计
	2.5 图形的性质			2.5.1 通过实物和具体模型，了解从物体抽象出来的几何体、平面、直线和点等 0 未达 1 分 1 了解从物体中抽象出来的几何体 2 了解从物体中抽象出来的平面和直线 3 了解从物体中抽象出来的点 4 能够将图形与抽象出来的集合体、平面、直线和点一一对应

领域	次领域	低年段(1—3年级)	中年段(4—6年级)	高年段(7—9年级)
2 图形与几何	2.5 图形的性质			2.5.2 会比较线段的长短,理解线段的和、差,以及线段中点的意义 0 未达 1 分 1 会比较线段的长短 2 理解线段的和的意义 3 理解线段的差的意义 4 理解线段的中点的意义
				2.5.3 理解两点间距离的意义,能度量两点间的距离 0 未达 1 分 1 能够在两点间连多条线 2 能够度量两点间的距离 3 理解两点确定一条直线 4 理解两点之间线段最短
				2.5.4 理解角的概念,能比较角的大小 0 未达 1 分 1 能够理解角的概念 2 掌握角的大小的比较方法 3 能够比较两个角的大小 4 能够快速比较三个及以上角的大小
				2.5.5 认识度、分、秒,会对度、分、秒进行简单的换算,并会计算角的和、差 0 未达 1 分 1 认识度、分、秒 2 会对度、分、秒两两间进行简单的换算 3 会对度、分、秒进行简单的换算 4 会计算角的和、差

续表

领域	次领域	低年段(1—3年级)	中年段(4—6年级)	高年段(7—9年级)
2 图形与几何	2.5 图形的性质			2.5.6 了解对顶角、余角、补角等概念,探索并掌握对顶角相等、同角(等角)的余角相等、同角(等角)的补角相等的性质 0 未达 1 分 1 了解对顶角、余角、补角等概念 2 探索并掌握对顶角相等的性质 3 探索并掌握同角(等角)的余角相等的性质 4 探索并掌握同角(等角)的补角相等的性质
				2.5.7 了解垂线、垂线段等概念,能用三角尺或量角器过一点画已知直线的垂线 0 未达 1 分 1 了解垂线、垂线段等概念 2 能用三角尺或量角器过一点画已知直线的连线 3 能用直角三角尺过一点画已知直线的垂线 4 能用三角尺或量角器过一点画已知直线的垂线
				2.5.8 了解点到直线的距离的意义,能度量点到直线的距离 0 未达 1 分 1 能用三角尺或量角器过一点画已知直线的垂线 2 能测量所画垂线的距离 3 理解过一点有且只有一条直线与已知直线垂直

领域	次领域	低年段(1—3年级)	中年段(4—6年级)	高年段(7—9年级)
2 图形与几何	2.5 图形的性质			4 理解点到直线的距离即为过一点所画已知直线的垂线的距离
				2.5.9 识别同位角、内错角、同旁内角 0 未达1分 1 能够在多个角中找出同位角 2 能够在多个角中找出内错角 3 能够在多个角中找出同旁内角 4 能够区分同位角、内错角、同旁内角
				2.5.10 了解平行线的概念;掌握基本事实:两条直线被第三条直线所截,如果同位角相等,那么这两条直线平行 0 未达1分 1 了解什么是平行线 2 掌握两直线平行,同位角相等 3 反推得出同位角相等,两直线平行 4 通过观察图形,根据同位角的关系得出两直线关系
				2.5.11 理解过直线外一点有且只有一条直线与这条直线平行 0 未达1分 1 能够过直线外一点画多条直线 2 知道如何判断两条直线是否平行 3 找出与已知直线相平行的直线

续表

领域	次领域	低年段(1—3年级)	中年段(4—6年级)	高年段(7—9年级)
2 图形与几何	2.5 图形的性质			4 知道过直线外一点有且只有一条直线与这条直线平行
				2.5.12 会用三角尺和直尺,过已知直线外一点画这条直线的平行线
				0 未达1分
				1 能够过直线外一点画多条直线
				2 能够判断过直线外一点所画的直线是否与已知直线平行
				3 掌握过直线外一点画已知直线的平行线的方法
				4 会用三角尺和直尺,过已知直线外一点画这条直线的平行线
				2.5.13 了解三角形及其内角、外角、中线、高线、角平分线等概念,了解三角形的稳定性
				0 未达1分
				1 了解三角形及的概念
				2 了解三角形内角和外角的概念
				3 了解三角形中线、高线和角平分线等概念
				4 对比其他图形了解三角形的稳定性
				2.5.14 探索三角形的内角和定理;理解它的推论:三角形的外角等于与它不相邻的两个内角的和
				0 未达1分
				1 了解三角形内角和外角的概念

领域	次领域	低年段(1—3年级)	中年段(4—6年级)	高年段(7—9年级)
2 图形与几何	2.5 图形的性质			2 在一个三角形中准确找出内外角 3 根据三个内角和三个外角的度数关系找规律 4 推论得出三角形的外角等于与它不相邻的两个内角的和
				2.5.15 了解全等三角形的概念,能识别全等三角形中的对应边、对应角 0 未达1分 1 理解三角形及其角和边的概念 2 了解全等三角形的概念 3 理解全等三角形的一一对应关系 4 能识别全等三角形中的对应边、对应角
				2.5.16 了解两边及其夹角分别相等的两个三角形全等 0 未达1分 1 掌握三角形及其角和边的概念 2 找出相等的两条边和一个相等的角 3 判断相等的角是不是相等两条边的夹角并判断两个三角形是否全等 4 学会定理两边及其夹角分别相等的两个三角形全等
				2.5.17 了解三边分别相等的两个三角形全等 0 未达1分 1 掌握三角形及其边的概念

续表

领域	次领域	低年段(1—3年级)	中年段(4—6年级)	高年段(7—9年级)
2 图形与几何	2.5 图形的性质			2 找出三条相等的边 3 观察得出两个三角形全等 4 学会定理三边分别相等的两个三角形全等
				2.5.18 了解直角三角形的概念,知道直角三角形的两个锐角互余、有两个角互余的三角形是直角三角形 0 未达1分 1 了解直角三角形的概念 2 了解互余的概念 3 知道直角三角形的两个锐角互余 4 反推得出有两个角互余的三角形是直角三角形
	2.6 图形与坐标			2.6.1 结合实例,进一步体会用有序数对可以表示物体的位置 0 未达1分 1 了解有序数对的概念 2 掌握有序数对的表示方法 3 掌握描述物体位置的方法(方位和距离) 4 进一步将有序数对和物体位置一一对应
				2.6.2 理解平面直角坐标系的有关概念,能画出直角坐标系;在给定的直角坐标系中,能根据坐标描出点的位置、由点的位置写出它的坐标 0 未达1分 1 理解平面直角坐标系的有关概念

领域	次领域	低年段(1—3年级)	中年段(4—6年级)	高年段(7—9年级)
2 图形与几何	2.6 图形与坐标			2能画出直角坐标系 3能根据坐标描出点的位置 4能根据点的位置写出对应的坐标
				2.6.3 在实际问题中,能建立适当的直角坐标系,描述物体的位置 0未达1分 1理解平面直角坐标系的有关概念 2能画出直角坐标系 3能根据物体的位置描出点的位置 4能根据点的位置写出对应的坐标以描述物体的位置
				2.6.4 对给定的正方形,会选择合适的直角坐标系写出它的顶点坐标,体会可以用坐标刻画一个简单图形 0未达1分 1理解平面直角坐标系的有关概念 2能画出直角坐标系 3能够在直角坐标系中画出给定的正方形 4写出四边形的顶点坐标

续表

领域	次领域	低年段(1—3年级)	中年段(4—6年级)	高年段(7—9年级)
3 统计与概率	3.1 简单数据统计过程	3.1.1 能根据给定的标准或者自己选定的标准,对事物或数据进行分类,感受分类与分类标准的关系 0 未达1分 1 理解分类的概念 2 掌握分类的方法和技巧 3 掌握分类与分类标准的关系 4 能根据给定的标准或者自己选定的标准,对事物或数据进行分类,感受分类与分类标准的关系	3.1.1 经历简单的收集、整理、描述和分析数据的过程(可使用计算器) 0 未达1分 1 愿意观察数据 2 了解简单的数据收集、整理、描述和分析数据的方法 3 掌握简单的数据收集、整理、描述和分析数据的过程 4 经历简单的数据收集、整理、描述和分析数据的过程,体会统计在现实生活中的作用,理解数学与生活的密切联系	3.1.1 认识扇形统计图,能用扇形统计图直观、有效地表示数据 0 未达1分 1 了解扇形统计图的概念 2 能够解读扇形统计图的相关数据 3 能够按多少绘制简单的扇形统计图 4 能够按数据绘制扇形统计图
		3.1.2 体验简单的数据收集和整理过程,并能进行简单描述 0 未达1分 1 体验数据的收集,整理描述分析的基本过程 2 会用简答的方法收集和整理数据,认识简单的统计表 3 能根据简单的统计表中的数据回答简单的问题 4 体验简单的数据收集和整理过程,能进行简单描述,并进行简单的分析	3.1.2 认识条形统计图、折线统计图;能用条形统计图、折线统计图直观、有效地表示数据 0 未达1分 1 有观察统计图的意愿 2 初步认识条形统计图、折线统计图 3 知道条形统计图、折线统计图的区别 4 认识条形统计图、折线统计图;能用条形统计图、折线统计图直观、有效地表示数据	3.1.2 能从报纸杂志、电视、网络等媒体中,有意识地获得一些数据信息,并能读懂简单的统计图表 0 未达1分 1 了解扇形统计图的概念 2 能够读懂扇形统计图中多与少的关系 3 能够读懂扇形统计图中的数据关系 4 能够有意识的选择自己所需信息进行解读
			3.1.3 通过丰富的实例,了解平均数的意义,会求简单数据的平均数,能解释其实际意义 0 未达1分 1 有了解平均数的意愿	3.1.3 经历收集、整理、描述和分析数据的活动,了解数据处理的过程 0 未达1分 1 能够根据要求收集数据

领域	次领域	低年段（1—3年级）	中年段（4—6年级）	高年段（7—9年级）
3 统计与概率	3.1 简单数据统计过程		2 通过丰富的实例，了解平均数的意义 3 在教师引导下，会求简单数据的平均数 4 会求简单数据的平均数，同时能解释其实际意义	2 能够分类整理数据 3 能够绘制统计图描述数据 4 能够根据统计图分析数据
			3.1.4 能根据统计图表中的数据回答简单的问题，能和同伴交流自己的想法 0 未达1分 1 有与同伴交流自己想法的意愿 2 初步体会数据中蕴含的信息 3 能根据统计图表中的数据回答简单的问题，能和同伴交流自己的想法 4 在参与统计活动的过程中，学会有条理地思考和表达，体验用统计知识解决实际问题的乐趣，树立学好数学的自信心	3.1.4 能解释统计结果，根据结果作出简单的判断和预测，并能进行交流 0 未达1分 1 能够能够读懂扇形统计图中多与少的关系 2 能够读懂扇形统计图中的数据关系 3 能够根据数据解释统计结果 4 根据结果作出简单的判断和预测
				3.1.5 理解平均数的意义，会计算中位数、众数、加权平均数，了解它们是数据集中趋势的描述 0 未达1分 1 理解平均数的意义 2 会计算中位数和众数 3 会计算加权平均数 4 理解平均数、中位数、众数和加权平均数是数据集中趋势的描述

续表

领域	次领域	低年段(1—3年级)	中年段(4—6年级)	高年段(7—9年级)
3 统计与概率	3.2 随机现象发生的可能性		3.2.1 在具体情况中,通过实例感受简单的随机现象,体验有些事件的发生是确定的,有些是不确定的 0 未达1分 1 愿意感受简单的随机现象 2 通过现实生活中的有关实例,感受简单的随机现象 3 初步体验有些事情的发生是确定的,有些是不确定的 4 能够指出哪些事情的发生是确定的,哪些是不确定的	3.2.1 结合具体情境,了解简单的随机现象;能列出简单的随机现象中所有可能发生的结果 0 未达1分 1 了解简单的随机现象 2 能够进行简单操作体会简单的随机现象 3 知道随机现象的结果是可数的 4 能列出简单的随机现象中所有可能发生的结果
			3.2.2 能对一些简单事件发生的可能性作出描述,并能和同伴交流想法 0 未达1分 1 愿意观察事物的可能性 2 感受观察事物的可能性 3 通过实际活动(如摸球),能列出简单的随机现象中所有可能发生的结果 4 通过试验、游戏等活动,感受随机现象结果发生的可能性是有大小的,能对一些简单的随机现象发生的可能性大小进行定性描述,并能和同伴进行交流	3.2.2 通过试验、游戏等活动,感受随机现象结果发生的可能性是有大小的,能对一些简单的随机现象发生的可能性大小作出定性描述,并能进行交流 0 未达1分 1 理解随机现象的概念 2 能够进行简单的操作活动 3 感受随机现象结果发生的可能性是有大小的 4 能对一些简单的随机现象发生的可能性大小作出定性描述

领域	次领域	低年段(1—3年级)	中年段(4—6年级)	高年段(7—9年级)
4 综合与实践	4.1 综合	4.1.1在教师指导下,通过实践活动,初步感受数学在日常生活中的作用,初步体验运用所学的知识和方法解决简单问题的过程,获得初步的数学活动经验 0未达1分 1通过综合实践活动初步体验数学与日常生活的密切联系 2初步形成探索数学问题的兴趣,初步感受数学思想方法 3通过实践活动,学习分析问题和解决问题的方法 4在教师指导下,通过实践活动,初步感受数学在日常生活中的作用,初步体验运用所学的知识和方法解决简单问题的过程,获得初步的数学活动经验	4.1.1在教师的指导下,经历有目的、有设计、有步骤、有合作的实践活动,了解数学与生活的广泛联系 0未达1分 1能跟从教师指导,主动参与实践活动 2在教师的指导下,经历有目的、有设计、有步骤、有合作的实践活动 3充分了解数学与生活的广泛联系 4主动探究活动,能够猜想、实验、推理,借助对具体数量的感知来感受数学	4.1.1结合实际情境,在教师指导下,经历设计解决具体问题的方案,并加以实施的过程,经历建立模型、解决问题的过程,并在此过程中,尝试发现和提出问题 0未达1分 1在教师指导下,经历设计解决具体问题的方案 2对具体方案加以实施 3经历建立模型、解决问题的过程 4在此过程中,尝试发现和提出问题
		4.1.2在实践活动中,了解要解决的问题和解决问题的办法 0未达1分 1在实践活动初步体验数学与日常生活的密切联系,初步探索要解决的问题 2在教师的指导下初步分析问题和解决问题的方法 3在实践活动中能独立分析问题和解决问题的方法 4在实践活动中,能熟练的了解要解决的问题和解决问题的办法	4.1.2结合实际情境,体验发现和提出问题、分析和解决问题的过程 0未达1分 1敢于面对问题 2在日常生活中,善于观察、体验发现和提出问题 3有分析和解决问题的能力 4结合实际情境,体验发现和提出问题、分析和解决问题的过程	4.1.2主动参与活动过程,积极进行交流,进一步获得数学活动经验 0未达1分 1能够主动参与活动过程 2能够在活动过程中积极交流 3在此过程中,尝试发现和提出问题 4通过活动获得数学活动经验

续表

领域	次领域	低年段(1—3年级)	中年段(4—6年级)	高年段(7—9年级)
4 综合与实践	4.2 实践	4.2.1 在教师指导下,经历观察、实践操作等过程,进一步理解所学的内容 0 未达1分 1 在教师的指导下能够经历观察、实践操作过程回忆复习所学内容 2 在教师的指导下能够经历观察、实践操作过程完善所学内容 3 在教师的指导下能够经历观察、实践操作过程加强所学内容 4 在教师指导下,经历观察、实践操作等过程,进一步理解所学的内容	4.2.1 在给定目标和教师指导下,感受针对具体问题提出设计思路、制订简单的方案解决问题的过程 0 未达1分 1 主动运用所学知识解决问题 2 能够针对具体问题提出设计思路 3 在给定目标和教师指导下,感受针对具体问题提出设计思路、制订简单的方案解决问题的过程 4 能够独自针对具体问题提出设计思路、制订简单的方案解决问题	4.2.1 通过对有关问题的讨论,了解所学知识(包括其他学科知识)之间的关联,进一步理解有关知识,发展初步的应用意识和能力 0 未达1分 1 能够主动参与问题讨论 2 能够发散思维进行思考 3 能够了解所学知识间的关系 4 通过讨论进一步理解有关知识
			4.2.2 通过实践和应用,进一步理解所用的知识和方法,了解所学知识之间的联系,获得数学活动经验 0 未达1分 1 愿意进行实践操作 2 能够在数学学习中,实践和应用相应方法 3 能够通过实践和应用,不断巩固所用的知识和方法 4 了解所学知识之间的联系,获得数学活动经验,并充分运用与实际情景中	